Vowe / Wolling
Radioqualität

Gerhard Vowe / Jens Wolling

Radioqualität –
was die Hörer wollen
und was die Sender bieten

Vergleichende Untersuchung zu
Qualitätsmerkmalen und Qualitäts-
bewertungen von Radioprogrammen in
Thüringen, Sachsen-Anhalt und Hessen

kopaed (muenchen)
www.kopaed.de

Rudolf Arnheim zum 100. Geburtstag

TLM Schriftenreihe Band 17
Herausgegeben von der
Thüringer Landesmedienanstalt

ISBN   3-938028-17-3

Druck: AZ Druck und Datentechnik GmbH, Kempten

© kopaed 2004
Pfälzer-Wald-Str. 64, 81539 München
Fon: 089.68890098 / Fax: 089.6891912
E-mail: info@kopaed.de / Internet: www.kopaed.de

Vorwort

In der Diskussion um die Entwicklung des dualen Rundfunks in Deutschland spielt der Begriff Qualität eine zentrale Rolle. Was aber ist Qualität? Bei Radio und Fernsehen wird sie meist daran festgemacht, ob die Programme ausführlich und professionell informieren, ob sie erfolgreiche oder prämierte Filme und Serien zeigen oder ob sie klassische Musik spielen.

In der vorliegenden Studie wird ein anderer Ansatz vorgeschlagen und am Beispiel des Radios erprobt. Mit der Fokussierung auf die Kriterien der Hörer und ihre Bedeutung für das Nutzungsverhalten beschreiten Prof. Gerhard Vowe und Dr. Jens Wolling von der TU Ilmenau einen in der Qualitätsdebatte bislang kaum beachteten Weg. Sie definieren Qualität nicht normativ, sondern analytisch: Jedes Programm hat seine Qualitäten, also Eigenschaften, die es von anderen unterscheidet. Erste Ansätze haben sie 2001 in einer von der TLM unterstützten explorativen Vorstudie präsentiert („Die Kunst der Balance", TLM-Schriftenreihe, Band 13, Das Geräusch der Provinz – Radio in der Region).

Die Untersuchung prüft unterschiedliche Spannungsbögen - z. B. Erwartbarkeit vs. Überraschung, Zuhören vs. Nebenbeihören - daraufhin, welche Qualitätskriterien auf Seiten der Hörer für die Auswahl und die Nutzungsintensität von Radioprogrammen von Bedeutung sind. Dazu wird auch der Frage nachgegangen, ob und inwieweit die subjektiven Qualitätsurteile der Radiohörer mit objektiven, inhaltsanalytisch gemessenen Qualitätsmerkmalen übereinstimmen.

Die Studie erforderte ein komplexes methodisches Design, weil die Ergebnisse aus drei repräsentativen Befragungen in Hessen, Sachsen-Anhalt und Thüringen und einer differenzierten Inhaltsanalyse von 17 im Befragungsgebiet empfangbaren Radioprogrammen miteinander verknüpft werden mussten. Zum ersten Mal können dadurch verschiedene Angebotskonstellationen verglichen und Unterschiede in den Erwartungen der Hörer herausgearbeitet werden.

Entstanden ist die Studie im Auftrag der Medienanstalt Sachsen-Anhalt (MSA), der Hessischen Landesanstalt für privaten Rundfunk (LPR Hessen) und der Thüringer Landesmedienanstalt (TLM). Neben umfangreichen Detailinformationen bietet sie vor allem eine neue Sicht auf das Radiohören. Die Studie räumt mit der Vorstellung auf, dass Radiohörer meistens gar nicht wissen, was sie hören und Unterschiede im Angebot kaum wahrnehmen. Durch die Verknüpfung von Befragungen der Hörer und Inhaltsanalysen der Programme weisen die Autoren nach, dass Radiohörer viel genauer hinhören, als allgemein vermutet wird, und die Qualität keineswegs in der immer stärkeren Betonung einzelner Eigenschaften sehen, sondern in dem gelungenen Ausgleich zwischen unterschiedlichen Erwartungen.

Erfurt, Halle und Kassel im Juli 2004

Thüringer Landesmedienanstalt
Dr. Victor Henle, Direktor

Medienanstalt Sachsen-Anhalt
Christian Schurig, Geschäftsführer

Hessische Landesanstalt für privaten Rundfunk
Prof. Wolfgang Thaenert, Direktor

Inhaltsübersicht

Inhalt

12   Radioqualität – was die Hörer wollen und was die Sender bieten

A. Forschung für die Medienpraxis – die Ergebnisse der Studie in einer anwendungsorientierten Darstellung

Warum hat das eine Radioprogramm so viel Erfolg beim Publikum und ein anderes nur so wenig? Was kann man tun, um die Hörer besser zu erreichen? Wie kann man verhindern, dass die Hörer abschalten oder gar umschalten und zur Konkurrenz wechseln?

Der Kommunikationswissenschaft wird häufig vorgeworfen, sie könne Fragen wie diese nicht beantworten. Sie sei praxisfern. Diesem Vorwurf soll hier begegnet werden und der Versuch unternommen werden die praktische Relevanz der Studie herauszuarbeiten. Diese anwendungsorientierte Darstellung der Studie richtet sich nicht an Wissenschaftler oder Studenten und auch nicht an die „normalen" Radiohörer, sondern an diejenigen, die in ihrer täglichen Arbeit mit dem Radio zu tun haben: weil sie selbst ein Programm machen, weil sie in den Medien auch über das Radio berichten (Medienjournalismus) oder weil sie zu denjenigen gehören, die mit der Förderung und Kontrolle des Radios beruflich oder ehrenamtlich beschäftigt sind.

Es gibt zwei prinzipiell unterschiedliche Möglichkeiten in der Zusammenfassung eines Forschungsberichts mit der Komplexität der Befunde umzugehen: Man kann aus den vielen Einzelergebnissen das Typische, das den Einzelfall Übergreifende herausarbeiten und dabei die vielen Details vernachlässigen, oder man kann einzelne Befunde beispielhaft herausgreifen und an denen deutlich machen, wie detailliert jeweils gemessen wurde. Für diese anwendungsorientierte Darstellung wurde der zweite Weg gewählt. Es wird an einzelnen Beispielen aufgezeigt, was in der Studie zu finden ist. Von daher kann und soll sie nicht die Lektüre des Buches ersetzen.

I. Worum geht es?

Die Untersuchung beschäftigt sich mit der Nutzung des Radios durch die Hörer. Es soll erklärt werden, warum die einen länger Radio hören als die anderen und welche Unterschiede es dabei hinsichtlich des Zeitpunkts, der Situation oder der Höreraufmerksamkeit gibt. Im Mittelpunkt der Studie steht jedoch die Frage, warum Menschen sich für ein bestimmtes Radioprogramm entscheiden und gegen ein anderes. Um das herauszufinden, muss man sich eingehend mit den Hörern beschäftigen. Sicherlich gibt es auch im Radio einige Nischen, in denen es sich leben lässt, ohne dass man sich ständig fragt, was die Hörer wünschen. Aber für den Großteil der Radiomacher ist dies eine Überlebensfrage. Nicht nur die Privaten, auch die öffentlich-rechtlichen Anbieter sind heute mehr denn je gezwungen, sich danach zu richten, was die Hörer wünschen.

Aber der Blick auf die Hörer allein genügt nicht. Die notwendige Ergänzung dazu ist die andere Frage: Was bieten die Sender? Wer ein Radioprogramm produziert, muss nicht nur wissen, was er selbst macht, er sollte sich auch darüber im Klaren sein, was die anderen tun. Um herauszufinden, was man selbst richtig oder falsch macht, kann es hilfreich sein, sich systematisch umzuhören, wie andere versuchen die Aufmerksamkeit der Radiohörer zu gewinnen.

Aufmerksamkeit? Wird dem Nebenbeimedium Radio denn überhaupt Aufmerksamkeit geschenkt? Damit sind wir bei der dritten und entscheidenden Frage, mit der eine Verbindung zwischen den ersten beiden hergestellt wird: Welche Beziehung gibt es zwischen dem, was die Hörer wollen, und dem, was die Sender bieten? Die Sender präsentieren ein Angebot, aus dem die Hörer auswählen. Die Hörer wiederum orientieren sich bei ihrer Auswahl an ihren Erwartungen an die Sender und an ihren Erfahrungen mit den Sendern. Sie schalten ein und aus, sie bleiben bei einem Sender – oder sie wechseln. Geschieht dies allein aus Gewohnheit und Routine oder reagieren die Hörer damit auf das, was die Radioprogramme anbieten? Nehmen die Hörer überhaupt wahr, was ihnen offeriert wird, oder ist die Aufmerksamkeit für das Nebenbeimedium Radio so gering, dass die Unterschiede im Angebot überhört werden? Die Ergebnisse der Studie zeigen: die Hörer hören viel genauer hin, als dies von denen, die über den „Dudelfunk" lästern, vermutet wird – und dies nicht nur bei der Musik. Aber die Hörer hören nicht nur hin, sondern sie orientieren sich bei ihrer Auswahl unter den Programmen sehr genau an dem, was sie hören. Die Daten zeigen: die Hörer sind keine Herde von Gewohnheitstieren, sondern kritische Rezipienten, die wägen und entscheiden. Sie vergleichen ihre Erwartungen mit dem, was ihnen angeboten wird, und ziehen daraus ihre Konsequenzen: sie schalten um oder sie bleiben dran. Und genau das: Einschalten oder Abschalten? Dranbleiben oder Umschalten? Das sind die entscheidenden Fragen für die Radiopraxis!

II.   Was sind die theoretischen Grundlagen?

Die Untersuchung nähert sich dem Radio und seiner Nutzung mit einem Ansatz, der auf die Qualitätsurteile der Hörer setzt. Dabei wird der Schlüsselbegriff „Qualität" nicht normativ definiert (als Güte), sondern analytisch (als Eigenschaft oder Unterscheidungskriterium). Ein Radioprogramm hat bei diesem Begriffsverständnis nicht erst dann „Qualität", wenn es besonders viel klassische Musik oder politische Information sendet, sondern jedes Radioprogramm hat seine „Qualitäten", also Eigenschaften, die es von anderen unterscheidet.

Qualität ist abhängig vom Betrachter. Da es in dieser Untersuchung vor allem um die Entwicklung und Prüfung eines Ansatzes zur Erklärung von Radionutzung ging, wurde die Rezipientenperspektive in den Mittelpunkt der Betrachtung gestellt. Es wird versucht, die Radionutzung aus den Qualitätsurteilen der Hörer zu erklären; oder umgekehrt formuliert: Es wurde geprüft, inwieweit die Qualitätsurteile der Hörer ein Faktor sind, mit dem man die Unterschiede in der Nutzung des Radios durch die Hörer erklären kann. Diese Urteile werden aus zwei Momenten rekonstruiert: den Vorstellungen der Hörer vom Radio, wie es sein sollte („Idealradio"), und der Wahrnehmung der Programmangebote, wie sie in der Sicht der Hörer sind („Realradio").

Die relevanten Qualitätskriterien wurden vor Beginn der eigentlichen Untersuchung in Gruppengesprächen mit Radiohörern ermittelt. Eines der wesentlichen Ergebnisse dieser Voruntersuchung bestand in der Erkenntnis, dass man hohe Qualität nicht dadurch erreichen kann, indem man bestimmte Eigenschaften eines Programms immer mehr steigert. Vielmehr scheint es so zu sein, dass hohe Qualität einem bestimmten Idealpunkt auf einem Spannungsbogen zwischen unterschiedlichen – tendenziell widersprüchlichen – Anforderungsprofilen entspricht. Hohe Qualität wäre demnach der gelungene Ausgleich zwischen divergierenden Erwartungen, die an ein Programm gestellt werden. Insgesamt fünf solcher Spannungsbögen wurden in der Vorstudie ermittelt (Abbildung I), drei weitere wurden in Anlehnung an ein traditionelles publizistisch-normatives Verständnis von Qualität formuliert.

Abbildung I Qualität als Spannungsbögen

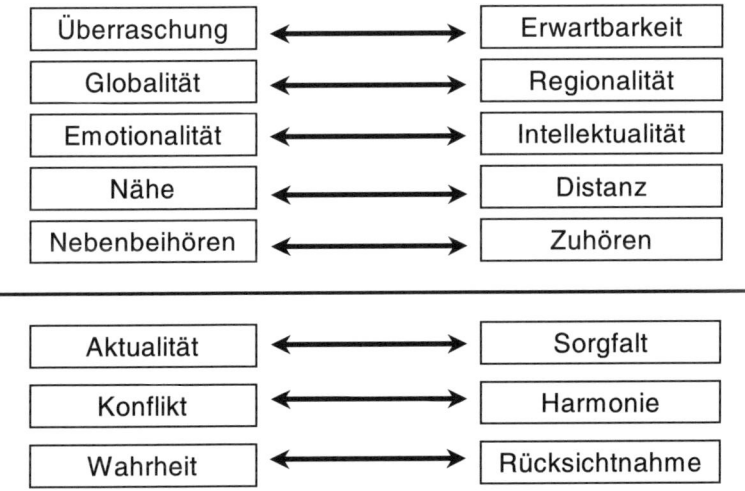

Diese Spannungsbögen spielen eine zentrale Rolle in der Untersuchung. Mit ihnen wird erfasst, was die Hörer vom Radio erwarten und wie sie das Radio wahrnehmen. Dabei handelt es sich um Gegensatzpaare wie Regionalität und Globalität, Nähe zum Hörer oder seriöse Ausstrahlung. Ausgangspunkt ist die

These, dass die Hörer sehr oft beides wollen: ein Radio, das sowohl regionale Elemente (z.B. im Service) als auch globale Momente (z.B. in der Musik) hat. Die Hörer wollen also, dass „ihr" Programm auf diesen Spannungsbögen die Balance hält – nicht zu regional, aber auch nicht zu global, nicht zu überraschend, aber auch nicht völlig erwartbar, nicht zu emotional, aber auch nicht zu intellektuell.

Um prüfen zu können, ob diese theoretisch vermuteten Spannungen zwischen den unterschiedlichen Erwartungen an das Idealradio tatsächlich bei den Hörern nachweisbar sind, wurde eine Fragetechnik gewählt, die sowohl die Präferenzen der Befragten (was wird vorgezogen: ein regionales oder ein globales Radio beispielsweise) als auch das Ausmaß der Spannung zwischen den beiden Polen deutlich macht (wie sehr wird beides gewollt: das überraschende wie auch das erwartbare Programm beispielsweise). Die Ergebnisse der Untersuchung in dieser Hinsicht zeigen klar, dass bei den meisten Gegensatzpaaren erhebliche Spannungen zwischen den beiden Polen festzustellen sind, während die Präferenzen zum größten Teil in der Nähe der Mitte – genau zwischen den beiden Extremen – zu verorten sind. Das bedeutet, die Hörer wollen beides. Sie wollen, dass Moderatoren locker sind und gleichzeitig seriös, sie wollen ein Radio, bei dem man am liebsten die ganze Zeit zuhören möchte, dass aber auch im Hintergrund laufen kann, ohne zu stören.

III. Wie wird vorgegangen?

Es ist an dieser Stelle nicht der Raum, um auf Methodenfragen im Detail einzugehen. Sie sind in der Studie umfassend offen gelegt und ausführlich diskutiert. Sinn und Zweck dieser Offenlegung ist, dass die Gültigkeit und Verlässlichkeit der Ergebnisse nachvollzogen werden können und jeder, der die Befunde anzweifelt, nachprüfen kann, wie sie zustande gekommen sind. Hier soll nur soviel zur Vorgehensweise gesagt werden, wie es für das Verständnis der Ergebnisse unbedingt notwendig ist.

Ermittelt wurden die Erwartungen und Wahrnehmungen der Radiohörer in einer repräsentativen Bevölkerungsumfrage in Thüringen, Sachsen-Anhalt und Hessen. Insgesamt wurden mehr als 1500 Radiohörer befragt. Es wurde Wert darauf gelegt, dass die Personen nicht direkt nach den Gründen für ihre Radionutzung gefragt wurden – auf direkte Fragen nach dem „Warum" wissen die meisten Menschen wenig Substantielles zu antworten. Das ist zu anspruchsvoll, erst recht in einem Interview. Stattdessen wurden sie nach ihrem Tun und nach ihrem Denken befragt – darüber können Menschen viel leichter und zuverlässiger Auskunft geben. Durch die Verknüpfung dieser Antworten bei der Datenauswertung wird dann versucht, den Gründen für das Handeln (die Radionutzung) auf die Spur zu kommen – indirekt, aber sehr viel zuverlässiger.

Die so ermittelten Qualitätsurteile der Hörer werden dann konfrontiert mit einer Inhaltsanalyse von 17 im Befragungsgebiet empfangbaren Radioprogrammen, die von uns jeweils an sieben Tagen 14 Stunden lang analysiert worden sind. Insgesamt wurden hierfür also fast 1700 Stunden Radioprogramm ausgewertet. Mit der Inhaltsanalyse wurden detailliert Form und Inhalt der einzelnen Programmelemente von der Musik bis zu Gewinnspielen erfasst. Die Gegenüberstellung der Daten aus Befragung und Inhaltsanalyse zeigt deutlich und detailliert, in welchem Maß sich Hörererwartungen und Programmangebote aufeinander eingependelt haben. So weit zu Theorie und Methode. Nun zu den Befunden.

IV. Beispiele für praxisrelevante Ergebnisse

Die vorliegende Untersuchung ist eine Grundlagenstudie, in der geprüft werden soll, ob durch die vorgeschlagene Herangehensweise praxisrelevante Ergebnisse erzielt werden können. Die Daten der Untersuchung sind mittlerweile zwei Jahre alt. Sie sind damit zu alt, um unmittelbare Handlungsrelevanz für die Praxis haben zu können. Niemand wird aktuelle Programmentscheidungen auf der Basis von diesen Daten treffen wollen. Durch die Ergebnisse kann aber veranschaulicht werden, welche Art von Erkenntnissen durch die Anwendung der hier entwickelten Instrumente erzielt werden können.

Zunächst werden die Profile der Programme dargestellt: Was bieten die Sender? Dann wird es um die Hörer gehen: Was wollen die Hörer? Im dritten Schritt wird geprüft, ob die Hörer die Programme so wahrnehmen, wie sie sind. Zum Schluss geht es dann um die entscheidende Frage: Was bewegt die Hörer dazu, ein bestimmtes Programm zu nutzen? In allen vier Phasen wird jeweils an einzelnen Beispielen gezeigt, welches Potential in der Untersuchung steckt.

IV.1   Wie unterscheiden sich die Strategien von Zweitanbietern?

Zunächst zum Profil der Programme. Hierzu werden exemplarisch zwei Sender gegenüber gestellt, die nicht miteinander in direkter Konkurrenz stehen, die sich aber in einer ähnlichen Lage befinden. Sie sind jeweils in ihrem Sendegebiet nicht der Marktführer, sondern stehen bei den privaten Anbietern an zweiter Position. In Thüringen ist dies die Landeswelle Thüringen, in Sachsen-Anhalt Hit-Radio Brocken. Welche Angebote machen diese Programme an ihre Hörer? Die Landeswelle Thüringen bezeichnet ihr Format selbst als Soft AC (Oldie based), Hit-Radio Brocken definiert sich als Mainstream AC.

Aber jenseits dieser groben Formatbeschreibungen: Welche Unterschiede gibt es zwischen den beiden Programmen? Wie versuchen sie sich gegenüber den privaten Marktführern Radio SAW und Antenne Thüringen (beide Hot AC) und der öffentlich-rechtlichen Konkurrenz JUMP (Young Hot AC) zu positionieren? Dass es dabei um mehr als nur um die Musik geht, hat einer unserer Gesprächspartner im Experteninterview anschaulich formuliert: *„Das Musikformat ist wie der Kern eines Baumes, innen, wo die Maserung ist. Dieser Baum ist aber ohne Rinde nicht lebensfähig. Und die Rinde außen rum, das ist die Moderation, das sind die Inhalte der Beiträge, das ist die Art und Weise, wie ich die Nachrichten präsentiere."*

Doch beginnen wir mit der *Musik:* Anders als es die Formatnamen nahe legen, ist die Musikauswahl bei der Landeswelle Thüringen deutlich weniger „Oldie based" als bei Hit-Radio Brocken. Zudem ist auch der Anteil der aktuellen Chart-Titel bei der Landeswelle höher als bei Hit-Radio Brocken. Zusammen genommen ist die Musik bei der Landeswelle also jünger (vgl. Abb. II). Gemeinsam ist beiden, dass zwei Drittel des Musikprogramms aus englischer Popmusik der 80er und 90er bestehen. Gemeinsam ist beiden Programmen auch ein – im Vergleich zu den privaten Konkurrenten – etwas höherer Anteil deutschsprachiger Musik. Überraschend ist sicherlich, dass bei der Landeswelle der Sound des Soft AC-Programms genauso soft ist wie der des Mainstream AC-Programms bei Hit-Radio Brocken, dafür aber stärker melodie- und weniger rhythmusbetont.

Zu den anderen Programmelementen: Fast identisch sind die beiden Programme im Bereich des *Humors.* Dies betrifft sowohl den Umfang als auch die Form des Humors. Der Anteil, den die *Moderation* am Programm ausmacht, ist bei beiden Programmen ebenfalls nahezu gleich. Allerdings gibt es einige Unterschiede bei den Inhalten und bei der Höreransprache. Der Anteil der reinen Musikmoderationen ist bei der Landeswelle Thüringen fast doppelt so hoch wie bei Hit-Radio Brocken. Dafür plaudern die Moderatoren beim Hit-Radio etwas mehr und betreiben Eigenwerbung für ihren Sender. Damit korrespondiert auch der Befund, dass der Moderations- und Präsentationsstil bei Hit-Radio Brocken öfter locker daher kommt, während er bei der Landeswelle Thüringen häufiger sachlich erscheint. Obwohl die Moderatoren beim Hit-Radio Brocken lockerer sind und mehr plaudern, kommt es bei ihnen trotzdem öfter vor, dass sie das Publikum bei der Moderation nicht direkt ansprechen.

Abbildung II Zwei Programmprofile im Vergleich

	Landeswelle Thüringen	Hit-Radio Brocken
	%	%
Anteil Musik am Programm	65	70
- davon Pop-Charts	17	7
- davon englischer Pop 80er / 90er	64	69
- davon Oldies	1	13
- davon deutschsprachige Musik	8	7
- davon mit „softem" Sound	33	38
- davon melodiebetont	37	27
Anteil Humor am Programm	1,3	1,3
- davon unpolitischer Humor	65	75
Anteil Teaser am Programm	1,1	1,3
- davon Teaser für Humor, Spiele, Hörerbeteiligung	75	70
Anteil Moderation am Programm	4	5
- davon reine Musikmoderation	39	21
- davon Plauderei und Eigenwerbung bei der Moderation	15	20
- davon Moderationsbeiträge ohne Höreransprache	18	33
Anteil informierender Beiträgen mit Gesellschaftsbezug	9	7
- davon zum Themenbereich Verbrechen, Unfälle, Softnews	20	33
- davon Arbeit, Wirtschaft und Soziales	17	20
- davon über lokale oder regionale Themen	37	51
- davon tagesaktuell oder sehr aktuell	55	36
Anteil sachlicher Präsentationsstil in Beiträgen u. Moderation	68	59
Anteil Servicemeldungen am Programm	7	5
- davon Verkehrsmeldungen mit Blitzern	64	60
Anteil Veranstaltungshinweise am Programm	1,9	0,8
- davon vom Sender organisiert oder gesponsert	65	75
Anteil Hörerdialog am Programm	0,4	0,1
- davon Anekdoten und Geplauder	35	100
Anteil Spiele am Programm	0,7	1,4
- davon mit rein spaßorientierter Atmosphäre	5	50

Bei den *gesellschaftsbezogenen Informationen* ist der Anteil am Gesamtprogramm bei der Landeswelle um immerhin zwei Prozentpunkte höher – bei insgesamt nur neun bzw. sieben Prozent ist das durchaus wahrnehmbar. Die Programme unterscheiden sich aber nicht nur hinsichtlich des Umfangs, den sie diesem Programmbereich zuweisen, sondern auch hinsichtlich der Inhalte: Vor allem der Bereich Softnews, Verbrechen und Unfälle wird vom Hit-Radio in Sachsen-Anhalt häufiger bedient. Bei den Themen aus dem Bereich, Arbeit Wirtschaft und Soziales gibt es hingegen fast keine Abweichungen in den Prozentanteilen. Am auffälligsten sind die Unterschiede aber hinsichtlich der regionalen

Orientierung: Während bei Hit-Radio Brocken mehr als die Hälfte aller Beiträge aus dem Nahraum stammen, sind dies bei der Landeswelle nur etwas mehr als ein Drittel. Bemerkenswert ist auch, dass die Landeswelle stärker die Aktualität der Beiträge hervorhebt als Hit-Radio Brocken.

Nicht nur den gesellschaftsbezogenen Informationen, auch den *Serviceinformationen* gibt die Landeswelle etwas mehr Raum im Programm. Inhaltlich füllen beide Programme dieses Angebotssegment aber ähnlich: über 60 Prozent bestehen aus Verkehrsmeldungen unter starker Berücksichtigung von Blitzerhinweisen. Die Sender unterscheiden sich im Bereich Veranstaltungshinweise vor allem im Umfang, den sie diesem Programmelement zubilligen. Auch hier liegt die Landeswelle vorne. Inhaltlich finden aber bei beiden Sendern vor allem diejenigen Veranstaltungen Beachtung, die der jeweilige Sender organisiert oder sponsert. Das ist anders als ursprünglich erwartet. Bei der Konzeption der Inhaltsanalyse ist davon ausgegangen worden, dass die Veranstaltungshinweise in erster Linie eine Servicefunktion für die Hörer bieten sollen. Die Ergebnisse zeigen dann jedoch, dass sie von sehr vielen Sendern in erheblichem Umfang dazu genutzt werden, um auf solche Veranstaltungen aufmerksam zu machen, die von den Sendern selbst gesponsert oder organisiert werden. Die Veranstaltungshinweise haben damit in der Strategie dieser Sender weniger den Charakter einer Serviceleistung, sondern dienen vor allem der Programmbindung.

Bei der *Einbindung der Hörer* fahren die beiden Sender deutlich unterschiedliche Strategien. Hit-Radio Brocken setzt stark auf spaßbetonte Spiele und wenig auf Hörerdialog. Und wenn die Hörer zu Wort kommen dürfen, dann nur, indem sie ein wenig mit den Moderatoren plaudern oder Anekdoten erzählen. Anders hingegen bei der Landeswelle Thüringen: Bei der Landeswelle wird zum einen weniger gespielt und zum anderen geht es bei den Spielen nicht nur um Spaß. Dafür kommen die Hörer der Landeswelle öfter beim Hörerdialog zu Wort, und dies nicht nur in Form belangloser Plauderei, sondern auch mit ernsthaften Themen.

Insgesamt lassen sich also deutlich unterscheidbare Programmprofile erkennen, mit denen die beiden Programme versuchen, sich neben dem Marktführer zu behaupten: Im Vergleich zu Hit-Radio Brocken versucht es die Landeswelle Thüringen mit einem vom Umfang geringeren – aber etwas jüngerem – Musikprogramm, mehr Informationen, etwas seriöserer Ansprache, nicht ganz so spaßbetont und etwas serviceorientierter.

Solche Vergleiche könnte man für jedes Senderpaar durchführen, beispielsweise für zwei Sender in Konkurrenzsituation wie Antenne Thüringen und Landeswelle Thüringen oder für zwei Sender wie MDR Kultur und hr2 die Kulturwelle, die keine Konkurrenten sind, aber möglicherweise voneinander lernen können. Einige der möglichen Vergleiche sind sicherlich instruktiver, andere weniger interessant.

Aber bevor man nicht den Versuch unternommen hat, Sender miteinander zu vergleichen, wird man nicht wissen, ob es sich lohnt.

IV.2 Welche Vorstellungen haben die Hörer von der Programmstruktur ihres „Idealradios"?

Kommen wir nun zum Profil der Hörer. Was erwarten die Hörer vom Radio? Wie hört sich ihr „Idealradio" an? Welche Programmelemente wollen sie häufig hören und welche selten? Welche Musikstile präferieren sie und welche lehnen sie ab? Unterscheiden sich hier die Nutzer der verschiedenen Programme?

Die Hörer erwarten von ihrem Idealradio vor allem Musik und Nachrichten (vgl. Abbildung III). Es gibt kaum Hörer, die diese Programmelemente völlig ablehnen. Hohe Zustimmungsraten erhalten auch die Verkehrsmeldungen. Auf der anderen Seite möchte aber immerhin jeder zehnte Befragte dieses Programmelement nur selten oder gar nicht hören. Das obere Mittelfeld der gewünschten Programmelemente bilden aktuelle Politikberichte, Veranstaltungshinweise, Moderatorenteams und humorvolle Beiträge. Ungefähr die Hälfte der Befragten möchte solche Programmelemente häufig hören. Allerdings ist zu beachten, dass hier bereits jeder fünfte Hörer auf diese vier Elemente lieber weitgehend verzichten würde.

Abbildung III Die Programmelemente des Idealradios

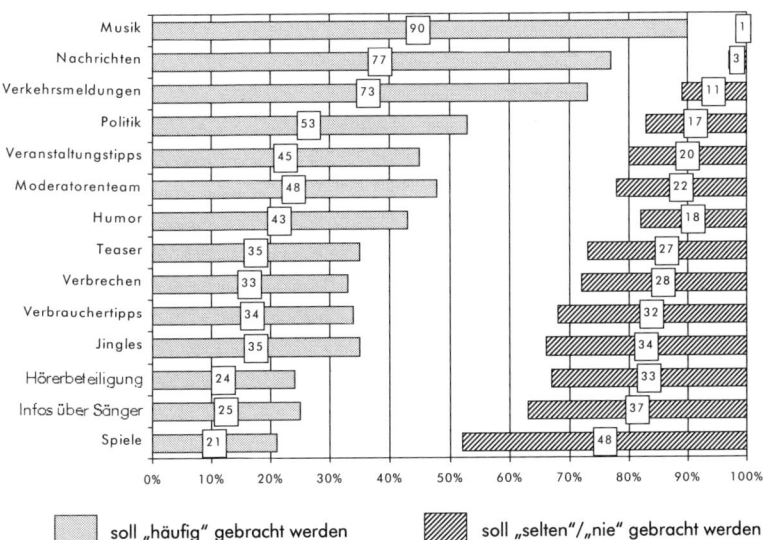

soll „häufig" gebracht werden   soll „selten"/„nie" gebracht werden

Das untere Mittelfeld der bevorzugten Programmelemente bilden Trailer, Berichte über Verbrechen und Unfälle, Alltagstipps sowie die Jingles und Erkennungsmelodien der Sender. Bei diesen Programmelementen ist bereits eine starke Polarisierung der Hörer festzustellen. Ein gutes Drittel der Befragten möchte diese Elemente häufig hören, ein knappes Drittel hingegen eher selten oder nie. Nur wenige Anhänger haben jene Sendungen, die eine Hörerbeteiligung ermöglichen. Auch Informationssendungen über Musikinterpreten und die verschiedenen Spielformate werden nur von wenigen gewünscht. Bei diesen Programmelementen sind mehr Personen zu finden, die sie selten oder nie hören wollen, als solche, die diese Programmformen gerne häufig in ihrem Idealprogramm hätten.

Die Befragten sind sich zwar weitgehend einig darüber, dass Musik häufig im Radio gespielt werden sollte, *welche* Musik dies jedoch sein sollte, darüber gehen die Meinungen auseinander. Noch am ehesten konsensfähig sind Oldies (vgl. Abbildung IV). Zwar möchte selbst bei dieser relativ unspezifischen Musikrichtung weniger als die Hälfte der Befragten, dass solche Musik *häufig* gespielt wird, aber es gibt auf der anderen Seite auch nur sehr wenige, die Oldies völlig ablehnen und sie *nie* hören möchten. Schon auf deutlich mehr Ablehnung stößt die Popmusik. Ungefähr jeder siebte Befragte möchte nicht, dass Popmusik (gleichgültig, ob aktuell oder etwas älter) in seinem Idealprogramm gespielt wird. Dennoch sind Oldies und Popmusik die einzigen zumindest tendenziell mehrheitsfähigen Musikrichtungen. Alle anderen Stile polarisieren stark oder werden sogar von der Mehrheit abgelehnt.

Abbildung IV   Die Musikrichtungen des „Idealradios"

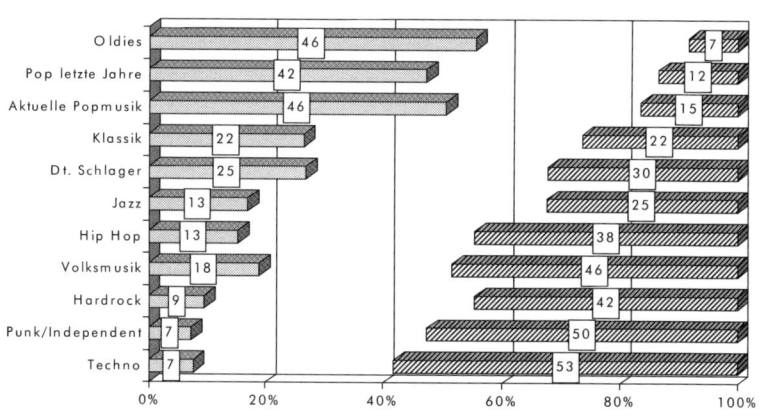

| | soll „häufig" gebracht werden | | soll „selten"/„nie" gebracht werden |

Stark polarisieren Klassik und deutsche Schlagermusik mit jeweils rund einem Viertel Anhängern und Gegnern. Bei allen anderen abgefragten Musikrichtungen sind diejenigen, die die Musikrichtung ablehnen, deutlich mehr als die Fans. Musik aus den Stilrichtungen Techno, Punk, Hard Rock oder Volksmusik ist jeweils für rund die Hälfte der Befragten etwas, was sie *nicht* in ihrem Idealradio hören möchten. Der Anteil derjenigen, die solche Musik *häufig* hören möchte, bleibt bei Hard Rock, Punk und Techno unter zehn Prozent, bei allen anderen Stilen unter zwanzig Prozent.

IV.3 Wie unterschieden sich die Erwartungen der Hörer? Kulturwellen und Jugendsender im Vergleich

Kommen wir nun zu den Spannungsbögen und schauen uns an, wie sich hier die Erwartungen der Hörer unterscheiden oder gleichen. Dazu werden zwei Programme betrachtet, von denen man annehmen sollte, dass ihre Hörer ähnliche Erwartungen haben: hr2 die Kulturwelle und MDR Kultur. Diese werden mit den Erwartungen der regelmäßigen Hörer eines ganz anderen Programms, des Jugendsenders Planet Radio aus Hessen, kontrastiert.

Die Ergebnisse dieses Vergleichs zeigen zum einen die erwartbaren Gemeinsamkeiten und Unterschiede, es findet sich aber eine Reihe von überraschenden Befunden, die so nicht zu vermuten waren (Abbildung V). Nicht überraschend ist sicherlich, dass sich die Hörer der Kulturwellen ihr Idealradio stärker als Zuhörradio wünschen als die Nutzer des Jugendradios. Überraschend ist aber, wie unterschiedlich dennoch die diesbezüglichen Erwartungen an die beiden Kulturwellen sind und wie wenig sich letztendlich die regelmäßigen Hörer von MDR Kultur in dieser Hinsicht von denen, die Planet Radio bevorzugen, unterscheiden.

Während sich beim Spannungsbogen zwischen *Nebenbeiradio* und Zuhörradio die Hörer der Kulturradios zumindest tendenziell von den Hörern des Jugendradios unterscheiden, findet man beim Gegensatz von *Überraschung und Erwartbarkeit* diese Trennung nicht mehr: Die Hörer von MDR Kultur und Planet Radio sind sich weitgehend einig: Sie wünschen sich viel Überraschung im Musikprogramm, während die hr2-Nutzer im Durchschnitt stärker die Erwartbarkeit präferieren. Die Hörer der beiden Kulturprogramme unterscheiden sich in dieser Hinsicht also diametral.

Beim Spannungsbogen von *Intellektualität vs. Emotionalität* tendieren die Kulturradiohörer übereinstimmend in Richtung Intellekt, die Nutzer des Jugendradios hingegen etwas stärker in Richtung Emotionalität. Auf diesem Spannungsbogen sind sich die Hörer der Kulturradios also einig und unterscheiden sich in ihren Qualitätsansprüchen erwartungsgemäß von den Nutzern des Jugendprogramms. In die gleiche Richtung weisen auch die Befunde zum Spannungsbogen von *Nähe und Distanz.* Die Hörer des Jugendradios wünschen sich stärker die Nähe, bei den Hörern der beiden Kulturprogramme tendiert die Erwartung stark zur Mitte.

Deutlich anders als erwartet sind die Befunde beim Spannungsbogen *Konflikt vs. Harmonie.* Alle Hörer tendieren hier in Richtung Konflikt, aber am stärksten die Hörer von hr2. Mit einem solchen Ergebnis hätte wahrscheinlich kaum jemand gerechnet.

Abbildung V   Erwartungen an das Idealradio auf den Spannungsbögen

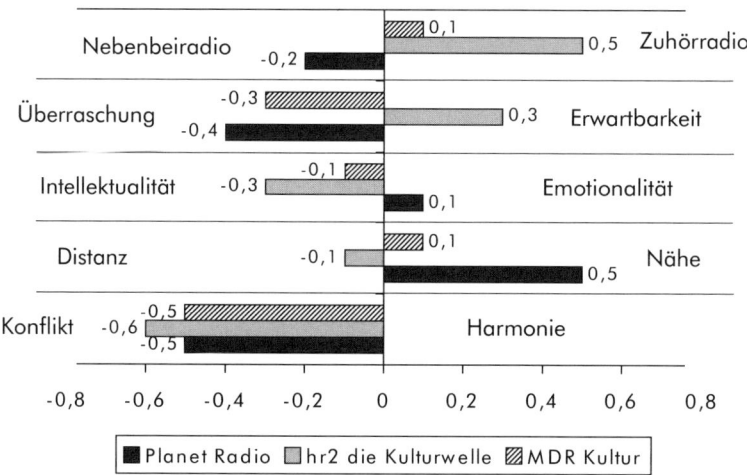

Wir wissen nun, was die Sender bieten und was die Hörer wollen. Darüber hinaus wurden die Hörer zudem noch gefragt, wie sie die Sender wahrnehmen. Die Ergebnisse sollen beispielhaft für die gleichen drei Sender und die gleichen fünf Dimensionen präsentiert werden (Abbildung VI).

Es zeigt sich: Die Hörer der Kulturradios – also diejenigen, die das Kulturradio als ihren meistgehörten Sender angegeben haben – wünschen nicht nur stärker, dass ihr Idealradio ein Zuhörmedium sein soll, sondern sie nehmen das von ihnen meistgehörte Programm auch so wahr. Ähnlich sind auch die Ergebnisse auf dem zweiten Spannungsbogen. Die Hörer von hr2 das Kulturradio wünschen nicht nur ein erwartbares Programm, sondern sie nehmen ihr Programm auch so wahr. Die Wahrnehmung der Hörer von MDR Kultur und Planet Radio unterscheidet sich nur etwas. Auch auf den Spannungsbögen Intellektualität vs. Emotionalität und Nähe vs. Distanz findet man bei der Wahrnehmung eine ähnliche Struktur wie bei den Erwartungen an das Idealradio. Allerdings sind die Wahrnehmungsunterschiede wesentlich stärker ausgeprägt als die Differenzen hinsichtlich der Qualitätserwartungen. Und auch beim letzten Spannungsbogen findet man bei der Wahrnehmung in etwa die gleiche Relation wie bei den Erwartungen.

Insgesamt sprechen die Befunde dafür, dass die Hörer sich also durchaus an diesen Qualitätskriterien bei der Senderwahl orientieren. Teilweise sind die Erwartungen aber stärker auf die Mitte des Spannungsbogens ausgerichtet, während sich in der Wahrnehmung der Zuhörer die Programme deutlicher an einem der beiden Pole orientieren. Das kann ein Hinweis darauf sein, dass eine etwas andere Justierung des Programms sinnvoll sein könnte – in Richtung auf die Mitte der Spannungsbögen.

Abbildung VI Wahrnehmung des Realradios auf den Spannungsbögen

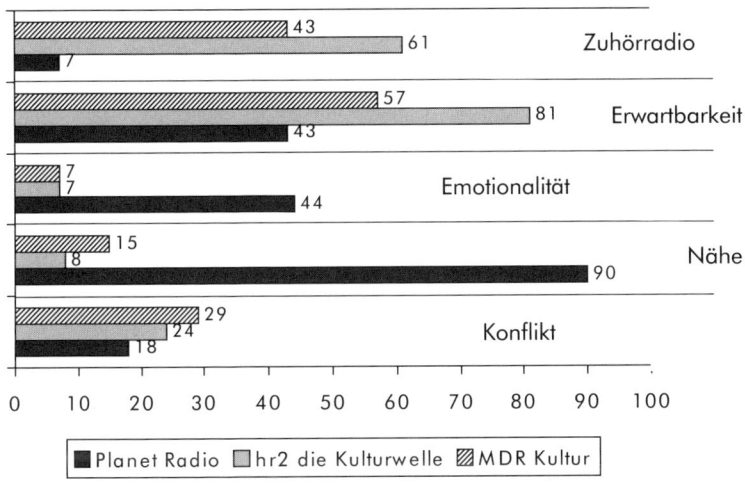

IV.4 Wie hängen Wahrnehmung der Programme und Eigenschaften der Programme zusammen?

Die Ergebnisse der Befragung lassen sich auf unterschiedliche Art und Weise mit den Ergebnissen der Inhaltsanalyse kombinieren. Von besonderem Interesse ist dabei die Frage, wie sich der Zusammenhang zwischen der Wahrnehmung bestimmter Programmmerkmale und den entsprechenden inhaltsanalytisch ermittelten Eigenschaften der Programme darstellt. Damit kann geprüft werden, wie realistisch die Wahrnehmungen der Hörer von den Sendern sind. Für jeden der Spannungsbögen, die bei den Befragten ermittelt wurden, sind jeweils mehrere Indikatoren entwickelt worden, die man bei den Programmen inhaltsanalytisch messen kann. Diese wurden dann mit den Befragungsdaten konfrontiert. Wie dies geschehen ist und was dabei heraus gekommen ist, kann man beispielhaft der Abbildung VII entnehmen.

Abbildung VII   Was die Hörer hören und was die Sender senden

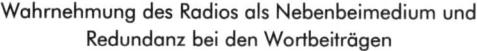

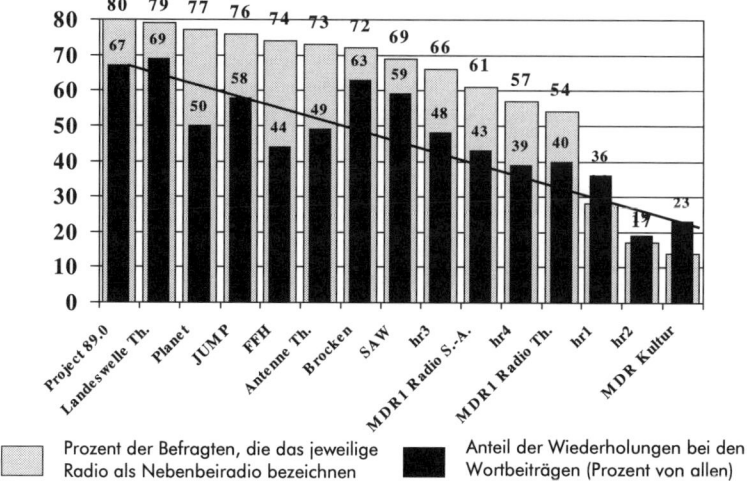

Wahrnehmung des Radios als Nebenbeimedium und Redundanz bei den Wortbeiträgen

Prozent der Befragten, die das jeweilige Radio als Nebenbeiradio bezeichnen

Anteil der Wiederholungen bei den Wortbeiträgen (Prozent von allen)

Es erscheint plausibel, dass ein Radioprogramm, bei dem ein größerer Teil des Wortprogramms öfter wiederholt wird, sich besser nebenbei hören lässt, als ein Programm, in dem kaum etwas wiederholt wird. Im ersten Fall ist es gleichgültig, ob man einmal einen Beitrag verpasst, weil man nicht richtig zugehört hat, denn einige Zeit später wird der Beitrag ja ohnehin wiederholt. Man ist also nicht gezwungen, in dem Moment zuzuhören, sondern kann dies verschieben. Anders hingegen bei einem Programm, in dem wenig wiederholt wird. Die These lautet, dass die Zuhörer das genauso wahrnehmen und deswegen die Programme mit hohem Wiederholungsanteil eher als Nebenbeiradio bezeichnen und die Programme mit einem niedrigen Wiederholungsanteil eher als Zuhörradio.

Dem Schaubild VII ist zu entnehmen, wie die entsprechende Beziehung zwischen der Wahrnehmung der Programme durch die Hörer und den Programmeigenschaften sich darstellt. Es ist gut zu erkennen, dass es einen deutlichen Zusammenhang zwischen der Qualitätswahrnehmung der Hörer und den Qualitätsmerkmalen des Programms gibt. Dies spricht dafür, dass die Hörer das Programm sehr genau und realistisch wahrnehmen.

IV.5 Hängt die Nutzung von den Qualitätserwartungen ab?

Wir wissen nun, was die Hörer wollen und wie sie Programme wahrnehmen. Wir wissen, was die Sender anbieten, und wir wissen, dass es zwischen den Wahrnehmungen und den tatsächlichen Angeboten einen recht engen Zusammenhang gibt. Damit sind die Voraussetzungen für den letzten Schritt geschaffen. Im Folgenden wird geprüft, wie die Qualitätserwartungen und die Nutzung der verschiedenen Sender zusammenhängen. Dies soll an drei Sendern gezeigt werden. Neben den Qualitätserwartungen werden immer auch andere Einflussfaktoren gleichzeitig berücksichtigt, so z.B. Alter, Geschlecht, Bildung, Nutzungsgewohnheiten usw.. Damit kann sichergestellt werden, dass die Effekte der Qualitätserwartungen nicht in Wahrheit auf andere Faktoren zurückzuführen sind. Man kann also herausfinden, ob z.B. die Nutzungsunterschiede zwischen zwei Sendern auf Unterschiede beim Alter der Hörer, bei deren Bildung oder aber auf die Qualitätserwartungen an das Radioprogramm zurückzuführen sind.

Beginnen wir mit der *Landeswelle Thüringen* (Abbildung VIII). Die unterschiedlich dicken Pfeile symbolisieren den unterschiedlich starken Einfluss der Faktoren auf die Nutzung dieses Senders. Insgesamt sechs Faktoren haben sich als bedeutsam erwiesen, alle anderen Variablen (in der Befragung gestellte Fragen) hatten keinen bedeutsamen Einfluss auf die Nutzung des Senders.

Abbildung VIII Was beeinflusst die Nutzung von Landeswelle Thüringen?

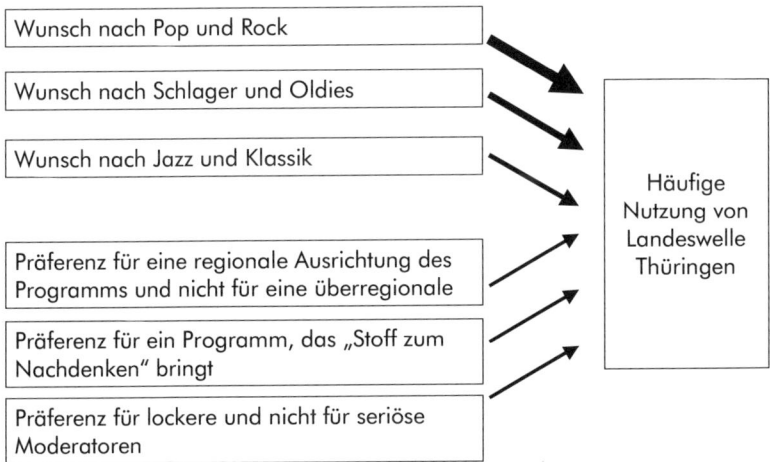

Personen, die gerne häufig Pop und Rockmusik in ihrem Idealradio hören wollen, aber auch Schlager und Oldies und darüber hinaus auch noch ein bisschen Jazz und Klassik, hören sich häufiger Landeswelle Thüringen an. Darüber hinaus haben auch die Präferenzen auf den Spannungsbögen einen Effekt. Wer lieber ein Radio hat, das „Stoff zum Nachdenken" präsentiert, etwas stärker für eine lockere als für eine seriöse Moderation zu haben ist und zudem eine regionale Ausrichtung des Programms vorzieht, der hört sich diesen Sender verstärkt an. Insbesondere an den extrem pluralistischen Musikwünschen wird deutlich, wie schwer es dieser Sender hat, die unterschiedlichen Anforderungen seiner Hörer zu befriedigen.

Für die Erklärung der Nutzung von *MDR1 Radio Sachsen-Anhalt* sind nur fünf Faktoren von Relevanz (Abb. IX). Personen, die in ihrem Idealradio gerne Schlager und Oldies, aber auf keinen Fall aktuelle Popmusik und Rock hören möchten, schalten MDR1 Radio Sachsen-Anhalt häufiger ein. Einen positiven Effekt auf die Nutzung dieses Senders hat auch das Alter – selbst wenn man alle anderen Faktoren berücksichtigt, bleibt das Alter ein eigenständiger Erklärungsfaktor. Ältere Menschen hören sich dieses Programm öfter an. Öfter genutzt wird das Programm auch von solchen, die dem Radio generell die Fähigkeit zuschreiben, den Alltag zu erleichtern und zur Entspannung beizutragen. Einen leicht positiven Einfluss auf die Nutzung dieses Senders hat es auch, wenn die zeitliche Belastung durch Berufsarbeit nicht so hoch ist.

Im Unterschied zur Landeswelle spielen im Bereich der Qualität nur die Musikpräferenzen eine Rolle, und diese sind sehr eindeutig und damit für den Sender wesentlich leichter zu befriedigen. In Ergänzung dazu ist es bei diesem Sender vor allem das Alter, das die Nutzung des Programms günstig beeinflusst.

Abbildung IX Was beeinflusst die Nutzung von MDR 1 Radio Sachsen-Anhalt?

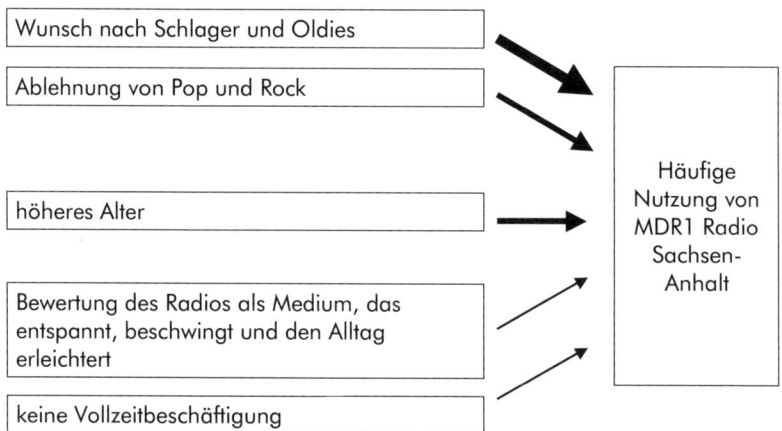

Das dritte Programm, dessen Nutzung nun noch betrachtet werden soll, ist *Hit-Radio FFH* aus Hessen (Abb. X). Auf die Nutzung dieses Programms haben sieben Faktoren einen Einfluss. Genau wie bei MDR 1 Radio Sachsen-Anhalt spielen auch bei FFH Musikpräferenzen eine wichtige Rolle, nur hier mit umgekehrten Vorzeichen: Hörer, die Pop- und Rockmusik wünschen, hören das Programm häufiger, während Personen, die Schlager und Oldies wünschen, das Programm seltener hören. Auch der starke Alterseffekt wirkt bei FFH genau entgegengesetzt: Jüngere Personen nutzen das Programm öfter.

Im Unterschied zu den anderen beiden Programmen wird die Nutzung von FFH auch recht stark durch Habitualisierung bestimmt. Darunter wird ein gewohnheitsmäßiges Handeln verstanden, bei dem nicht mehr viel überlegt wird. Wer gewohnheitsmäßig Radio hört, schaltet häufiger FFH ein. Darüber hinaus spielen auch weitere Qualitätserwartungen eine Rolle: Wer gerne häufig Verkehrsmeldungen hört, der nutzt FFH öfter und wer eine lockere Moderation einer seriösen vorzieht, der gehört ebenfalls eher zu den regelmäßigen Nutzern von FFH. Schließlich scheint FFH auch für diejenigen besonders geeignet zu sein, denen es wichtig ist, ein Radio zu haben, das man gut nebenbei hören kann, das aber gleichzeitig auch zum Zuhören einläd, denn diese Personen nutzen das Programm öfter. Es ist sicherlich gut zu wissen, ob die Hörer des eigenen Programms eher jünger oder eher älter sind, aber insbesondere aus den Qualitätserwartungen der Hörer an das Musikprogramm, an die Programmelemente und an die Spannungsbögen ließe sich einiges ableiten, worauf die Macher eines Programms achten sollten, wenn sie ihr Publikum halten wollen.

Abbildung X Was beeinflusst die Nutzung von Hit-Radio FFH?

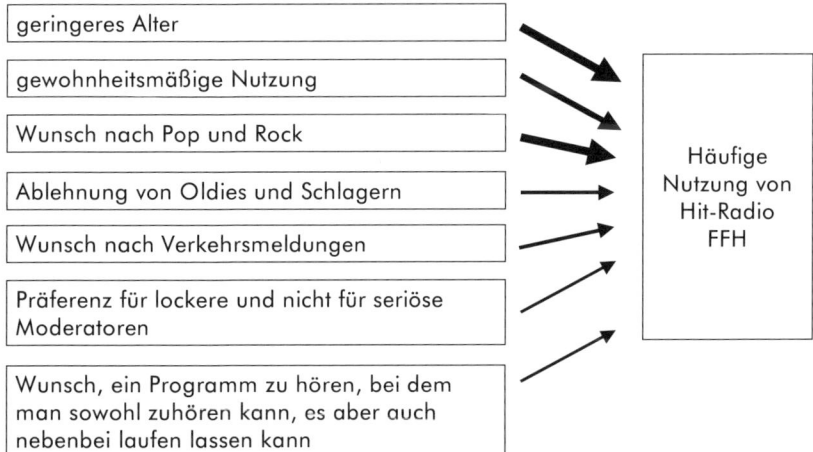

V. Was folgt daraus für die Programmplanung?

Die hier exemplarisch präsentierten praxisrelevanten Ergebnisse sind nur ein kleiner Ausschnitt aus dem, was im Bericht präsentiert wird. Und was im Bericht präsentiert wird, ist wiederum nur ein Ausschnitt von dem, was mit den erhobenen Daten möglich ist. Auf einige der möglichen weitergehenden Auswertungsstrategien wird im Resümee der Arbeit verwiesen.

Was die Möglichkeiten betrifft, aus dem vorliegenden Bericht Konsequenzen zu ziehen, lässt sich vieles denken, wobei aus der Sicht der Praktiker möglicherweise andere Befunde wesentlich wichtiger sind, als die hier hervorgehobenen. Dennoch: Aus den Analysen lässt sich eine Vielzahl von Ansatzpunkten zur Veränderung und Verbesserung der Programme ableiten. Das beginnt beim Gefüge der Programmelemente: wie viel Raum gibt man den einzelnen Programmteilen im Rahmen des Gesamtprogramms? Es geht weiter bei der Ausgestaltung der einzelnen Programmelemente. Auch dort kann vieles mit Blick auf die Erwartungen der Hörer und die Leistungen der anderen Sender optimiert werden: die Art der Gewinnspiele, der Anteil deutschsprachiger Musik, die Zusammensetzung der Nachrichten etc. Und schließlich sind noch die Spannungsbögen zu nennen: Sollte die Moderation nicht doch etwas seriöser werden, um dem Idealpunkt auf dem Spannungsbogen noch etwas näher zu kommen? Ist das Musikprogramm nicht doch etwas zu erwartbar und sollte nicht ab und zu der eine oder andere überraschende Titel mehr ins Programm? Die Fragen können mit Blick auf die direkten Konkurrenten oder auch durch die Betrachtung der Konstellationen in den anderen Bundesländern beantwortet werden. Aber beides kann nur dann erfolgreich sein, wenn die Hörer bei der Planung berücksichtigt werden. Sie müssen ernst genommen werden – und zwar sowohl ihre Vorstellungen vom Idealradio als auch ihre Wahrnehmungen des realen Programms. Auch wenn die vorgelegten Befunde dazu nicht direkt und unmittelbar dienen können – dafür sind sie zu alt – so eröffnen die Ergebnisse doch möglicherweise einen neuen Blick auf die Situation in der jeweiligen Radiolandschaft. Vor allem werden im Bericht aber Wege und Instrumente aufgezeigt und beschrieben, mit denen man auch zeitnah Befunde erzielen kann, die dann sehr wohl zu Programmplanung dienen können.

VI. Eine neue Sicht auf das Radiohören

Selbstverständlich können viele Fragen der Radiopraxis auch mit dieser Analyse nicht beantwortet werden. Es ist klar, dass die Erwartungen der Hörer und die inhaltlichen Eigenschaften von Programmen zwar von großer Bedeutung sind, aber bei der Positionierung von Radioprogrammen noch andere Gesichtspunkte zu berücksichtigen sind – vor allem betriebswirtschaftliche Aspekte.

Und vieles in den Antworten auf die Fragen, was die Hörer wollen und die Sender bieten, ist sicherlich auch nicht unmittelbar für die Radiopraxis von Belang, sondern orientiert sich an anderen Relevanzgesichtspunkten. Die Analyse versucht die Brücke zwischen Grundlagenforschung und angewandter Forschung zu schlagen. Und dabei muss sich auch ein Ertrag aus Sicht der Grundlagenforschung ergeben. Um dies hier wenigstens anzudeuten: Wir sind mit der Analyse der Rationalität des Gewohnheitshandelns ein Stück weiter auf die Spur gekommen. In der Studie ist deutlich geworden, dass hinter dem scheinbar gedankenlosen, selbstverständlichen Tun eine Rationalität steckt: In ihrem routinisierten Alltagshandeln wählen die Hörer im Regelfall jeweils denjenigen Sender, der ihren sehr unterschiedlichen Zwecken am besten entspricht. Wenn man es so betrachtet, handelt der Radiohörer überaus vernünftig. Das klingt so selbstverständlich, als hätte man es immer schon gewusst und gesagt, aber es ist eine neue Sicht auf das Radiohören.

B. Vergleichende Untersuchung zu Qualitätsmerkmalen und Qualitätsbewertungen von Radioprogrammen in Thüringen, Sachsen-Anhalt und Hessen

1. Einleitung: Die Bedeutung des Unauffälligen

„Der Rundfunk ist Dauergast, und mit einem solchen macht man bekanntlich keine Umstände. Das Leben geht weiter, als wäre er gar nicht da." So charakterisierte Rudolf Arnheim (1979: 158) das Radio bereits 1936, und da waren Servicewelle und Formatuhr noch nicht erfunden. Das Radio ist ein unauffälliger Begleiter im Alltag – überall und allzeit gegenwärtig: beim Einschlafen und beim Aufwachen, im Badezimmer und in der Küche, im Auto und im Aufzug, im Büro und im Supermarkt, in Kantine und Kneipe, beim Bügeln und beim Gespräch, bei den Hausaufgaben und beim Heimwerken – allzeit und überall. Das Radio ist so selbstverständlich Bestandteil unserer Verrichtungen, dass erst sein Fehlen bemerkt wird – ein Zimmer ohne Klangteppich, eine Fahrt ohne Musik, ein Morgen ohne Nachrichten.

Das Unauffällige entgeht der Aufmerksamkeit. Dem Radio wird wenig Bedeutung zugemessen, auch in der Wissenschaft. Was soll an dem Hintergrundgedudel schon beachtenswert sein? Und so steht das Radio im Schatten der anderen Medien. Das war nicht immer der Fall: So lange es noch ein neues Medium war, wurde ihm auch wissenschaftlich gebührende Aufmerksamkeit zuteil, und nicht nur im Hinblick auf die politische Bedeutung (vgl. z.B. Cantril 1947; Lazarsfeld & Stanton 1944; Merton 1946; Berelson, Lazarsfeld & McPhee 1954). Die empirische Medienwirkungsforschung hat sich am und mit dem Radio entwickelt. Die Annahme von starken direkten Wirkungen wie auch die Annahme von schwachen indirekten Wirkungen sind aus der Radioforschung entstanden. Experimente und Umfragen im Paneldesign haben über Radiostudien Eingang in die Kommunikationsforschung gefunden. Die Erforschung des Radios hat der Nutzungsforschung Impulse gegeben, die bis heute wirken; so ist z.B. der in der Kommunikationswissenschaft nach wie vor am meisten verbreitete Ansatz zur Erklärung von Mediennutzung, der Uses and Gratifications-Approach, aus den ersten Untersuchungen von unterhaltenden Radioangeboten entstanden (Herzog 1944). Doch mit dem Aufkommen des Fernsehens verschwand das Radio vom Radarschirm der Kommunikationswissenschaft, so wie nun seinerseits das Fernsehen an Aufmerksamkeit in der Forschung gegenüber dem Internet verliert.

Warum dann noch überhaupt etwas von der knappen Ressource Aufmerksamkeit für den Forschungsgegenstand Radio ver(sch)wenden? Der Hinweis auf eine Forschungslücke reicht nicht aus, denn das trifft auch auf andere Medien zu. Kommunikationswissenschaftlich bedeutsam ist Radioforschung heute gerade deshalb, weil bei diesem Medium die Unauffälligkeit der Medienrezeption am

weitesten vorangeschritten ist. Das, was das Fernsehen erst noch vor sich hat –
aber bereits deutlich erkennbar ist (Kuhlmann & Wolling 2004) – ist beim Radio
gelebte Geschichte: ein Medium wird zur unauffälligen Hülle alltäglicher
Verrichtungen, es wird zum Nebenbeimedium. In dieser Veralltäglichung des
Radios liegt seine wissenschaftliche Bedeutung. Radiohören (und Radiomachen!)
ist hochgradig habitualisiert, von eingefahrenen Routinen und Ritualen
bestimmt. Und so bildet die Untersuchung des Radiohörens einen Schlüssel zu
einem Bereich des individuellen und gesellschaftlichen Lebens, dessen
Bedeutung kaum überschätzt werden kann, zum Gewohnheitshandeln oder –
wie es bei Max Weber heißt – zum „traditionalen Handeln". Diese
Handlungsform prägt einen großen Teil des Umgangs mit Medien,
insbesondere des Radiohörens.

Hier setzt die vorliegenden Untersuchung an: Es geht darum herauszufinden,
was hinter der mehr oder weniger gewohnheitsmäßigen Radionutzung steht. Es
soll geprüft werden, inwieweit sich Radiohören – in seiner Selbstverständlichkeit!
– erklären lässt. Den Ausgangspunkt bilden dabei die Qualitätsurteile der Hörer.
Deren Wahrnehmung und Bewertung der Programme – so die zu prüfende
Vermutung – bilden den Schlüssel zur Erklärung der gewohnheitsmäßigen Radionutzung.

Bei den *Qualitätsbeurteilungen* durch Rezipienten anzusetzen, ist nicht unmittel-
bar einsichtig. Denn wenn in einer Debatte von der „Qualität der Medien" die
Rede ist, so spielen die Erwartungen und Vorstellungen der Zuschauer, Leser,
Hörer eine untergeordnete Rolle. Vielmehr wird dann die Frage gestellt, ob die
Medienangebote die normativen Anforderungen erfüllen, die sich aus gesellschaftlichen Funktionen der Medien ableiten lassen. Damit stehen Fragen im
Mittelpunkt, die auf publizistisch-politische Wirkungen abstellen: ob die Medien
zur politischen Information beitragen, in welcher Weise sie zur Veränderung der
politischen Einstellungen der Rezipienten beitragen und nicht zuletzt, ob die
Kommunikatoren verantwortungsbewusst mit der publizistischen Macht umge-
hen.[1] Diese Qualitätsdebatte ist geprägt von einer pessimistischen Grundstim-
mung. Wenn einmal nicht politisch begründete Besorgnis geäußert wird, dann
wird doch mit ziemlicher Sicherheit der Vorwurf des qualitativen Niedergangs
der Medien erhoben – gemessen an dem Ideal einer traditionellen Hochkultur.
In dieser Untersuchung wird es weder um die politische noch um die kulturelle
Bedeutung von Radioprogrammen gehen; diese gesamtgesellschaftlich-norma-
tive Sichtweise spielt nur indirekt eine Rolle. Ausgangspunkt ist die Perspektive
der Rezipienten, wie sie die mediale Qualität sehen und einschätzen.

Das Ziel der vorliegenden Untersuchung ist es herauszufinden, ob die Qualitätswahrnehmung und -beurteilung durch die Rezipienten eine Rolle bei der

---

1   Zusammenfassend zum Forschungsstand im Hinblick auf die politischen Wirkungen des Radios
     siehe Vowe und Wolling (2003: 99f.) m. w. N.

Nutzung spielen. Können die Unterschiede zwischen Rezipienten – z. B. hinsichtlich der Nutzungsdauer oder der Senderauswahl – durch die Qualitätsurteile erklärt werden? Wenn dem so ist, gilt es zu ermitteln, welche *Qualitätskriterien* für die Auswahl und die Nutzungsintensität von Radioprogrammen von besonderer Bedeutung sind. Des weiteren stellt sich die Frage, in welchem Maße diese Qualitätswahrnehmungen mit der programmlichen Realität übereinstimmen. Es soll also überprüft werden, in wie weit die subjektiven *Qualitätswahrnehmungen* der Radiohörer mit den objektiven (inhaltsanalytisch gemessenen) *Qualitätsmerkmalen* übereinstimmen.

Was wäre gewonnnen, wenn dieses Ziel erreicht würde? Es hätte *sowohl theoretische als auch praktische Konsequenzen.* Wenn es auch nur im Ansatz gelänge, dem alltäglichen Radiohören der Menschen auf die Spur zu kommen und dafür ein Erklärungsmodell anzubieten, würde dies auch einen anderen Blick auf bislang wenig beachtete Formen von Medienwirkungen eröffnen: wie z. B. die Strukturierung des Alltags und die „Synchronisierung" von Individuen und Lebensstilgruppen. Gerade das Radio mit seinem stetigen Programmstrom trägt einen Teil dazu bei, dass dem Wissen und Handeln in einer Gesellschaft ein gemeinsames Zeitgerüst unterliegt (Hasebrink 1994: 170). Wir wollen aber zur Rettung der Radioforschung jetzt nicht über die Wirkungen habitualisierter Radionutzung spekulieren, sondern vielmehr den Eigenwert der Nutzungsforschung herausstreichen. Es geht uns darum zu zeigen, dass gerade dieses Unauffällige und Unscheinbare der alltäglichen Radionutzung ein tieferes Verständnis menschlicher Kommunikation erlaubt.

Die Klärung der Fragen hat aber nicht nur theoretischen Stellenwert. Eine Konfrontation der subjektiven Einschätzungen mit den objektiven Programmeigenschaften bietet die Möglichkeit, Hinweise auf mögliche Verbesserungen der Angebote zu geben. Sollte es gelingen, Qualitätsdimensionen und -eigenschaften zu identifizieren, die für die Nutzungsentscheidungen der Rezipienten relevant sind, dann könnte dieses Wissen den Radiomachern helfen, ihre Angebote besser auf die Qualitätsanforderungen der Rezipienten einzustellen. Wenn man den Kriterien auf die Spur käme, von denen sich die Menschen bei ihrer Radionutzung leiten lassen, so wäre dies nicht folgenlos für die Radiopraxis.

Die Arbeit gliedert sich in zehn Kapitel und wird ergänzt durch einen Anhang, in dem die Instrumente der Datenerhebung offengelegt werden. Zunächst wird der Forschungsstand im Hinblick auf die hier zentralen Bereiche knapp dargestellt. Das sind Inhaltsanalysen von Radioprogrammen, Radionutzungsforschung und medienbezogene Qualitätsforschung (Kapitel 2). Auf dieser Grundlage wird der theoretische Ansatz dargelegt, in dessen Mittelpunkt die Erklärung von Handeln durch Qualitätsurteile steht (Kapitel 3). Auf dem Hintergrund einer explorativen Befragung von Rundfunkmachern und Gruppendiskussionen mit Rundfunkhörern (Kapitel 4) werden die Fragen entwickelt, die für unsere Untersuchung leitend sind (Kapitel 5):

❑ Welchen Einfluss haben subjektive Qualitätserwartungen und Qualitätsurteile auf die Auswahl und die Nutzungsintensität von Radioprogrammen? Welche Qualitätskriterien sind dabei von besonderer Bedeutung?

❑ Inwieweit entsprechen die subjektiven – durch Befragung gemessenen – Qualitätswahrnehmungen der Radiosender durch die Radiohörer den objektiven – durch Inhaltsanalyse gemessenen – Qualitätsmerkmalen der Radiosender?

Mit einer Kombination aus Befragung und Inhaltsanalyse werden dann auf diese Fragen Antworten gesucht. Durch das Zusammenspiel der Methoden ist es möglich, die doppelte Fragestellung zu beantworten: Was wollen die Hörer und was bieten die Sender? Die Befragung wurde als computergestützte telefonische Repräsentativbefragung der deutschsprachigen Bevölkerung über 14 Jahre in Thüringen, Sachsen-Anhalt und Hessen im Oktober und November 2002 durchgeführt. In der quantitativen Inhaltsanalyse wurden die Programme einer künstlichen Woche von 17 Radiosendern aus Thüringen, Sachsen-Anhalt und Hessen (9 privatwirtschaftliche und 8 öffentlich-rechtliche) ausgewertet. Die Tage wurden einem Zeitraum zwischen September und Oktober 2002 entnommen (siehe dazu Kapitel 6).

Die Befunde werden in zwei Schritten präsentiert: Zunächst werden die deskriptiven Ergebnisse aus der Befragung und aus der Inhaltsanalyse (Kapitel 7 und 8) dargestellt. Anschließend werden die an den Fragestellungen orientierten Auswertungen der beiden Teiluntersuchungen sowie die Befunde zu deren analytischer Verknüpfung vorgestellt (Kapitel 9). Ergänzt werden die Auswertungen durch einen speziellen Untersuchungsteil, der in einem indirekten Zusammenhang mit den Forschungsfrage steht: Präsentiert werden die Ergebnisse einer inhaltsanalytischen Sonderauswertung im Hinblick darauf, wie sich die Bundestagswahl 2002 in den Radioprogrammen niedergeschlagen hat (Abschnitt 8.11).

Im zehnten Kapitel werden zunächst die wesentlichen Ergebnisse des Studie zusammengefasst und anschließend aus den Befunden der Untersuchung Schlussfolgerungen gezogen – für die Forschung und für die Praxis der Programmentwicklung.

Eine Untersuchung dieser Größenordnung ist nicht im Alleingang zu schaffen. Sie wäre nicht möglich gewesen ohne die Unterstützung durch die Thüringer Landesmedienanstalt, die Hessische Landesanstalt für privaten Rundfunk (LPR Hessen) und die Medienanstalt Sachsen-Anhalt (MSA). Dank ist zunächst einmal dafür zu sagen, dass in Kooperation von drei Landesmedienanstalten die Finanzierung der Befragung und der Inhaltsanalyse gesichert werden konnte. Dank ist aber auch für die anderweitige Unterstützung zu sagen, die wir von den beteiligten Landesmedienanstalten erfahren haben. Sie reichte von der Beratung bei der Entwicklung der Instrumente über die Aufnahme von Programmen bis zur Erörterung der Ergebnisse.

Gedankt sei auch Sebastian Vogt, der die zahlreichen Probleme bei der sehr aufwändigen digitalen Aufnahme und Ausspielung der Radioprogramme lösen half. Brit Glocke, Marco Bräuer und Markus Seifert ist zu danken, weil sie in unterschiedlichen Funktionen zum Gelingen des Projekts beigetragen haben. Zu danken ist außerdem Sebastian Bressler, der die Befragung beaufsichtigte; Martin Emmer, der bei der Organisation der Befragung hilfreich zur Seite stand; Christoph Kuhlmann und Nicola Döring, die zahlreiche Hinweise zu Fragebogen und Codebuch gaben, und schließlich Bernd Meyer, der bei der Literaturrecherche half. Gedankt sei dann den zahlreichen Studierenden der TU Ilmenau, die als Interviewer und Codierer an dem Projekt teilgenommen haben; den Radiomachern, die sich im Rahmen der Vorstudie für ein Gespräch zur Verfügung gestellt haben; und last, but not least den Radiohörern, die an den Gruppengesprächen in der Vorstudie teilgenommen haben und die in den Telefoninterviews über ihre Erfahrungen mit dem Radio Auskunft gegeben haben.

Die beiden Autoren haben diese Studie gemeinsam konzipiert, und sie verantworten gemeinsam diesen Bericht als Teil eines langfristigen Forschungszusammenhangs, der die Entwicklung eines empirisch geprüften Erklärungsmodells für kommunikatives Handeln zum Ziel hat. Die vorliegende Arbeit ist ein Ergebnis dieser Zusammenarbeit. Während die Durchführung der Vorstudie und die Konzeption der Hauptstudien gemeinsam erfolgten, ist die Entwicklung der Erhebungsinstrumente für die Hauptstudien, die Organisation der Inhaltsanalyse und der Befragung sowie die Auswertung der Daten von Jens Wolling durchgeführt worden, der auch das Kapitel 2 und die Kapitel 5 bis 10 verfasst hat.[2]

---

2   Der Abschnitt 6.3.3 ist von Sebastian Vogt verfasst worden.

2. Zum Stand der Radioforschung

Dem Hörfunk wird in der akademischen Forschung im Vergleich zu anderen
Medien wenig Bedeutung zugemessen, und es gibt keine Anzeichen dafür, dass
sich dies ändern wird. Zudem sind die Forschungsanstrengungen einseitig ausgerichtet: Während regelmäßig relativ genaue Daten zur Radionutzung erhoben
werden, ist die Forschungslage im Hinblick auf die Erklärung der zu Grunde liegenden Prozesse und deren Folgen ausgesprochen unbefriedigend. Gleich
(1995: 560) weist in seinem Überblick über den Forschungsstand darauf hin,
dass die Erwartungen und Motive, die Prozesse der Wahrnehmung und die Wirkungen des Hörfunks viel zu wenig berücksichtigt werden – und dies nicht nur
im Spannungsfeld von Politik und Hörfunk (vgl. Meyer & Port, 1994). Angesichts
der ungebrochen hohen Publikumsattraktivität des Radios mit seinen großen
Reichweiten und Nutzungszeiten ist dies insgesamt eine fragwürdige Entwicklung. Auch die Analyse des Radioangebots ist einseitig ausgerichtet. Während
relativ viele empirische Befunde zu den informierenden Programmteilen vorliegen, sind die Eigenschaften anderer Programmelemente bislang nur wenig untersucht worden. Dennoch hat die jüngere Radioforschung eine Reihe bemer-
kenswerter Ergebnisse erbracht, die für die vorliegende Fragestellung von Bedeutung sind. Im Folgenden werden diese Ergebnisse gerafft wiedergegeben –
ohne dabei alle Bereiche angemessen würdigen zu können.[3] Zunächst werden
die Fragestellungen, Vorgehensweisen und Ergebnisse von systematischen Struk-
tur- und Inhaltsanalysen vorgestellt, daran anschließend ausgewählte Befunde
der Publikumsforschung.

2.1 Befunde zu Struktur und Inhalt der Radioangebote

Inhaltsanalysen von Hörfunkprogrammen sind nicht zuletzt wegen der erheblichen Dokumentationsprobleme sehr viel seltener als für andere Medienbereiche
(vgl. Klingler & Schröter 1993). Der schmale Bestand an Studien ist in Deutschland stark von den Programmkontrollaufgaben der Landesmedienanstalten geprägt (vgl. Hesse 1994: 150).[4] Dementsprechend stehen publizistische Aspekte
im Vordergrund der Radioinhaltsforschung, vor allem der Stellenwert der im en-

---

3   Nicht eingehen können wir auf den Forschungsstand im Hinblick auf die Fragen der Struktur des
    Radiosystems insgesamt in nationaler und internationaler Perspektive (siehe dazu u.a. Dussel 1999;
    Häusermann 1998; Widlok 1994). Ebenfalls unberücksichtigt, weil für unsere Fragestellung nicht
    von primärer Bedeutung, bleiben Fragen der Ausbildung von Kommunikatoren, der Organisation
    und der Ökonomie des Radios (siehe dazu u.a. Jarren & Donges 1996; Goldhammer 1995) sowie
    der Abläufe der redaktionellen Arbeit (siehe dazu Krzeminski 1987; Altmeppen 1999). In den neue-
    ren Untersuchungen geht es dabei zumeist um die Frage, in welchem Maße kommerzielle Hörfunk-
    sender auch in Zeiten verschärften Kostendrucks in der Lage sind, publizistisch relevante Leistungen
    zu erbringen.

4   Breunig (1994: 583) berichtet von 40 Projekten der Landesmedienanstalten zur Programmfor-
    schung, bei 28 dieser Untersuchungen handelt es sich um reine Inhaltsanalysen ohne die Integration
    weiterer Methoden der Datenerhebung.

geren Sinne politischen Information wird untersucht. Dabei spielt der Vergleich zwischen öffentlich-rechtlichen und privaten Angeboten eine besondere Rolle. Die öffentlich-rechtlichen Radioprogramme bilden dabei implizit oder explizit den Referenzpunkt, an dem die Privaten gemessen werden. Einen Überblick ü-ber den diesbezüglichen Forschungsstand zu Beginn der Neunzigerjahre mit der Darstellung wichtiger Kategorien zur Ermittlung der publizistischen Leistung sowie einer Darstellung zentraler Befunde findet man bei Hesse (1994). Unter diesen publizistischen Vorzeichen ist in den zurückliegenden Jahren und Jahrzehnten in Deutschland eine ganze Reihe von Struktur- und Inhaltsanalysen privater und öffentlich-rechtlicher Radioprogramme entstanden. Einige davon werden im Folgenden vorgestellt.[5]

2.1.1 Programmvergleiche unter publizistischem Aspekt

Bereits Mitte der achtziger Jahre analysierte *Kepplinger (1985)* die *Berichterstat-tung* (Nachrichten und Magazinsendungen) *von neun öffentlich-rechtlichen Hör-funkprogrammen*. Um dem Vorwurf nachzugehen, dass die Qualität der Hör-funknachrichten im Hinblick auf Auswahl und Tendenz nicht den journalistischen Standards entspricht, hat er die Berichterstattung über mehrere Monate hinweg inhaltsanalytisch ausgewertet. Als Referenzpunkt für die Interpretation seiner Da-ten wählte er die Berichterstattung der vier überregionalen Qualitätszeitungen. Deren Berichterstattung wurde anschließend mit den Hörfunkbeiträgen systema-tisch verglichen. Das Ergebnis seiner Untersuchung fasst er in der These zu-sammen: „Je weniger kontrovers die Thematik war, desto besser war die Quali-tät und desto größer war die Ausgewogenheit der Berichterstattung." (Kepplin-ger 1985: 266). Die Qualität des Hörfunks wird in dieser Studie explizit anhand publizistischer Kriterien wie Relevanz und Zentralität beurteilt.

Zehn Jahre später analysierten *Merten, Gansen und Götz (1995)* die *Programme von sechs privatwirtschaftlichen und zwei öffentlich-rechtlichen Programmen aus dem norddeutschen Raum*. Ziel ihrer Untersuchung war es zu prüfen, ob durch den Zutritt des privaten Rundfunks im Rahmen des dualen Systems die Informa-tionsvielfalt gestärkt wurde. Die Basis der Analyse bildete eine künstliche Woche. An jedem Untersuchungstag wurden jeweils die gesamten 24 Stunden ausge-wertet, die Darstellung der Ergebnisse bezieht sich jedoch auf die Kernzeit des Radiohörens (6-18 Uhr). Eine inhaltliche Kodierung wurde beim gesamten re-daktionellen Wortanteil durchgeführt. Dabei handelt es sich um Nachrichten, redaktionelle Beiträge, Moderation, Jingles und Trailer. Nicht weiter codiert wurden Werbung und Musik. Die empirischen Ergebnisse der Untersuchung ha-ben die Autoren zu einer massiven Kritik an den beiden öffentlich-rechtlichen

---

5   Auf die Programminhaltsanalysen von nicht-kommerziellen Lokalradios (vgl. z.B. Brosius & Weiler 2000; Volpers, Schnier & Salwiczek 2000) wird nicht weiter eingegangen, da diese Sender nicht Gegenstand der vorliegenden Untersuchung sind.

Programmen veranlasst. Dem Jugendprogramm des NDR wird attestiert, es unterlaufe massiv jegliche Mindeststandards, die selbstverständlich an private Programme gestellt werden. Dem zweiten Programm des NDR wird vorgeworfen, dass es sich in wesentlichen Kennwerten der Programmstruktur – insbesondere hinsichtlich des Wortanteils – kaum noch von den Privaten unterscheide (Merten, Gansen & Götz 1995).

Auch *Weiß, Rudolph und Classen* (1993) beschäftigten sich mit der publizistischen Leistungsfähigkeit des Radios. Sie unterschieden vier Dimensionen publizistischer Qualität: Vielfalt der behandelten Aspekte, Pluralität der Positionen, Wohlbegründetheit der Argumentation und Offenheit der Debatte. Im Unterschied zu den anderen hier vorgestellten Studien wurde in dieser Untersuchung keine umfangreiche Programmanalyse durchgeführt, sondern es wurde am Beispiel von drei ausgewählten Themenkomplexen bei *drei Lokalsendern aus Nordrhein-Westfalen eine detaillierte Argumentationsanalyse* durchgeführt. Um die Ergebnisse der Analysen einordnen zu können, wurde auch hier wieder ein Vergleich vorgenommen. In dieser Studie diente die Berichterstattung von Tageszeitungen aus dem jeweiligen Sendegebiet als Referenzpunkt. Als Ergebnis ihrer Studie ziehen die Autoren ein positives Resümee: Die drei untersuchten Programme gehen nach ihren Ergebnissen wesentlich über einen „Schmalspur-Journalismus" hinaus.

Besonders hervorgetan hat sich in diesem Forschungsfeld das Team *Trebbe, Weiß und Maurer*, die im Auftrag verschiedener Landesmedienanstalten die *publizistischen Programmleistungen zahlreicher Radioprogramme* untersucht haben. Bei den im Auftrag der bayrischen Landesmedienanstalt durchgeführten Studien ging es vor allem um die Frage der publizistischen Vielfalt im lokalen Raum. Trebbe (1996 und 1998) untersuchte an drei bayrischen Standorten über den Zeitraum von einer Woche die lokalen Informationsangebote in Tageszeitung, Lokalfernsehen und Lokalradio. Untersucht wurden die Thematisierung lokaler Ereignisse, Akteure und Sachverhalte sowie die journalistische Aufbereitung und Präsentation der Information. Besondere Beachtung fand die Frage nach der Exklusivität der Themen. So konnte festgestellt werden, ob die Rundfunkmedien einen substantiellen Beitrag zum lokalen Informationspool leisten. Die Ergebnisse der Studie zeigen u.a., dass in der Berichterstattung des Hörfunks durchaus einige Themen Beachtung fanden, über die in den lokalen Konkurrenzmedien nicht berichtet wurde (Trebbe 1998: 73, 133).

Trebbe und Maurer (1999) untersuchten im Auftrag der niedersächsischen Landesmedienanstalt die Radioangebote im norddeutschen Raum. Sie orientierten sich bei der Entwicklung ihrer Analysekategorien an den im niedersächsischen Landesrundfunkgesetz festgelegten Bestimmungen, um so ihre Forschungsergebnisse näher an die juristischen Kategorien zu binden und vor diesem Hintergrund zu diskutieren. Sie gehen damit den von Schatz und Schulz (1992) vorgeschlagenen Weg zur theoretischen Fundierung medialer Qualitätsdimensionen. Als wesentliche Anforderungen an die niedersächsischen Hörfunkvollprogramme ermittelten sie auf diese Weise drei Aspekte; die Sender sollen

❐ einen Beitrag zur publizistische Vielfalt leisten und die grundsätzlichen Programmfunktionen erfüllen,

❐ die Region in der aktuellen Berichterstattung hinreichend thematisieren,

❐ die relevanten gesellschaftlichen Kräfte angemessen berücksichtigen.

Um zu prüfen, in wie weit diese Anforderungen erfüllt werden, haben die Autoren neben den beiden niedersächsischen Privatsendern auch die Programme des NDR sowie drei einstrahlende Privatsender aus Hamburg und Sachsen-Anhalt mit in die Untersuchung einbezogen und über den Zeitraum von einer Woche analysiert. Darüber hinaus wurde auch die Möglichkeit genutzt, die empirischen Ergebnisse mit denen einer Studie von Volpers und Schnier (1995) zu vergleichen. Es stellte sich dabei u.a. heraus, dass der Wortanteil der beiden privaten Programme in Niedersachsen im Vergleich zur öffentlichen-rechtlichen Konkurrenz geringer ist. Bei beiden privaten Programmen liegen politische und gesellschaftlich kontroverse Themen an erster Stelle der beachteten Themen, darin stimmen sie mit der öffentlich- rechtlichen Konkurrenz bei NDR 2 überein. Bei der Berücksichtigung regionaler Aspekte liegen die beiden Privaten zwischen NDR 1 und NDR 2. Des weiteren stellen die Autoren fest, dass die Programmfunktionen „... Bildung, Beratung und Kultur in den privaten Programmen zwar identifizierbar, aber vergleichsweise marginal vertreten sind" (Trebbe & Maurer 1999: 110).

2.1.2 Inhaltsanalysen von Radioprogrammen für Hessen und Thüringen

Besondere Beachtung verdient eine Studie über den *hessischen Sender Hit-Radio FFH* (Weiß; Trebbe & Maurer 1998), da dieser Sender in der hier vorliegenden Studie ebenfalls analysiert wird. Ansatzpunkt und Vorgehensweise dieser Studie sind ähnlich wie bei den beiden zuvor dargestellten Untersuchungen. Als Basis der Kategorienbildung werden auch hier die Rechtsgrundlagen des Rundfunks gewählt. Ziel der Studie war es, die Programmstrukturen und die Informationsbreite von Hit-Radio FFH detailliert zu beschreiben und die Quantität sowie Qualität der landesweiten Regionalberichterstattung zu erfassen. Um dieses Ziel zu erreichen, wurde wiederum eine quantitative Inhaltsanalyse über den Zeitraum von einer Woche durchgeführt. Als Referenzpunkt für die Interpretation der Daten wurde diesmal das dritte Programm des Hessischen Rundfunks analysiert (ebenfalls Teil der vorliegenden Untersuchung). Darüber hinaus wurden sechs im Sendegebiet von Hit-Radio FFH verbreitete Lokalausgaben verschiedener Tageszeitungen hinsichtlich ihrer Regionalberichterstattung ausgewertet. Schließlich bot sich auch in dieser Studie die Möglichkeit, die Veränderungen im Programm durch den Vergleich mit einer Vorgängerstudie (Weiß, Büning & Demski 1992) herauszuarbeiten. Die Befunde der Analyse zeigen u.a., dass sich Hit-Radio FFH zwischen 1992 und 1995 in seiner Struktur kaum verändert hat und dass zwischen den Programmen von hr3 und Hit-Radio FFH mehr Gemeinsamkeiten als Unterschiede bestehen. Unterschiede ergeben sich beispielsweise bei der Regionalberichterstattung. Ein regionaler Bezug findet sich bei Hit-Radio FFH deutlich häufiger als bei hr3. Die größten theoretischen und methodischen Probleme sehen die Autoren bei der Ermittlung der kulturellen Leistungen und bei der Frage, ob der Bildungsauftrag von Hit-Radio FFH erfüllt wird. Nur bei großzügiger Auslegung des Bildungsbegriffs kann knapp ein Prozent der Programmzeit diesem Funktionsbereich zugeordnet werden. Hinsichtlich der kulturellen Funktion ist das Ergebnis etwas positiver: Bei einem weiten Verständnis von kultureller Leistung können rund zwei Prozent des Programms so klassifiziert werden (Weiß; Trebbe & Maurer 1998: 66).

In Anlehnung an das von Trebbe (1998) vorgestellte Design zur Ermittlung der lokalen Vielfalt hat *Rössler* (2001) die *Themenvielfalt in Thüringens Medien* inhaltsanalytisch untersucht. Er überprüft auf der Mikroebene, in wie weit die drei Thüringer Sender (Landeswelle Thüringen, Antenne Thüringen und MDR 1 Radio Thüringen, sowie als Referenzpunkt das Drei-Länder-Programm MDR Info) das Qualitätskriterium der thematischen Vielfalt in ihrer Berichterstattung berücksichtigen. Zum einen hat er dafür die interne Vielfalt der Berichterstattung ermittelt. Gemeint ist damit die thematische Breite der Berichterstattung *innerhalb* eines Senders. Darüber hinaus hat Rössler aber auch die externe Vielfalt untersucht, indem er überprüft, in welchem Maße sich die Berichtsanlässe der Beiträge zwischen den Sendern unterscheiden oder überschneiden. Die empirische Basis seiner Auswertung ist die Inhaltsanalyse von mehreren Print- und Funkmedien über den Zeitraum von einer natürlichen Woche. Von Interesse sind in diesem Zusammenhang nur die Ergebnisse zum Hörfunk. Sie zeigen, dass bei MDR Info – bedingt durch das enge Korsett der Stundenuhr – die geringste interne Vielfalt festzustellen war. Die Repetitionsquote der Berichtsanlässe war bei diesem Sender besonders hoch, während diese Quote bei Antenne Thüringen besonders niedrig war. Dies bedeutet, dass die auf diese Art gemessene interne Vielfalt bei diesem Sender besonders hoch war. MDR 1 Radio Thüringen und Landeswelle Thüringen lagen dazwischen. Hinsichtlich der externen Vielfalt kommt der Autor zu dem Ergebnis, das über 50 Prozent der Hörfunkberichterstattung im Schnittbereich aller drei Sender liegt: „Vom Gesamtumfang täglich verlesener Nachrichten [...] bezieht sich etwas mehr als die Hälfte auf Berichtsanlässe, die in allen drei Thüringer Sendern präsent sind (Rössler 2001: 174). Somit ergibt sich einerseits ein hohes Maß ein Übereinstimmung, auf der anderen Seite aber auch ein erheblicher Anteil von Exklusivmeldungen. Dieser Befund veranlasst Rössler, dem Diktum von Bucher und Schröter (1990) ausdrücklich zu widersprechen, dass durch die privaten Anbieter es nur zu einer „Vervielfachung des Informationskernbestandes" gekommen sei.

Ein wichtiger Referenzpunkt für die hier vorgelegte Inhaltsanalyse ist auch die von *Heyen* (2001) verfasste Studie über die *generellen Programmstrukturen sowie die formalen und inhaltlichen Merkmale der im Thüringer Sendegebiet verbreiteten populären Radioprogramme*. Heyen zeigt zum einen, wie sich die Programmstruktur der beiden privatwirtschaftlich organisierten Programme (Antenne Thüringen und Landeswelle Thüringen) entwickelt, indem sie die zwischen 1996 und 2001 im Jahresabstand durchgeführten Programmanalysen der Thüringer Landesmedienanstalt auswertet. Zum anderen führt sie einen Vergleich mit den beiden öffentlich-rechtlichen Programmen des MDR (JUMP und MDR 1 Radio Thüringen) durch. Die Analysen beruhen jeweils auf den Daten einer künstlichen Woche. Wesentliches Ziel dieser Studie ist es, die Einhaltung der rundfunkrechtlichen und lizenzrechtlichen Bestimmungen zu kontrollieren. Die Autorin stellt dar, wie es mit Hilfe dieses Instruments gelungen ist, die Sender zur Einhaltung von Mindeststandards hinsichtlich des Informationsanteils zu bewegen. Des weiteren weist sie aber darauf hin, dass eine Untersuchung des Anteils der Informationsbeiträge keinesfalls ausreicht, um die Qualität der Berichterstattung offen zu legen. Im konkreten Fall haben die Sender die Einhaltung der vorgegebenen 15-Prozent-Grenze für den Informationsanteil nämlich durch folgende Maßnahmen erreicht: Zum einen wurde die Berichterstattung über Unfälle und Verbrechen ausgeweitet, während die politisch relevanten Themenfelder Inneres, Wirtschaft/Infrastruktur und Soziales vernachlässigt wurden; zum anderen wurden die gleichen Beiträge häufiger wiederholt (Heyen 2001: 152).

2.1.3   Integration von Radioinhaltsanalyse und Hörerbefragung

Für die vorliegende Untersuchung ist die von Stuiber, Ecke, Eichhorn und Keller (1990) vorgelegte Studie über den *Hörfunk in Bayern* gleich in mehrfacher Hinsicht von besonderem Interesse. Zum einen, weil das Forscherteam nicht nur die Struktur und Inhalte der Radioprogramme inhaltsanalytisch untersucht hat, sondern auch deren Nutzung und Beurteilung durch die Hörer erfragt hat. Zum anderen ist die Studie inhaltlich von Interesse, weil dort – im Unterschied zu allen anderen bisher vorgestellten Studien – auch dem Musikanteil der Programme eine größere Beachtung geschenkt wurde. Basis der Inhaltsanalyse war die Aufzeichnung der Programme Antenne Bayern, Bayern 1 und Bayern 3 über den Zeitraum von einer Woche. Auch hier wurde wieder ein Vergleich zwischen privatem und öffentlich-rechtlichem Rundfunk vorgenommen. Neben den bereits aus anderen Studien bekannten Kategorien zur Qualität der Informationsbeiträge haben die Autoren sich auch mit weiteren Dimensionen beschäftigt, die für die Anmutung eines Programms von großer Bedeutung sind. Beispielsweise haben sie Kategorien für die Identifikation von Moderationsstilen eingesetzt, die Stilrichtungen der Musik codiert und darüber hinaus weitere Dimensionen zur Beschreibung der Musik wie Tempo oder Klangvolumen in ihrem Kategorienschema verwendet. Insbesondere diese Kategorien erwiesen sich als überaus anregend für die hier vorgelegte Untersuchung. Die Ergebnisse der Inhaltsanalyse für die drei Sender wurden vergleichend dargestellt und bildeten so den Hintergrund für die Interpretation der anschließend durchgeführten Imageanalyse. Insgesamt zeigt sich, dass erst durch den erweiterten Blick auf die Programme die verschiedenartigen Programmkonzepte deutlich wurden. Die Ergebnisse, die durch die differenzierte Analyse der Musik und durch die Integration von Kategorien der Programmanmutung im Bereich der Moderation erzielt wurden, erwiesen sich als wertvolle Grundlage für die Interpretation der Befragungsergebnisse. Zusammenfassend resümierten Stuiber et al. (1990: 282), dass der Musik und der Moderation zu wenig Beachtung in der Forschung geschenkt wird.

2.1.4 Analysen einzelner Programmelemente

Tatsächlich gibt es kaum Hinweise in der Literatur, anhand welcher Kriterien *Musik* sinnvoll und zuverlässig klassifiziert werden kann. Einige Überlegungen zu möglichen Kategorien und zur Unterscheidung von Musikstilen findet man bei Gusthurst (2000: 158ff.). Drengberg (1993) berichtet von einem Projekt, in dem für die Ermittlung von Programmformaten u.a. auch Musikstile unterschieden wurden. Münch (1991: 120) stellt einige „Sound-Parameter" vor, die in der Radiopraxis für die Klassifikation von Musiktiteln im Rahmen der Planung des Musikprogramms eingesetzt werden. Insgesamt sind die Forschungsaktivitäten im Bereich der inhaltsanalytisch orientierten Musikforschung aber bemerkenswert gering.

Eine sehr differenzierte Analyse des Programmelements *Moderation* hat Schröter (1994) vorgelegt. Er untersuchte die Moderationsblöcke von zehn bayrischen Radioprogrammen zwischen 6 und 9 Uhr an einem bestimmten Programmtag. Ziel der Untersuchung war es, die formalen und inhaltlichen Aspekte der Moderation dicht zu beschreiben. Das Ergebnis der Untersuchung sollte als „Hilfsmittel für die erfolgreiche Positionierung wie auch Optimierung und Qualitätssicherung von Programm- und Moderationsformaten" dienen (Schröter 1994: 11). Dazu wurden die Moderationen im Hinblick auf Inhalte, Stil, Selbstdarstellung, Publikumsbeziehung und Dialogorientierung der Moderatoren beschrieben und klassifiziert. Das Ergebnis dieser Analysen ist die Herausarbeitung von vier typischen Moderationsformaten. Der Qualitätsbegriff wurde in dieser Untersuchung weit gefasst. Durch die anschließende Konfrontation der inhaltsanalytisch gemessenen Merkmale mit den in Gruppendiskussionen ermittelten Erwartungen und Bewertungen der Hörer wurde eine rezipientenorientierte Perspektive auf Qualität eingenommen.

Eine detaillierte Analyse von *Radionachrichten* und insbesondere der darin verwendeten Sprache hat Haaß (1994) durchgeführt. Zu diesem Zweck verglich er die Nachrichten von Hit-Radio FFH und vom Hessischen Rundfunk. Untersucht wurde u.a., ob die Quellen der präsentierten Informationen angegeben waren und ob Hintergrundinformationen vermittelt wurden. Aber auch die Qualität der Präsentation wurde analysiert: Dazu wurde ermittelt, ob O-Töne verwendet wurden und wie schnell gesprochen wurde. Die Verständlichkeit wurde untersucht, indem beispielsweise geprüft wurde, ob hinreichend Redundanz in den Beiträgen festzustellen ist und die Ausdrucksweise nicht zu kompliziert ausfällt. Zusammenfassend kam der Autor zu dem Ergebnis, dass die Qualität von Beiträgen ohne O-Töne insgesamt besser ist und dass die Nachrichten des Hessischen Rundfunks ohne O-Töne neutraler, ausführlicher und präziser ausfallen und eine bessere Qualität der akustischen Präsentation aufweisen als die der privaten Konkurrenz (Haaß 1994: 104f.).

2.1.5   Zum Stand der Radioinhaltsforschung

Im Ergebnis ergibt sich aus den Inhaltsanalysen folgendes Bild vom *Hörfunkangebot*: Bis auf die wenigen neu eingerichteten speziellen Informationswellen wie MDR Info oder B-5-Aktuell (vgl. Aigner 1995; Krug 2002: 76f.) sind die weitaus meisten Programme geprägt durch die Dominanz von Musik (vgl. Drengberg 1993: 188). Dies gilt auch für viele Programme des öffentlich-rechtlichen Hörfunks wie beispielsweise Eins Live vom WDR (vgl. Volpers und Schnier 1996). Allerdings ist – von Ausnahmen abgesehen – im privaten Rundfunk der Anteil gesellschaftlich relevanter Beiträge noch stärker auf einen „Informationskernbestand" in den Nachrichten zurückgenommen (Marcinkowski, 1998: 174). Mittlerweile haben sich auch weitgehend „informationsfreie" Wellen als regional oder national verbreitete Spartenprogramme etabliert.

Die Durchsicht der *Radioinhaltsforschung* erlaubt das folgende Fazit: Die weitaus meisten empirischen Studien zum Inhalt der Radioprogramme nähern sich unter einer normativen Qualitätsperspektive ihrem Gegenstand. Dies schlägt sich vor allem darin nieder, welche Inhaltsbereiche der Radioprogramme behandelt werden. Untersuchungen, in denen nicht nur der (informierende) Wortanteil betrachtet wird, sondern auch andere Programmelemente berücksichtigt werden, sind nur sehr selten zu finden. Fast überhaupt keine Untersuchungen gibt es zu vielen unterhaltungs- oder serviceorientierten Angeboten des Radios, die zwar im allgemeinen nur einen relativ geringen Anteil des Programms ausmachen, aber für das Image und die Wahrnehmung eines Senders nicht unerheblich sein dürften – wie beispielsweise Comedy und Satire oder die unterschiedlichen Formen der Hörerbeteiligung (vgl. Krug 2002: 63f.).

2.2   Befunde zur Nutzung des Radios

Über Umfang und zeitliche Struktur der Radionutzung wissen wir vergleichsweise viel (vgl. Hasebrink 1994; Gleich 1995; Gleich 2000). Dies ist nicht zuletzt der Langzeitstudie „Massenkommunikation" zu verdanken, die neben Tageszeitung und Fernsehen immer auch den Hörfunk im Blick behielt (Kiefer 1996; Ridder & Engel 2001). Aber auch Marktforschungsdaten wie beispielsweise aus der Media-Analyse (der „Medien-Volkszählung" - Scheuch & Scheuch 1990) zu der Verteilung der Hörerschaft auf Sender, Zeitpunkte und Nutzungssituationen geben kontinuierlich Auskunft über die Entwicklung der Nutzung. Solange sich technische Systeme – wie sie im Bereich der Fernsehforschung bereits seit langem üblich sind – nicht auch als Verfahren zur Messung der Radionutzung durchsetzen (vgl. Müller 2002), bleiben die halbjährlich durchgeführten MediaAnalysen nicht nur eine unverzichtbare Quelle für die Mediaplanung und für die Bestimmung der Werbepreise, sondern sie sind auch Instrument der Rückkopplung ans Publikum und damit der Erfolgskontrolle der Sender.

2.2.1 Entwicklung der Radionutzung

Die Entwicklung der Radionutzung in Deutschland nach 1945 hat Klingler (1999) kompakt dargestellt. Er unterscheidet dabei sechs Phasen: Die erste Phase überschreibt er als „Faszination in der Nachkriegszeit." Der Schwerpunkt der Radionutzung lag damals in den Abendstunden zwischen 19.00 und 21.00 Uhr. Dort wurden Einschaltquoten von bis zu fünfzig Prozent erreicht.[6] Die Faszination des Radios zur damaligen Zeit ist nach Einschätzung von Klingler auf das Fehlen medialer und nicht-medialer Alternativen zurückzuführen.

Die zweite Phase bezeichnet er als „Höhepunkt und sich anbahnende Bedrohung in den fünfziger Jahren." Diese Zeit war gekennzeichnet durch die enorme Bedeutung des Mediums für das gesellschaftliche Leben und den Alltag der Menschen. Zur Mitte des Jahrzehnts wurden über 12 Millionen Rundfunkteilnehmer registriert. Zugleich zeichnete sich aber bereits ab, dass diese herausgehobene Stellung durch eine wachsende Zahl von alternativen Freizeitmöglichkeiten bedroht war, vor allem durch das aufkommende Fernsehen.

Diese Tendenz setzte sich in der dritten Phase, den späten Fünfzigern und frühen Sechzigern, durch: „Fernsehnutzung auf Kosten des Hörfunks." Der Bedeutungsgewinn des Fernsehens führte dazu, dass sich die Nutzungszeiten verschoben: von den Wochenenden auf die Werktage, von den Abendstunden in den Vor- und Nachmittag, von der Freizeit in die Arbeitszeit. Und auch die Gesamtnutzungsdauer sank: von zweieinhalb Stunden (wochentags im Sommer) bis fünf Stunden (samstags im Winter) am Anfang der fünfziger Jahre auf durchschnittlich eineinhalb Stunden im Jahre 1964.

Die sechziger und siebziger Jahre bezeichnet Klingler als die „Jahre der Krise." Durch neue technische Möglichkeiten (Transistor) begünstigt, durch Programmentscheidungen (Servicewellen) ermöglicht und durch gesellschaftliche Verände-

---

6 Interessante Einblicke in die Programmpolitik dieser Epoche mit einem pädagogisch-elitären Verständnis von Musikqualität bietet Lersch (1994); siehe dazu auch Winterhoff-Spurk (2000).

rungen (Individualisierung) vorangetrieben, zerstreute sich die Hörerschaft auf eine größer gewordene Anzahl von Sendern. In dieser vierten Phase bildeten sich zunehmend Exklusivhörerschaften, die sich zu relativ treuen Anhängern eines Programms entwickelten. Dem Radio gelang es so, den Abwärtstrend aufzuhalten, Reichweiten und Nutzungszeiten stabilisierten sich, allerdings auf deutlich niedrigerem Niveau (Klingler 1999: 120ff.). Wie die Daten der Studie Massenkommunikation (Abbildung 1) zeigen, erreichte die Radionutzungsdauer 1970 mit 73 Minuten ihren absoluten Tiefpunkt. Allerdings bildeten sich schon damals die auch heute noch bekannten Nutzungsmuster im Tagesverlauf heraus: Zunächst steigen die Reichweiten am frühem Morgen schnell an, bis sie gegen acht Uhr Werte von 25-30 Prozent erreichen. Während des Vormittags findet man dann auf diesem Niveau gleichbleibend hohe Reichweiten, die nach dem Mittag auf ein mittleres Niveau (15-20%) zurückgehen und am Vorabend schnell auf unter zehn Prozent absinken (vgl. Fritz & Klingler 2003: 20).

Die späten siebziger und die achtziger Jahre waren dann von einem *„neuen Aufschwung"* gekennzeichnet (Klingler 1999: 124f.). Die Nutzungszeiten stiegen auf deutlich über zwei Stunden (Abbildung 1). Hintergrund hierfür waren zunächst die Erweiterung des Angebots der öffentlich-rechtlichen Sendeanstalten und später dann das Hinzutreten der privaten Radioprogramme. Beides ermöglichte und führte zu einer weiteren Zielgruppendifferenzierung. Ein weiterer Faktor war die wachsende Verbreitung von Zweit- und Drittgeräten in den Haushalten – insbesondere auch in den Zimmern der Kinder und Jugendlichen. Alles dies zusammengenommen ermöglichte den Hörern, ihr jeweiliges Lieblingsprogramm gezielt auszuwählen.

Für die späten achtziger und die neunziger Jahre – die nach Klinglers Einteilung die sechste und vorerst letzte Phase darstellen – hat Klingler kein griffiges Label vorgeschlagen. Es gelingt dem Radio in dieser Zeit, sich mit einer neuen Funktionalität im alltäglichen Tagesablauf der Hörer fest zu etablieren und so zu konsolidieren.

Abbildung 1 Entwicklung der Radionutzungsdauer

	1964	1970	1974	1980	1985	1990	1995	2000
Radionutzung in Stunden: Minuten	1:29	1:13	1:53	2:15	2:34	2:57	2:35	3:26

Quelle: Kiefer (1987: 33); Kiefer V (1996: 294); Fritz & Klingler (2003: 21)

2.2.2 Genereller Umfang der Radionutzung

Das Radio ist heute, am Beginn des 21. Jahrhunderts, ein weit verbreitetes, viel genutztes und flexibles Medium. Die Ergebnisse der MA lassen daran keinen Zweifel. Fast 80 Prozent der Bevölkerung schalten an einem durchschnittlichen Wochentag das Radio ein. Innerhalb von 14 Tagen werden sogar fast 95 Prozent der Bevölkerung vom Radio erreicht. Die durchschnittliche Hördauer liegt deutlich über drei Stunden und die durchschnittliche Verweildauer erreicht sogar einen Wert von mehr als vier Stunden (Klingler & Müller 2003: 415).

Die Werte für die Radionutzung sind in den letzten Jahren erstaunlich stabil geblieben.[7] Das Radio hat seinen festen, klar umrissenen Platz im Medienensemble. Dieser Befund im Aggregat lässt vermuten, dass sich dahinter eine hochgradig routinisierte Nutzung des Radios verbirgt.

2.2.3 Nutzungszeitpunkte

Der Höhepunkt in den Einschaltquoten wird vormittags gegen neun Uhr erreicht – fast jeder Dritte hört zu diesem Zeitpunkt Radio. Sowohl bei den Orten als auch bei den Zeiten der Nutzung lassen sich naturgemäß beträchtliche Unterschiede zwischen den Altersgruppen feststellen: Bedingt durch die Schulpflicht sind die Einschaltquoten bei den Jugendlichen während der Vormittagsstunden wesentlich niedriger (Gerhards & Klingler 2003: 123). Die deutlich geringere Nutzung während dieser Zeit wird dann jedoch teilweise durch eine etwas höhere Nutzung in den Nachmittagsstunden kompensiert. Insgesamt nutzen Jugendliche den Hörfunk weniger und stärker über den Tag verteilt, als dies bei Erwachsenen der Fall ist (van Eimeren & Maier-Lesch 1997). Ältere Menschen und Nicht-Berufstätige hören häufiger zu Hause Radio, und auch Frauen unterscheiden sich in ihren zeitlichen Nutzungsmustern von den Männern (van Eimeren & Oehmichen 1999).

2.2.4 Rezeptionsweisen: das Radio als Nebenbeimedium

Dass sich die Zuhörer vor dem Radiogerät versammeln und mit voller Aufmerksamkeit das Programm verfolgen, war offenbar schon Anfang der fünfziger Jahre nicht mehr die Regel. Klingler (1999: 119) berichtet über die Ergebnisse einer Fallstudie des NWDR aus dem Jahr 1951, bei der nur 32 Prozent der Befragten angaben, ein Unterhaltungsprogramm „ausschließlich" genutzt zu haben. Die Mehrheit der Befragten hatte nebenbei Handarbeiten gemacht oder die Hausarbeit erledigt, sich unterhalten, etwas gelesen oder geschrieben etc.

Diese Formen der Nebenbeinutzung sind mittlerweile noch deutlich stärker verbreitet. Oehmichen (2001) stellt fest, dass weniger als zehn Prozent der Radionutzung als *konzentriertes Zuhören* anzusehen sind. Ein weiteres Drittel bezeichnet er als *bewusstes Radiohören*; gemeint ist damit ein Nutzungsmodus, der es erlaubt, andere Dinge nebenbei zu tun. Bei weit über 50 Prozent der Radionut-

---

7 Etwas größere Veränderungen bei einigen Kennzahlen findet man vor allem beim Vergleich der MA 1999 und der MA 2000. Die dort ermittelten Unterschiede in den Werten sind aber im Wesentlichen auf die Umstellung der Erhebungstechnik von Face-to-Face zu CATI-Interviews zurückzuführen (Klingler & Müller 2000: 419).

zungsvorgänge ist das Radio aber klar *im Hintergrund*. Dabei werden nur ab und zu einzelne Musikstücke oder Beiträge wahrgenommen oder das Radio ist sogar insgesamt nicht mehr als ein akustischer Rahmen.

Besonders häufig wird offenbar beim Essen Radio gehört. Mehr als die Hälfte der Deutschen macht mindestens einmal am Tag bei einer der Mahlzeiten das Radio an. Insgesamt 30 Minuten verbringt ein Durchschnittsbürger beim Essen mit eingeschaltetem Radio, die gleiche Zeit läuft das Radio beim Autofahren, und jeweils rund 40 Minuten wird das Radio bei der Berufsarbeit und bei der Hausarbeit angemacht (Klingler & Müller 2003: 419). Ungefähr 40 Prozent der Nutzungszeit entfällt auf die Nutzung außerhalb der eigenen vier Wände (Fritz & Klingler 2003: 18; Klingler & Müller 2003: 415).

Dass sich ein Radioprogramm gut nebenbei hören lassen soll, ist eine von den Hörern eingeforderte Leistung des Radios. Wenn ein Programm diese Erwartung nicht erfüllt, kann es die Anforderungen vieler Hörer nicht erfüllen. Diese Erwartung gilt nicht nur für die Musik, sondern selbst für die Nachrichten. So berichtet Teichert (1991) von einer Diskussionsrunde, in der eine der Teilnehmerinnen ihre Kritik an einer zuvor vorgeführten Nachrichtensendung so formulierte: „Wissen Sie, diese Nachrichtensendung mag ich nicht. Da habe ich die ganze Zeit das Gefühl, als müsste ich zuhören."

Gerade im Hinblick auf diese Rezeptionsweisen zeigen sich Unterschiede zwischen den Publika der verschiedenen Sender, selbst wenn diese sich in einem ähnlichen Angebotsspektrum bewegen (siehe z.B. Ahrens & Sievers 1995).

2.2.5   Bindung an das Radio und die Programme

Die subjektive Bedeutung des Radios für die Rezipienten ist relativ hoch. Weit über die Hälfte der Personen gibt an, sie würden das Radio sehr vermissen, wenn durch einen Streik oder technische Umstände für längere Zeit keine Radio mehr zu hören wäre. Und immerhin fast ein Drittel der Befragten würde sich für das Radio entscheiden, wenn es nur noch ein Massenmedium gäbe und man sich zwischen Radio, Fernsehen, Zeitung und Internet entscheiden müsste (van Eimeren & Ridder 2001: 540).

Eine erstaunliche Stabilität weist die „Kanaltreue" der Radiohörer auf. Anders als das Fernsehen ist das Radiohören eher als „programmgesteuert" anzusehen (Weiß 1991). Im Unterschied zum Fernsehen ist das Programmrepertoire beim Radio weitaus kleiner. Betrachtet man die Angaben zum weitesten Hörerkreis, dann stellt man fest, dass die Hörer im Mittel überhaupt nur 4,3 Programme zur Kenntnis nehmen. Wenn man sich anschaut, wie viele Programme an einem durchschnittlichen Tag genutzt werden, dann wird seit Jahren dabei sogar nur ein Wert von 1,5 ermittelt. Fast zwei Drittel der Hörer wechseln an einem normalen Tag überhaupt nicht das Programm (Klingler & Müller 2003: 421f.).

Belegt wird die hohe Bindung auch durch die relativ stabilen Reichweiten der einzelnen Sender. Zuhörer, die sich für ein bestimmtes Programm entschieden haben, bleiben diesem in der Regel langfristig treu. Nachdem mit dem Aufkommen der privaten Sender Mitte der achtziger Jahre der Markt vorüber gehend in Bewegung geraten war, ist die Zahl derjenigen rückläufig, die sich bei der Programmwahl grundsätzlich neu orientieren (Simon 1998).

2.2.6 Bevorzugte Programmelemente

Wonach richtet sich die Auswahl zwischen den möglichen Sendern? Das wichtigste Auswahlkriterium für einen Radiosender ist die *Musik*. Bei einer Studie aus Baden-Württemberg (Mast 1989: 56) bezeichneten 82 Prozent der Befragten die Musikrichtung als den entscheidenden Faktor; mit deutlichem Abstand folgen Nachrichten (59%) und eine bestimmte Art der Moderation (46%). Lokale Informationen und die Themenauswahl der Beiträge sind nur für 40 bzw. 34 Prozent der Befragten entscheidungsrelevant, und Hörerbeteiligung und Spiele stehen mit 23 bzw. sogar nur 16 Prozent am unteren Ende der Kriterienliste. Auch Heim und Heyn (1989) präsentieren Daten, nach denen als wichtigster Grund für das Radiohören von fast 90 Prozent der Befragten die Musik genannt wird. An zweiter Stelle folgt in dieser Untersuchung mit über 70 Prozent die relativ allgemeine Programmfunktion „Unterhaltung", und erst danach werden verschiedene Informationsfunktionen als Gründe genannt. Dass solche einfachen Häufigkeitsauszählungen jedoch nur bedingt aussagekräftig sind, verdeutlicht eine Untersuchung von Keller und Ecke (1988). Ihre Analysen ergeben, dass im multivariaten Modell – neben dem Alter – der Wunsch nach Lokalinformationen der entscheidende Faktor für die Erklärung der Reichweiten des lokalen Rundfunks ist und erst an dritter Stelle der Wunsch nach einer *anderen* Musik kommt. Anders hingegen die Befunde zum landesweiten Rundfunk: Hier fanden Ecke und Stuiber (1995: 174f.) heraus, dass die Gesamtbewertung eines Radioprogramms vor allem durch die Beurteilung der jeweiligen Musik und der Moderation erklärt werden kann, während die Qualität von Nachrichten keinen oder nur einen geringen Erklärungsbeitrag leistet. Die Musikmischung ist das Kriterium, nach dem vom Hörer entschieden wird, ob er einem Sender treu bleibt oder ihn wechselt. Vor allem dadurch ergibt sich eine starke Fragmentierung des Hörfunkpublikums nach Altersgruppen, Lebensstiltypen und Alltagskulturen.[8]

---

8   Zur *Rezeption von Musik* im Radio vgl. u.a. Gushurst (2000); Ehlers (1989); Stuiber et al. (1990) –
    hier von besonderem Interesse Seite 193ff. zur Veränderung der Musikpräferenzen von Radiohörern
    im Tagesverlauf; Behne (2001) – eine der wenigen Langzeitstudien zur Veränderung des Musikerlebens durch Jugendliche. Zu den *Verfahren der Musikforschung* im Hinblick auf das Radio siehe
    Neuwöhner (1998); Schramm et al. (2002); Altrogge und Schabedoth (2001).

Die unterschiedlichen Nutzergruppen unterscheiden sich jedoch nicht nur hinsichtlich der Musikpräferenzen, sondern auch hinsichtlich der Bedeutung, die sie den anderen Programmelementen zumessen (vgl. Oehmichen 1999). Die Dominanz der Musik als nutzungs- und vor allem selektionsrelevantes Programmelement bedeutet nicht, dass die anderen Programmelemente den Zuhörern gleichgültig sind. Schon an zweiter Stelle stehen *Informationsleistungen;* vor allem aktuelle Informationen in Form von regelmäßigen Nachrichtensendungen werden vom Radio erwartet (vgl. u.a. Eckhardt 1991). Radio wird komplementär zu anderen Informationsmedien genutzt, und zwar vor allem für die thematisch nicht spezifizierte Grundinformation am frühen Morgen und für die laufende schnelle Aktualisierung (vgl. Klingler & Windgasse 1994: 121). Damit erfüllt der Hörfunk vor allem das Bedürfnis, der gesellschaftlichen Anforderung zu entsprechen, aktuell informiert zu sein (Ohr & Schrott 2001). Deswegen wird von den Sendern vor allem erwartet, dass sie regelmäßig Nachrichten bringen und dabei (stunden)aktuell bleiben. Auch die Daten der Studie Massenkommunikation zeigen, dass mehr als die Hälfte der Bevölkerung täglich das aktuelle Informationsangebot des Radios nutzt. Die Zahl der Personen, die von sich behaupten, regelmäßig politische Informationen im Radio zu hören, ist sogar größer als die Zahl derjenigen, die angeben, regelmäßig Musik im Radio zu hören (Kiefer 1996: 207). Nach der Studie Massenkommunikation (Abbildung 2) sind Kurznachrichten und ausführliche Nachrichten diejenigen Programmelemente, die in der Wahrnehmung der Hörer am häufigsten genutzt werden. Auch Regionalbeiträge hören sich die Rezipienten des Radios noch recht häufig an. Anspruchsvollere Formen wie Kommentare und ausführliche Beiträge zum sozialen, politischen und wirtschaftlichen Geschehen werden deutlicher seltener genutzt, was damit korrespondiert, dass sie auch wesentlich seltener gesendet werden.[9]

Das Radio erreicht mit seinen in großflächige Magazinsendungen eingestreuten Informationsleistungen gerade auch die eher *unterhaltungsorientierten Teile des Publikums* (Berens, Kiefer & Meder 1997) und diejenigen, die nicht aktiv nach politischer Information suchen, denn die Radionutzung korreliert im Vergleich zur Zeitungsnutzung nur schwach mit dem politischen Interesse (vgl. Schulz 2001: 179). Vor allem die Jugendlichen werden noch am ehesten von den Informationsangeboten des Hörfunks erreicht (Holtz-Bacha 1997: 298; Six & Roters 1997: 9). Von daher ist das Radio – auch aus der Sicht des Publikums – ein Medium mit publizistischer Relevanz, wenn auch mit deutlichem Abstand zu Fernsehen und Tageszeitung im Hinblick auf Bedeutung, Kompetenz und Glaubwürdigkeit.

---

9   Die Bewertung und Nutzung von Informationsangeboten kann auch von deren Verständlichkeit beeinflusst werden. Hierzu liegt eine Studie von Ballstaedt (1980) vor, der untersucht hat, welchen Effekt die Merkmale der Nachrichtensprache auf das Verstehen haben. Schönbach und Goertz (1995) haben die Fragestellung erweitert und geprüft, welche Faktoren der Nachrichtengestaltung Einfluss auf die Bewertung, Erinnerung und das Verstehen von Nachrichten haben. Sie fanden dabei u.a. heraus, dass die individuellen Vorstellungen von guten Nachrichten praktisch keinen Einfluss darauf haben, wie die vorgespielten Sendungen bewertet werden.

Abbildung 2   Nutzungshäufigkeit von Programmelementen des Radios

„Ich habe hier eine Liste, auf der verschiedene Sendungen des Radios stehen. Bitte sagen Sie mir bei jeder Radiosendung, ob Sie sie regelmäßig (1); häufig (2); gelegentlich (3); selten (4); oder nie (5) hören."

	regelmäßig / häufig	gelegentlich	selten / nie
	%	%	%
Information			
Kurznachrichten	68	18	14
Ausführliche Nachrichten	61	19	19
Regionalbeiträge	41	27	32
Kommentare zur aktuellen Politik	25	25	50
Beiträge zu sozialen Problemen	19	28	54
Beiträge, Reportagen, Diskussionen zum politischen Geschehen	19	25	57
Berichte aus der Wirtschaft	12	21	67
Service			
Allgemein informierende Beiträge	28	31	41
Ratgeber und Verbraucherbeiträge	20	28	53
Werbung	17	18	64
Veranstaltungstipps	15	23	62
Bildung			
Sendungen über Technik und Wissenschaft	9	16	75
Beiträge über Kunst und Kultur, Dichterlesungen	6	11	83
Schulfunk, Sprachkurse	2	4	94
Unterhaltung			
Plauderein, Unterhaltendes und Informierendes vom Moderator	32	26	42
Sportreportagen	26	18	56
Sonstige Unterhaltungssendungen	25	27	48
Spiele, Sendungen zum Mitmachen	12	15	73
Kabarett, Satire	4	10	86
Hörspiele	3	6	91
Musik			
Sonstige Unterhaltungsmusik	50	25	25
Rock- und Popmusik	40	13	46
Informationen über Bands und Musik	17	18	65
Klassische Musik	11	16	73
Jazz	6	12	83

Quelle: Massenkommunikation V (eigene Berechnungen)

Auch zur Nutzung und Akzeptanz *weiterer Programmelemente* liegt eine Reihe von Studien vor: Zu den Anspruchsfaktoren an die Moderation gibt es die bereits oben erwähnte Studie von Schröter (1994) und eine Untersuchung von Lindner-

Braun (1998). Daten von Heim und Heyn (1989: 46) zeigen, dass die Moderation für die Akzeptanz eines Programms eine große Rolle spielt. Auch Programmformen der Hörerbeteiligung wie Spiele, Diskussionen mit Hörern und Expertenbefragungen sind für die Akzeptanz des Hörfunks nicht bedeutungslos. Fast die Hälfte der Befragten bezeichnete solche Programmelemente als wichtig. Allerdings sind deutliche Unterschiede in der Relevanzbeurteilung zwischen den unterschiedlichen Formen der Beteiligung und zwischen den Hörern der verschiedenen Sender festzustellen.

Auch bei anderen eher unterhaltenden Programmelementen variiert die Hörerakzeptanz. Wie aus Abbildung 2 ersichtlich, werden Plaudereien vom Moderator und Sportreportagen von mehr als einem Viertel der Befragten häufig gehört, Kabarett und Hörspiele hingegen nicht einmal von fünf Prozent. Nicht ganz so heterogen ist die Zuwendung zu den verschiedenen Serviceangeboten. Ratgeber und Verbrauchertipps werden von fast 50 Prozent der Hörer mindestens gelegentlich genutzt und auch Veranstaltungstipps gehören für mehr als ein Drittel der Befragten zumindest gelegentlich zum Radio-Menü dazu. Nur sehr geringe Nutzungsraten erreichen die bildenden Programminhalte: Kunst-, Technik- oder Schulfunksendungen sind für die allermeisten Hörer kein Teil ihres Nutzungsmenüs. Dabei ist allerdings zu berücksichtigen, dass diese Programmelemente auch nur einen geringen Umfang des Angebots ausmachen. Zudem lässt sich gegen die Frage nach der Nutzungshäufigkeit einzelner Programmelemente – wie sie in der Studie Massenkommunikation verwendet wird – zu Recht einwenden, dass sie an der Realität der Radionutzung vorbeigeht, da sie suggeriert, das Radio werde gezielt für einzelne Angebote eingeschaltet. Dennoch vermitteln die vorgestellten Nutzungszahlen einen Eindruck von der subjektiven Bedeutungszuweisung verschiedener Elemente im Programmfluss der Sender.

Schließlich sei noch ein Programmelement angeführt, dem in der Radioforschung relativ große Aufmerksamkeit gewidmet wird: der *Werbung*. Eine Studie von Liepelt, Neuber und Schenk (1993: 164ff.) belegt, dass die Werbung für die Radiosender ein äußerst problematisches Programmelement ist. Drei Viertel der Befragten empfinden Werbung als störend; jeder Fünfte sagt, dass er bei Werbung aus- oder umschaltet. Da die Werbung aber – insbesondere für die privatwirtschaftlich organisierten Sender – ein notwendiger und unverzichtbarer Programmbestandteil ist, lässt sich aus diesem Befunden nur die Konsequenz ableiten, die Werbezeiten nicht zu sehr auszudehnen. Dies ist jedoch nur dann möglich, wenn mit diesen relativ wenigen Werbeplätzen relativ hohe Einnahmen erzielt werden können. Aber nicht nur auf das „Wie viel", sondern auch auf das „Was und Wie" ist der Einfluss der Sender gering. Sie können kaum beeinflussen, wofür geworden wird und wie die Werbung gestaltet wird. Von daher sind bei der Werbung kaum Ansatzpunkte für ein aktives Qualitätsmanagement gegeben. Auch aus diesem Grund werden Nutzung und Qualitätsbeurteilung von Radiowerbung in dieser Arbeit keine Beachtung finden.

2.2.7 Typologien der Radiohörer

Ein ganz anderer Ansatz, sich der Radionutzung zu nähern, sind Typologien. Mit diesem Instrument ist man zwar nicht in der Lage, Nutzung zu erklären, aber sie können helfen, das Handeln der Hörer dicht zu beschreiben und damit die Voraussetzung für die Entwicklung von Erklärungsansätzen zu schaffen. Hier sollen zwei dieser Instrumente kurz vorgestellt werden.[10]

Mit der *MedienNutzerTypologie* stellt Oehmichen und Ridder (2003) ein Instrument vor, das zur Identifikation und Beschreibung von Hörergruppen mit spezifischen Nutzungsmustern dienen kann.[11] Die Typen bezeichnet Oehmichen (1999: 549) als „lebensweltliche Milieus, die nach ihren medialen Interessen, Bedürfnissen und Verhaltensweisen einen jeweils eigenen Stil mit verschiedenen Programm- und Sendungspräferenzen entwickelt haben." Differenziert man die Radionutzung nach solchen Lebensstilgruppen, so findet man eine gewisse Nähe zu Klassifizierungen anhand von soziodemographischen Variablen, „die Lebensstiltypen überschreiten allerdings diese Dimensionen in erheblichem Umfang" (Oehmichen 1999).

Anders gehen Weiß und Hasebrink (1997) vor. Sie entwickeln eine auf der Mediennutzung basierende Typologie. Anders als bei der MedienNutzerTypologie wird hier die Klassifikation nicht anhand von medienexternen Variablen, sondern auf der Basis der individuellen Mediennutzungsmuster durchgeführt. Aus den unterschiedlichen Radiorepertoires in Verbindung mit weiteren Medienpräferenzen ermitteln die Autoren die verschiedenen Typen, die sie als „alltagskulturelle Milieus" bezeichnen.

2.3 Erklärungsansätze zur Radionutzung

Nach den eher deskriptiven Befunden zur Radionutzung sollen im Folgenden einige Studien gerafft dargestellt werden, in denen das Radionutzungsverhalten aus Rezipientenperspektive untersucht und vor allem zu erklären versucht wurde.[12]

---

10 Auch anhand von Lifestyle-Typen und den Sinus-Milieus wurde versucht, eine Abgrenzung von Hörergruppen und Zielgruppenpotentialen zu erreichen (Stockmann 1996).

11 Zur Entwicklung des Instruments und zu den verwendeten Indikatoren für die Typenbildung siehe Hartmann und Tebert (2003).

12 Einen Überblick über weitere, hier nicht vorgestellte Studien zur Rezipientenperspektive bietet Keller (1992: 118ff.).

2.3.1 Motivorientierte Ansätze: Nutzendimensionen und Belohnungen

Ganz in der Tradition des „Uses and Gratifications-Approach" versucht Klingler (1999: 118) die Faszination des Radios in der Nachkriegszeit zu erklären, und zwar über die Fähigkeit des Hörfunks, vielfältige Gratifikationen zu offerieren: „Das Radio bot Informationen und Orientierung, bot in der Nachkriegszeit Hilfestellung bei der Suche nach Verhaltensmodellen, bot Identifikation mit anderen, schaffte Zusammengehörigkeitsgefühl und damit soziale Integration, bot schließlich Unterhaltung, Wirklichkeitsflucht, Entspannung, emotionale Entlastung und füllte auch nur Zeit." So plausibel die Erklärung auch sein mögen, empirische Belege hierfür gibt es aus dieser Zeit leider nicht.

Zu den Motiven, die der heutigen Zuwendung zum Radio zu Grunde liegen, sind hingegen einige Daten verfügbar. Nicht hinreichend untersucht ist allerdings, ob es sich dabei um radiospezifische Motive handelt. Zudem gibt es auch in der neueren Literatur kaum Hinweise darauf, ob diese (hörfunkspezifischen) Motive in der Lage sind, Unterschiede in der Radionutzung zu erklären. Deswegen orientierte sich Ecke (1991: 42) in seiner Untersuchung an den allgemein für die Mediennutzung als wichtig erachteten vier Dimensionen: Rekreation/Ablenkung, Beziehungen/Gesellschaft, Information/Umweltbeobachtung und Identität. In seiner empirischen Studie verwendete er eine Batterie von 18 Items, mit denen er in zwei unterschiedlichen Fragevarianten die Motive der Hörfunknutzer zu ergründen versuchte. Die Identitätsdimension wurde von ihm nicht operationalisiert, dafür hat er aber zwei Dimensionen der Umweltbeobachtung unterschieden: eine Motivdimension bezieht sich auf das Musikangebot und eine auf die politische und gesellschaftliche Umwelt. Die Ergebnisse zu den 18 Items unterzog er einer Faktorenanalyse und ermittelte dabei vier Dimensionen. Mit diesen vier Motivfaktoren hat er Ecke (1991: 134ff.) dann in mehreren multiplen Regressionen überprüft, welchen Erklärungsbeitrag sie für die Nutzung des Hörfunks liefern. Zum einen hat er untersucht, ob die vier Dimensionen zur Erklärung der subjektiven Bedeutung von unterschiedlichen Programmbestandteilen beitragen. Zum anderen hat er analysiert, ob verschiedene Kennwerte der Radionutzung mit den Motivfaktoren erklärt werden können. Diese Kennwerte waren Nutzungsdauer, Nutzungshäufigkeit, Nutzung einzelner Angebote (etwa Nachrichten), Radionutzung in bestimmten Situationen (z.B. am Arbeitsplatz) und Nutzungsmodi (Nebenbeinutzung). Insgesamt zeigte sich, dass durch die Motivitems die subjektive Bedeutsamkeit bestimmter Programmbestandteile deutlich besser erklärt werden kann als die meisten Nutzungsindikatoren.

Simon (1998: 199ff.) präsentiert Daten des „SDR-Demometers", eines Instruments der Nutzerforschung des Süddeutschen Rundfunks. Dabei zeigt sich, dass die Befragten unterhaltungsorientierte Motive im Durchschnitt als etwas bedeutsamer einschätzen als die informationsorientierten Motive. Allerdings gibt es auch innerhalb der Dimensionen erhebliche Unterschiede zwischen den einzelnen Aussagen. Das informationsbezogene Motiv „über Wichtiges sofort informiert werden" findet von allen Motivitems die höchste Zustimmung, während das ebenfalls informationsbezogene Item „Denkanstösse bekommen" weit unten auf der Rangreihe der radiobezogenen Motive zu finden ist. Bemerkenswert ist vor allem, dass sich nur bei diesem zuletzt genannten Item die Erwartungen an das Radio über die Jahre hinweg verändert haben. Bei allen anderen Items fand Simon zwischen 1988 und 1998 keine oder nur sehr geringe Veränderungen. Während unterhaltungsbezogene Erwartungen und auch die meisten informationsbezogenen Erwartungen gleich geblieben sind, wird vom Radio Ende der neunziger Jahre in geringerem Maße kognitive Anregung erwartet als noch zehn Jahre früher.

2.3.2 Additive Ansätze: Motive, Kognitionen und Routinen

In der Studie Massenkommunikation wurden den Befragten umfangreiche Listen mit Aussagen zum Radio vorgelegt, mit denen die Wahrnehmung und Bewertung des Mediums gemessen werden sollten (Abbildung 3 und Abbildung 4). Bei einer genaueren Betrachtung der verwendeten Items zeigt sich, dass in diesen Listen Items aus ganz unterschiedlichen konzeptionellen Zusammenhängen integriert wurden. Zum einen wurden Items verwendet, die in der Tradition des Uses and Gratifications-Approach motivationale Aspekte der Mediennutzung erfassen. In Anlehnung an das GS/GO-Modell (vgl. Palmgreen, Wenner & Rayburn 1980) kann hier von Aussagen gesprochen werden, mit denen die erhaltenen Gratifikationen gemessen werden. In den beiden Abbildungen sind diese Aussagen mit GO gekennzeichnet. Zum anderen gibt es aber auch eine Reihe von Aussagen, die sich auf Eigenschaften der genutzten Radioprogramme beziehen. Hierbei handelt es sich letztendlich um Qualitätsurteile über das Radio. Diese Items werden in der Abbildung mit dem Buchstaben Q markiert. Daneben gibt es noch drei weitere Aussagen, von denen zwei Imageaspekte operationalisieren (IM) und eine als Indikator für Habitualisierung (H) angesehen werden kann.

Für die vorliegende Untersuchung von besonderem Interesse sind die Qualitätsurteile. Die schnelle, aktuelle Nachrichtenberichterstattung ist das Qualitätsmerkmal, das die meisten Hörer dem Radio zuschreiben. Über 70 Prozent der Befragten stimmen dieser Eigenschaft zu. Aber schon an zweiter Stelle der herausragenden Qualitätsmerkmale folgt die Nutzbarkeit als Nebenbeimedium (Abbildung 4). Weit mehr als die Hälfte der Rezipienten sagt, dass diese Eigenschaft voll und ganz auf das meistgehörte Radio zutrifft. Den Qualitätskriterien Vollständigkeit, Verständlichkeit und Regionalität wird weitaus weniger zugestimmt. Kaum mehr als jeder dritte Befragte stimmt diesen Aussagen über das Radio zu. Noch weniger Zustimmung erfahren Aussagen, die als Indikatoren für besondere journalistische Anstrengungen interpretiert werden können: Engagierte Meinung, Exklusivität der Themen, Ausgewogenheit, investigative Anstrengun-

Abbildung 3   Gratifikationen, Images und Qualitätseigenschaften des Radios
aus Rezipientensicht

„Wenn Sie bitte noch mal an das Radio denken: Auf diesen Kärtchen hier stehen verschiedene Sätze über das Radio. Bitte sagen Sie mir zu jedem Satz, ob er Ihrer Meinung nach für das Radio zutrifft (1), nur teilweise zutrifft (2) oder überhaupt nicht zutrifft (3)."

	Dimension	trifft zu	keine Meinung
		%	%
bringt die neuesten Nachrichten besonders schnell	Q	71	7
gibt einen vollständigen Überblick über alle wichtigen Dinge in Politik und Zeitgeschehen	Q	37	10
berichtet klar und verständlich über politische Ereignisse	Q	36	10
berichtet ausführlich über alle Ereignisse aus meiner näheren Umgebung	Q	34	8
berichtet nicht nur einfach, was sich alles ereignet hat, sondern gibt bei allen wichtigen Fragen klar und deutlich hierzu vertretene Meinungen wieder	Q	30	11
bringt viele interessante Dinge, über die man anderswo kaum etwas erfahren kann	Q	26	10
lässt alle gesellschaftlichen Gruppen zu Wort kommen	Q	22	15
berichtet wahrheitsgetreu und gibt die Dinge immer so wieder wie sie wirklich sind	Q	18	15
hat fast für alle Gebiete hervorragende Fachleute	(Q)	23	21
sorgt für Entspannung und Ablehnung	GO	67	6
bringt viele wichtige Dinge, über die man sich mit Freunden und Bekannten unterhalten kann	GO	38	9
hilft manchmal die Sorgen und Probleme des Alltags zu vergessen	GO	35	10
gibt einem Anregungen und Stoff zum Nachdenken	GO	32	10
trägt dazu bei, dass man die Sorgen und Probleme anderer Menschen kennen lernt	GO	30	10
ist oft eine wertvolle Hilfe, wenn man sich eine eigene Meinung bilden will	GO	25	11
hilft vielen Menschen, sich in der heutigen Welt zurechtzufinden	IM	19	14

Quelle: Massenkommunikation V (eigene Berechnungen)
Q = Qualität; GO = gratifications obtained; IM = Image

Abbildung 4 Gratifikationen, Habitualisierung, Image und Qualitätseigenschaften des meistgenutzten Radioprogramms im Vergleich zu anderen tagesaktuellen Medien

„Auf dieser Seite stehen noch einmal Aussagen zu den Medien. Denken Sie dabei bitte an das Fernseh- und Hörfunkprogramm, das Sie am häufigsten einschalten, und die Tageszeitung, die Sie regelmäßig in die Hand nehmen. Kreuzen Sie doch bitte an, inwieweit diese Aussage auf jedes dieser Medien zutrifft, und zwar das Fernsehen, den Hörfunk, die Tageszeitung: 1 = voll und ganz; 2 = überwiegend; 3 = teils, teils; 4 = weniger; 5 = gar nicht."

Dimension	Radio %	Zeitung %	TV %
		trifft voll und ganz auf das Medium zu	
lässt sich mit vielen anderen Tätigkeiten kombinieren	Q	57	3	13
ist gemessen an dem, was ich dafür bekomme, preiswert	Q	17	16	11
fasst heiße Eisen an	Q	15	21	27
achtet auf Qualität	Q	11	14	10
hilft, freie Zeit zu füllen, wenn man nichts anderes zu tun hat	GO	25	21	40
finde immer etwas, was mich interessiert	GO	23	31	27
hilft gegen das Gefühl, allein zu sein	GO	20	8	24
trägt viel zu meinem Wohlbefinden bei	GO	15	9	11
ist in vieler Hinsicht anregend	GO	15	14	15
hilft einem, seine Zeit sinnvoll zu verbringen	GO	10	14	10
ist fast wie ein Freund	GO	10	8	8
bietet Orientierung, wie man den Alltag bewältigt	GO	6	8	7
nimmt eigentlich zu viel Zeit in Anspruch	GO	3	6	18
führt zur Vereinsamung der Menschen	GO	3	3	22
nutze ich eher gewohnheitsmäßig	H	28	23	21
greift Alltagsproblem auf, die viele interessieren	IM	15	22	20

Quelle: Massenkommunikation V (eigene Berechnungen)
Q = Qualität; GO = gratifications obtained; IM = Image; H = Habitualisierung

gen und Wahrheitstreue werden nur noch von Minderheiten der Hörer als zutreffend für das eigene Radio bezeichnet. Bei der direkten Frage, ob das meistgehörte Radioprogramm „auf Qualität achtet", sagen sogar nur 11 Prozent der Befragten, dass dies auf ihr Radio zutrifft. Nicht direkt auf das Programm, sondern auf die Personen, die das Programm erstellen, bezieht sich die letzte Qualitätsfrage. Hier zeigt sich, dass mehr als 20 Prozent der Befragte sich nicht dazu äußern können, ob das Programm, das sie hören, „für alle Gebiete hervorragende Fachleute" hat. Ungefähr die gleiche Anzahl ist der Meinung, dass dies auf das genutzte Programm zutrifft.

Gerade auch im Vergleich zum Fernsehen und zur Zeitung findet man beim Radio ein stärkeres und offeneres Bekenntnis zu einer routinisierten Nutzung des Mediums: Im Vergleich zu den meisten Qualitätsaussagen und allen Gratifikationen aus Abbildung 4 hat die habitualisierte Radionutzung die größte Zustimmung erfahren. Auch in der Literatur wird dieser Form der Radionutzung und der Herausbildung von Gewohnheiten eine große Aufmerksamkeit geschenkt. Lindner-Braun (1998: 51) spricht in diesem Zusammenhang von „Radiosozialisation", welche zur Herausbildung von Hörgewohnheiten führt. Diese Gewohnheiten sind für die Radiokultur in einem Land oder einer Region von großer Bedeutung, weil einmal angeeignete Hörgewohnheiten relativ resistent gegen Veränderung sind.

Zusammenfassend ist festzuhalten, dass motivationsbasierte, an Qualitätsmerkmalen orientierte, imageorientierte und habitualisationsbasierte Erklärungsansätze in der Forschungspraxis nicht immer klar voneinander getrennt werden. Vor allem ist aber zu bemängeln, dass die Motivnennungen nur univariat betrachtet und interpretiert werden und nicht geprüft wird, wie die Motive mit dem Nutzungsverhalten in Beziehung stehen.

2.3.3   Kognitionsorientierte Ansätze: Erwartung, Wahrnehmung und Bewertung von Programmeigenschaften

Während motivational orientierte Studien die Radionutzung aus den Motiven der Rezipienten zu erklären versuchen, setzen die kognitionsorientierten Untersuchungen an den Erwartungen der Rezipienten im Hinblick auf bestimmte Eigenschaften von Radioprogrammen und an der Wahrnehmung und Bewertung dieser Eigenschaften durch die Rezipienten an. Zum einen sind dies die Erwartungen an die Berücksichtigung einzelner Programmelemente, zum anderen werden aber auch Erwartungen an die Ausgestaltung einzelner Elemente ermittelt. Auch in stärker kognitiv ausgerichteten Studien wird in der Regel nicht explizit mit dem Begriff der Qualität argumentiert und operiert, aber dennoch folgen diese Untersuchungen insgesamt einer ähnlichen Vorgehensweise, wie sie in dieser Arbeit vorgeschlagen und realisiert wird.

Um die Erwartungen an das Radio zu erheben, bietet es sich an, nach den Vorstellungen zu fragen, „wie ein gutes Radio sein sollte". Auf diese Weise wird versucht zu ermitteln, wie sich die Befragten ihr *Idealradio* vorstellen. In einer Untersuchung zum Image und zur Akzeptanz des Hörfunks in Bayern (Berger 1988), wurde eine solche Vorgehensweise gewählt. Zum einen wurden die Anforderungen (Erwartungen) an ein sogenanntes *Idealradio* erhoben und zum anderen wurde erfragt, wie einzelne Sender (*Realradios*) diese Erwartungen erfüllen. Wenn Erwartungen und wahrgenommene Eigenschaften übereinstimmen, wird dies als Indikator für Zufriedenheit mit dem jeweiligen Angebot interpretiert (Berger 1988: 58). Die Erwartungen an das Idealradio wurden differenziert in

die Vorstellungen von der Wichtigkeit verschiedener thematischer Programmangebote (z.b. Politik, Soziales, Freizeit, Verkehr, Musik) und die Vorstellungen von
der Wichtigkeit bestimmter Eigenschaftsdimensionen, und zwar jeweils für die
folgenden fünf zentralen Programmelemente: Allgemeine und regionale Information, Musik, Moderation, Werbung und Hörerbeteiligung. Das so ermittelte
Idealprofil des Radios wurde dann mit den entsprechenden wahrgenommenen
Eigenschaften der Realradios konfrontiert. Beim Programmelement Musik wurden beispielsweise neun Musikrichtungen unterschieden, beim Moderator wurde
die Wichtigkeit und Wahrnehmung von 28 Eigenschaften (z.b. natürlich, frech,
spricht leichten Dialekt, trocken) abgefragt.

Ähnlich sind auch Liepelt, Neuber und Schenk (1993: 159ff.) vorgegangen.
Auch sie haben die Erwartungen der Hörer an die Inhalte eines Radioprogramms erfragt. Die Hörer wurden gebeten sich vorzustellen, sie dürften ein Radioprogramm gestalten, das nur ihnen gefallen muss, und sie müssten keine
Rücksicht auf die Wünsche anderer nehmen. Die am häufigsten genannten Programmelemente des Idealradios waren: Musik, politische Hintergrundberichte,
Verkehrsinformationen und Wirtschaftsberichte. Am wenigsten gewünscht wurden aktuelle Einkaufstipps, Hörergrüße, Quizsendungen/Gewinnspiele und
Mundartbeiträge. Das Mittelfeld bildeten Sportberichte, Berichte aus Parteien
und Veranstaltungshinweise. Die Beurteilung des Radios haben Liepelt, Neuber
und Schenk (1993: 162f.) anhand von sieben Imagedimensionen gemessen.
Gegenstand der Imagemessung waren jedoch nicht einzelne Sender, sondern
allgemein die öffentlich-rechtlichen und die privaten Radioprogramme. Dabei
zeigte sich, dass die privaten Sender als spontaner, moderner, abwechslungsrei-
cher, lockerer, weltoffener, sympathischer und sogar als ausgewogener bewertet
wurden.

Über ein ähnliches Modell hat sich Keller (1992) der Erklärung der Radionutzung genähert. Bei ihm sind es drei Typen von Faktoren, von denen er vermutet,
dass sie Beiträge zur Erklärung der Radionutzung leisten können. Zunächst einmal ermittelte er die Wichtigkeit von Programmelementen und die Zufriedenheit
mit diesen Elementen bei den verschiedenen Sendern. Darüber hinaus hat er mit
Hilfe von 15 semantischen Differentialen die Wahrnehmung der Sender durch
die Rezipienten erfasst. Des weiteren wurde auch die Wichtigkeit erhoben, die
Hörer der Berücksichtigung bestimmter Themen in den Wortbeiträgen zuweisen
und wie sie die Leistung der Sender hinsichtlich dieser Themen bewerten. Mit
diesen Faktoren hat Keller die Nutzungsdauer, die Nutzungshäufigkeit, die Aufmerksamkeit bei der Nutzung sowie die Programmbewertung verschiedener Ra-
dioprogrammtypen mit mehreren Regressionsmodellen zu erklären versucht.
Dabei zeigte sich, dass mit den genannten Faktoren unter Berücksichtigung
wichtiger soziodemographischer Kontrollvariablen zum Teil eine erhebliche Varianzaufklärung gelingt. Besonders gut konnte die Nutzung und Bewertung der
volkstümlichen Programme durch die genannten Faktoren erklärt werden. Nicht

so gut fielen hingegen die Modelle zur Erklärung der Nutzung von lokalen Boulevardprogrammen und regionalen Serviceprogrammen aus.

Eine vierte Studie, die in diesem Zusammenhang genannt werden muss, ist die Untersuchung von Stuiber et al. (1990). Auch dort wurde die Wichtigkeit von Programmelementen, bestimmten Themen in Wortbeiträgen und verschiedenen Programmattributen erhoben. Darüber hinaus wurde die Beliebtheit verschiedener Musikeigenschaften erfragt. Kontrastiert wurden die so gemessenen Erwartungen in dieser Studie mit den entsprechenden Bewertungen der verschiedenen Programme auf diesen Dimensionen. Die Autoren haben mit multivariaten Modellen geprüft, durch welche Faktoren die Gesamtbewertungen der verschiedenen Sender bzw. des Wortprogramms beeinflusst werden. Dabei kamen sie zu dem Ergebnis, dass die Beurteilung des Wortprogramms weniger durch die Themenauswahl und die Wahrnehmung der publizistischen Qualität der Beiträge beeinflusst wurde, sondern vor allem durch die Art der Moderation.

2.4   Zum Stand der Radionutzungsforschung

So wie die Programm- und Inhaltsanalysen in hohem Maße von den Kontrollaufgaben der Landesmedienanstalten geprägt sind und dies Ansatz und Methode bestimmt, so ist die Nutzungsforschung von den Anbieterinteressen auf privater und öffentlich-rechtlicher Seite geprägt. Im Mittelpunkt stehen hier die Nutzungsdaten und die Bestimmung und Beschreibung von Zielgruppen. Erklärungen für Radionutzung spielen in diesem Forschungsparadigma nur eine untergeordnete Rolle.

Der Überblick über den Forschungsstand hat verdeutlicht, dass zur generellen Nutzung des Radios, aber auch zur Nutzung einzelner Sender und bestimmter Angebote zahlreiche Studien vorliegen. Der Forschungsstand kann hier durchaus als gut beschrieben werden. Nicht ganz so zufriedenstellend ist die Forschungslage bei der Erklärung der Radionutzung. Zum einen sind viele der Studien bereits älteren Datums. Zum anderen ist die theoretische Fundierung der Untersuchungen nicht immer zufriedenstellend, und wenn sie vorhanden ist, dann dominiert die motivationale Orientierung. Kognitionsorientierte Ansätze sind selten. Ein Erklärungsversuch für die Selektions- und Nutzungsentscheidungen beim Radio aus einer rezipientenorientierten Qualitätsperspektive wurde bislang nicht unternommen.

Ein weiteres Defizit ist die methodische Ausrichtung vieler Untersuchungen. Zwar liegt eine Reihe vor Studien vor, in denen sowohl inhaltsanalytische als auch Befragungsdaten erhoben wurden; allerdings stehen die Befunde in den Forschungsberichten häufig relativ unverbunden nebeneinander, die Verknüpfung der Ergebnisse ist nicht zufriedenstellend erfolgt. Dennoch hat die Durchsicht gezeigt, dass einige Studien in ihrer Anlage und Vorgehensweise durchaus Anknüpfungspunkte für die hier vorliegende Fragestellung bieten – dies sind vor allem die vier zuletzt dargestellten Untersuchungen.

2.5 Das Radio im Licht der Qualitätsforschung

Der Hörfunk ist nicht nur für die überwiegende Zahl der Rezipienten ein Nebenbeimedium, auch für die Qualitätsforschung ist das Radio bislang nicht mehr als ein Nebenbeimedium (Bucher & Barth 2003: 223). Von einer systematischen Radioqualitätsforschung kann nicht die Rede sein. Dennoch können einige radiobezogene Studien aus der Qualitätsforschung in diesem Überblick berücksichtigt werden, da sie Bezüge zu der hier behandelten Fragestellung aufweisen.

Ruß-Mohl (2001) beschäftigt sich mit der Frage, wie *journalistische* Qualität im Radio gesichert werden kann. Ausgangspunkt seiner Überlegung ist die Feststellung, dass nur wenig von dem, was im Radio an Wortbeiträgen zu hören ist, als Journalismus bezeichnet werden könne. Die meisten Moderatoren sind nach seiner Einschätzung eher Entertainer als Journalisten und könnten zudem zwischen Öffentlichkeitsarbeit und Journalismus kaum noch unterscheiden. Ruß-Mohl sieht Qualitätsdefizite im Radiojournalismus als gegeben an, kann aber keine empirischen Ergebnisse vorweisen, die seine Behauptung belegen. Die von ihm genannten Befunde – niedriges Sozialprestige der Journalisten, Zunahme der Bereitschaft, Medienunternehmen vor Gericht zu verklagen, sinkende Glaubwürdigkeit der Medien – sind zum einen nicht radiospezifisch, und zum anderen handelt es sich um Indikatoren, die möglicherweise Hinweise auf Qualitätsurteile geben, keinesfalls aber als Messung von intersubjektiv ermittelten Programmeigenschaften anzusehen sind. Es geht Ruß-Mohl auch nicht um den empirischen Nachweis von Qualitätsdefiziten oder um die Erklärung von Qualitätsurteilen. Vielmehr sucht er nach den Gründen für die vermuteten Defizite und schlägt Maßnahmen vor, um Qualität zu sichern.

Bucher und Barth (2003) stellen die Grundlagen für eine *an den Rezipienten orientierte funktionale Evaluation von Radioqualität* vor. Warum bestimmte Qualitätskriterien bei der Beurteilung eines Programms berücksichtigt werden sollten, kann ihrer Ansicht nicht normativ begründet werden, sondern nur funktional erfolgen. Sie legen ihrer funktionalen Begründung eine Rezipientenperspektive zu Grunde. Bei der Begründung der Qualitätskriterien für die Informationsangebote weichen sie allerdings deutlich von dieser Argumentationslinie ab und verweisen auf den an der Rundfunkordnung orientierten Kriterienkatalog von Schatz und Schulz (1992), die demokratietheoretische Begründung durch McQuail (1992) und die kommunikationstheoretische Grundlegung durch Grice (1975) mit den vier Kommunikationsmaximen „Wahrheit und Wahrhaftigkeit", „Relevanz", „Informativität" und „Verständlichkeit" (Bucher & Barth 2003: 232f.). Bei einer genaueren Betrachtung ihrer Argumentation stellt man zudem fest, dass die Autoren zwar argumentativ die Rezipientenperspektive einnehmen, aber nur selten empirische Belege dafür vorlegen können, dass die von ihnen behaupteten Funktionen des Radios tatsächlich diejenigen sind, welche die Rezipienten dem Radio zuschreiben.

Ähnlich argumentiert auch *Lindner-Braun* (1998: 53ff.). Sie schreibt dem Radio drei Qualitäten zu, die es ihrer Ansicht nach in besonderem Maß auszeichnen. Sie bezeichnet das Radio als „lebendig, präzise und persönlich". Daraus leitet sie *drei Funktionen des Radios* ab: Ereignisradio, Informationsradio und Stimmungsradio.

Zusammenfassend lässt sich zur radiobezogenen Qualitätsforschung festhalten: An Literatur, die sich mit Qualitätsaspekten beim Radio beschäftigt, ist kein Mangel. Aber nur in einem kleinen Teil werden die theoretischen Überlegungen durch empirische Befunde untermauert. Forschungsprojekte, die auch die Qualitätsperspektive der Rezipienten berücksichtigen, bilden die Ausnahme.

3.   Theoretische Grundlagen der Untersuchung

3.1   Qualitätsbegriff: Perspektiven, Objekte, Dimensionen

3.1.1   „Qualität" – ein normativer Begriff

„Qualität" ist im gängigen Sprachgebrauch normativ konnotiert: Der Begriff wird im Sinne von „Güte" verwendet. Qualität ist dabei eine abstrakte und synthetische Maßeinheit. Etwas (ein Produkt, eine Dienstleistung, ein Handlungsablauf, ein Medienangebot) wird mit einem (unter Umständen aus mehreren Bewertungsdimensionen zusammengesetzten) Maßstab als gut oder weniger gut beurteilt. Die Bewertungsdimensionen stützen sich auf mehr oder weniger explizierte Normen. Die Objekte der Bewertung werden danach unterschieden, welchen Wert sie auf dem Maßstab erreichen. Die Bewertung ist im allgemeinen nicht nur normativ geprägt, sondern auch präskriptiv ausgerichtet: sie hat einen appellativen Charakter. Mit ihr wird aufgefordert, die Qualität zu verbessern.

In der Bewertung von Medienprodukten wird vor allem der Maßstab der publizistischen Qualität angelegt. Eine solche Bewertung kann aus wissenschaftlicher Perspektive erfolgen, sie ist aber auch ein selbstverständlicher Teil des medienbezogenen Alltagshandelns. Auch ohne wissenschaftliche Begründung werden manche Zeitungen als „Qualitätszeitungen" klassifiziert und von Blättern minderer Qualität unterschieden. Hinter diesen Einordnungen steht implizit oder explizit ein Qualitätsmaß, das verschiedene Bewertungsdimensionen wie Objektivität der Berichterstattung, Transparenz der Quellen, Relevanz der Themenauswahl u.a.m. (Ruß-Mohl 1992; Schatz & Schulz 1992; Rager 1994, Hagen 1995) berücksichtigt. Die Bewertungsdimensionen stützen sich auf generelle Normen, die zumeist aus gesellschaftlichen Vorgaben für Medien abgeleitet sind (z.B. Bereitstellung von Information zur Meinungsbildung) und zum Teil rechtlich fixiert sind (z.B. Sorgfaltspflicht) (vgl. Schatz & Schulz 1992) oder auch aus grundlegenden demokratietheoretisch begründeten Werten abgeleitet werden (McQuail 1992).

Mit diesem Qualitätsbegriff verbindet sich ohne Zweifel ein wichtiger und produktiver Diskussionsstrang, aber gleichzeitig verstellt dieser Ansatz den Blick auf anderes. Nach dem hier vertretenen kognitionsorientierten Ansatz spielt die Wahrnehmung und Beurteilung von Qualität auch in einem Erklärungsmodell für kommunikatives Handeln eine gewichtige Rolle. Dafür ist es aber erforderlich, einen anderen Qualitätsbegriff zu Grunde zu legen, bei dem die normative Grundierung und pädagogisch appellative Ausrichtung in den Hintergrund treten.

3.1.2   Historische Semantik des Qualitätsbegriffs: Eigenschaften zwischen Objekt und Subjekt

Der gängige normativ geprägte Sprachgebrauch von „Qualität" akzentuiert einige der Facetten, die in dem Begriff angelegt sind und die sich zu unterschiedlichen Zeiten und für unterschiedliche Zwecke herausgebildet haben. Um die unterschiedlichen Aspekte der Semantik zu verdeutlichen, lohnt ein kurzer Blick in die Geschichte des Begriffs.[13]

Qualität ist ein Begriff, der aus der Philosophie stammt und als Fremdwort in die Alltagssprache übernommen worden ist. In der Philosophie ist er seit der Antike durchgängig gebräuchlich. Er bildet dort eine Fundamentalkategorie ebenso wie „Quantität" oder „Form".

Mit „Qualitäten" werden in der philosophischen Terminologie die Eigenschaften von Objekten bezeichnet, also die Merkmale, durch die sie sich voneinander unterscheiden. So verstanden, hat Qualität vor allem eine analytische Funktion – das normative Moment tritt zurück und ist eine *spezifische* Form der Unterscheidung.

Eine zentrale Frage der philosophischen Beschäftigung mit Qualität war, ob Qualitäten ein Bestandteil der Objekte sind oder ob sie den Objekten von den Subjekten in ihrer Erkenntnis zugeschrieben werden. In der aristotelischen Definitionslehre sind die Qualitäten die artbildenden Unterschiede, mit denen die Elemente einer Gattung unterschieden werden können. In der Philosophie der Neuzeit ist insbesondere die Frage von Belang, wie die Sinneseindrücke von Objekten zu Stande kommen. In einem von der Mechanik geprägten Weltbild machte man dafür Elemente der Objekte verantwortlich. Die sinnlichen Wahrnehmungen von Qualitäten wurden folglich als Reaktionen auf die Objekte aufgefasst. Bei Kant wiederum sind die Qualitäten Kategorien des Erkennens – werden also dem urteilenden Subjekt zugeordnet. Bei Rudolf Carnap – in der von den Naturwissenschaften geprägten analytischen Philosophie – sind Qualitäten „Reaktionsweisen von Dingen unter bestimmten Beobachtungs- und Handlungsbedingungen" (Carnap 1969: 59; Carnap 1966: 6f.). Eigenschaftsangaben gehen auf „Bedingungsaussagen" zurück. Die Bestimmung von Qualitäten ist abhängig von den Bedingungen, unter denen die Bestimmung erfolgt. Das Objekt X hat eine bestimmte Qualität, also unterscheidet es sich vom Objekt Y in dieser oder jener Weise, wenn es dabei beobachtet wird, wie es unter angebbaren Bedingungen reagiert. Dies ist der Ansatzpunkt für die hier verwendete Begriffsfassung.

---

13 Siehe Blasche, Hübener & Urban 1989 (mit zahlreichen Literaturhinweisen).

3.1.3 Eigenschaften von Objekten – ein forschungsorientierter Qualitätsbegriff

Auf dieser Basis können unter *Qualitäten* die Eigenschaften eines Objekts verstanden werden, die als Kriterien der Unterscheidung von anderen Objekten fungieren können. *Radioqualität* umfasst dann die spezifischen Eigenschaften der über das Radio vermittelten Kommunikation, durch die sie sich von anderen Formen medialer Kommunikation unterscheiden lässt. Dies ermöglicht zudem eine interne Differenzierung dieser Kommunikation.

Damit tritt das analytische Moment in den Vordergrund des Verständnisses von Qualität. Der Begriff Qualität wird hier als Variable verwendet und nicht als Benennung der Variablenausprägung „hohe Qualität". Ein evaluatives Moment tritt erst dann hinzu, wenn den jeweiligen Eigenschaften Bewertungen zugeschrieben werden, wenn sie als wünschenswert oder nicht wünschenswert bezeichnet werden. Dann wird aus Qualität ein *Qualitätsurteil*.

3.1.4 Qualitäten des Qualitätsbegriffs: Dimensionalität, Varietät, Prozessualität

Was unterscheidet diesen Qualitätsbegriff von anderen Begriffsfassungen? Es sind drei Unterschiede, also Qualitäten, die den hier verwendeten Qualitätsbegriff auszeichnen.

Der hier verwendete Qualitätsbegriff beinhaltet eine *mehrdimensionale* Betrachtung. Es wird kein einheitlicher Maßstab angelegt. Eine Unterscheidung der Objekte von anderen erfolgt anhand verschiedener Aspekte. Dementsprechend können jeweils mehrere Qualitätsdimensionen unterschieden werden. Mit Qualität wird also ein mehrdimensionaler Raum aufgespannt. Die Qualitätsmerkmale, die ein Angebot aufweist, können auf diesen Dimensionen unabhängig voneinander variieren. Die Qualitätskriterien können zudem unterschiedlich gewichtet sein. So mag beispielsweise aus der einen Perspektive die Musikauswahl eines Programms das entscheidende Kriterium sein, aus einer anderen hingegen die Nachrichtenauswahl.

Damit ist auch schon die zweite Eigenschaft des Qualitätsbegriffs thematisiert. Er impliziert eine *Varietät* der Positionen, von denen aus Unterscheidungen getroffen werden. Insbesondere die Unterschiede zwischen sozial definierten Gruppen sind von Belang – unabhängig davon, ob diese nun durch unterschiedliche kommunikative Rollen, unterschiedliche Lebenslagen oder unterschiedliche Medienpräferenzen bestimmt sind. Die Qualität des Programms kann folglich aus verschiedenen Perspektiven ermittelt werden. Welche Eigenschaften dabei unterschieden werden, ergibt sich aus den jeweiligen Bedingungen der Beobachtung – das bedeutet, von welcher Position aus eine Unterscheidung getroffen wird. Das Forschungsfeld, dass hier betrachtet wird, ist die durch Radioprogramme vermittelte Kommunikation zwischen Programmmachern und Rezipienten. Inhaltlich geht es um die Frage, welche Rolle die Qualität des Programms in dieser Beziehung spielt. Deswegen werden in dieser Untersuchung vor allem zwei Perspektiven berücksichtigt: die der Radiohörer – durch Befragung erhoben – und die Programmperspektive – mit einer Inhaltsanalyse rekonstruiert. Eine gewisse – allerdings deutlich geringere – Beachtung wird auch die Qualität der Programme aus der Sicht der Macher erfahren (vgl. dazu auch Vowe & Wolling 2001). Es ließen sich auch andere Perspektiven denken, aus denen die Qualität des Radios sinnvoll untersucht werden könnte. Von Interesse wäre dabei z. B. die Sichtweise derjenigen, über die im Radio berichtet wird. Relevant wäre beispielsweise auch die Sicht von Kontroll- oder Regulierungsinstanzen (vgl. Brosius, Rössler & Schulte zur Hausen 2000). Diese Perspektiven spielen in dieser Untersuchung aber nur eine indirekte Rolle.

Der analytische Qualitätsbegriff impliziert weiterhin, dass Unterscheidungen *zeitlich variabel* sind. Man kann im Querschnitt Radioqualität erfassen; man muss sich aber darüber im Klaren sein, dass dies nur einen zeitlichen Ausschnitt abdeckt. Die Kriterien verändern sich in einer mittlerweile auch unmittelbar erfahrbaren Weise. Dieses prozessuale Moment von Qualität kann in dieser Untersuchung nicht abgebildet werden, dafür wäre eine Längsschnittstudie notwendig.

3.1.5   Von der Qualität zum Qualitätsurteil: Qualitätserwartungen und Qualitätswahrnehmungen

Eine der möglichen Formen der Unterscheidung von Objekten ist die normativ basierte Zuweisung von Eigenschaften. Qualität ist dann nicht nur ein Kriterium, das Unterscheidungen hinsichtlich Gleichheit und Unterschiedlichkeit erlaubt (Nominalskala) sondern das zusätzlich auch eine Einteilung hinsichtlich der Güte (Ordinalskala) ermöglicht. Auf diese Weise erfolgt die Unterscheidung als Bewertung. Die Zurechnung von Eigenschaften wird damit in einem internen Verarbeitungsprozess zu einem Qualitätsurteil. In dieser Untersuchung kommt es zentral auf die Ermittlung von Qualitätsurteilen an, da hier ein Schlüssel zum Verständnis von Handeln vermutet wird – und zwar der Qualitätsurteile der Radiorezipienten, weil es um die Erklärung von deren radiobezogenem Handeln geht.

Das Qualitätsurteil kann zum einen direkt gemessen werden, indem man eine Person fragt, wie ihr ein bestimmtes Objekt (Radioprogramm) oder bestimmte Eigenschaften eines Objekts (Musikmischung) gefallen. Bei einer solchen Vorgehensweise besteht allerdings die Gefahr, dass mit einem so erhobenen Qualitätsurteil vor allem die früher getroffenen Nutzungsentscheidungen nachträglich rationalisiert werden. Auf der Datenebene findet man dann womöglich statistisch signifikante Zusammenhänge zwischen Qualitätsurteilen und Nutzungsentscheidungen, bei denen es sich dann jedoch um Methodenartefakte handelt. Dieses Problem wird in der vorliegenden Untersuchung dadurch zu minimieren versucht, dass Qualitätsurteile nicht direkt abgefragt werden, sondern aus dem Grad der Übereinstimmung zwischen Erwartung und Wahrnehmung *rekonstruiert* werden. Bei der Konzeptionalisierung eines Qualitätsurteils wird also zwischen Qualitäts*erwartungen* auf bestimmten Qualitätsdimensionen (Idealradio) und den Qualitäts*wahrnehmungen* auf diesen Qualitätsdimensionen (Realradio) unterschieden. Es wird davon ausgegangen, dass das Qualitätsurteil sich aus der Relation von Erwartungen und Wahrnehmungen ergibt. Je stärker die Übereinstimmung von Qualitätserwartungen und Qualitätswahrnehmungen ist, desto positiver fällt das Qualitätsurteil aus. Eine genauere Darstellung der Konzeptionalisierung und Operationalisierung des Qualitätsurteils erfolgt in Abschnitt 6.2.5.

3.2 Handlungstheoretische Grundlagen einer qualitätsbasierten Programmauswahl

3.2.1 Typologie der Handlungsformen

Um das theoretische Fundament der Untersuchung von Radionutzung zu verbreitern, ist ein Rückgriff auf die Wurzeln der Handlungstheorie sinnvoll. Max Weber (1956: 17f.) hat eine Typologie entworfen, mit der die unterschiedlichen Formen des menschlichen Handelns begrifflich zu fassen sind. Er unterscheidet vier Idealtypen des Handelns:
- zweckrationales Handeln
- wertrationales Handeln
- traditionales Handeln
- affektuelles Handeln.

Wenn jemand ein Radio einschaltet, um den Wetterbericht zu hören, so ist dies ein *zweckrationales Handeln*, denn der Zweck ist klar definiert und kann voraussichtlich mit dem genutzten Mittel erreicht werden. Zweckrationales Handeln steht am Anfang der Handlungstypologie, weil es alle anderen Handlungsformen überstrahlt. Es ist ein Handeln, das auf Folgen (outcomes) orientiert ist und sich auf die Erreichung eindeutig definierter Zwecke mit adäquaten Mitteln bezieht. Die Rationalität bezieht sich hierbei auf die Angemessenheit der Mittel, die Zwecke zu erreichen. Im Kommunikationsbereich findet sich zweckrationales Handeln immer dann, wenn mit Kommunikation etwas erreicht werden soll – sich informieren, sich amüsieren, jemanden überzeugen usw.

Wenn jemand sich die Radionachrichten deswegen anhört, weil er meint, dass es die Pflicht eines jeden Staatsbürgers ist, sich politisch zu informieren, um damit seiner Rolle als Bürger in der demokratischen Gemeinschaft gerecht werden zu können, dann handelt es sich um *wertrationales Handeln*. Wertrationales Handeln ist ein auf generellen Normen basierendes Handeln. Dabei wird ein bestimmtes Handeln kategorisch geboten oder verboten. Die Rationalität bezieht sich dabei auf die Vernünftigkeit der Werte, die man den Handlungen zu Grunde legt. Diese Werte nehmen die Position von Pflichten und von Rollen ein. Sie fordern ein Handeln – unabhängig von den individuellen Folgen. Der soziale Sinn des Handelns reicht damit weit über den Handelnden hinaus. Der Referenzpunkt dieses Handelns sind internalisierte Normen. Sie werden nicht allein deshalb befolgt, weil ansonsten Strafe oder soziale Isolation drohen, sondern weil man geltende – und für sich anerkannte – Normen nicht übertreten *kann*, weil man es nicht über sich bringt, in anderer Weise zu handeln.

Wenn jemand automatisch, ohne zu überlegen morgens das Radio in der Küche anschaltet und es dann laufen lässt, gleichgültig ob er zuhört oder nicht, so ist dies *traditionales Handeln*. Traditionales Handeln ist getrieben von Gewohnheiten, die nicht weiter reflektiert oder überprüft werden. Es sind eingelebte Verhaltensweisen, Routinen, selbstverständlich gewordene Verrichtungen – Alltag eben. Das Handeln ist „habitualisiert". Traditionales Handeln ist deshalb ein unabdingbarer Bestandteil von Handeln, weil es entlastend wirkt und Aufmerksamkeit für anderes frei setzt. Es sorgt für eine Bedürfnisbefriedigung ohne großen Aufwand, ist also äußerst effizient, deshalb auch so attraktiv. Entscheidungsbedarf ist nicht gegeben. Der Referenzpunkt von Handlungen ist das eigene vergangene Tun. Je mehr sich ein Akteur in seinen Handlungen am eigenen vergangenen Handeln ausrichtet und dessen Angemessenheit nicht prüfend in Frage stellt, desto stärker ähnelt sein Handeln dem Idealtyp des traditionalen Handelns.

Wenn jemand voller Zorn das Radio ausmacht, weil in den Nachrichten gemeldet wird, dass „sein" Verein wieder einmal verloren hat, oder weil unerwartet ein Lied gespielt wird, das er nicht mag, dann ist dies ein *affektives Handeln* (bei Weber: affektuales Handeln). Affektives Handeln ist unmittelbar getrieben von Gefühlen, z. B. von Angst, Hass, Rache, Liebe, Freude, Empörung, Wut. Es setzt spontan ein, ohne Reflexion und oft ohne Vorwarnung. Kennzeichnend sind die Unmittelbarkeit und die Abwesenheit von Kontrolle. Der Referenzpunkt des affektiven Handelns ist eine innere Spannung, die durch Handeln gelöst werden muss und kann. Je mehr sich ein Akteur daran ausrichtet, desto stärker ähnelt sein Handeln dem Idealtyp des affektiven Handelns.

Die verschiedenen Handlungsformen wurden hier zwar mit Beispielen erläutert, aus der Beobachtung einer Handlung kann jedoch nicht ohne weiteres geschlossen werden, welchem Handlungstyp die Handlung zuzurechnen ist: das Ausschalten eines Radiogeräts kann sowohl zweckrational, wertrational, affektiv oder traditional sein. Zum anderen sind die von Weber unterschiedenen Handlungsformen Idealtypen; sie haben kein Pendant in realen Handlungen, vielmehr verbinden sich in realen Handlungen die Handlungstypen, allerdings in Kombinationen, die es erlauben, sie jeweils mehr dem einen als den anderen Handlungstypen zuzuordnen.

Zahlreiche Überlegungen gehen dahin, dass von den Prinzipien der Handlungsformen her eine Handlungsform den generellen Grundtyp darstellt, dem die anderen Formen logisch als Spezialfälle unterzuordnen sind. Im Mittelpunkt der Überlegungen steht dabei, inwieweit das zweckrationale Handeln als der Grundtyp des Handelns anzusehen ist. So wird das traditionale Handeln als eine spezifische Form des zweckrationalen Handelns gesehen, da gezeigt werden kann, in welchem Maße es entlastende und stabilisierende Wirkungen zeitigt und es deshalb als enorm nützlich angesehen wird. Es lässt sich eine „Pfadabhängigkeit" des Handelns zeigen: Ist eine Entscheidung getroffen und eine Handlung begonnen, so werden Vollzug und Fortsetzung der begonnenen Handlung immer günstiger, Abbruch oder Übergang auf eine alternative Handlungsmöglichkeit immer ungünstiger. Umgekehrt lassen sich Schwellenwerte nachweisen, bei denen die Wahrscheinlichkeit sehr hoch wird, dass von tradiertem Handeln abgewichen wird, weil es sinnvoll wird, sich auf die Suche nach einer innovativen Lösung von Problemen zu begeben. Auch im Hinblick auf die anderen Handlungsformen wird ähnlich argumentiert und nach logischen und empirischen Gründen gesucht, um sie dem zweckrationalen Handeln zu subsummieren (vgl. Esser 1991).

3.2.2 Ein Modell für zweckrationales Handeln: das Wert-Erwartungsmodell

Das zweckrationale Handeln steht somit im Mittelpunkt des sozialwissenschaftlichen Interesses. Es wird als der Schlüssel zur Erklärung sozialer Phänomene angesehen. Wenn man die Veränderung gesellschaftlicher Strukturen aus dem zweckrationalen Handeln erklären will, dann bedarf es eines Modells für dieses Handeln, das zur Prüfung genutzt werden kann, ob dieser Kausalzusammenhang besteht und worauf es im einzelnen ankommt.

Aus der Psychologie stammt ein handhabbares Modell, es geht auf Kurt Lewin und John W. Atkinson zurück (vgl. Atkinson 1975: 414ff.) und ist in der Soziologie aufgegriffen worden: das Expectancy-Value- oder Wert-Erwartungs-Modell (WEM). In dem WEM werden zwei theoretische Linien verbunden:

- ❐ Nutzentheorie, nach der menschliches Handeln generell von einer natürlichen Orientierung auf die Maximierung von Nutzen geprägt ist (Utilitarismus)
- ❐ Entscheidungstheorie, nach der menschliches Handeln generell als ein Prozess darstellbar ist, der von Entscheidungen zwischen Möglichkeiten geprägt ist (Rationalismus, Dezisionismus).

In älteren Versionen des WEM wurden objektive Messgrößen einbezogen (z.B. statistische Wahrscheinlichkeit bestimmter Folgen). Für eine angemessene Modellierung von Entscheidungshandeln und die Entwicklung eines erklärungskräftigen Ansatzes ist eine solche Vorgehensweise jedoch nicht geeignet. Deswegen ist man davon weitgehend abgekommen und konzentriert sich stattdessen auf subjektive Einschätzungen des Akteurs – maßgebend sind also seine Einschätzungen der Wahrscheinlichkeit, dass bestimmte Ereignisse mit spezifischen Folgen eintreten sowie seine Bewertungen dieser Folgen. Deshalb wurde auch das Kürzel „SEU" vorgeschlagen – „subjective expected utility" (vgl. Esser 1991: 254f.; Esser 1999: 247ff.). In der Kommunikationswissenschaft ist ein solches Modell vor allem im Rahmen des Uses and Gratifications Ansatz aufgegriffen wurden. Autoren, die mit diesem Modell arbeiten (vgl. z.B. Rayburn & Palmgreen 1984, Palmgreen & Rayburn 1982) berufen sich dabei vor allem auf Fishbein (1963). Schenk (2002: 639) betont in seiner Überblicksdarstellung den modelltheoretischen Fortschritt im Rahmen des Uses and Gratifications Ansatzes, der durch die Integration dieser Überlegungen erreicht wurde.

Beim SEU handelt es sich um eine Variante des „Rational-Choice"-Ansatzes, weil in diesem Modell das Handeln auf die Regel zurückgeführt wird, dass diejenige Handlungsmöglichkeit gewählt wird, die den höchsten Nutzen erwarten lässt. Nach der theoretischen Architektur des SEU-Modells lassen sich vier Aspekte – oft auch als Räume bezeichnet – unterscheiden, die bei der Rekonstruktion des Entscheidungsprozesses eines Akteurs zu berücksichtigen sind.

Abbildung 5 Ein Beispiel für Medienwahl nach dem SEU-Modell

Möglichkeitsraum	Musiksender (MS)		Informationssender (IS)	
Ergebnisraum	Beeinflussung der Laune (BS)	Versorgung mit Gesprächstoff (VG)	Beeinflussung der Laune (BS)	Versorgung mit Gesprächstoff (VG)
Erwartungsraum	0.8	0.2	0.4	0.6
Bewertungsraum	10	5	10	5
Gewichteraum	8	1	4	3

Der erste Raum ist der *Möglichkeitsraum*. Er wird gebildet aus den subjektiv wahrgenommenen Handlungsmöglichkeiten in der jeweiligen Situation. Dieser Raum besteht aus mindestens zwei Möglichkeiten. Im Minimalfalle ist dies eine Handlungsmöglichkeit, die man tun oder die man unterlassen kann. Der Möglichkeitsraum kann aber auch in der Form aufgespannt werden, dass mehrere Möglichkeiten nominal oder ordinal skaliert aufgereiht werden.

Um es an einem Beispiel deutlich zu machen (Abbildung 5): Angenommen, ein Akteur R(adiohörer) hat die grundsätzliche Entscheidung getroffen – oder ist daran gewöhnt – im Bad morgens Radio zu hören. Er hält sich aber die Entscheidung offen, welchen Sender er hört. Vereinfacht sei für die Ausgangsbedingungen angenommen, er habe zu wählen zwischen zwei gleichermaßen gut empfangbaren Radioprogrammen – einem Musiksender (MS) und einem Informationssender (IS). Damit ist sein Möglichkeitsraum bestimmt durch MS und IS.

Das nächste Segment des Handlungsraums ist der *Ergebnisraum*. Den einzelnen Möglichkeiten werden vom Akteur Folgen (outcomes) zugeordnet. Die Zuordnung geschieht mehrdimensional (mehrere Folgen pro Möglichkeit). Auch die unerwünschten oder in Kauf genommenen Nebenfolgen werden aufgelistet (Kosten). Hier wie auch in den anderen Räumen ist die subjektive Sicht entscheidend – sie wird in dem Modell nur zu rekonstruieren und damit zu objektivieren versucht.

Im Beispiel: Vereinfacht sei angenommen, jeder der Möglichkeiten, also jeder Wahl einer der Radioprogramme werden von R zwei Folgen zugeordnet – die Beeinflussung der Stimmung (BS) und die Versorgung mit Gesprächsstoff (VG). Die Wahl von MS kann also Einfluss auf die Stimmung haben und mit Gesprächsstoff versorgen, ebenso die Wahl von IS. Die Zeitkosten sind bei beiden Möglichkeiten gleich, von daher spielen sie als Folge keine Rolle, die entscheidungsrelevant wäre. Ebenso wenig spielen monetäre Kosten eine Rolle.

Dem schließt sich der *Erwartungsraum* an. Denn es wird von den Akteuren nicht angenommen, dass die vermuteten Folgen bei allen Möglichkeiten mit gleicher Wahrscheinlichkeit eintreffen. Der Akteur vergibt Erwartungswerte für die Verbindung von Möglichkeiten und Folgen. Mit welcher Wahrscheinlichkeit treten bei Möglichkeit M1 die Folgen F1 und F2 auf? Falls man sich sicher ist, kann man dies mit den beiden Werten 0 und 1 ausdrücken (mit Sicherheit ausgeschlossen oder mit Sicherheit gegeben). Ist man unsicher, kann das Risiko mit Werten dazwischen ausgedrückt werden.

Für das Beispiel sei angenommen, dass R die Programme kennt und somit in gewisser Weise weiß, was ihn erwartet. Er kalkuliert also folgendermaßen: Bei MS weiß er, dass die Musik seinem Geschmack entspricht und die Moderatoren „ganz ok" sind. Ein Rest Unsicherheit bleibt, weil sie vielleicht ein Stück spielen, das er nicht mehr hören kann, oder irgendwelche Hörer anrufen lassen. Außerdem nervt die Werbung. Er kalkuliert also mit $p = 0.8$, dass MS seine Laune hebt. Andererseits weiß er, dass MS relativ wenig Gesprächsstoff bietet; man kann vielleicht einen Witz der Moderatoren erzählen oder die Wetteraussichten erörtern, aber viel ist da nicht zu erwarten, folglich $p = 0.2$ für MS bei VG. Anders bei IS: R kann nicht sagen, wie IS auf seine Laune wirkt. Es ist eher unwahrscheinlich, dass die politischen und sonstigen Informationen ihn positiv stimmen, also $p = 0.3$. Allerdings sind die Aussichten auf Gesprächsstoff besser, wenn auch nicht sicher. Wenn nichts Besonderes passiert ist, dann hat er auch nichts zu erzählen, und für das meiste, was auf IS gebracht wird, interessieren sich die anderen ohnehin nicht, also $p = 0.6$.

Der nächste Raum ist der *Bewertungsraum*. Die Folgen sind nicht gleichrangig in der Wahrnehmung des Akteurs. Sie sind unterschiedlich wichtig oder nützlich aus Sicht des Akteurs. Der einen Folge wird ein größerer Beitrag zum individuellen Nutzen zugeschrieben als einer anderen. Manche Folgen stellen einen negativen Beitrag zum Nutzen dar – die Möglichkeiten kosten etwas. Auf diese Weise wird jede Folge mit einem Wert versehen, der den subjektiven Nutzenbeitrag ausdrückt. Darum ist diese Wertvergabe auch nicht objektivierbar; sie drückt die Wertschätzung vor dem Hintergrund der individuellen Erwartungen aus. *Im Beispiel:* R bewertet also die Folgen unterschiedlich. BS ist ihm wichtiger als VG. Er möchte lieber gut gelaunt das Haus verlassen als mit viel Gesprächsstoff. Eine gute Stimmung nutzt ihm mehr als Gesprächsstoff. Vereinfacht wird den Folgen im Beispiel die Gewichte 10 für BS und 5 für VG gegeben – die gute Laune ist R also doppelt soviel wert wie der reichliche Gesprächsstoff. Negativ formuliert – er hat weniger Sorge, bei der Arbeit kein aktuelles Thema anschneiden zu können, als gedrückt das Haus zu verlassen.

Der letzte Raum des Modells ist der *Gewichteraum*. Nach dem Modell werden die Werte für die Bewertungen mit den Werten für die Erwartungen multipliziert. Dies ergibt den erwarteten Nutzen für die in Betracht gezogenen Möglichkeiten – die Utility-Werte. Der Nutzen setzt sich zusammen aus der Wahrscheinlichkeit, mit der ein Beitrag zur Bedürfnisbefriedigung erwartet werden kann, und der Gewichtung des Beitrags.

Nun greift in dem Modell die Entscheidungsregel. Sie lautet: Wähle die Möglichkeit mit dem höchsten U-Wert! Es sind aber auch andere Regeln als diese Maximierungsregel denkbar, wie etwa: Wähle die Möglichkeit, bei der Verluste möglichst sicher vermieden werden!
Folgt R der Entscheidungsregel, so wird er MS einschalten, da dieser in seiner Bewertung einen höheren erwarteten Nutzen zeitigt (8 + 1 = 9) als der konkurrierende Sender (4 + 3 = 7).

Diese Architektur macht die folgenden fünf Grundannahmen der Theorie im Hinblick auf Handeln deutlich:
1. Dem Handeln geht eine *Entscheidung* zwischen Möglichkeiten des Handelns voraus.
2. Die Entscheidung (oder Auswahl) geschieht nach Maßgabe der *Gewichtung* der Möglichkeiten, und zwar nach der Regel, dass die am höchsten gewichtete Möglichkeit gewählt wird.
3. Die Gewichtung der Möglichkeiten errechnet sich aus dem *Produkt* der jeweiligen *Erwartungen* von Folgen und den entsprechenden *Bewertungen* dieser Folgen.
4. In den Erwartungen werden die Folgen mit unterschiedlichen *Wahrscheinlichkeitsgraden* belegt.
5. In den Bewertungen werden die Folgen mit unterschiedlichen *Relevanzgraden* im Hinblick auf die individuellen Ziele (Nutzendimensionen) belegt.
6. Damit ist eine Regel für die Selektion von Handlungsmöglichkeiten formuliert, die Teil eines Erklärungsschemas für Handeln bildet.

3.3 Qualitätserwartungen, Qualitätswahrnehmungen und Handlungsrahmen

Auf dieser theoretischen Basis baut die vorliegende Studie auf. Allerdings erscheint es notwendig, einige Modifikationen vorzunehmen, die die konzeptionelle Einordnung und Bedeutung der verschiedenen Begriffe berühren. Dies betrifft vor allem den Begriff der Erwartung. Diese Neuorientierung ist zunächst einmal aus methodischen Gründen geboten, denn die Schätzung von Eintrittswahrscheinlichkeiten bestimmter Handlungsfolgen ist aus forschungspraktischen Gründen äußerst problematisch. Es ist davon auszugehen, dass viele Menschen mit dem Konzept der Wahrscheinlichkeit nicht so vertraut sind, dass die Verwendung im Rahmen einer empirischen Untersuchung sinnvoll erscheint. Wenn allerdings das Konzept für die Anwendung in der Forschungspraxis problematisch ist, dann stellt sich auch die Frage der theoretischen Angemessenheit. Eine Neukonzeptionalisierung des Erwartungsbegriffs erscheint geboten. Diese Neukonzeptionalisierung bringt es mit sich, dass auch das zweite zentrale Element des Ansatzes – die Bewertung – einer Prüfung zu unterziehen ist. Diese Prüfung führte dazu, dass auch dieses Konzept in veränderter Form berücksichtigt wurde. Statt Bewertungen sind Wahrnehmungen als zweite theoretisch relevante Größe zu berücksichtigen. Im Folgenden sollen diese beiden Begriffe, die für die Konzeptionalisierung der Untersuchung von zentraler Bedeutung sind, erörtert werden. Hinzu kommen dann als weitere notwendige Elemente des Ansatzes die Handlungsrahmen, die im Anschluss an die beiden zentralen Konzepte Erwartung und Wahrnehmung diskutiert werden.

3.3.1 Erwartung

Der Begriff der Erwartung umfasst zwei Bedeutungsaspekte, die klar unterschieden werden müssen, weil sonst das der Untersuchung zu Grunde liegende Modell (siehe dazu Kapitel 5) missverstanden werden kann. Die beiden Aspekten lassen sich als „idealistische Erwartungen" und als „realistische Erwartungen" bezeichnen. Idealistische Erwartungen sind solche, die sich auf die Wünsche der Menschen beziehen, darauf, was sie meinen, wie etwas sein *sollte*. Aussagen darüber, welche Eigenschaften ein ideales Radioprogramm haben sollte, können als idealistische Erwartungen bezeichnet werden. Dieser Aspekt von Erwartung bezieht sich auf Vorstellungen, die lediglich eine prinzipielle Möglichkeit des Eintreffens implizieren. Idealistische Erwartungen sind keine Träume, in denen alle Regelmäßigkeiten außer Kraft gesetzt sind, sondern prinzipiell nicht unmögliche Vorstellungen – wie ein Lottogewinn, eine glückliche Ehe oder ein auf individuelle Vorlieben zugeschnittenes Radioprogramm.

Im Unterschied dazu haben die realistischen Erwartungen den Charakter einer Prognose. Der Begriff Erwartung bedeutet in diesem Zusammenhang: jemand rechnet damit (zumindest mit einer bestimmten Wahrscheinlichkeit), dass ein

Programm tatsächlich eine bestimmte Eigenschaft hat. Dieser Aspekt von Erwartung bezieht sich auf die Erfahrung in der Vergangenheit und schreibt sie in die Zukunft fort. Es wird dabei von Regelmäßigkeiten ausgegangen – das etwas erwartbar ist, also so bleibt, wie es ist. Im Wert-Erwartungsmodell wird der Begriff im Sinne „realistischer Erwartungen" verwendet. Im Erwartungs-Wahrnehmungsmodell der subjektiven Qualitätsauswahl sind die idealistischen Erwartungen gemeint.

Zwischen idealistischen und realistischen Erwartungen bestehen deutliche Unterschiede, wie z.B. eine Untersuchung zeigt, in der normative und realistische Erwartungen an journalistisches Entscheidungsverhalten in der Bevölkerung erhoben wurden (Wolling 1996).

3.3.2 Wahrnehmung

Als Wahrnehmung wird hier pragmatisch die Fähigkeit von Lebewesen bezeichnet, Objekte in ihrer Umwelt zu beobachten, also Unterscheidungen zwischen Objekten zu treffen. Es wird dabei nicht angenommen, dass die Wahrnehmung allein von den Eigenschaften des Objekts abhängt, sondern Wahrnehmung wird als subjektiver Konstruktionsprozess verstanden, für den sowohl die Eigenschaften des Objekts als auch die Eigenschaften des Subjekts von Bedeutung sind, sowohl die physiologischen als auch die psychologischen Möglichkeiten und Grenzen. Die Wahrnehmung wird sowohl durch Bottom-Up-Prozesse (Objekteigenschaften) als auch durch Top-Down-Prozesse (Rezipienteneigenschaften) gesteuert. Die Konzeptionalisierung von Wahrnehmung als ein subjektiver Konstruktionsprozess hat methodische Konsequenzen. Sie führt dazu, dass die Wahrnehmung von Eigenschaften eines Medienangebots beim Rezipienten erfragt werden muss und es beispielsweise nicht möglich ist, von inhaltsanalytisch festgestellten Merkmalen eines Angebots auf die Wahrnehmung dieser Merkmale durch die Rezipienten zu schließen.

3.3.3 Handlungsrahmen: Optionen und Restriktionen

Mit dem Begriff Handlungsrahmen werden die Bedingungen des Handelns gefasst, und zwar in zwei Dimensionen:
  ❐ Werden sie als Einschränkung (Restriktion) oder als Ermöglichung (Option) wahrgenommen?
  ❐ Werden sie als externe oder als interne Bedingung wahrgenommen?

So ist z.B. der Besitz eines Radiogeräts eine Handlungsbedingung, die *Handlungsmöglichkeiten* eröffnet. Man kann auch formulieren: diese Bedingung bedeutet eine Option - im Sinne der Möglichkeit, zwischen Möglichkeiten wählen zu können.

Wenn einem Rezipienten grundsätzlich oder in bestimmten Situationen (z.B. bei der Arbeit) kein Radiogerät zur Verfügung steht, dann handelt es sich um eine *Handlungsbeschränkung.* Man kann auch formulieren: diese Bedingung bedeutet eine Restriktion – im Sinne eines Ausschlusses, zwischen Möglichkeiten wählen zu können.

In einer zweiten Dimension kann zwischen internen und externen Handlungsbedingungen unterschieden werden. Diese Unterscheidung geht ebenso wie die erste (zwischen Beschränkung und Ermöglichung) auf Zurechnungsprozesse des Akteurs zurück, die durch Beobachter rekonstruiert werden können.

Externe Handlungsbedingungen sind Bedingungen, die der Akteur in der Umwelt verortet bzw. die er für nicht beeinflussbar hält.[14] Dies beginnt bei physikalischen Gesetzen (Empfangssituation), geht über die Gerätetechnik, die verfügbare Anschlussausstattung und das Senderangebot bis zu den monetären und sozialen Kosten eines Handelns. So kann auch als Handlungsbeschränkung erlebt werden, wenn andere Personen andere Radiopräferenzen haben und diese versuchen durchzusetzen. *Interne* Handlungsbedingungen sind Bedingungen, die der Akteur in sich verortet, wie individuelle Kenntnisse oder kognitive Kompetenzen.

Für Ausmaß und Art der Radionutzung sind Handlungsbedingungen in diesem doppelten Sinne von großer Bedeutung. Die alltägliche Radionutzung wird zum Beispiel durch Merkmale der Geräteausstattung beeinflusst (vgl. Lindner-Braun 1998: 51). So lassen sich Unterschiede in der Häufigkeit von Umschaltvorgängen mit einer gewissen Plausibilität auch auf unterschiedliche Ausstattungsmerkmale der verfügbaren Radiogeräte zurückführen. Wer keinen automatischen Suchlauf, keine Stationstasten und keine Fernbedienung für sein Radio hat, der wird möglicherweise seltener umschalten als jemand, für den Umschaltvorgänge mit Hilfe dieser technischen Hilfsmittel schnell und problemlos durchführbar sind.

Die individuellen kognitiven Voraussetzungen, die Fähigkeiten und Kenntnisse der Hörer, können ebenfalls als Rahmenbedingungen für das individuelle Handeln interpretiert werden. Beim Radiohören kann dies beispielsweise das Wissen um alternative und neue Angebote sein. Nur wer darüber Bescheid weiß, welche Programme überhaupt verfügbar sind und welche Eigenschaften diese haben, kann diese Angebote auch in den Prozess der Auswahlentscheidung mit einbeziehen.[15]

---

14 Diese beiden Momente (extern – intern, beeinflussbar – nicht beeinflussbar) können mit Rückgriff auf die Attributionstheorie unterschieden werden.

15 Lindner-Braun (1998: 51) ist allerdings der Ansicht, dass solche Restriktionen für die Radionutzung nur relativ geringe Bedeutung haben.

4. Explorative Vorstudie

Zur Exploration des Feldes wurden zwei Voruntersuchungen durchgeführt. Die eine setzt auf der Macherseite an, die andere auf der Hörerseite.

4.1 Interviews mit Radiomachern und Gruppendiskussionen mit Hörern

Um die Qualitätsmaßstäbe und Beurteilungskriterien der Anbieter zu ermitteln, wurden mündliche leitfadengestützte Experteninterviews mit *Programmverantwortlichen* der beiden Thüringer Privatradiosender (Antenne Thüringen und Landeswelle Thüringen) und der vier Radiowellen des MDR durchgeführt.[16] Dies sind die zwei Breitenprogramme MDR 1 Radio Thüringen und JUMP sowie die beiden Nischenprogramme MDR Info und MDR Kultur.

Um die Qualitätsmaßstäbe und Kriterien der *Rezipienten* zu ermitteln, wurden in vier Thüringer Orten Gruppendiskussionen durchgeführt. Die Auswahl der Gesprächsteilnehmer erfolgte mittels Telefonscreening. Eingeladen zu den Gesprächsrunden wurden Personen, die eine Affinität zum regionalen Radioprogramm haben, d.h. die mindestens einen der Thüringer Sender regelmäßig nutzen und mit denen ein bestimmtes soziodemographisches Profil der Gruppen gewährleistet werden konnte (Abbildung 6).[17]

Bei den Gruppendiskussionen wurde eine Teilung in ältere und jüngere Hörer vorgenommen, um dadurch innerhalb der Gruppen eine gewisse Homogenität zu gewährleisten, denn das Alter ist ein Kriterium von zentraler Bedeutung für Unterscheidungen in der Nutzung und Beurteilung des Radios. Natürlich lassen sich Unterscheidungen vornehmen, die zu feineren Einteilungen kommen (vgl. Weiß & Hasebrink 1997) und die den Lebenslagenindikator Alter ersetzen. Aber für die hier verfolgten Zwecke ist das Alter durchaus geeignet, zumal beim Radio das Alter die Programmpräferenzen sehr deutlich diskriminiert – stärker als bei der Nutzung der Presse oder des Fernsehens.

---

16 Wir danken unseren Gesprächspartnern Hans-Jürgen Kratz (Antenne), Wolfgang Buschner und Frank Göbel (Landeswelle Thüringen), Matthias Gehler (MDR 1 Radio Thüringen), Michael Schiewack (JUMP), Detlef Rentsch (MDR Kultur) sowie Christian Schneider, Jana Kohlschreiber, Frank Biehl und Manfred Hoffmann (MDR Info) für die instruktiven Gespräche. Die insgesamt sechs Gespräche wurden auf Band aufgezeichnet und der Wortlaut anschließend transkribiert.

17 Jede Gruppendiskussion dauerte etwa zweieinhalb Stunden. Die Transskription der Tonbandaufnahme erfolgte ohne Verschlüsselung von sprachlichen Besonderheiten wie Betonung, gleichzeitigem Sprechen etc. Im Anschluss wurden mit einem standardisierten Fragebogen weitere Daten zur Radionutzung erhoben, insbesondere zur Aufmerksamkeit in unterschiedlichen Situationen sowie zu den Nutzungsmotiven.

Abbildung 6   Profil der Teilnehmer an den Gruppendiskussionen

	Ilmenau	Erfurt	Arnstadt	Weimar
Alter	20-39 Jahre Mittelwert: 31	21-40 Jahre Mittelwert: 31	42-51 Jahre Mittelwert: 47	42-60 Jahre Mittelwert: 50
Gruppengröße	9	6	7	5
Geschlecht	3 Frauen 6 Männer	2 Frauen 4 Männer	4 Frauen 3 Männer	3 Frauen 2 Männer
Bildung	Mittlere Bildung (Realschulabschluss oder Gymnasium ohne Studium)			
Anteil Erwerbstätiger	80%	70%	50%	80%
Radionutzungstage pro Woche	Mittelwert: 6 Tage/ Woche	Mittelwert: 5 Tage/ Woche	Mittelwert: 6 Tage/ Woche	Mittelwert: 7 Tage/ Woche
Radionutzungsdauer in Stunden an Nutzungstagen	Mittelwert: 7 Stunden	Mittelwert: 7 Stunden	Mittelwert: 7 Stunden	Mittelwert: 4 Stunden

Die Ergebnisse der beiden Teilstudien werden im Folgenden dargestellt. Dabei sind zwei Arten von Ergebnissen zu unterscheiden:

❏ Die empirischen Befunde der Untersuchung erlauben eine Differenzierung und Präzisierung des Qualitätskonzepts generell (Abschnitt 4.2).

❏ Auf dieser Basis werden die Qualitätsurteile der verschiedenen Gruppen im einzelnen dargestellt (Abschnitt 4.3).

4.2   Die Struktur von Qualitätsurteilen: Spannungsbögen

Der Schwerpunkt der explorativen Vorstudie lag nicht darauf, die Beurteilung der einzelnen Programme oder der Radiolandschaft insgesamt zu ermitteln, sondern darauf, die generellen Anforderungen an ein Programm bzw. an Programmelemente zu untersuchen (vgl. Bucher; Barth 1999: 16ff.).

4.2.1   Qualitätsurteile und Programmelemente

Über die Struktur der Qualitätskriterien haben die Gespräche und Gruppendiskussionen einiges verraten: So bilden sich die Urteile der Hörer nicht aus gleich gewichteten Urteilen über die einzelnen Programmelemente. Der Kern der Anforderungen an Hörfunkprogramme und der Qualitätsurteile bezieht sich auf *Musik* – alle anderen Programmelemente gruppieren sich um Musik herum (vgl. Neuwöhner 1998: 157ff.). Oder wie einer der Gesprächsteilnehmer es anschaulich formulierte: *„Das Musikformat ist wie der Kern eines Baumes, innen, wo die Maserung ist. Dieser Baum ist aber ohne Rinde nicht lebensfähig. Und die Rinde außen rum, das ist die Moderation, das sind die Inhalte der Beiträge, das* *ist die Art und Weise, wie ich die Nachrichten präsentiere.*"[18] Die Musik steht im Mittelpunkt, aber die Hörer unterscheiden sich nicht nur darin, welche Musikfarbe sie bevorzugen, sondern auch welche anderen Programmelemente in welcher Form und in welcher Abstufung zur Musik sie wünschen oder akzeptieren und wie sie diese einzelnen Programmelemente bei der Urteilsbildung gewichten.

4.2.2 Qualitätsurteile und Spannungsbögen

Qualitätsurteile sind mehrdimensionale Konstrukte, die in komplexen Prozessen entstehen. Hinter Aussagen wie: „XY hat aber nachgelassen" oder „Am Abend höre ich lieber Z als W" stehen komplizierte Beurteilungen, in die viele Faktoren eingehen. Ein zentrales Ergebnis der explorativen Vorstudie besteht darin, dass sich die Beurteilung von Radioprogrammen nicht über Werte rekonstruieren lässt, die mit einfachen Intensitätsskalen gemessen werden können – etwa der Grad an Regionalität oder der Grad an Unterhaltsamkeit. Ein Radioprogramm wird gerade nicht um so besser beurteilt, je regionaler es ausgerichtet wird oder je unterhaltsamer es ist. Es zeigte sich in den Gesprächsrunden, dass die Kriterien der Beurteilung, die von den Gruppen angelegt werden, wesentlich komplizierter strukturiert sind. Im Zuge der Untersuchung hat sich eine als angemessen erscheinende Form der Darstellung von Qualitätskriterien ergeben: die *Polarität* – die Spannung zwischen einander entgegengesetzten Werten, z.B. zwischen Regionalität und Globalität. Ein Regionalradioprogramm bedarf selbstverständlich einer starken regionalen Komponente, aber die muss gekontert werden durch eine globale Komponente. Dies gilt in unterschiedlichem Maße für alle Programmelemente: Musik zieht stärker in die Globalität, Service in die Regionalität. Aber auch eine Moderation z. B. darf nicht *zu* regional ausfallen – der Moderator muss sich auskennen, aber er darf nur leichte Dialektfärbung haben. Diese Spannungsbögen stellen bereits ein zentrales Ergebnis der Gesprächsrunden und der Expertengespräche dar – und zwar in doppelter Hinsicht:

- ❐ *dass* die Qualitätsurteile in Form von Polaritäten dargestellt werden sollten und
- ❐ *welchen* Spannungsbögen zentrale Bedeutung für das Qualitätsurteil zukommt.

Wie hat sich dies im Laufe der Untersuchung ergeben? Bei dem Versuch, die Vorstellungen der Hörer von einem guten Radioprogramm über ein semantisches Differential (Bewertungen mit entgegengesetzten Attributen) zu erfassen, weigerten sich viele Gesprächsteilnehmer bei einigen Gegensatzpaaren, sich für eine der Möglichkeiten zu entscheiden, und wollten vielmehr beide Seiten gewährleistet sehen (Abbildung 7). Dies ließ uns zu der Vermutung kommen, dass

---

18 Kursiv gesetzte Zitate sind den Transkripten der Gesprächsrunden bzw. der Expertengespräche entnommen. Sie wurden weitgehend wörtlich übernommen; gelegentlich wurde gekürzt und die Abfolge der Bestandteile leicht verändert, um die Verständlichkeit zu erhöhen.

ein gutes Radioprogramm gerade davon zehrt, die Gegensätze präsent zu halten. Folglich müsste eine Rekonstruktion der Qualitätsurteile diese Spannung spiegeln und nicht auflösen.[19]

Abbildung 7   Polaritäten im Urteil der Hörer

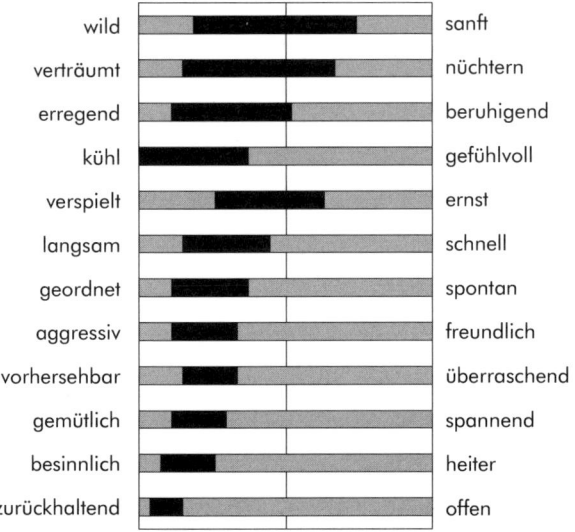

wild	sanft
verträumt	nüchtern
erregend	beruhigend
kühl	gefühlvoll
verspielt	ernst
langsam	schnell
geordnet	spontan
aggressiv	freundlich
vorhersehbar	überraschend
gemütlich	spannend
besinnlich	heiter
zurückhaltend	offen

Hell gehalten sind die Anteile der Teilnehmer, die sich für jeweils einen der beiden Pole entscheiden konnten. Dunkel hervorgehoben ist der Anteil der 27 Gesprächsteilnehmer, die sich nicht für eine der beiden Seiten entscheiden wollten.

---

19 Mit dem Konzept der Spannungsbögen kann – ohne dass dies beabsichtigt war – an die Kunsttheorie von Rudolf Arnheim angeknüpft werden, dem dieses Buch zu seinem 100. Geburtstag am 15. Juli 2004 gewidmet ist. Lorenz Jäger charakterisierte in seiner Laudatio auf Rudolf Arnheim (FAZ vom 15.7.04) als den Kern von dessen Kunsttheorie das „Prinzip der bewältigten Spannungen, des Gleichgewichts der Kräfte, der Integration der Einzelelemente in eine Gesamtstruktur. Das geglückte Werk... sei ein einigendes Kraftfeld." (vgl. dazu Arnheim 1978: 418f; Arnheim 1979: 52).
Das Prinzip der Spannungsbögen liegt auch der Konzeptualisierung von Geschlechterrollen zu Grunde, wie sie Reigber in mehreren Zusammenhängen für die Untersuchung von Mediennutzerprofilen verwendet hat. Die Definitionen von "androgyn", "indifferent", "maskulin" und "feminin" bauen auf einem ähnlichen Gedanken auf wie das hier entwickelte Modell der Spannungsbögen (vgl. Reigber1993).

4.2.3 Auswahl der Spannungsbögen

Von den vielen Spannungsbögen, die die Basis der Qualitätsurteile über Programme bilden, haben wir die fünf ausgewählt, bei denen sich in der explorativen Vorstudie herausgestellt hatte, dass sie von zentraler Bedeutung für die Urteile der Hörer sind:

☐ Regionalität vs. Globalität
☐ Überraschung vs. Erwartung
☐ Nähe vs. Distanz
☐ Emotionalität vs. Intellektualität
☐ Zuhörbarkeit vs. Nebenbeihörbarkeit.

Insbesondere die letzte Polarität spiegelt den Funktionswandel des Hörfunks wider. Der Hörfunk hat es geschafft, seinen Platz in einem gewandelten Medienspektrum zu erhalten und auszubauen, indem er sich selbst enorm gewandelt hat: in seiner Organisation, in den Angeboten und in der Rezeption – aus einer Kette von einzelnen Sendungen ist ein durchgängiger Programmfluss geworden. Heute haben wir ein Radio, das sich in die Lebenswelten der Hörergruppen einpasst – sachlich, sozial und zeitlich. Diesen Wandel vollziehen alle Programme, allerdings mit Abweichungen und Unterschieden.

Die fünf Polaritäten bilden die Struktur der Qualitätsurteile (Abbildung 8). Ein Qualitätsurteil über einzelne Elemente und ganze Programme setzt sich aus der Kombination von Punkten auf den verschiedenen Spannungsbögen zusammen.

Abbildung 8 Die fünf Spannungsbögen als Polaritäten

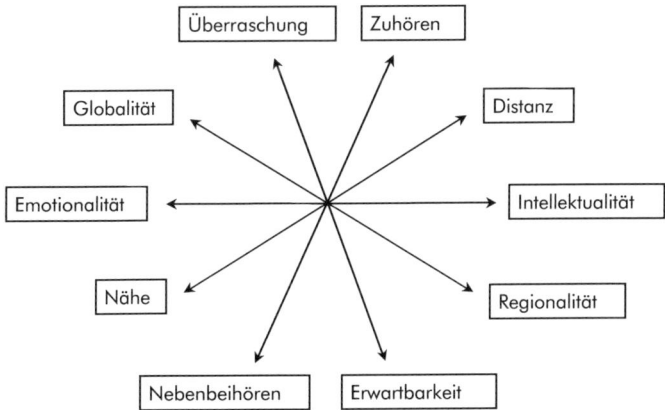

4.2.4   Die Spannungsbögen in der Literatur

Hinweise auf die auf diese Weise ermittelten Dimensionen und Spannungsbögen findet man auch in der Literatur. Labs (1999) stellte die Ergebnisse einiger kleinerer Untersuchungen vor, die der Hessische Rundfunk durchgeführt hat, um die Akzeptanz von Informationsbeiträgen zu untersuchen. Er bezieht sich in der Studie zwar nicht explizit auf die Qualitätsdebatte; seine Überlegungen und seine Vorgehensweise bieten aber zahlreiche Anknüpfungspunkte. Hinsichtlich der Akzeptanz der Moderation wurden in der Studie sieben Parameter erhoben. Labs ordnet diese Items den von Schulz von Thun (1981) unterschiedenen vier Seiten einer Nachricht folgendermaßen zu: Der Sachaspekt wird operationalisiert durch die Adjektive *sachkompetent* und *sicher*, der Selbstoffenbarungsaspekt durch *glaubwürdig* und *sympathisch* und der Appellaspekt durch *kritisch nachfassend, langweilig* sowie *zuviel geredet*. Durch diese Zuordnung kann er zeigen, dass der Beziehungsaspekt durch die vorgegeben Items nicht operationalisiert wurde. Labs (1999: 108) vertritt die These, dass die widersprüchlichen Befunde hinsichtlich der Akzeptanz der Moderation – zum einen hohe Akzeptanzwerte bei den sieben genannten Items, auf der anderen Seite aber sehr kritische Antworten auf offene Fragen – auf die Vernachlässigung der Bewertungsparameter der Beziehungsdimension zurückzuführen sind. Labs (1999: 290) meint, dass bei der Moderation in der „Ambivalenz zwischen Nähe und Distanz" eine wichtige Qualitätsdimension zum Ausdruck kommt. Genau dort setzt die hier vorgeschlagene Spannungsdimension an. Erwarten die Hörer *lockere* oder *seriöse* Moderatoren? Ebenfalls in diesem Zusammenhang diskutiert Labs (1999: 283), die integrative Funktion von Kognition und Emotion, die Moderation seiner Ansicht nach leisten sollte. Damit handelt es sich um die zweite Qualitätsspannungsdimension, die auch in der vorliegenden Studie aufgegriffen wurde: Soll das Radio eher *Stoff zum Nachdenken* oder *bewegende Gefühle* bieten? Allerdings wurde die Aussage nicht auf die Moderation konkretisiert, sondern allgemein formuliert, denn dieses Spannungsfeld ist nicht nur hinsichtlich der Moderation von Bedeutung.

In Anlehnung an Vorderer differenziert Labs (1999: 125) zwischen instrumenteller und habitualisierter Radionutzung. Dabei unterscheidet er die instrumentelle Nutzung zusätzlich in objektspezifische und objekt*un*spezifische Nutzung. Objektspezifische Nutzer zeichnen sich durch eine besonders hohe Aufmerksamkeit während der Nutzung, eine hohe Kontinuität bei der Rezeption und hohe Erwartungen bezüglich der Komplexität der Inhalte aus. Bei den objektunspezifischen Nutzern sind diese Werte niedriger. Zudem lassen sich die Nutzer eher von den Eigenschaften des Angebots bei ihren Selektionsentscheidungen beeinflussen. Auf diese Weise entwickelt Labs eine theoriegeleitete Typologie, bei der er drei Arten von Nutzungspräferenzen unterscheidet, die sich auf mehreren Dimensionen ordinalskaliert unterscheiden. Der habitualisierte Nutzer hat demnach eine Präferenz für Nebenbeinutzung, der instrumentelle Nutzer mit objektunspezifischer Disposition präferiert aktuelle Informationen, und der instrumentelle Nutzer mit objektspezifischer Disposition hat eine Präferenz für Denkanstöße. In der vorliegenden Untersuchung wurde das Nebenbeihören auch als bedeutsamer Pol einer Spannungsdimension ermittelt. Allerdings deuten die Ausführungen der Hörer darauf hin, dass der Gegenpol des Nebenbeihörens das Zuhören und nicht die Präferenz für Denkanstöße ist. Der Wunsch, Denkanstöße zu bekommen, ist eher ein Zeichen für den Wunsch nach Intellektualität. Der Gegenpol hierzu ist die Emotionalität und nicht das Nebenbeihören.

Hinweise auf die Bedeutung des Konzepts der Spannungsbögen findet man auch in der Unterhaltungsforschung. Nach Bosshart (1994) wird die Qualität des Unterhaltungserlebens durch Spannungsfelder zwischen gegensätzlichen Anforderungen und Eigenschaften bestimmt (vgl. dazu auch Wolling 2004).

4.3 Qualitätsurteile von Hörern und Machern im Vergleich

Die Vorstudie erlaubte nicht nur Einblicke in die generelle Struktur der Qualitätsurteile, sondern gab auch Aufschluss über die Qualitätsurteile der einzelnen Gruppen. Wir beginnen mit der Hörerperspektive und da wiederum mit den jüngeren Hörern. Unsere Unterteilung der Hörer nach *Altersgruppen* hat sich bewährt, da sich das Alter als das wichtigste Kriterium bei der Differenzierung der Hörer bestätigte – nicht nur hinsichtlich des Musikgeschmacks.[20]

4.3.1 Qualität aus der Perspektive der jüngeren Hörer

Die Qualitätsurteile der jüngeren Hörer waren differenziert, schließlich ist es – auch hinsichtlich des Alters – eine heterogene Gruppe; aber es ließ sich ein Muster erkennen, das wir mit den Polaritäten charakterisieren konnten.

Von zentraler Bedeutung erwies sich die Spannung von *Überraschung und Erwartung*. Das Urteil der Jüngeren schien zunächst eindeutig zu sein: Sie äußerten sich dahingehend, ihr Sender solle überraschend und weniger vorhersehbar sein, spontan und nicht so sehr geordnet, oder wie es einer der Teilnehmer an den Gruppendiskussionen formulierte: *„Der Reiz des Radios ist eigentlich, dass du nicht weißt, was kommt."* Gilt diese generelle Präferenz auch für die einzelnen Programmelemente?

---

20 Dies kommt in den Aussagen der Teilnehmer an den Gruppengesprächen zum Teil recht massiv zum Ausdruck. Streit über das Radioprogramm ist meistens generationenbedingt. Programmangebote für die jeweils andere Altersgruppe sind ein Grund zum Abschalten: „Da haben sie manchmal die Musik für die Jugendlichen drauf. Die kann ich nicht hören." vs. „Wenn jemand, mal krass gesagt, auf solche Omi-Sender stehen würde, das müsste mir dann nicht antun."

Bei der Musik schienen die Präferenzen klar zu sein. Am häufigsten wurde an den Sendern das Ausmaß der Wiederholungen kritisiert: *„Das wird mit der Zeit stinklangweilig, weil sich ja das Programm jeden Tag wiederholt."* *„Dann wird das schon etwas nervig. Man kann über wenige Stunden ein Lied dreimal hören."* Offenbar war den jüngeren Hörern die Erwartbarkeit in der Musikauswahl zu groß, sie wollten mehr Abwechslung, mehr Überraschung. Aber dies ist nur die eine Seite. Die Hörer sagten zwar, sie wollen eine *„gut gemischte Musik"*, aber im gleichen Atemzug sagten sie auch: *„Die Musik ist nicht meine Richtung"* und sie wünschten sich: *„Schön wäre es schon, wenn es Spartensender gäbe. Da könnte man sich aussuchen, was einem wirklich gefällt."* Der erste spontane Wunsch nach mehr Abwechslung wurde deutlich relativiert: *„Also, ich lege schon vorher mit dem Druck auf die Taste fest, was ich ungefähr haben möchte. Und dann weiß ich aber in diesem Spektrum, was ich mir vorgewählt habe, nicht, was kommt."* Hörer wünschten die *„Abwechslung innerhalb der Richtung"*, die sie gewählt hatten.

Mit der Moderation verhält es sich ähnlich wie mit der Musik. Auch dort wurde kritisiert: *„Es wird ständig alles wiederholt!"* Von den Moderatoren wurde gefordert, dass sie Überraschendes liefern: *„Was einen guten Moderator eigentlich auszeichnet, ist, dass da auch mal spontan was rüberkommt."* Aber auch hier zeigte sich, dass die Überraschung ihre Grenzen hat, wenn es nämlich um die Person des Moderators geht: *„Ich wollte nicht, dass da nun ständig ein neuer Sprecher ist."* Auch hier ist es wieder die Überraschung im Rahmen des Gewohnten: *„Es kann ja immer derselbe Moderator sein, er muss nur spontan sein."* Auch bei den Nachrichten wünschten sich die jüngeren Hörer etwas mehr Überraschung: *„Es kommen jede Stunde dieselben Nachrichten. Ich meine, sicherlich kommt nicht jedes Mal eine Buskatastrophe oder irgendwas dazu. Ganz klar, ist ja auch ganz gut so. Aber einfach mal ein anderes Thema mit reingenommen, dafür wieder eins rausgenommen."* Damit korrespondierte aber die Erwartung der Regelmäßigkeit von Nachrichten. Die Erwartbarkeit der Nachrichten zu einer bestimmten Uhrzeit war für die Zuhörer so selbstverständlich, dass dies überhaupt nicht thematisiert wurde. Auch die Kontinuität in den Themenbereichen wurde nicht grundsätzlich in Frage gestellt. Die Anforderungen an den Service gingen ebenfalls stärker in Richtung Erwartbarkeit, vor allem in zeitlicher Hinsicht. Auch wenn es um Veranstaltungshinweise geht, möchte man sich nicht unbedingt überraschen lassen: *„Bei Veranstaltungstipps wäre dann auch wieder wichtig, dass es zu einem bestimmten Zeitpunkt kommt."*

Der Schwerpunkt liegt also bei jedem Programmelement an einer anderen Stelle auf dem Spannungsbogen. Insgesamt wäre es den jüngeren Zuhören zwar ganz recht, *„wenn man häufiger mal ein bisschen von dem Einheitsbrei weg kommt."* Sie wollten ab und zu mal etwas ganz anderes, aber sie sagten auch im gleichen Atemzug: *„Ja, aber man muss wissen, dass es nur für zwei Stunden ist."*

Im Hinblick auf die Spannung von *Regionalität und Globalität* klafften die Urteile bei den einzelnen Programmelementen stärker auseinander: Am meisten tendierte das Qualitätsurteil bei der Musik zur Globalität, am wenigsten beim Service. Musik ist transnational. Die Musikrichtungen, die von den Teilnehmern gewünscht wurden, waren nicht speziell deutsch und schon gar nicht speziell thüringisch. Bei den Nachrichten und den redaktionellen Beiträgen spielte Regionalität eine deutlich größere Rolle. Aber die Formel lautet nicht: Je regionaler desto besser. *„Wenn man zu sehr ins Regionale geht, besteht am Ende die Gefahr, dass die ganzen Nachrichten nicht mehr interessant sind."* Auch hier sahen die Hörer das Ideal in der Mitte. Das gleiche Phänomen findet man auch bei der Moderation. Eine Moderation am Ort des Geschehens in der Region wurde positiv bewertet. Über die Sprache kann die gewünschte Regionalität aber nicht hergestellt werden: *„Der hat so einen Thüringer Akzent drin gehabt. Das ging mir dann so auf die Nerven, dass ich das wegmachen musste."* Das einzige Programmelement, bei dem Regionalität auch in der Mundart toleriert wurde, war Comedy. Ganz besondere Bedeutung wurde der Regionalität beim Service zugeschrieben: *„Mich interessiert nicht, ob ein Stau vor Berlin ist, wenn ich hier in Thüringen rumfahre. Deswegen würde es mir gefallen, wenn die Blitzer mit dem Regionalteil gekoppelt wären, mit den Nachrichten."* Anders als bei den Nachrichten und der Moderation bezog sich der Wunsch nach Regionalität beim Service nicht nur auf die Inhalte, sondern auch auf die Präsentation, z.B. bei der Aussprache von Ortsnamen: *„Da könnte man sich schon mal erkundigen, wie das richtig gesprochen wird. Also, man sollte schon den Zuhörern vermitteln, dass man weiß, wovon man spricht."*

Nähe und Distanz bilden ein Spannungsfeld in doppelter Hinsicht. Es bezieht sich auf das Verhältnis zwischen Machern und Hörern, aber auch auf das Verhältnis zwischen dem einzelnen Hörer und allen anderen Hörern. An die redaktionellen Beiträge stellten die jüngeren Hörer in mehrfacher Hinsicht die Forderungen nach Nähe. Die Beziehung zum Publikum wurde einmal thematisch eingefordert: *„Irgendwas, was die Leute betrifft."* Positiv bewertet wurde zum zweiten auch, wenn die Beziehung über die Ansprache hergestellt wird: *„Da ist ein Mann mit so einer angenehmen Stimme, und der erklärt dann irgendwelche Vorgänge."* Durch die redaktionellen Beiträge soll aber auch die Beziehung zu den anderen Hörern hergestellt werden: *„Weil teilweise denkt man, man ist allein, und weiß gar nicht, dass Tausende genauso denken. Das finde ich ganz wichtig, dass man nicht alleine ist."* Wesentlich komplizierter stellte sich die Frage von Nähe und Distanz bei der Moderation dar. Wenn der Aufbau von Beziehung erfolgreich ist, dann ist dies ein großer positiver Punkt. Aber es gelingt bei weitem nicht immer, häufig scheint der Aufbau einer Beziehung zu scheitern: *„Moderatoren sind anstrengend im allgemeinen."* *„Die quälen sich da die Witze raus und wollen übelst komisch sein."* *„Manchmal kommt mir auch so der Gedanke: ‚Laber nicht, spiel', weil es stört einfach streckenweise."* Die Spannung von Distanz und Nähe ist also besonders virulent bei der Moderation – wenn, dann wird hier soziale Bindung erzeugt, kann aber durch Aufdringlichkeit auch schnell wieder zerstört werden.

Radiohören war für die jüngeren Hörer in erster Linie *nebenbei hören*, in zweiter Linie *zuhören*. Dafür lassen sich zahllose Belege in den Gesprächen finden: *„Meistens, wenn wir zu Hause sind, läuft das Radio leise so nebenher."* Das bedeutet aber nicht, dass dem Programm keine Aufmerksamkeit geschenkt wird. Nebenbeihören und Zuhören wechseln sich ab: *„Auf Arbeit kriege ich es nicht mit, weil ich zu tun habe, und zu Hause höre ich eigentlich auch mehr oder weniger nebenher. Es sei denn, ich höre gerade so was, wo ich dann denke: ‚ach, da musst du jetzt aufpassen, das muss ich jetzt hören'."* Der Wechsel zwischen Nebenbeihören und Zuhören kann durch unterschiedliche Programmelemente hervorgerufen werden. Auch eine besondere Musik kann Aufmerksamkeit erregen: *„Weil das Lied kommt, auf das man schon drei Stunden gewartet hat."* Auf der anderen Seite wünschten die jüngeren Zuhörer, dass auch die Programmelemente, die eigentlich mehr zum Zuhören bestimmt sind, so gestaltet werden, dass sie nebenbei hörbar sind, so z.B. die Nachrichten: *„Die Unterlegungsmusik ist auch eine ganz wichtige Sache bei Nachrichten" „Und wenn es dich nicht interessiert, dann hörst du eben die Musik."* Auch die Moderation muss in erster Linie plätschern: sie darf nicht durch schrille Töne die Aufmerksamkeit auf sich ziehen.

Die Hörer wollten also ab und an aus dem Klangteppich herausgeholt werden, aber nicht unsanft und nicht gegen ihren Willen. Dabei hat man mit Sprache mehr Möglichkeiten als mit Musik, geht aber auch größere Risiken ein, und zwar dann, wenn die Aufmerksamkeit geweckt, dies aber negativ bewertet wird.

4.3.2   Qualität aus der Perspektive der älteren Hörer

Die älteren Hörer unterscheiden sich von den jüngeren in mehrfacher Hinsicht. Bei den älteren Teilnehmern an unseren Gruppendiskussionen fielen nicht nur die Qualitätsurteile über die einzelnen Angebote anders aus, bei ihnen erwies sich auch die Struktur der Qualitätsurteile als anders: sie setzten weniger als die jüngeren auf einen Pol und waren noch stärker auf Mischung und Verknüpfung der Gegensätze ausgerichtet. *„Das Radio muss eben so sein, wie die Menschen sind. Wir sind nämlich auch alles. Wir sind nicht immer offen, wir sind nämlich auch mal zurückhaltend."*

Auch bei den älteren Hörern war das Spannungsfeld von *Überraschung* und *Erwartbarkeit* von zentraler Bedeutung für das Qualitätsurteil. Aber sie setzten den Punkt an einer anderen Stelle, mehr zum Pol der Überraschung. Ältere Hörer bevorzugten die Abwechslung; ihnen machte die Wiederholung als Prinzip stärker zu schaffen. Gerade bei der Musik wurde Vielfalt gefordert – so dass man nicht voraussagen kann, was kommt: *„Ein bisschen mehr Abwechslung in der*

Musik – nicht immer dasselbe, es gibt ja nicht nur ein und dieselbe Musik." Gefragt war explizit *„die Überraschung, dass ich nicht weiß, welches das nächste Lied ist."* Die *„Mischung"* war gefordert. Aber die geforderte Vielfalt hat ihre Grenzen. Deshalb ist gerade wegen der Musik den Älteren eine Vielfalt der *Sender* so wichtig: Denn *„man kann nicht den ganzen Tag das Gleiche hören."* Folglich muss man wechseln können. Dafür braucht man eine Mischung von Sendern mit Profil.

Die Älteren setzten in dem Spannungsbogen von *Regionalität und Globalität* ihren Schwerpunkt deutlicher beim regionalen Pol. Das gilt tendenziell für alle Programmelemente, insbesondere aber für Nachrichten, redaktionelle Beiträge und Service. Von den älteren Hörern wurde auch der regionalen Mundart mehr Sympathie entgegengebracht. Aber die Betonung der Regionalität bedeutet nicht, dass nicht auch der andere Pol gesehen würde: *„Also, der regionale Bezug an erster Stelle. Man darf den Horizont aber nicht so stark verkürzen."* Eher ambivalent war die Beurteilung bei der Musik, wobei Regionalität im engeren Sinne auch in dieser Altersgruppe keine Rolle spielte. Die Einschätzung der deutschen Musik fiel durchaus widersprüchlich aus: *„Es gibt echt tolle deutsche Schlager und es gibt Schnulzenschlager."*

Bei den älteren Hörern war im Spannungsfeld von *Nähe und Distanz* das Verhältnis zu den Moderatoren von entscheidender Bedeutung. Von den Moderatoren wurden menschliche Qualitäten erwartet; sie sollten Eigenschaften zeigen, die man auch in einer unvermittelten interpersonellen Kommunikation von einem Gesprächspartner erwartet: dass sie authentisch, interessant und dem Hörer zugewandt sind, aber eben auch nicht aufdringlich, prätentiös oder derb – eine schwierige Gratwanderung für die Moderatoren: *„Die sollen das überzeugend darstellen und dahinter stehen, was sie sagen. Und nicht einfach nur was vom Blatt ablesen."* Aber: *„Das ist mir einfach zu aufgesetzt, zu schrill."* *„Das ist mir richtig peinlich, das überhaupt anzuhören."* Auch die Hörerbeteiligung war für die älteren Hörer in dieser Hinsicht ein Qualitätstest – ob ein Sender dies macht und vor allem *wie* er es macht. *„Der Anrufer kann sagen, was er will, es ist überhaupt nicht wichtig. Ja, der Moderator lebt manchmal voll in seiner Selbstdarstellung. Das ist grauenvoll."*

Im Spannungsfeld von *Zuhören und Nebenbeihören* deckten die Älteren das ganze Spektrum der Aufmerksamkeit und Zuwendung ab – je nach Situation, Stimmung und Angebot. Sehr viel stärker als die Jüngeren bekannten sie sich zum Pol des konzentrierten Zuhörens – verbunden mit dem expliziten Einschalten einer bestimmten Sendung. Beim Nebenbeihören ist nur geringe Aufmerksamkeit gefordert, und gerade diese Möglichkeit wird als ein zentraler Vorteil des Radios herausgestellt. Und die Älteren kannten natürlich auch das Radio als Geräuschkulisse, die niedrigste Ebene der Zuwendung. Sie kommentierten dies mit einem zerknirschten Unterton: *„Das Radio plätschert doch ganz schön an* einem vorbei. Man hat es den ganzen Tag an, aber wenn man mal gezielt gefragt wird, dann weiß man hinterher gar nicht, was man gehört hat."

Anders als bei den jüngeren Hörern spielte bei den älteren das Spannungsfeld von *Emotionalität und Intellektualität* eine Rolle. Wieder fällt auf, wie sehr die Älteren das Programm danach beurteilen, dass es sie insgesamt anspricht – zumeist als Musik für den Bauch und Information für den Kopf. Die Mischung war gefragt – nach keiner Seite darf das Pendel zu weit ausschlagen.

4.3.3 Qualität aus der Perspektive der Privatanbieter

Wie ist das Qualitätsurteil der Privatanbieter strukturiert? Es orientiert sich in erster Linie daran, ob die Erwartungen der Zielgruppe getroffen werden. Man versucht auf den verschiedenen Spannungsbögen den Punkt zu treffen, von dem man glaubt, dass er es ist, den eine möglichst große Zahl derjenigen Hörer schätzt, mit denen dann wieder die Werbewirtschaft interessiert werden kann.

Bei der Spannung von *Regionalität und Globalität* orientierten sich die Privatanbieter am Pol der Regionalität, so weit es Wortbeiträge angeht – zu diesem Profil wurde sich offensiv bekannt. *„Die erste Meldung ist immer eine Thüringen-Meldung."* Sie wussten aber, dass dem noch etwas folgen muss: *„auf alle Fälle kompetente Informationen aus der Region, aber natürlich auch Deutschland und die Welt. Also nicht provinziell sein."*

Im Hinblick auf die Spannung von *Überraschung und Erwartung* setzten die Privaten in hohem Maße auf Erwartbarkeit. Im gesamten Programm soll Abwechslung nur in sehr engen Bahnen möglich sein. *„Die Verlässlichkeit ist das Wichtige."* Aber sie waren sich im Klaren, dass sie nicht *„bis ins letzte und immer ausrechenbar"* sein dürfen. Musik ist ein durch und durch formatiertes und immer wieder geprüftes Programmelement – mit *„einem ganz, ganz winzigen"* Spielraum. *„Da muss man sich vor Experimenten hüten. Da sind wir eher immer ein bisschen konservativ."* Der Erfolg wird durch Marktforschung gesichert: *„Erst die Musiktests und dann auch wirklich die Sachen zu spielen, die offensichtlich am besten ankommen - das hat erst so richtig nach vorne gebracht."* Das Ergebnis ist, dass der Hörer genau weiß: *„Wenn ich das Programm wähle, erwartet mich die und die Musikrichtung."* Aber die Formatierung hat nach Ansicht der Privaten auch ihre Grenzen: *„In der Musik muss man sehr aufpassen, dass man das Prinzip der Berechenbarkeit nicht strapaziert."* Überraschung ergebe sich keinesfalls durch eine Durchbrechung des Formats, sondern durch die Variation innerhalb des Formats: *„Das Format sagt ja nichts anderes, als in welchem Soundbereich oder in welchen Musikstilen man sich bewegt. Und die Frage ist dann letztendlich: ‚Was für Titel spiele ich denn daraus?' Aber auch da sind wir sehr intensiv mit der Forschung dabei."* Der Grad der Abwechslung werde durch die Rotation fein dosiert: *„Fahre ich eine längere Rotation, fahre ich eine etwas breitere Rota-*

tion, wie groß ist die Power-Rotation? Das heißt, in welchen Abständen kommen die Titel?"

Auch bei den Wortbeiträgen spielte Überraschung eine untergeordnete Rolle. Die Basis ist hier wieder die Erwartbarkeit: *„Verlässlichkeit! Dass, wenn der News-Opener läuft, die Leute wissen, jetzt erwarten sie harte Nachrichten."* Auf dieser Basis könne es dann ein gewisses Maß an Abwechslung geben; einmal durch die Themenmischung: *„Da sind natürlich Boulevardthemen drin, aber e- ben auch harte Geschichten. Wir versuchen schon zu steuern, dass wir nicht zu einseitig werden";* dann durch einen Wechsel der Genres: *„In welcher Form das passiert, ob das per Livegespräch passiert oder per gebauten Beitrag oder Glosse oder Studiogast oder was auch immer, ist immer abhängig von Fall zu Fall";* und nicht zuletzt durch eine Mischung der Perspektiven: *„Einmal der Moderator, und dann den Fachmann, der seinen Blickwinkel hat. Also, dass man durchaus zu einem Ereignis drei oder vier völlig andere Blickwinkel dem Hörer nahe bringt."* Verlässlichkeit sei auch bei der Moderation die Grundlage – bei der zeitlichen Struktur und bei den Personen: *„Es ist unheimlich wichtig, dass man nicht pausenlos die Moderatoren wechselt."* Erst auf einer Grundlage der Verlässlichkeit könne ein Moment von Unerwartbarkeit aufsetzen: *„Die Moderatoren haben bei uns alle Freiheiten in einem ganz engen Korsett. Das enge Korsett ist die Stundenuhr. Und die ist Gesetz. Und in dieser Stundenuhr steht, wann sie etwas zu sagen haben. Da steht aber nicht drin, was sie sagen sollen. Also, da haben sie schon Freiheiten. Es gibt ein paar bestimmte Regeln, aber ansonsten, was sie darüber hinaus dem Hörer vermitteln wollen, ist ihrer Fantasie überlassen, ihrer Kreativität."*

Im Spannungsfeld von *Nähe und Distanz* spielt die Moderation die zentrale Rolle – die Moderatoren sollen den Hörern auf Augenhöhe begegnen, ohne ihnen dabei zu nahe zu treten. Darauf achten die Programmverantwortlichen und ebenso achten sie darauf, dass sie nicht durch eine zu intensive Hörerbeteiligung – ein naheliegendes Mittel, um Publikumsnähe zu demonstrieren – die Kontrolle über das Programm verlieren.

Im Spannungsfeld von *Emotionalität und Intellektualität* wurde der Punkt weit in Richtung Emotionalität gelegt. Nicht nur die Musik, das ganze Programm zielte in der Wahrnehmung der Macher auf den „Bauch" – und gerade das wird mit Computerprogrammen optimiert, dem Inbegriff kalter Intellektualität.

Das Spannungsfeld von *Zuhören und Nebenbeihören* barg für die Macher privater Programme kein großes Geheimnis. Radio sei ein Begleitmedium, das sich den verschiedenen Situationen anzupassen habe, in denen die Hörer sich befinden. Nur das Radio, das sich auf das Nebenbeihören als Regel einstelle, sei ein gutes Radio: *"Radio ist heute nichts anderes als ein angenehm anmutender Klangteppich, wo ich nicht alleine gelassen werde und im Prinzip noch mitbe-*

komme, dass die Welt noch steht, und idealerweise auch meinen Tag danach einteilen kann. " Auf die „Durchhörbarkeit" werde alles abgestellt: die Musik werde auf Störfaktoren („*Abschaltfaktoren*") hin abgetastet, auch bei den Wortbeiträgen stelle man sich auf die Bedingungen des Nebenbeihörens ein. Zuhören wird als Ausnahme angesehen: „*Früh morgens gibt es eine Zeit, wo der Hörer informiert werden will, und ab dann wird Radio wirklich zum Nebenbeimedium. "* Aber selbst dabei fragten sich die Macher, wie intensiv in dieser kurzen Zeitspanne zugehört werde. Folglich werde nach neuen Vermittlungsformen gesucht, die diesen Hörsituationen angemessen seien.

4.3.4   Qualität aus der Macherperspektive: MDR-Breitenprogramme

Auch in dieser Perspektive bildete der Publikumszuspruch den entscheidenden Erfolgsausweis. Der Unterschied zu den Privatanbietern war kleiner, als man erwarten sollte. Nach eigenem Bekunden hätten die Verantwortlichen der MDR-Breitenprogramme bei ihren Programmentscheidungen in erster Linie den Hörer vor Augen und wollten möglichst viel über seine Präferenzen wissen: „*Radio ist ein Null-Fehler-Medium. Das heißt, Sie dürfen keine Fehler machen. Sie müssen rauskriegen, was ist Ihre Zielgruppe, was wollen die Hörer, und wie können Sie die Hörer zufrieden stellen. Das müssen Sie erahnen, erspüren und möglichst mit Marktforschung belegen. So einen Sender steuern Sie nicht mehr aus dem Bauch. Sie brauchen den Research im Hintergrund. "* Diese Machergruppe sieht ihre Orientierung durchaus im Einklang mit der rundfunkpolitisch vorgegebenen Zielsetzung ihrer Programme: „*Wenn ich ein Radio mache, das viele Hörer erreicht, dann muss ich zuerst an die Musik denken. Mache ich das nicht, dann kann ich noch so gute Informationen haben, aber ich erreiche nur ganz wenig Leute und kriege die Information nicht los und mache sie für die Katz. "* Die Orientierung an der Zielgruppe prägte alle Facetten des Qualitätsurteils.

Regionalität ist in der Information ein wichtiger Wettbewerbsvorteil. Den kann man durch die Konstruktion des MDR als Dreiländeranstalt teilweise nur begrenzt realisieren – was in den Interviews positiv gewendet wird: „*Wir müssen eine starke Gegenposition aufbauen und sagen:»Bei uns erfährst du eben ein bisschen mehr als nur Regionalität«. Aber wo wir regional sein können, eben vor Ort, da müssen wir dann natürlich auch da sein. "* Bei der Musik hingegen seien die Vorzeichen umgedreht: „*Musik ist global. "* Regionalität in der Musik ist bei jüngeren Zielgruppen ein „*Ablehnungsfaktor*": Regionalität spielt nur insofern eine Rolle, als die Macher bei ihrer Musikauswahl die spezifischen musikalischen Sozialisationsbedingungen der Thüringer Hörer zu berücksichtigen haben.

Im Hinblick auf *Überraschung und Erwartbarkeit* legen auch die Verantwortlichen der MDR-Breitenprogramme den Schwerpunkt auf die Erwartbarkeit. Grundlage des Programms sei die Vorhersehbarkeit, die Gewohnheitsbildung ermögliche, und dies nicht nur hinsichtlich der *„Musikfarbentreue"*: „*Das ent-*

scheidende Kriterium für einen Titel ist, ob er bekannt ist. Das Verrückte ist, ich könnte jede Woche 20 neue Titel reinsetzen, super Titel, aber das Programm verträgt vielleicht nur 3 oder 4, sonst wird das Programm zu neu, zu unbekannt. Die Leute fühlen sich gestört. Die Masse will das stetig Bekannte immer wieder hören – bis zu einem bestimmten Punkt, wenn der Titel ausbrennt. Das heißt, es ist viel entscheidender, rauszukriegen, wann ist der Titel satt gehört, als dass man einen Titel neu reinnimmt." Das bedeute aber nicht, dass diese Erwartbarkeit auch so dem Hörer vermittelt werden sollte: „Sie müssen immer gleich sein, aber ständig zelebrieren, Sie würden eine neue Sau durchs Dorf jagen." Im Bereich der Musik sahen die Macher der MDR-Breitenprogramme nur wenig Spielraum für Überraschung: „Ein Hit ist ein Hit ist ein Hit. Wenn es so ist, wo wollen sie sich denn unterscheiden?" Überraschung könne dann auf dieser Grundlage weitgehender Erwartbarkeit aufsetzen: „Da machen Sie eine Höreraktion zu einem Thema, die man eigentlich nicht erwartet. Wenn ein großes, ein aktuelles Ereignis, irgendwas ist, dann sind Sie da. Oder Sie sind der erste, der irgendwas bringt. Es muss sich beißen. Es muss bewusst klar werden: ‚Die sind nicht nur stinklangweilig, geradeaus'."

Aus der Spannung von *Nähe und Distanz* lebt das öffentlich-rechtliche Breitenprogramm – es ist immer da, aber nie aufdringlich: „Das ist diese Dialektik: da zu sein, aber nicht aufzufallen. Der Freund, der immer da ist, der aber um Gottes willen sich nicht vordrängelt." Um Nähe werde mit jedem Programmelement gekämpft: Die Berichterstattung müsse einen Bezug zum Leben der Hörer haben: „Von meinen Leuten erwarte ich, dass sie immer den Hörer im Blick haben und nicht introvertiert denken. Wichtig ist, zu fragen, was interessiert denn den draußen." Auch bei der Eigenwerbung: nicht zu viel und nicht zu laut – „das kommt gerade hier nicht gut an, so: ‚Wir sind die Größten und die Besten'." Zwar stehe bei den Nachrichten „natürlich die Seriosität der Information an erster Stelle", aber: „Wir haben sehr, sehr starke Stimmen für die Nachrichten. Das entscheidende ist, dass die Stimme Akzeptanz hat." Stärker noch sei dies bei der Moderation ausgeprägt: „Da muss dann Personality greifen. Das heißt, man muss den Sender sehr persönlich machen." Durch Hörerbeteiligung werde Hörerbindung geschaffen, aber es wurden auch die negativen Effekte gesehen: „Wir hatten vor einiger Zeit mal so eine Wunschsendung, die haben wir rausgeschmissen. Man kann so was machen, es belebt, aber man darf es nicht übertreiben an der Stelle." Denn immer gilt: „Sie können alles machen, sie dürfen nur nicht nerven."

Radio als *Nebenbeimedium* wurde wie bei den privaten Kontrahenten akzeptiert und als eine besondere Herausforderung begriffen. Um die zu meistern, müsse auch ein gut Teil tradierter Berufsauffassung hintangestellt werden. „Ich kann nicht verlangen, dass immer mehr zugehört wird, sondern ich muss bedienen: es läuft nebenbei, es unterhält. Dann ist es gut; und besser wird es, wenn ich trotz dieser Einstellung zum Radioprogramm so weit gehen kann, dass ich innerhalb des Rahmens, der mir gesetzt ist, was rüberbringen kann. Das ist schwer für uns Journalisten - einzusehen, dass zuerst die Musik das Einschaltverhalten bestimmt und an zweiter Stelle der Journalismus."

4.3.5   Qualität aus der Macherperspektive: Nischenprogramme

Aus der Perspektive der Macher öffentlich-rechtlicher Nischenprogramme sah Radioqualität wesentlich anders aus als aus den anderen Perspektiven. Trotz einiger Überschneidungen blieb ein deutlicher Unterschied der dritten Gruppe gegenüber den ersten beiden – deutlich genug, um die beiden Nischenanbieter ungeachtet ihrer Unterschiede in einer Gruppe zusammenzufassen.

Regionalität in der journalistischen Information spielte für die Nischenprogramme aus zwei Gründen eine geringere Rolle als für die anderen Macher. Zum einen ist es für sie als Dreiländeranstalten nicht einfach, regional tief zu differenzieren. Dies wurde auch hier ins Positive gewendet: *„Unser Auftrag ist, regionale Kompetenz zu entwickeln, die über den eigenen Tellerrand hinausschaut."* Zum anderen gingen die Nischenanbieter davon aus, dass ihre Hörer stärker an Überregionalem interessiert sind: *„Wir mischen natürlich Beiträge aus Deutschland, Europa und der Welt, denn unsere Hörer sind, glaube ich, auch mehr an überregionalen Dingen interessiert als mancher Privatradiohörer, der da sein Klitschenprogramm oben im Gebirge hören will."* Anders als bei den Breitenprogrammen spielte Regionalität hier auch in der Musik eine Rolle, allerdings eine ambivalente. Einerseits sei klar: *„Wir müssen uns zuvörderst um die eigene Region kümmern, natürlich auch im Produzieren von Musik mit den Klangkörpern."* Andererseits bringe diese regionale Ausrichtung aber auch Probleme: *„Regionalisierung ist, was die Musikmitschnitte betrifft, für den Hörer kein Impuls, dieses Programm einzuschalten. Bei den Mitschnitten stehen Sie einfach in der Konkurrenz zum CD-Markt."* „Nische" heißt also hier, in einer regional geprägten Radiolandschaft das Überregionale stärker zur Geltung kommen zu lassen – das verbindet die beiden Programme.

Auch die *Erwartbarkeit* spielt eine geringere Rolle als bei den bislang zu Grunde gelegten Perspektiven – sowohl in der journalistischen Information, als auch in der Musik. Die Programme unterliegen selbstverständlich einer Formatierung, aber es gibt Ausnahmen von den Regeln. Abweichungen von Formatvorgaben seien möglich, sofern sie publizistisch begründbar seien: *„Natürlich haben wir auch Daumenwerte für Beitragslängen. Aber es gehört auch ein Stück zu unserer Seriosität, dass, wenn uns das Thema wichtig genug ist, dass wir da nicht fünf Gremien einberufen müssen, um zu sagen, das ist so wichtig, da reden wir auch mal länger."* Das Unvorhergesehene werde so zum Teil des Formats: *„Wir haben ja die Formatierung so gewählt, dass wir auch eben sehr schnell und aktuell reagieren können."* Auch im Musikbereich wurde der Überraschung eine wesentlich größere Bedeutung zugeschrieben als bei den Breitenprogrammen, sie finde aber auch hier ihre Grenzen in den Hörervorlieben: *„Wichtig ist, dass die Musik abwechslungsreich ist, dass sie aber nicht polarisiert. Für uns ist halt eben die Genrevielfalt ganz wichtig; und die aber in so einer Mischung bringen, dass das Programm trotzdem mit einer großen Verlässlichkeit gut nebenbei gehört werden kann."* Wie aber die richtige Mischung aussieht, da sind die Anbieter in diesem Marktsegment offensichtlich darauf angewiesen, intuitiv zu entscheiden.

Die Anbieter wollen publikumsnah sein und den Kultur- und Bildungsauftrag erfüllen – eine schwierige Gratwanderung zwischen *Nähe und Distanz*, bei der eine Distanz zu großen Segmenten des Publikums in unvergleichlich höherem Maße als bei den Breitenanbietern in Kauf genommen wird – von der Bindung an das Gesamtprogramm bis zu den Anforderungen an Moderatoren.

Im Spannungsfeld von *Intellektualität und Emotionalität* legten die Nischenanbieter den Schwerpunkt auf einen anderen Punkt als ihre Kollegen. Sie maßen der Intellektualität einen deutlich höheren Stellenwert zu: *„Ich denke, unser Menschenbild oder der Hörer, den wir ansprechen, ist einer, den man nicht nur über den Bauch anspricht, sondern auch über den Verstand und über den Kopf und über den Intellekt. Natürlich hat Radio auch für uns eine emotionale Komponente. Aber ich glaube, man kann nicht ‚entweder – oder' sagen, für uns ist es wichtig, auch den Intellekt anzusprechen, den Menschen als Individuum, der eben eigene Entscheidungen trifft und sich eine eigene Meinung bilden will, dem da Angebote zu machen."* Die Macher sahen aber die Gefahr der intellektuellen Überforderung der Hörer und die Defizite in der emotionalen Ansprache: *„Also, meine Redakteure sind alle klug, und die sind auch alle gebildet, aber das Entscheidende ist, welche Ansprechhaltung finde ich. Die emotionale Ansprache, die ist ganz wichtig."*

Das Spannungsfeld von *Zuhörbarkeit und Nebenbeihörbarkeit* ist das zentrale Dilemma der beiden Nischenprogramme. Es sind von ihrem Anspruch her Programme, die eher für einen Zuhörer gemacht sind als für einen Nebenbeihörer. Den Nischenanbietern war durchaus klar, dass Zuhören nur einen kleinen Teil der Radionutzung ausmacht. Die Macher sahen deutlich, dass eine stärkere Berücksichtigung des veränderten Nutzungsverhaltens erforderlich sei: *„Ich glaube, unser Publikum das hat sich verändert. Das müssen wir einfach zur Kenntnis nehmen. Wenn man einfach daran festhält: ‚Gut, wir sind ein Minderheitenprogramm, ein Einschaltprogramm' und nimmt das nicht zur Kenntnis, dann sterben wir mit unseren Hörern aus."* Sie akzeptierten mehr oder weniger den Funktionswandel des Radios und versuchten sich darauf im Rahmen ihrer Möglichkeiten einzustellen, z.B. werde die Art der Präsentation geändert oder es werde eine grundlegende Neuausrichtung erwogen: *„Wir sind eigentlich weggegangen von diesem klassischen Einschaltradio - also, wo man eine halbe Stunde Musiksendung und dann eine halbe Stunde Wortsendung und dann wieder mal ein bisschen Musik und dann ein Hörspiel. Statt dessen ein Tagesbegleitprogramm mit* großen Flächen und am Abend und am Wochenende dann die Einschaltprogramme." Das Konzept des Einschaltradios wurde also nicht ganz aufgegeben.

4.4   Fazit der explorativen Vorstudie

Das Vorgehen hat sich als ertragreich erwiesen – ohne die Methode der Gruppendiskussion und des leitfadengestützten Experteninterviews wäre es nicht möglich gewesen, die Struktur herauszuarbeiten. Es wäre nicht zu der Entwicklung des Polaritätensystems gekommen, wenn die Teilnehmer an den Gruppendiskussionen sich nicht mit guten Argumenten gegen die Entscheidung zwischen den Polen des semantischen Differentials gewehrt hätten und wenn die Experten nicht mehr oder weniger explizit und konsonant mit der *Einheit von Gegensätzen* argumentiert hätten.

Bewertungen dieser Art können folglich nicht mit Hilfe einer Intensitätsskala gemessen werden. Vielmehr geht es um einen bestimmten Punkt zwischen zwei Polen, auf dem man die Balance halten kann. Diese Spannung macht die spezifische Qualität von Radio aus. Im vorliegenden Falle sind fünf solche Polaritäten von vorrangiger Bedeutung; d.h. Hörer beurteilen ein Programm auf fünf Achsen, und Macher setzen alles daran, auf den fünf Achsen die Punkte zu finden, an denen sie ein Programm im Gleichgewicht halten und damit die Gunst ihrer Zielgruppe gewinnen können. Beispiel: Spannung von Überraschung und Erwartung. Der Macher muss den Punkt finden, der für die jeweilige Zielgruppe und für deren verschiedene Situationen eine angenehme Spannung zwischen Überraschung und Erwartung darstellt. Gleitet das Programm zu stark in Richtung Erwartung, stellt sich Langeweile ein; gleitet es zu stark in Richtung Überraschung, stellt sich Unvertrautheit her. Alle Sender müssen diese Spannungen beachten, aber die Sender unterscheiden sich, an welchem Punkt des Bogens zwischen den beiden Polen sie ihr Programm platzieren.

5. Forschungsleitende Fragen und Analysemodelle

Ziel der Studie ist die Beantwortung von zwei Forschungsfragen, die unter dem Label *Subjektive Qualitätsauswahl* und *Wahrnehmungsadäquanz* im Folgenden erläutert werden.

5.1 Subjektive Qualitätsauswahl

Das zentrale Forschungsziel dieser Untersuchung ist die Beantwortung der Frage, welchen Einfluss subjektive Qualitätserwartungen, -wahrnehmungen und -urteile auf die Auswahl und die Nutzungsintensität von Radioprogrammen haben und welche Qualitätskriterien dabei von besonderer Bedeutung sind (Abbildung 9). Es geht um die Prüfung, ob mit dem Ansatz der *Subjektiven Qualitätsauswahl* die Mediennutzungsentscheidungen der Rezipienten erklärt werden können.

5.1.1 Die abhängigen Variablen

Erklärt werden sollen zum einen die interpersonalen Unterschiede in der generellen Radionutzung. Radionutzung kann dabei in mehrfacher Hinsicht differenziert werden: in Nutzungshäufigkeit, -dauer, -situationen, -zeitpunkte und im Hinblick auf die Aufmerksamkeit bei der Nutzung. Zum zweiten sollen die interpersonalen Unterschiede in der Senderwahl, also die Selektionsentscheidungen der Hörer für einzelne Hörfunkprogramme erklärt werden. Es wird also nicht nur untersucht, warum die einen länger als die anderen oder häufiger beim Frühstück als die anderen hören, sondern auch, warum der eine Sender gewählt wird und nicht der andere.

5.1.2 Die unabhängigen Variablen und die Kontrollvariablen

Die zentralen unabhängigen Variablen des Modells sind
- die unterschiedlichen Qualitätserwartungen und -wahrnehmungen hinsichtlich der Gestaltung des Programms
- die Erwartungen an die Zusammensetzung des Programms bezüglich der Musik und der Programme
- die allgemeine Qualitätsbewertung.

Die Nutzung eines bestimmten Radioprogramms kann vermutlich recht gut durch die Globalbewertung dieses Radiosenders erklärt werden. Allerdings liegt bei solch direkten Beurteilungsfragen die Vermutung nahe, dass es sich zumindest zum Teil um nachträgliche Rationalisierungen des eigenen Verhaltens handelt. Hinzu kommt, dass die praktische Relevanz für die Programmplanung

Abbildung 9 Modell für die subjektive Qualitätsauswahl

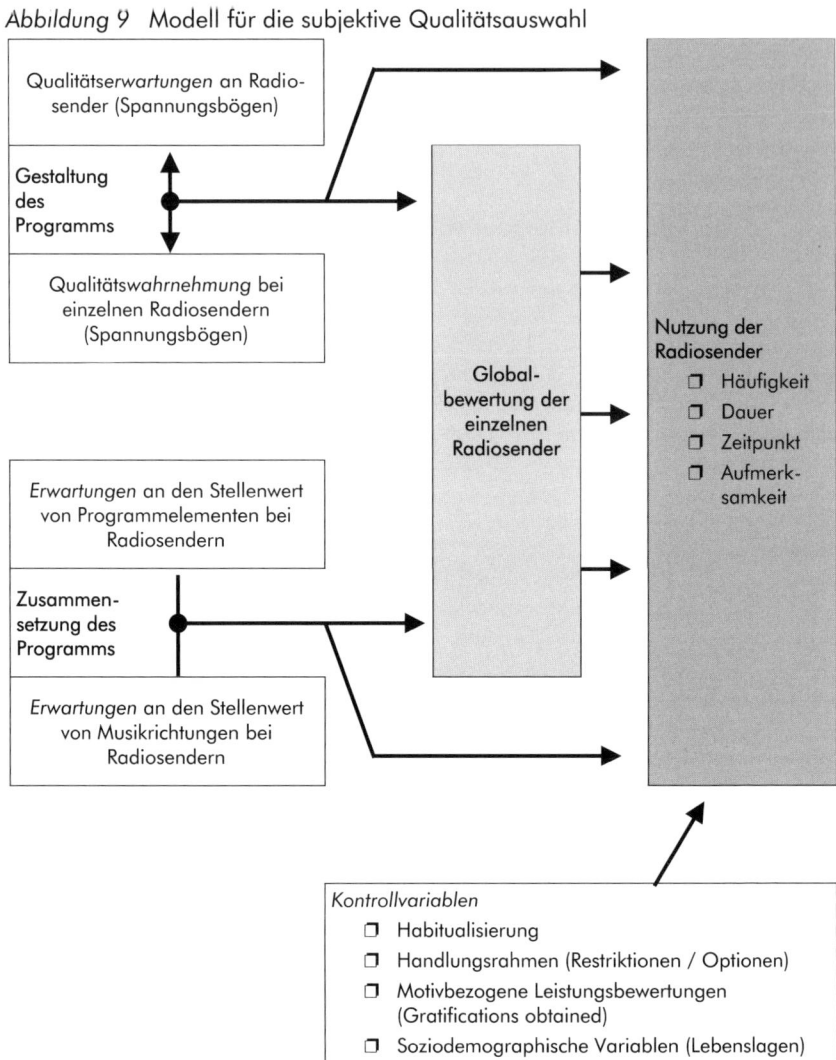

selbst dann nur gering wäre, wenn sich erwartungsgemäß zeigen sollte, dass diejenigen, die ein Programm gut bewerten, es auch häufiger nutzen als andere. Vor allem wäre dadurch in keiner Weise Aufschluss darüber gewonnen, welche Beweggründe und welche kognitiven Prozesse die Hörer dazu bringen, bestimmte Handlungen zu vollziehen. Man hätte zwar einiges (statistisch) erklärt, aber wenig verstanden. Dem eigentlichen Ziel, Aufschluss über das Gewohnheitshandeln zu gewinnen, kommt man dadurch nur wenig näher.

Wesentlich aufschlussreicher für die Programmplanung dürfte der Zusammenhang sein zwischen den unterschiedlichen Qualitätserwartungen und -wahrnehmungen auf der einen und den Nutzungsentscheidungen für bestimmte Radiosender auf der anderen Seite. Neben der Einschätzung der verschiedenen Qualitätskriterien kann aber auch der Wunsch nach Berücksichtigung einzelner Programmelemente zwischen den Rezipienten variieren. Aus diesem Grund wird zusätzlich zu den Qualitätsdimensionen die subjektive Bedeutung verschiedener zentraler Programmelemente erhoben. Insbesondere das Programmelement Musik, das nach allen vorliegenden Untersuchungen von größter Bedeutung für die Nutzung und Bewertung eines Radioangebots ist, bedarf dabei besonderer Beachtung. Deswegen werden die Musikvorlieben der Hörer genauer untersucht. Nicht nur die Qualitätskriterien, auch der gewünschte Stellenwert von Programmelementen und insbesondere von Musikrichtungen ist von unmittelbarer Relevanz für die Programmplanung.

Es ist zu erwarten, dass diese unterschiedlichen Erwartungen an Programmelemente und Qualität zusammen mit den Qualitätswahrnehmungen nicht nur einen direkten Einfluss auf die Radionutzung haben, sondern sich auch – vermittelt über die globale Programmbeurteilung – indirekt auf die Nutzungsentscheidungen der Hörer auswirken.

Neben diesen für die Untersuchung zentralen Variablen werden auch einige Kontrollvariablen im Modell berücksichtigt. Dabei handelt es sich um die wesentlichen *soziodemographischen Variablen,* einen Indikator für *habitualisierte* Nutzung, zwei Indikatoren für den internalen und externalen *Handlungsrahmen* sowie um *motivbezogene Leistungsbewertungen.* Die Berücksichtigung motivationaler Faktoren erscheint gerade im Bereich der Radionutzung unverzichtbar, nicht zuletzt weil dieser Erklärungsansatz bereits seit den Anfängen der Radioforschung eine Rolle spielt. Insbesondere die generelle Zuwendung zum Radio dürfte motivationsgesteuert sein. Hingegen erscheint es plausibel, dass die Entscheidung für ein bestimmtes Programm dann eher auf der Grundlage von Qualitätsurteilen über die zur Auswahl stehenden Programme erfolgt. Die Voraussetzung dafür, dass Qualitätsurteile für die Zuwendung bedeutsam werden können, ist aber vermutlich, dass überhaupt bestimmte Nutzungsmotive vorhanden sind.

Alle Kontrollvariablen stehen für alternative Erklärungsansätze, die mit dem Qualitätsansatz konkurrieren. Es muss sich zeigen, ob z.b. ein Erklärungsversuch mit Leistungsbewertungen mehr erklärt als ein Qualitätsansatz.

5.2   Wahrnehmungsadäquanz

Dieser Untersuchung liegt – wie oben bereits erläutert – die These zu Grunde, dass es sich bei der Wahrnehmung von Qualität um einen subjektiven Konstruktionsprozess handelt. Das bedeutet aber nicht, dass dieser Konstruktionsprozess nicht auch – und möglicherweise sogar ganz entscheidend – von den objektiv messbaren Eigenschaften des jeweiligen Angebots beeinflusst wird. Somit stellt sich die Frage, in wie weit es eine Übereinstimmung zwischen den subjektiv wahrgenommenen und den objektiv gemessenen Eigenschaften gibt. Eine solche Übereinstimmung wird hier als *Wahrnehmungsadäquanz* bezeichnet. Überprüft wird die Wahrnehmungsadäquanz, indem die subjektiven – durch Befragung gemessenen – Qualitätswahrnehmungen der Radiohörer mit den objektiven – durch Inhaltsanalyse gemessenen – Qualitätsmerkmalen verglichen werden. Dieser Vergleich findet auf Aggregatdatenniveau statt (Abbildung 10). Die aus den Befragungsdaten ermittelten Kennwerte der Wahrnehmung bestimmter Qualitätsmerkmale eines Programms werden dafür mit den entsprechenden inhaltsanalytisch festgestellten Qualitätseigenschaften dieses Programms korreliert.

Abbildung 10   Analysemodell für die Wahrnehmungsadäquanz: Beispiel-Modell für 7 Programme (A-G) und 2 Eigenschaften (X,Y)

Aggregatdatenanalyse für Eigenschaft X			Aggregatdatenanalyse für Eigenschaft Y		
Befragung		Inhaltsanalyse	Befragung		Inhaltsanalyse
von den Hörern wahrgenommene Eigenschaft X	Korrelation	beim Programm gemessene Eigenschaft X	von den Hörern wahrgenommene Eigenschaft Y	Korrelation	beim Programm gemessene Eigenschaft Y
bei Programm A	↔	bei Programm C	bei Programm A	↔	bei Programm F
bei Programm B	↔	bei Programm B	bei Programm B	↔	bei Programm B
bei Programm C	Rangreihe / Rangreihe	bei Programm G	bei Programm C	Rangreihe / Rangreihe	bei Programm G
bei Programm D		bei Programm A	bei Programm D		bei Programm A
bei Programm E		bei Programm E	bei Programm E		bei Programm C
bei Programm F		bei Programm F	bei Programm F		bei Programm D
bei Programm G	↔	bei Programm D	bei Programm G	↔	bei Programm E

6. Untersuchungsdesign und Methoden der Datenerhebung

6.1 Untersuchungsdesign: Kombination von Befragung und Inhaltsanalyse

Die Studie besteht aus zwei Teilen: einer repräsentativen *Bevölkerungsbefragung* in den drei Bundesländern Thüringen, Sachsen-Anhalt und Hessen sowie einer *Inhaltsanalyse* von 17 privaten und öffentlich-rechtlichen Radioprogrammen, die in diesen drei Bundesländern ausgestrahlt werden. Das Gesamtdesign der Studie ist in Abbildung 11 dargestellt. Nur in einer Kombination dieser beiden Herangehensweisen können die aufgeworfenen Fragen beantwortet werden. Die bisherige Forschung ist in starkem Maße von einer Trennung dieser Vorgehensweisen geprägt. Integrierte Designs findet man selten.[21]

Die Auswahl der drei Bundesländer ergab sich aus der Konstellation der Auftraggeber – denn jede der beteiligten Landesmedienanstalten hatte ein Interesse, etwas über „ihre" Sender und „ihre" Hörer zu erfahren. Durch die Kombination wurde nicht nur ein größerer Allgemeinheitsgrad erreicht, sondern es werden auch Vergleiche zwischen den Bundesländern und ihren sehr unterschiedlich gewachsenen Radiostrukturen in vielfältiger Hinsicht möglich.

Abbildung 11   Das Untersuchungsdesign

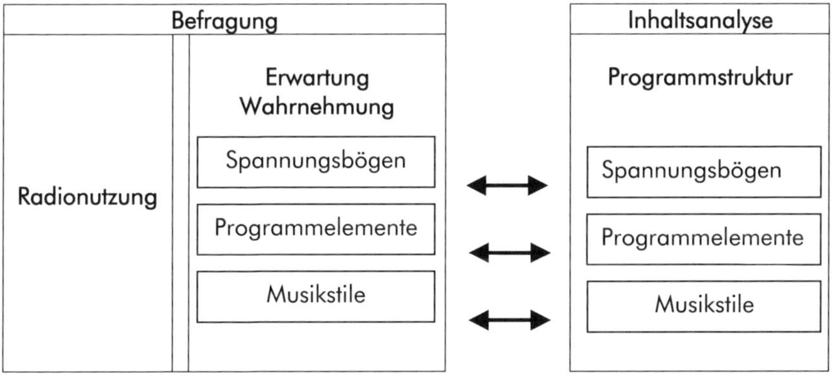

Befragung		Inhaltsanalyse
	Erwartung Wahrnehmung	Programmstruktur
Radionutzung	Spannungsbögen	Spannungsbögen
	Programmelemente	Programmelemente
	Musikstile	Musikstile

---

21 Zur Kombination verschiedener Erhebungsmethoden und zur Verknüpfung von Daten in der Kommunikationswissenschaft vgl. Wolling (2002).

6.2 Methodisches Profil der Befragung

Die repräsentative Bevölkerungsbefragung wurde in Form von strukturierten computergestützten telefonischen Interviews (CATI) realisiert. Mit dem Auftraggeber war die Befragung von mindestens 1500 Personen vereinbart, wobei eine Stichprobengröße von 500 Personen pro Bundesland erreicht werden sollte. Die angestrebte Grundgesamtheit der Befragung ist die deutschsprachige Bevölkerung über 14 Jahren, die in Thüringen, Sachsen-Anhalt oder Hessen in einem Privathaushalt mit Telefon-Festnetzanschluss lebt.

6.2.1 Stichprobenbildung

Die Stichprobenbildung wurde von der ZUMA (Zentrum für Umfragen, Methoden und Analysen) durchgeführt. Das dort eingesetzte Verfahren ermöglicht es, dass auch Telefonnummern, die nicht im Telefonbuch aufgeführt sind, ausgewählt werden können. Allerdings bringt es dieses Verfahren mit sich, dass bei einem beträchtlichen Teil der ausgewählten Nummern (über 40 Prozent) keine Verbindung hergestellt werden kann, da die entsprechenden Nummern nicht belegt sind („kein Anschluss"). Eine detaillierte Beschreibung des Verfahrens der Stichprobenbildung und ein empirischer Test, der die Effizienz belegt, finden sich bei Häder und Gabler (1998). Die Personenauswahl in den Haushalten erfolgte mittels der Last-Birthday-Methode (vgl. Schnell, Hill & Esser 1999: 343). Da die Stichprobenziehung für jedes Bundesland separat erfolgte und die angestrebte Stichprobengröße unabhängig von der Größe der Grundgesamtheit bestimmt wurde, handelt es sich somit um eine disproportional geschichtete Zufallsstichprobe (vgl. Schnell, Hill & Esser 1999: 261). Dies macht eine nachträgliche Gewichtung der Daten dann notwendig, wenn Analysen durchgeführt werden sollen, die sich über zwei oder alle drei Bundesländer erstrecken.

6.2.2 Vorbereitung der Befragung

Auf der Basis der oben dargestellten theoretischen Überlegungen wurde ein Fragebogen entwickelt und anschließend in mehreren *Pretests* ausführlich getestet und mehrfach überarbeitet. Dies schlug sich in zahlreichen Verbesserungen einzelner Itemformulierungen und Antwortvorgaben sowie in Veränderungen der Fragebogendramaturgie nieder. Es zeigte sich aber auch, dass eine deutliche Kürzung des Interviews notwendig war, da selbst hoch motivierte Befragte gegen Ende der Interviewzeit Ermüdungserscheinungen zeigten. Die ursprüngliche Fassung des Fragebogens war etwa doppelt so lang wie die schließlich verwendete Version. Am Ende der Überarbeitungsphase dauerte die Beantwortung des Fragebogens im Durchschnitt 20 Minuten. Daran schloss sich ein weiterer Pretest an, in dem der programmierte CATI-Fragebogen auf seine Funktionalität hin überprüft wurde. Da zahlreiche, teilweise verschachtelte Filterführungen in den Fragebogen integriert werden mussten und zudem bei einigen Fragebatterien Itemrotationen sinnvoll erschienen, war eine genaue Prüfung der Fragebogenprogrammierung notwendig, um Fehler bei der Datenerhebung zu vermeiden, die auf Programmierfehler zurückzuführen sind.

Die *Auswahl der Interviewer* – ausschließlich Studierende der TU Ilmenau – erfolgte durch ein Probeinterview. Hierfür mussten die Bewerber bei einer instruierten Testperson anrufen und mit dieser eine kurze Befragung durchführen. Dabei wurde unter anderem auf Sorgfalt, kommunikative Kompetenz, geringe mundartliche Färbung, deutliche Aussprache und eine neutrale Interviewtechnik geachtet. Auf diese Weise wurden 58 Interviewer ausgewählt, die später die Befragung realisierten. Zunächst wurden die ausgewählten Interviewer jedoch ausführlich geschult. In einer ersten Schulungssitzung wurden ihnen die wesentlichen Prinzipien einer strukturierten Befragung erläutert und angemessene Verhaltensweisen bei möglicherweise auftretenden Schwierigkeiten erklärt (Zeitmangel der Befragten, Verständnisschwierigkeiten bei einzelnen Fragen etc.). Beim zweiten Schulungstermin wurde der Umgang mit der Interviewsoftware (Ci3 von Sawtooth) erläutert, der Fragebogen vorgestellt und die Handhabung des Programms eingeübt, indem die Interviewer sich wechselseitig interviewten. Beim dritten Schulungstermin war dann der Praxistest an der Reihe: Jeder Interviewer musste ein Interview unter realen Bedingungen durchführen. Die Befragten wurden hierfür bereits per Zufall ermittelt, dabei handelt es sich aber um eine separate Stichprobe, die nur für die Probeinterviews gezogen worden war. Diese Interviews wurden nicht in die Auswertung einbezogen.

In der Zeit vom 7. Oktober bis 11. November 2002 fand die *Feldphase der Befragung* statt, in der die Telefoninterviews durchgeführt wurden. Die dafür notwendigen CATI-Arbeitsplätze befinden sich – auf mehrere Computerräume verteilt – im Gebäude des Instituts für Medien- und Kommunikationswissenschaft der TU Ilmenau. Die Interviewer wurden während des ganzen Untersuchungszeitraums immer wieder durch die Projektleitung und eigens geschulte Supervisoren beobachtet und gegebenenfalls auf Fehler hingewiesen. Darüber hinaus erhielten sie ein kurzes Informationsblatt, auf dem noch einmal die wesentlichen Prinzipien der Interviewführung und Verhaltensmaßregeln in Problemfällen erläutert wurden.

6.2.3   Feldphase und Stichprobenausschöpfung

Die angestrebte Anzahl von 500 Interviews wurde in allen drei Bundesländern erreicht und übertroffen. Insgesamt wurden 1548 auswertbare Interviews realisiert. Aus dem Datensatz entfernt wurden alle abgebrochenen Interviews und vier Interviews, die zwar vollständig durchgeführt worden waren, bei denen die Interviewer aber den begründeten Eindruck gewonnen hatten, dass die Befragten die Fragen nicht richtig verstanden hatten.

Die in der Befragung erzielte Stichprobenausschöpfung von insgesamt 43 Prozent ist zwar weit entfernt von einem wünschenswerten Ergebnis, entspricht aber den üblichen Quoten. Zwar finden sich in der Methodenliteratur z.T. noch andere Angaben über realistische Quoten, es herrscht aber Einigkeit, dass die Ausschöpfung sich in den letzten Jahren drastisch verringert hat. Und selbst die Quote von 43 % war nur dadurch zu erreichen, dass bei allen ausgewählten Telefonnummern eine große Anzahl von Kontaktversuchen zu unterschiedlichen Tageszeiten durchgeführt wurde. Solange kein erfolgreiches Interview durchgeführt werden konnte oder eine endgültige Verweigerung noch nicht ausgesprochen war, wurde die Nummer im Abstand von einigen Tagen und zu unterschiedlichen Uhrzeiten angerufen. Auch Personen, die zunächst keine Bereitschaft zeigten, an der Befragung teilzunehmen, aber andererseits auch keine eindeutige Antwortverweigerung signalisierten, wurden mehrfach – und öfter auch mit Erfolg – kontaktiert. Die genauen Angaben zur Stichprobenausschöpfung finden sich in Abbildung 12.

Nach dem Abschluss der Datenerhebung wurde geprüft, ob die soziodemographischen Kennwerte der Stichprobe mit den entsprechenden Verteilungen des Mikrozensus übereinstimmen. Dabei zeigte sich, dass vor allem Personen mit einem Alter über 60 Jahren in der Stichprobe unterrepräsentiert waren. Da aber gerade das Lebensalter für Art und Umfang der Radionutzung von besonderer Bedeutung sind, erschien eine *nachträgliche Gewichtung* der Daten geboten. Bei einer genaueren Inspektion der Daten zeigte sich dann, dass eine kombinierte Gewichtung mit Alter und Geschlecht vorzunehmen war.

Zudem ist es durch die disproportionale Stichprobenziehung für alle bundeslandübergreifenden Analysen notwendig, die Daten auch hinsichtlich der Landeszugehörigkeit zu gewichten. Dafür wurden zwei Gewichtungsfaktoren errechnet: Die Globalgewichtung wird für alle zusammenfassenden Analysen verwendet. Hier werden die Daten hinsichtlich Alter, Geschlecht und Bundesland gewichtet. Die Ländergewichtung wird hingegen für alle bundeslandspezifischen und bundesländervergleichende Analysen eingesetzt. Hierfür müssen die Daten nur hinsichtlich Alter und Geschlecht gewichtet werden. Die Faktoren, mit denen die verschiedenen soziodemographisch definierten Gruppen gewichtet wurden, können den Zellen von Abbildung 13 und 14 entnommen werden.

Abbildung 12   Stichprobenausschöpfung

	Thüringen		Sachsen-Anhalt		Hessen		Gesamt	
	n	%	n	%	n	%	n	%
Bruttostichprobe I	4000		4000		4000		12000	
Nicht bearbeitete Nummern	1687		1086		1024		3797	
Bruttostichprobe II	2313	100,0	2914	100,0	2976	100,0	8203	100,0
Kein Anschluss / Rufnummer geändert / anderes Bundesland	949	41,0	1282	44,0	1226	41,2	3457	42,1
10 Versuche ohne Kontakt	56	2,4	88	3,0	163	5,5	307	3,7
FAX-Modem	73	3,2	81	2,8	152	5,1	306	3,7
Geschäftsanschluss	119	5,1	154	5,3	173	5,8	446	5,4
Abbruch wegen Sprachproblem	11	0,5	16	0,5	67	2,3	94	1,1
Summe stichprobenneutraler Ausfälle	1208	52,2	1621	55,6	1781	59,8	4610	56,2
Bruttostichprobe III	1105	100,0	1293	100,0	1195	100,0	3593	100,0
Kontaktperson verweigert endgültig	73	6,6	147	11,4	123	10,3	343	9,5
Zielperson verweigert endgültig	128	11,6	173	13,4	157	13,1	458	12,7
Sonstige Abbruchgründe	10	0,9	13	1,0	7	0,6	30	0,8
Zielperson verweigert endgültig wegen Befragungsthema Radio	30	2,7	63	4,9	58	4,9	151	4,2
evtl. konvertierbare Verweigerungen	251	22,8	341	26,4	278	23,3	870	24,2
Kontakt führt zu keinem bzw. zu unvollständigem Interview	92	8,3	46	3,6	51	4,3	189	5,3
Interview erfolgreich durchgeführt, aber unbrauchbar	1	0,1	1	0,1	2	0,2	4	0,1
Summe nicht neutraler Ausfälle	585	52,9	784	60,6	676	56,6	2045	56,9
Nettostichprobe (Interview vollständig durchgeführt)	520	47,1	509	39,4	519	43,4	1548	43,1

Abbildung 13 Gewichtungsfaktoren für die Globalgewichtung (Kombination von Bundesland, Alter und Geschlecht)

Land	Geschlecht	14-24	25-44	45-59	60 und mehr	gesamt
Thüringen	M	0,53	0,67	0,65	1,03	0,69
	W	0,75	0,57	0,57	0,73	0,64
Sachsen-Anhalt	M	0,83	0,81	0,76	0,92	0,82
	W	0,66	0,67	0,54	0,77	0,66
Hessen	M	1,60	1,27	1,42	2,84	1,55
	W	1,80	1,21	1,76	2,47	1,66
	gesamt	0,96	0,90	0,92	1,30	

Abbildung 14 Gewichtungsfaktoren für die Ländergewichtung (Kombination von Alter und Geschlecht)

Land	Geschlecht	14-24	25-44	45-59	60 und mehr	gesamt
Thüringen	M	0,80	1,00	0,99	1,57	1,04
	W	1,16	0,85	0,86	1,11	0,97
	gesamt	0,94	0,93	0,92	1,26	
Sachsen-Anhalt	M	1,14	1,11	1,06	1,24	1,13
	W	0,90	0,91	0,74	1,06	0,90
	gesamt	1,01	1,01	0,87	1,12	
Hessen	M	1,01	0,79	0,88	1,76	0,97
	W	1,12	0,76	1,11	1,56	1,03
	gesamt	1,07	0,77	0,98	1,64	

6.2.4 Die Teile des Fragebogens

Der Fragebogen setzt sich aus insgesamt sieben Teilen zusammen. Die genaue Reihenfolge der Fragen und der exakte Wortlaut der Frage- und Antwortformulierungen sowie Angaben zur Filterführung und Itemrotation können dem Anhang 1 entnommen werden.

Erwartungen an das Idealradio
Mit insgesamt sechzehn Items wurden die acht als Spannungsbögen bezeichneten Qualitätserwartungen operationalisiert (ausführlich dazu im nachfolgenden Abschnitt). Darüber hinaus wurde die gewünschte Häufigkeit von vierzehn Programmelementen des Radios (Musik, Nachrichten, humorvolle Beiträge etc.) sowie die gewünschte Häufigkeit von insgesamt elf Musikstilen (Hardrock, Hip Hop, Volksmusik etc.) erfragt.

Radionutzung
Mit dem zweiten Frageblock wurde die Radionutzung erfragt. Die dabei abgefragten acht bis neun Sender unterscheiden sich von Bundesland zu Bundesland. Zunächst wurde ermittelt, ob die Sender dem Befragten bekannt sind. Falls dies der Fall war, haben die Interviewer nachgefragt, ob der Sender in den letzten 14 Tage gehört wurde. Falls dies ebenfalls der Fall war, wurde erfragt, an wie vielen Tagen pro Woche der Sender normalerweise genutzt wird. Diese drei Fragen wurden für jene Sender gestellt, die in dem entsprechenden Bundesland ihr Hauptsendegebiet haben, sowie für die beiden überregionalen öffentlichrechtlichen Sender Deutschlandfunk und DeutschlandRadio. Abschließend haben die Interviewer gefragt, ob noch weitere Sender mindestens einmal pro Woche gehört werden, und wenn ja, wie oft. Neben diesen speziellen Fragen zur Nutzungshäufigkeit einzelner Sender ist auch die generelle Nutzungshäufigkeit des Radios ermittelt worden. Des weiteren wurden die generelle Radionutzungsdauer und die Nutzungsdauer des meist gehörten Senders erhoben. Darüber hinaus wurden die Nutzungshäufigkeit zu unterschiedlichen Zeitpunkten und Gelegenheiten im Tagesverlauf sowie der Grad der Aufmerksamkeit bei der Nutzung ermittelt.

Bewertung und Wahrnehmung der Sender
Der dritte Frageblock bestand aus zwei Teilen. Im ersten Teil wurde die Globalbewertung aller Sender, die die Befragten kennen, mit einer Fünfer-Ratingskala abgefragt. Im zweiten Teil wurde die Wahrnehmung des meistgehörten Senders ermittelt. Dazu wurde auf die acht Spannungsbögen zurückgegriffen, mit denen bereits die Qualitätserwartungen erhoben worden waren. Die Resultate zeigen an, welche Qualitätseigenschaften die Befragten bei ihrem meistgehörten Sender wahrnehmen.

Extremereignis Erfurt
Der Schwerpunkt der Untersuchung liegt auf der Analyse der Radionutzung und Qualitätsbeurteilung im normalen Alltag. Aus aktuellem Anlass wurde zudem die Informationsleistung des Radios in einem Ausnahmefall überprüft, und zwar für den Amoklauf im Erfurter Gutenberg-Gymnasium. Dieser Teil der Untersuchung baut auf der Diffusionsstudie zum 11. September 2001 auf (Emmer et al., 2002), in der u.a. die These formuliert wurde, das Radio habe damals seine Chance nicht nutzen können, sich als schnellstes Informationsmedium mit tagsüber weitester Verbreitung zu profilieren. Diese These sollte unter veränderten Bedingungen überprüft werden, und zwar anhand der Informationsleistung des Radios bei einem Ereignis in der Region. Die Integration dieses Themas erwies sich auch aus der Perspektive der Fragebogendramaturgie als ausgesprochen hilfreich. Durch den Wechsel des Themas zu Beginn des letzten Drittels des Fragebogens, konnte die Aufmerksamkeit der Befragungsteilnehmer noch einmal gesteigert und die konzentrierte Beantwortung der abschließenden Fragen gesichert werden. So wurde der Anteil der Abbrecher gering gehalten und die Vali-

dität der Antworten erhöht. Über die Ergebnisse dieses Untersuchungsteils wird an anderer Stelle berichtet werden.[22]

Kontrollvariablen
Im Mittelpunkt der Untersuchung steht die Frage, in wie weit das Radionutzungsverhalten der Rezipienten durch die Qualitätserwartungen, -wahrnehmungen und -urteile der Hörer erklärt werden kann. Neben diesen hier besonders interessierenden Faktoren wurden aber auch einige andere als bedeutsam bekannte Einflussgrößen in der Befragung erhoben. Zu diesen relevanten Faktoren gehören in erster Linie die *motivbezogenen Leistungsbewertungen* der Radioprogramme. Um die Erklärungskraft der unterschiedlichen Ansätze gegeneinander abwägen zu können, wurden die Befriedigung möglicher Nutzungsmotive mit sieben Items abgefragt. Zudem wurde die *habitualisierte Nutzung* durch die Erhebung eines Items berücksichtigt. Außerdem werden eine *internale* – auf die kognitiven Fähigkeiten (Konzentrationsfähigkeit) bezogene – und eine *externale* – auf das soziale Umfeld (soziale Ablehnung der eigenen Radiopräferenzen durch die Umwelt) bezogene – *Handlungsbeschränkung* als weitere Kontrollvariablen berücksichtigt.

Nutzung anderer Medien
Um einschätzen zu können, welche Rolle das Radio im individuellen Ensemble der genutzten Medien spielt, wurde mit einigen wenigen Fragen die sonstige Mediennutzung erhoben. Dabei ging es jedoch nur um die Nutzung des Fernsehens, der Tageszeitungen und Zeitschriften sowie des Internets.

Indikatoren für Lebenslagen
Im letzten Teil des Fragebogens wurden die üblichen Fragen zur Bildung, zur Erwerbstätigkeit, zum Alter, zum Familienstand, zur Nationalität und zum Geschlecht gestellt, die als Indikatoren für bestimmte Lebenslagen dienen können. Besondere Beachtung verdient in diesem Zusammenhang das Alter, das typischer Weise als, das Hauptkriterium für die Beschreibung von Zielgruppen für Radiosender verwendet wird.

6.2.5   Operationalisierung der zentralen Konstrukte

Erwartungen an Radioqualität
Eines der zentralen Ergebnisse der explorativen Vorstudie bestand in der Erkenntnis, dass Qualität nur über die Austarierung unterschiedlicher, sich tendenziell widersprechender Anforderungen zu erreichen ist und damit als eine Kom-

---

22 Erste Ergebnisse dieses Untersuchungsteils wurden von den Autoren unter dem Titel „Der 26. April. Wann, wo und wie man davon erfuhr. Ergebnisse einer repräsentativen Befragung zu einem Ereignis mit extremem Nachrichtenwert." auf der Tagung „Stadt unter Schock. Was folgt aus dem Erfurter Schulmassaker?" der Stadt Erfurt am 25.04.2003 in Erfurt präsentiert.

bination spezifischer Punkte auf unterschiedlichen Spannungsbögen konzeptionalisiert werden sollte. Es wird davon ausgegangen, dass dies nicht nur auf die fünf in der Vorstudie ermittelten Qualitätsdimensionen zutrifft, sondern dass es sich dabei um ein allgemeines Prinzip handelt. Von daher wird die These vertreten, dass prinzipiell jedes Kriterium, anhand dessen man Qualität beurteilen kann, umstritten ist und zwar in doppelter Hinsicht: zum einen *grundsätzlich*, ob die Erfüllung des Kriteriums *überhaupt ein Indikator für Qualität* ist, und zum anderen *relativ*; hier geht es darum, *wie bedeutsam* dieses Kriterium im Vergleich zum jeweiligen Gegenpol auf dem Qualitätsspannungsbogen eingeschätzt wird. Das Ausmaß an interpersonaler Übereinstimmung hinsichtlich der grundsätzlichen und der relativen Bedeutung eines Indikators für die Qualität eines Medienangebots variiert vermutlich beträchtlich. Bei einigen Kriterien kann wohl davon ausgegangen werden, dass weitgehend Konsens darüber herrscht, dass es relevante Kriterien sind und dass hohe Werte bei diesen Kriterien von der überwiegenden Mehrzahl der Menschen als Indikatoren für hohe Qualität angesehen werden. Dabei handelt es sich wahrscheinlich um Kriterien wie Wahrheit, Verständlichkeit, Objektivität etc. Allerdings lassen sich auch hier Argumente finden, die diesen Qualitätskriterien entgegenstehen. So kann eine ungeschminkte, wahre Berichterstattung durchaus problematische Konsequenzen haben: Beispielsweise können die negativen Folgen einer investigativen Skandalberichterstattung für die politische Stabilität eines Landes oder die ungeschminkte Kriegsberichterstattung für die Verteidigungsfähigkeit eines Landes so groß sein, dass die Wahrheit aus der Sicht mancher Rezipienten gegebenenfalls zurücktreten sollte. Eine besonders hohe Verständlichkeit geht mit ziemlicher Sicherheit zu Lasten von sprachlichem Anspruch oder Wortwitz. Auch hier ist zu erwarten, dass sich bei weitem nicht alle Rezipienten uneingeschränkt für den Pol Verständlichkeit entscheiden. Und schließlich ist es durchaus nicht ausgeschlossen, dass viele Menschen einen klaren, durchaus parteiischen Standpunkt eines Mediums oder eines Journalisten eher als Zeichen von Qualität werten, als den Versuch, ein Geschehen ausgewogen darzustellen. Zumindest sprechen einige empirische Ergebnisse für diese These (vgl. Wolling 2003).

Bei anderen Kriterien, die häufig unbesehen als Qualitätsindikatoren gehandelt werden, ist es noch fraglicher, welche Ausprägung als Kennzeichen für hohe Qualität von den Rezipienten bewertet wird. So ist zum Beispiel zu erwarten, dass eine besonders große Themenvielfalt, Akteursvielfalt etc. von manchen Rezipienten nicht unbedingt als qualitativ hochwertig bewertet wird. Vielmehr kann davon ausgegangen werden, dass Rezipienten unterschiedliche Punkte auf der Vielfaltskala positiv bewerten. Die einen wünschen ein sehr hohes Maß, andere ein geringeres Maß an Vielfalt. Das Idealmaß ist abhängig vom jeweiligen Rezipienten.

Aus diesem Grund werden nicht nur die in der explorativen Vorstudie ermittelten Dimensionen als Spannungsbögen konzeptionalisiert; auch einige weitere Qualitätserwartungen, die sich auf die Gestaltung des Programms beziehen, werden in der Form von drei Spannungsbögen in der Untersuchung berücksichtigt. Dabei handelt es sich um solche Dimensionen, die allesamt in der eher normativ geprägten Qualitätsdebatte eine gewisse Rolle spielen: Aktualität vs. Sorgfalt, Konflikt vs. Harmonie sowie Wahrheit vs. Rücksichtnahme. Um die Qualitätskriterien auf diese Weise zu operationalisieren, müssen zunächst die jeweils gegenüberliegenden Pole einer Spannungsdimension bestimmt und dann durch Indikatorfragen messbar gemacht werden. Jeder Spannungsbogen wird durch zwei Fragen erfasst. Durch die unterschiedlichen Kombinationen der Antworten auf die beiden Fragen kann zum einen die jeweilige Position auf dem Spannungsbogen, zum anderen aber auch die Bedeutsamkeit der Dimension ermittelt werden.

Die Operationalisierung der Spannungsbögen erfolgte, indem die Hörer gebeten wurden, ihre Vorstellungen von einem Idealradio zu benennen. Sie wurden aufgefordert zu sagen, „wie ein richtig gutes Radio sein sollte." Dazu wurden ihnen insgesamt 16 Items vorgelegt. Diese Items waren so formuliert, dass sie jeweils die Zustimmung zu einem Pol der oben vorgestellten Spannungsbögen zum Ausdruck bringen. Die Befragten wurden dann aufgefordert, den Grad ihrer persönlichen Zustimmung zu dieser Aussage mit Hilfe einer Ratingskala zum Ausdruck zu bringen. Um die Dimensionen vollständig abbilden zu können, wurde darüber hinaus jeweils ein weiteres Item formuliert, mit dem die Zustimmung zum entgegengesetzten Pol des Spannungsbogens gemessen wurde. Die Spannungsdimension *Erwartbarkeit vs. Überraschung in der Musik* wurde beispielsweise durch die folgenden Items abgebildet:

❐ „Ein gutes Radioprogramm sollte verlässlich eine Musikrichtung spielen und nicht mal dieses und mal jenes."

❐ „Bei einem guten Radioprogramm sollte man nie wissen, welche Musikrichtung als nächstes kommt."

Bucher und Barth (2003: 224) weisen darauf hin, dass Qualitätskriterien ohne Gegenstandsbezug nicht operationalisierbar sind. Sie schlagen deshalb vor, die Qualitätskriterien zum einen auf der Ebene des Gesamtprogramms und zum anderen auf der Ebene einzelner radiospezifischer Programmbausteine wie Nachrichten, Moderation, Musik etc. zu differenzieren. Die Unterscheidung solcher Programmelemente ist zum einen notwendig, zum anderen handelt es sich beim Medium Radio aber auch um ein „holistisch" wahrgenommenes Medium (Bucher & Barth 2003: 227), das von den Rezipienten ganzheitlich beurteilt wird. Von daher bietet es sich durchaus an, programmelementübergreifende Qualitätskriterien zu entwickeln und zu verwenden. Entsprechend offen wurden die Items formuliert, mit denen in der vorliegenden Untersuchung die acht Spannungsbögen operationalisiert wurden. Sie lassen im Hinblick auf den Gegenstand teilweise einen beträchtlichen Interpretationsspielraum zu. Nur zwei Spannungsbögen beziehen sich explizit auf ein einzelnes Programmelement; bei allen anderen ist es nur eine Frage der Plausibilität, auf welche Elemente sie bezogen werden können (Abbildung 15).

Abbildung 15   Gegenstandsbezug der Qualitätsdimensionen

| | Programmelemente | | | | |
Spannungsbögen	Musik	Moderation	Nachrichten	Service	Hörer-beteiligung
Überraschung/Erwartbarkeit	X				
Nähe/Distanz		X			
Emotionalität/Intellektualität	X	X	X		X
Nebenbeihören/Zuhören	X	X	X	X	X
Globalität/Regionalität		X	X	X	
Aktualität/Sorgfalt		X	X	X	
Konflikt/Harmonie		X	X		
Wahrheit/Rücksichtnahme		X	X		

Berechnung des Qualitätsurteils
Durch die Verknüpfung der individuellen *Erwartungen an das Idealradio* mit den jeweiligen *Wahrnehmungen der Eigenschaften der genutzten Sender* kann aus den Daten ein *Qualitätsurteil* rechnerisch rekonstruiert werden. Die Grundidee hierbei ist, dass ein Sender aus der Sicht der Rezipienten dann eine hohe subjektive Qualität aufweist, wenn er in deren individueller Wahrnehmung über die gewünschten Eigenschaften verfügt. Die Übereinstimmung von Erwartungen und Wahrnehmungen ist Indikator für ein positives Qualitätsurteil über das Programm. Auf der Grundlage dieser Idee lassen sich jedoch verschiedene Modelle formulieren und begründen, mit denen die Qualitätsurteile aus den Erwartungen und Wahrnehmungen berechnet werden. Zwei dieser Modelle werden im Folgenden vorgestellt.

Modell zur Ermittlung des Qualitätsmodells ohne Berücksichtigung der Spannung
Beim Modell 1 werden die beiden Skalen, mit denen die Erwartungen gemessen werden, auf konventionelle Weise kombiniert. Das heißt, es wird davon ausgegangen, dass die Zustimmung zu dem einen Pol des Spannungsbogens mit der Ablehnung des anderen Pols inhaltlich gleichbedeutend ist. (Der Wunsch nach einem regional orientierten Radio ist danach gleichzusetzen mit der Ablehnung eines global orientieren Programms.) Deswegen kann eine Zusammenfassung der beiden Erwartungsskalen durch Addition der beiden Skalen erfolgen, wobei allerdings eine der beiden Skalen zuvor gedreht werden muss. Mittlere Werte können bei dieser Kombination auf drei Arten zustande kommen: Zum einen dadurch, dass ein Befragter bei beiden Erwartungsmessungen mittlere Werte angekreuzt hat. (Beim Befragten hat sowohl der Wunsch nach einer lokalen Ausrichtung als auch nach einer globalen Ausrichtung nur eine mittlere Intensität.) Zum anderen kommen mittlere Werte aber auch dadurch zustande, dass auf beiden Skalen sehr hohe Werte gewählt wurden. (Der Befragte will sowohl die regionale als auch die globale Ausrichtung sehr stark.) Und schließlich kann der Wert auch dadurch zustande kommen, dass auf beiden Skalen sehr niedrige

Werte angekreuzt wurden. (Für den Befragten ist weder die globale noch die regionale Ausrichtung von Bedeutung.) Inhaltlich bedeutet dies im ersten Fall, dass der mittlere Wert tatsächlich der optimale Wert ist. Wenn hingegen auf beiden Skalen niedrige Werte angekreuzt wurden, dann bedeutet dies, dass ein mittlerer Wert dadurch zustande kommt, weil die Dimension insgesamt für den Befragten mehr oder weniger gleichgültig ist. Wenn hingegen auf beiden Skalen hohe Werte angekreuzt wurden, bedeutet dies, dass der Befragte widersprüchliche Erwartungen hat. Das heißt, es gibt bei dem Befragten eine hohe Spannung auf dieser Dimension (Abbildung 16). Bei der in Modell 1 gewählten Berechnungsvariante werden diese Unterschiede in den Erwartungen nicht berücksichtigt. Durch die oben beschriebene Addition der Skalen werden die beschriebenen Abweichungen als Messfehler behandelt, die durch die Zusammenfassung der Items korrigiert werden. Dabei ist es gleichgültig, ob ein Befragter auf den Originalskalen zweimal mittlere Werte, zweimal hohe Werte oder zweimal niedrige Werte angekreuzt hat; in allen drei Fällen führt die Zusammenfassung der beiden Messungen zu einem mittleren Wert auf der neu gebildeten Skala.

Abbildung 16   Berechnung des Qualitätsurteils: Modell 1

			Erwartungen / Anforderungen								
			Eigenschaft A gewünscht						Eigenschaft B gewünscht		
			1	1,5	2	2,5	3	3,5	4	4,5	5
Wahr-nehmung	Eigenschaft A wahrgenommen	1	25	22	19	16	13	10	7	4	1
		2	13	16	19	22	25	22	19	16	13
	Eigenschaft B wahrgenommen	3	1	4	7	10	13	16	19	22	25

Wenn man nun diese neu gebildete Skala mit den Ergebnissen der Wahrnehmungsmessungen in Beziehung setzt, kann daraus das Qualitätsurteil abgeleitet werden. Ein besonders positives Qualitätsurteil (mit dem Wert 25 codiert = Q25) ist dann gegeben, wenn die Erwartungen mit den Wahrnehmungen perfekt übereinstimmen. Dies ist beispielsweise der Fall, wenn ein Rezipient ganz eindeutig erwartet, dass ein Angebot die Eigenschaft A (z.B. regionale Ausrichtung) haben soll und nicht die Eigenschaft B (globale Ausrichtung), und er bei dem Angebot diese Eigenschaft A (regionale Ausrichtung) auch wahrnimmt. Das gleiche gilt entsprechend für den entgegengesetzten Extremfall: Ein Rezipient erwartet eindeutig, dass ein Angebot die Eigenschaft B haben soll und nicht die Eigenschaft A, und er diese Eigenschaft B auch bei dem Angebot wahrnimmt. Ein sehr positives Urteil wird sich ebenfalls dann ergeben, wenn eine Mischung der Eigenschaften A und B erwartet wird und eine solche Mischung auch wahrgenommen wird. Besonders negative Qualitätsurteile (hier mit dem Wert 1 codiert = Q1) ergeben sich hingegen, wenn die Eigenschaft A (regionale Ausrichtung) ganz eindeutig vom Angebot erwartet wird, aber die Eigenschaft B (globale Ausrichtung) beim Angebot wahrgenommen wird (und umgekehrt). Die anderen Kombinationen können als Abstufungen zwischen einem besonders positiven und einem besonders negativen Qualitätsurteil interpretiert werden und erhalten entsprechend abgestuft Werte zwischen den Extremwerten 1 und 25 zugewiesen (Abbildung 16).

Das entscheidende Problem des ersten Modells besteht darin, dass die individuellen Spannungsunterschiede, die zwischen den divergierenden Erwartungen festzustellen sind, bei dieser Berechnungsform des Qualitätsurteils nicht berücksichtigt werden. Gleichgültig, ob der Wert auf der neu gebildeten Erwartungsskala das Ergebnis unvereinbar divergierender Anforderungen ist (hohe Spannung) oder Ausdruck absoluter Gleichgültigkeit hinsichtlich dieser Spannungsdimension (niedrige Spannung) – das Ergebnis der Berechnung bleibt gleich.

Modell zur Berechnung des Qualitätsurteils unter Berücksichtigung der Spannung
Dieses Problem wird im zweiten Berechnungsmodell berücksichtigt und zu lösen versucht. Grundidee der Berechnung ist auch hier, dass jeweils zwei Erwartungs-Items die gegensätzlichen Pole einer Spannungsdimension markieren. Allerdings werden bei der Berechnung für das zweite Modell drei Modifikationen vorgenommen:

❐ Der Ausgangspunkt der Berechnung ist die Differenzierung in die drei Wahrnehmungsgruppen.
❐ Die Messungen mit den beiden Erwartungs-Items werden nicht als austauschbar angesehen. Widersprüchliche Erwartungen werden inhaltlich interpretiert und nicht als Messfehler.
❐ Die Berechnung des Qualitätsurteils erfolgt für jede Wahrnehmungsgruppe separat und zeitigt jeweils spezifische Resultate.

Diese Logik der Berechnung lässt sich am besten anhand der Abbildung 17 verdeutlichen: Wenn ein Befragter die Eigenschaft B (z.B. globale Ausrichtung) bei einem Angebot wahrnimmt (oberes Drittel der Abbildung) und gleichzeitig genau diese Erwartung an das Angebot hat, also die Erwartung an Eigenschaft B (globale Ausrichtung) hoch ist (Wert 5); und wenn er darüber hinaus *nicht* erwartet, dass das Angebot die Eigenschaft A (regionale Ausrichtung) hat, also die Erwartung an Eigenschaft A niedrig ist (Wert 1); dann ergibt sich das beste subjektive Qualitätsurteil (Q25). In diesem Fall gibt es einerseits *keine* Spannung zwischen den Polen der Erwartungsdimension, und andererseits entspricht die Wahrnehmung genau den Erwartungen an das Angebot. Die niedrigste subjektive Qualität (Q1) ergibt sich, wenn die Erwartungen genau entgegengesetzt sind: Die Erwartung an Eigenschaft B ist niedrig (Wert 1) und die an Eigenschaft A ist hoch (Wert 5).

Prinzipien der Wertezuweisung
Bis hierher unterscheiden sich die Berechnungen nach Modell 1 und 2 nicht. Unterschiede ergeben sich erst bei den weiteren Werten. Nach dem zweiten Modell erfolgt die Zuweisung der Werte nach zwei Prinzipien: Das erste Prinzip ist die *Dominanz des Positiv-Items*. Dies bedeutet, dass die beiden Erwartungs-Items bei der Berechnung nicht gleichrangig berücksichtigt werden. Auf der einen Seite steht das Positiv-Item; das ist das Erwartungs-Item, das denjenigen Pol operationalisiert, dessen Eigenschaft von dem Befragten bei dem Angebot tatsächlich wahrgenommen wird (z.b. die Erwartung an eine globale Ausrichtung, wenn das Angebot auch als global wahrgenommen wird.) Dieses Item geht in die Berechnung stärker ein als das Negativ-Item – das Erwartungs-Item, das die entgegengesetzte Qualitätserwartung (hier die Erwartung an eine regionale Ausrichtung) operationalisiert. Eine solche Vorgehensweise führt z.b. dazu, dass der Mittelposition der Skala – der im Modell 1 immer der Wert Q13 zugerechnet wurde – nun unterschiedliche Werte zugewiesen werden. Zum einen sind die im zweiten Modell vergebenen Werte – bei gleicher Spannweite der Skala (Q1-Q25) – insgesamt deutlich niedriger (zwischen Q5 und Q9). Zum anderen werden mittlere Positionen unterschiedlich interpretiert: Diejenigen mittleren Werte, die sich aus einer hohen Spannung ergeben (wenn ein Befragter auf beiden Erwartungs-Items den Wert 5 angegeben hat), werden als Indikatoren für ein positiveres Qualitätsurteil interpretiert, als mittlere Positionen, die als Ausdruck von Gleichgültigkeit gegenüber der jeweiligen Qualitätsdimension interpretiert werden können (wenn ein Befragter auf beiden Erwartungs-Items den Wert 1 abgegeben hat).

Das zweite Prinzip ist das *Schwellenprinzip*. Die Schwelle ist in diesem Fall die Grenze zwischen Kongruenz und Divergenz von Erwartungen und Wahrnehmungen. Diese Schwelle wird markiert durch die mittleren fünf Felder. Wenn die mit dem Positiv- und die mit dem Negativ-Item gemessenen Erwartungen gleich stark sind. (Wenn also z.B. die Erwartung an eine globale Ausrichtung genauso stark ist wie die Erwartung an eine regionale Ausrichtung.) Das Schwellenprinzip besagt, dass eine Veränderung hin zur Erwartungs-Wahrnehmungs-Kongruenz stärkere Effekte auf das Qualitätsurteil hat, als es eine gleich große Veränderung in Richtung Erwartungs-Wahrnehmungs-Divergenz hat: Eine leichte Divergenz macht das Urteil nur etwas schlechter, eine leichte Konvergenz macht es hingegen deutlich besser. Die Effekte des Schwellenprinzips lassen sich anhand der Abbildung 17 (oberes Drittel) zeigen: Links von der Mitte sind hier die Fälle mit leichter bis starker Erwartungs-Wahrnehmungs-Kongruenz; rechts von der Mitte sind die divergenten Fälle eingetragen. Links von der Mitte steigen die zugewiesenen Werte schnell an; rechts von der Mitte fallen sie hingegen nur langsam ab.

Abbildung 17   Berechnung des Qualitätsurteils: Modell 2

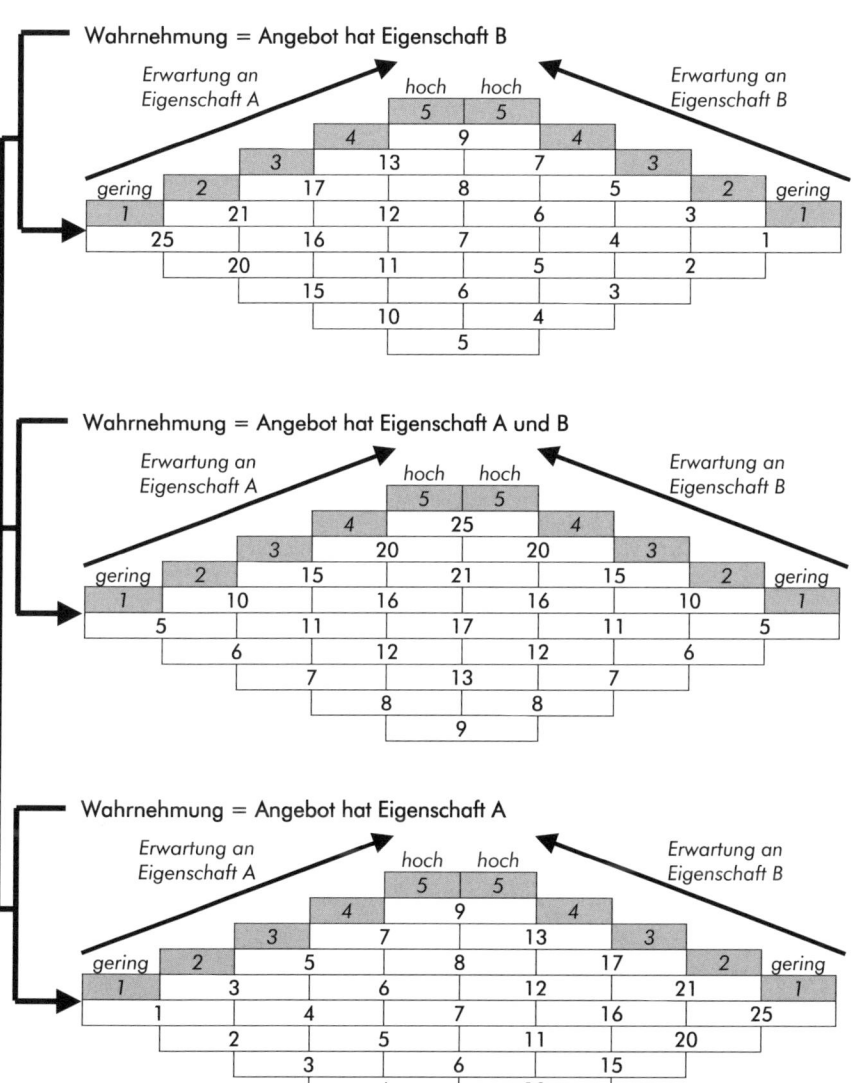

Das untere Drittel der Abbildung 17 entspricht von der Argumentationslogik dem oberen Drittel, nur mit umgekehrten Vorzeichen. Etwas anders verhält es sich jedoch mit dem mittleren Teil. Hier ist der Fall dargestellt, dass ein Befragter sowohl Eigenschaft A als auch Eigenschaft B bei einem Angebot wahrnimmt. (Wenn er also beispielweise das Programm nicht nur als global sondern auch als regional orientiert wahrnimmt.) In diesem Fall entsteht dann ein besonders positives subjektives Urteil (Q25), wenn mit *beiden* Items dieser Qualitätsdimension hohe Erwartungen gemessen wurden, wenn also sowohl Eigenschaft A als auch Eigenschaft B sehr stark erwartet werden. Das Urteil ist hingegen deutlich schlechter (Q9), wenn sich bei *beiden* Items der Dimension nur sehr geringe Erwartungen zeigen. Die schlechtesten Qualitätsurteile (Q5) sind jedoch zu erwarten, wenn mit einem der beiden Erwartungs-Items hohe Zustimmungswerte und mit dem anderen niedrige Zustimmungswerte gemessen werden, wenn also eine klare Präferenz für einen Pol vorhanden ist (z.B. der eindeutige Wunsch nach einem regionalen Programm.) Allerdings wird davon ausgegangen, dass auch in diesem Fall das Qualitätsurteil immer noch positiver ausfällt, als wenn Wahrnehmungen und Erwartungen vollständig divergieren, wie es nur in den oben beschriebenen Fällen geschehen kann (unteres und oberes Drittel der Abbildung 17). Diese Kombination wird als das schlechteste Qualitätsurteil (Q1) interpretiert.

Die Zelleninhalte werden nach der in Abbildung 18 dargestellten Systematik berechnet. Von dem positivsten Wert (25), werden jeweils 5 Punkte abgezogen, wenn die Ausprägung des *Positiv-Items* um einen Skalenpunkt *kleiner* wird. Wenn hingegen die Ausprägung des *Negativ-Items* um einen Skalenpunkt *größer* wird, werden nur 4 Punkte abgezogen. Durch den unterschiedlichen Effekt von Positiv- und Negativ-Item ergeben sich die unterschiedlichen Werte für die mittleren Positionen.

Abbildung 18   Berechnung der Qualitätskennwerte

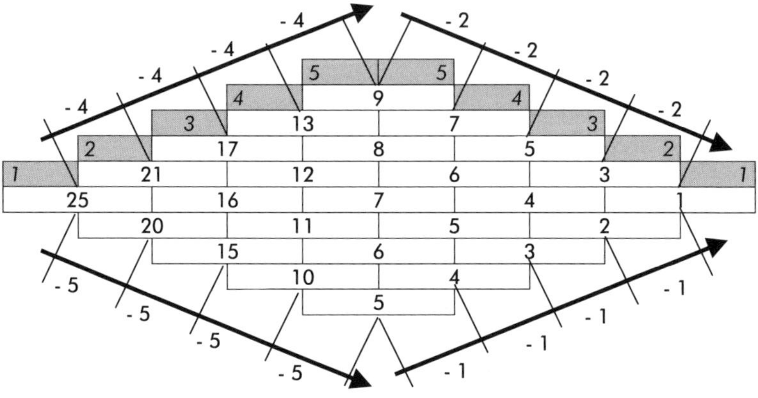

6.3 Inhaltsanalyse

Um zu prüfen, welche „objektiven" Qualitätsmerkmale die in den Regionen verbreiteten Programme aufweisen, und in wie weit die subjektiven Qualitätswahrnehmungen der Radiohörer mit den „objektiven" Qualitätsmerkmalen übereinstimmen, wurde eine quantitative Inhaltsanalyse durchgeführt.[23]

6.3.1 Die analysierten Sender

Gegenstand der Inhaltsanalyse waren die Programme von 17 regionalen Radiosendern aus Thüringen, Sachsen-Anhalt und Hessen. Dabei handelt es sich um neun private und acht öffentlich-rechtliche Sender. Um eine grundlegende Vorstellung vom Profil der Programme zu vermitteln, werden im Folgenden die Sender kurz vorgestellt. Die Angaben sind in der Regel den auf der jeweiligen Website verfügbaren Eigendarstellungen entnommen oder sie beruhen auf Informationen, die auf den Websites der jeweiligen Landesmedienanstalt verfügbar waren. Einen Überblick über wichtige Kennwerte der 17 analysierten Sender sowie der beiden überregionalen öffentlich-rechtlichen Sender Deutschlandfunk und DeutschlandRadio gibt die Abbildung 19.

Antenne Thüringen ist das erste Privatradio Thüringens. Es sendet seit dem 01. Februar 1993 für die Zielgruppe der 14-49jährigen. Unter dem Motto: „Die beste Musik und die Hits von heute" wird im Hot-AC-Format (Adult Contemporary) ein Programm aus und für Thüringen ausgestrahlt. Der Sender unterhält fünf Regionalstudios in Erfurt, Gera, Suhl, Eisenach und Dingelstädt.

Seit dem 21. März 1995 sendet der private Radiosender *Landeswelle Thüringen* mit Sitz in Erfurt in einem oldie-basierten Soft-AC-Format. Mit dem Slogan „Die neue Vielfalt: 80er, 90er und das Beste von heute" sollen vor allem die 30-49jährigen im Zielgebiet Thüringen als Kernzielgruppe, aber auch Hörerkreise in Sachsen, Hessen und Bayern angesprochen werden. Die Landeswelle Thüringen verfügt über drei Regionalstudios in Nordhausen, Hildburghausen und Gera.

Als „Dein offizieller Sounddealer" präsentiert sich *Radio TOP 40*, das Jugendprogramm von Antenne Thüringen. Das Privatradio aus Weimar bedient seit dem 1. April 2000 die Zielgruppe der 14-19jährigen und ergänzt somit das Angebot von Antenne Thüringen. Das alternativ-mainstream-orientierte Musikfor-

---

23 Die Problematik der Verwendung des Attributs „objektiv" ist den Autoren bewusst. Auch eine Inhaltsanalyse spiegelt in mehrfacher Hinsicht subjektive Präferenzentscheidungen wider, und zwar sowohl bei der Kategorienauswahl und der Kategoriendefinition als auch beim Codierprozess selbst. Dennoch wird im Folgenden von objektiven Qualitätsmerkmalen die Rede sein, wenn es um Ergebnisse der Inhaltsanalyse geht, um sie von den Ergebnissen der Befragung abzusetzen, die auf die Ermittlung von subjektiven Qualitätsmerkmalen abzielt.

mat des Senders ist im Großraum Erfurt über UKW, landesweit über das Kabelnetz oder über DAB (Digital Audio Broadcasting) zu empfangen.

Project 89.0 aus Halle bot seit dem 4. April 2001 ein Musik-Spartenprogramm für die Zielgruppe der 14-29jährigen. Unter den Slogans "Project 89.0 - das einzige Radio der Welt" und „Fettes Radio" sendete das Privatradio Musik im Spektrum von Active-Rock, Current Cross-Over und 90´s Progressive. Der Sender konnte in Sachsen-Anhalt, weiten Teilen Niedersachsens, Nordhessens, Nordthüringens, im nördlichen Nordrhein-Westfalen, Teilen von Brandenburg, dem Großraum Leipzig und im Kabelnetz von Bremen und Umgebung empfangen werden. Mittlerweile wurde das Programm eingestellt. Auf der freien Frequenz sendet nun RTL.

Der öffentlich-rechtliche Sender *MDR 1 Radio Thüringen* mit Hauptstandort in Erfurt sendet von Nordhausen bis Sonneberg. Zielgruppe des Senders mit der Musikfarbe populäre Schlagermusik und deutsche Schlager sind die über 30jährigen. Der Sender unterhält Regionalstudios in Suhl, Gera und Heiligenstadt sowie Regionalbüros in Eisenach, Jena, Saalfeld, Schmalkalden, Sondershausen und Weimar.

JUMP ist der Nachfolgeprogramm von MDR Life. Seit dem 1. Januar 2000 bietet der MDR mit JUMP ein Young Hot AC-Format für die Zielgruppe der 20-39jährigen. Unter dem Motto „Der neue Sound im Radio" sendet JUMP vom Standort Halle über Antenne und Kabel für die Hörer in Sachsen-Anhalt, Thüringen und Sachsen.

„Kultur ist was für jeden Tag" war der Wahlspruch von *MDR Kultur.* Der Sender mit Sitz in Halle definiert sich als ein klassikbasiertes, werbefreies Zuhörradio. Das Programm für Hörer ab 30 Jahre kann seit 1992 in Sachsen, Sachsen-Anhalt und Thüringen empfangen werden. Mittlerweile wurde der Sender in MDR Figaro umbenannt.

Populäre Schlagermusik und deutsche Schlager bietet *MDR 1 Radio Sachsen-Anhalt* für eine Kernzielgruppe ab 30 Jahre. Der Sender ist seit 1992 mit einem Hauptstudio in Magdeburg und Regionalstudios in Stendal, Halle und Dessau vertreten.

Hit-Radio Brocken sendet sei dem 1. Dezember 1992 Musik für die Zielgruppe der 25-49jährigen in Sachsen-Anhalt. Unter dem Motto „Der beste Fifty-Fifty-Mix aus Klassikern und neuen Hits" wird ein Programm im Mainstream-AC-Format ausgestrahlt. Der Sender hat seinen Sitz in Halle und ist mit Außenstudios in Magdeburg, Dessau, Naumburg, Wernigerode und Stendal vertreten.

Abbildung 19 Überblick über die analysierten Programme

	Rechtsform		Haupt-empfangsgebiete			Musikformat	WHK *
	Öffentl.-rechtlich	privat	Thüringen	Sachsen-Anhalt	Hessen	Selbstbeschreibung	im Kern-gebiet MA 2002/II Radio (in %)
Antenne Th.		x	x			Hot AC	65,4
Landeswelle Th.		x	x			Soft AC, Oldie based	54,8
TOP 40		x	x			Alternativ-Mainstream	-
MDR 1 Radio Th.	x		x			Populäre Schlager-musik, Deutscher Schlager	42,1
JUMP	x		x	x		Young Hot AC	46,8
MDR Kultur	x		x	x		Klassik	-
MDR 1 Radio S.-A.	x			x		Populäre Schlager-musik, Deutscher Schlager	36,7
SAW		x		x		Hot AC	58,2
Brocken		x		x		Mainstream AC	36,6
Rockland		x		x		Album Oriented Rock	15,9
Project 89.0		x		x		Alternativ	10,8
FFH		x			x	Hot AC	60,1
Planet Radio		x			x	Young Urban Con-temporary Hit Radio	18,0
hr1 Info	x				x	Adult Contemporary	22,2
hr2 Kultur	x				x	Klassik, Oper, Moderne Musik, Weltmusik, Jazz	-
hr3 junge Welle	x				x	Contemporary Hit Radio	41,8
hr4 Service	x				x	Evergreens, Schlager, Populäre Klassik	34,9
DeutschlandRadio	x		x	x	x	Magazinmusik	-
Deutschlandfunk	x		x	x	x	Magazinmusik	-

* WHK= Weitester Hörerkreis: Alle diejenigen, die in den letzten 14 Tagen den Sender mindestens einmal gehört haben.

Mit dem Slogan "Die beste Mischung, die meiste Abwechslung mit den Superhits für Sachsen-Anhalt!" präsentiert *Radio SAW* sein Programm im Hot-AC-Format der Zielgruppe der 20-39jährigen. Der Sender bietet ein serviceorientiertes Vollprogramm mit regionalen Inhalten für Sachsen-Anhalt und für Teile der angrenzenden Bundesländer Sachsen, Thüringen, Niedersachsen, Brandenburg und Mecklenburg-Vorpommern. Radio SAW gibt es seit dem 8. September 1992.

Der Hauptsitz des Senders befindet sich in Magdeburg – ergänzt durch Regionalstudios in Halle, Dessau und Halberstadt.

Rockland Sachsen-Anhalt aus Magdeburg bietet seit dem 1. Mai 1999 „Album-Oriented-Rock" für das Sendegebiet Sachsen-Anhalt. Unter den Slogans „24 Stunden ehrliche und handgemachte Musik" und "Die größten Rock-Songs aller Zeiten!" wird ein Programm für die Zielgruppe der 20-59jährigen und für Rockfans aller anderen Altersgruppen präsentiert.

Hit-Radio FFH sendet nach eigenem Bekunden "alles was wichtig ist" und "fühlt sich gut an" dabei. Vom Standort Bad Vilbel (Hessen) versorgt der Sender unter der Maxime "Die stärksten Hits. Der beste Mix" seit dem 15. November 1989 die Hörer zwischen 25 und 49 Jahren mit Informationen und Musik im Hot-AC-Format. Der Radiosender ist in Hessen und den angrenzenden Bundesländern sowie auf "Astra" auch europaweit zu empfangen.

Ein Musikspartenprogramm mit jugendgerechten Informationen bietet *Planet Radio* aus Bad Vilbel (Hessen) der Zielgruppe der 14- bis 29jährigen. Unter dem Motto „Maximum Music" wird im Young Urban Contemporary Format ein Programm für die Großstädte Hessens ausgestrahlt. Auf "Astra" Digital kann Planet Radio europaweit empfangen werden.

hr1 - das Informationsradio, ist das Informationsprogramm des Hessischen Rundfunks, es wird seit dem 1. Januar 1954 vom Standort Frankfurt am Main aus gesendet. „Das Erste, was Sie hören" richtet sich mit seinem Programm an Informationsorientierte zwischen 35 und 55 Jahren, aber auch an ältere Traditionshörer. Das öffentlich-rechtliche Radio bietet überwiegend Sendungen im Magazinformat mit einem hohen Wortanteil. Im Adult-Contemporary-Format wird ein Programm aus und für Hessen sowie die angrenzenden Bundesländer ausgestrahlt.

Unter dem Motto „Vielfalt in Kultur" bietet *hr2 - die Kulturwelle* des Hessischen Rundfunks ein Programm aus Kultur und Bildung. Seit dem 15. Oktober 1950 strahlt der öffentlich-rechtliche Radiosender aus Frankfurt am Main werbefreie Sendungen für Hessen und die angrenzenden Bundesländer aus. Musikalisch variiert die Bandbreite dabei zwischen Klassik, Oper, Jazz, Weltmusik und moderner Musik. Per Kabel ist hr2 in weiten Teilen Deutschlands und per ASTRA-Digital (Satellit) auch in weiten Teilen Europas zu empfangen.

hr3 - die junge Welle ist das dritte Radioprogramm des Hessischen Rundfunks und hat ebenfalls seinen Sitz in Frankfurt am Main. Gesendet wird seit dem 23. April 1972 für die erlebnisorientierte Gruppe der 14- bis 49jährigen. Unter dem Motto „Voll im Leben!" strahlt das Contemporary-Hit-Radio in Konkurrenz zu den privaten Anbietern ein am Zeitgeist orientiertes Unterhaltungsradio aus, dessen Wortanteile nach eigenem Bekunden journalistisch anspruchsvoll, aktuell und doch deutlich unterhaltend sind. Den Sender kann man hauptsächlich in Hessen und in Teilen der angrenzenden Bundesländer empfangen. "Gut zu hören!" ist *hr4 - das Serviceradio* seit dem 6. Oktober 1986 in Hessen und in Teilen der angrenzenden Bundesländer. Deutsche und internationale E-vergreens, Schlager, Filmmelodien und populäre Klassik in harmonischer Melodik zielen vor allem auf eine qualitäts-, markenbewusste und kaufkräftige Hörergruppe ab 45 Jahren. Das Programm präsentiert ein musikdominiertes, unterhaltendes, tagesbegleitendes Programm mit serviceorientierten Beiträgen für die mittlere und ältere Generation. Der Sender ist mit Regionalstudios in Kassel, Gießen, Fulda und Bensheim vertreten.

DeutschlandRadio Berlin strahlt seit dem 1. Januar 1994 ein werbefreies Programm aus. Der musikalische Schwerpunkt liegt auf Magazinmusik im Spektrum Klassik, gehobener Pop, Ethno und World Music. Das Verhältnis von Wort und Musik beläuft sich auf eine Relation von 50 zu 50. Zielgruppe des Senders sind die Mediennutzertypen „Klassisch Kulturorientierte", „Neue Kulturorientierte" und „Leistungsorientierte". DeutschlandRadio Berlin sendet im ganzen Bundesgebiet und weiten Teilen Europas.

Seit dem 1. Januar 1994 bietet der *Deutschlandfunk* mit Standort Köln ein Programm für die gleichen Mediennutzertypen wie DeutschlandRadio. Die werbefreien Sendungen bewegen sich musikalisch im Bereich Magazinmusik, d.h. Klassik, gehobener Pop, Ethno und World Music. Deutschlandfunk kann ebenfalls deutschlandweit und in weiten Teilen Europas empfangen werden.

6.3.2   Untersuchungszeitraum

Der Untersuchungszeitraum der Inhaltsanalyse erstreckt sich von Montag, dem 16.9.2002, bis Sonntag, dem 13.10.2002. Diesem Zeitraum wurde in drei unterschiedliche Abschnitte unterteilt. Der erste Abschnitt besteht aus der *Wahlzeit*, der zweite Abschnitt bildet die *künstliche Woche* und der dritte Abschnitt besteht aus einem Teil der künstlichen Woche, der hier als *Normalzeit* bezeichnet wird und als Vergleichszeitraum für die Wahlzeit herangezogen wird (Abbildung 20).

Von zentraler Bedeutung für die Untersuchung ist die *Künstliche Woche*. Sie beginnt am Mittwoch, dem 25. September, und endet am Sonntag, dem 13. Oktober. In diesem Zeitraum wurde an insgesamt sieben Tagen das Programm von allen 17 Sendern aufgenommen und zwar jeweils von 5.00 bis 19.00 Uhr. Zwischen den Aufnahmetagen befinden sich jeweils zwei Tage Abstand. Zusammengenommen ergeben die sieben Tage eine künstliche Woche, da jeder Wochentag einmal in der Untersuchung vorkommt. Bis auf die Sonderauswertung zur Wahl (Abschnitt 8.11) beziehen sich alle vorgestellten Auswertungen auf die Daten der künstlichen Woche.

Die *Wahlzeit* wurde in das Projekt integriert, um herauszufinden, in welcher Weise sich ein besonderes Ereignis wie die Bundestagswahl auf die Berichterstattung des Radios auswirkt. Wenn ein derart herausragendes Ereignis auch in der Berichterstattung besondere Beachtung erfährt, ist dies aus publizistischer Perspektive ein Indikator für Qualität. Es stellt sich die Frage, ob die untersuchten Radiosender willens und in der Lage sind, durch spezifische Programmangebote auf die Ereignislage einzugehen. Lassen die formatierten Radioprogramme überhaupt Raum für eine Anpassung des Programms an die Ereignissituation?

Um die Frage zu beantworten, ob und gegebenenfalls in welchem Maße sich die Berichterstattung in *Ausnahmezeiten* (Wahlzeiten) von der Berichterstattung in *Normalzeiten* (Zeiten, die nicht von einem außergewöhnlichen Ereignis geprägt sind) unterscheidet, muss ein Ausnahmezeitraum mit einem Normalzeitraum systematisch verglichen werden. Dafür wurden folgende Aufnahmetage gewählt:
- ❐ Montag 7.10., Donnerstag 10.10., Sonntag 13.10. als Beispiel für Untersuchungstage in Normalzeiten.
- ❐ Montag 16.9., Donnerstag 19.9. (zwei Tage in der Woche vor der Wahl) sowie der Wahlsonntag (22.9.) als Untersuchungstage für den Zeitraum mit besonderer Ereignislage.

Abbildung 20   Untersuchungszeitraum der Inhaltsanalyse

	Untersuchungstage									
	16.9.	19.9.	22.9.	25.9.	28.9.	1.10.	4.10.	7.10.	10.10.	13.10.
	Mo	Do	So	Mi	Sa	Di	Fr	Mo	Do	So
	Ausnahmezeit Wahlphase			Künstliche Woche ←——→				Normalzeit Vergleichsphase		
Sender aus Sachsen-Anhalt				A *	A	A **	A	A	A	A
Sender aus Thüringen	A	A	A	A	A	A	A ***	A	A	A
Sender aus Hessen	A	A	A	A	A	A	A	A	A	A

A – Aufnahmen liegen vor und wurden analysiert.
* Von Radio SAW und Rockland Sachsen-Anhalt liegen für Mittwoch, dem 25.9.2002, keine Aufnahmen vor. Dieser Fehltag wird bei beiden Sendern durch entsprechende Aufnahmen vom 16.10.2002 ersetzt.
** Von Radio SAW und Rockland Sachsen-Anhalt liegen für Dienstag, dem 1.10.2002, keine vollständigen Aufnahmen vor. Die fehlenden Zeiten (ca. 4 Stunden), wurden unter Berücksichtigung des üblichen Programmschemas aus den Aufnahmen eines anderen Tages rekonstruiert.
*** Von Antenne Thüringen liegen für Dienstag, dem 1.10.2002, keine vollständigen Aufnahmen vor. Die fehlenden Zeiten (ca. 3 Stunden), wurden unter Berücksichtigung des üblichen Programmschemas aus den Aufnahmen eines anderen Tages rekonstruiert.

Auch in der Wahlzeit wurden die Sender jeweils von 5.00-19.00 Uhr aufgenommen und analysiert. Nur am Wahltag selbst wurde die Aufnahmezeit bis

Mitternacht ausgedehnt. Dieser Zeitraum wurde jedoch nur für eine qualitative Sonderauswertung der Wahlberichterstattung (vgl. Vowe & Wolling 2003), nicht aber für den Strukturvergleich von Ausnahmezeit und Normalzeit herangezogen. Im Unterschied zur Hauptstudie wurde die Ergänzungsstudie nur als Zweiländerstudie (Thüringen und Hessen) angelegt.

Insgesamt wurden also für die künstliche Woche 119 Sendetage (7 Tage mal 17 Sender) mit insgesamt 1666 Stunden Programm (119 Sendetage mal 14 Stunden) aufgenommen und analysiert. Hinzu kommen für die Wahlzeit 36 Sendetage (3 Tage mal 12 Sender) mit insgesamt 504 Stunden Programm (36 Sendetage mal 14 Stunden). Für die Studie wurden also insgesamt 2170 Stunden Radioprogramm aufgezeichnet und ausgewertet.

6.3.3 Aufzeichnung der Programme[24]

Normaler Weise wird in den Forschungsberichten den technischen Fragen der parallelen Aufzeichnung von mehreren Radiosendern über einen längeren Zeitraum keine Beachtung geschenkt. Damit wird der Eindruck erweckt, dass Aufnahme und Bereitstellung des Untersuchungsmaterials ein einfach zu lösendes technisches Problem darstellen. Die Erfahrungen in dieser Untersuchung zeigten jedoch, dass die effiziente und effektive Aufzeichnung von Radiosendern für das Gelingen einer Untersuchung von entscheidender Bedeutung ist und deshalb nicht unterschätzt werden sollte. Neben dem Aufnahmeverfahren und der verwendeten Technologie (inklusive dem Speichermedium) spielt auch die Frage eine Rolle, wie die aufgezeichneten Radiosender ausgewertet werden sollen. Im folgenden Abschnitt wird dargestellt, wie die einzelnen Radiosender aufgezeichnet wurden. Ein Ausblick auf eine aus Forschungsperspektive sinnvolle und wünschenswerte Aufnahme von Radiosendern schließt die Behandlung des Themas ab.

Abbildung 21 Aufnahme der Radiosender – Überblick

	LPR Hessen	MSA	TLM	TU Ilmenau
Aufge-nommene Sender	Hit-Radio FFH Planet Radio hr1 Info hr2 Kultur hr3 junge Welle hr4 Service	Radio SAW Hit-Radio Brocken Rockland Project 89.0 MDR 1 Radio S.-A.	Antenne Thüringen TOP 40 MDR 1 Radio Th.	Landeswelle Th. MDR Kultur JUMP

Für die Untersuchung mussten 17 Radiosender parallel aufgezeichnet werden. Diese Herausforderung wurde in Kooperation mit der Hessischen Landesanstalt für privaten Rundfunk (LPR Hessen), der Medienanstalt Sachsen-Anhalt (MSA) und der

---

24 Der Abschnitt 6.3.3. wurde von Sebastian Vogt verfasst.

Thüringer Landesmedienanstalt (TLM) gemeistert. Die Aufnahme der Programme konnte dadurch auf vier Standorte verteilt werden. Dabei wurden unterschiedliche Verfahren für die Aufnahme und unterschiedliche Speichermedien für die Archivierung verwendet.

Für die *Aufnahmen an der Technischen Universität Ilmenau* wurden zwei vorhandene Audio-Workstations Digidesign ProTools 5.x LE mit Digi001 Hardware unter Mac OS9 (http://www.digidesign.com/) benutzt. ProTools ist ein Audiosystem aus dem ProAudio-Bereich, das vor allem in der Musikproduktion und Postproduction eingesetzt wird. Über die Audio-Hardware Digi001 können acht analoge Audiosignale unkomprimiert (16 bit / 44,1 bzw. 48 kHz) in das System parallel eingespielt und aufgenommen werden. Durch die Nutzung der vorhandenen ProTools-Systeme war es nicht erforderlich, einen speziellen Audiologger für die Aufzeichnung der Radiosender anzuschaffen. Die Nutzung der ProTools-Systeme hatte aber auch Nachteile. Zum einen konnten Aufnahmen nicht automatisch-zeitgesteuert gestartet und beendet werden. Dies musste manuell geschehen. Zum anderen beträgt die maximale Dateigröße unter Mac OS 9 2GB. Dieses Größenlimit führte dazu, dass eine Aufnahme mit 16 bit / 44,1 kHz nach 6,7 Stunden automatisch durch das ProTools-System abgebrochen wurde und dann von Hand neu gestartet werden musste. Die aufgezeichneten Radiosender lagen als AIFF-Datei im ProTools-System vor und wurden über die MP3-Export-Option von ProTools in MP3-Dateien (Datenrate 96 kbit/s) gewandelt und auf CD-Rs gespeichert.

Da die Aufnahmen auf unterschiedlichen Medien und in verschiedenen Formaten vorlagen, war es für die Auswertung der vier beteiligten Institutionen notwendig, die Aufnahmen in ein *einheitliches Format* zu bringen und auf einem Speichermedium bereitzustellen. Dazu mussten die Daten konvertiert werden. Das MP3-Format (MPEG-1 Layer 3) bzw. das MP2-Format (MPEG-1 Layer 2) diente der Archivierung des Audiomaterials auf CD-Rs. Diese Vorgehensweise bot mehrere Vorteile. Zum einen konnten mehrere Stunden Audiomaterial (abhängig von der verwendeten Datenrate) auf einer CD-R gespeichert werden, zum anderen konnte die Auswertung des Audiomaterials durch mehrere Personen dezentral ohne den Einsatz zusätzlicher proprietärer Technik erfolgen. Ein PC mit CD-ROM-Laufwerk, Player-Software, und Abhörmöglichkeiten für Audiosignale reichte aus, um durch das Audiomaterial zu navigieren, Zeitmessungen vorzunehmen und die Inhalte zu codieren. Außerdem sind CD-Rs bei Verlust oder Beschädigung einfach, kostengünstig und kurzfristig auf Basis einer Sicherheitskopie reproduzierbar und bilden ein kostengünstiges Archivmedium für den flexiblen Zugriff auf das Datenmaterial.

Die aktuelle Generation von *Aufzeichnungsgeräten* (Audiologger) ermöglicht die automatisch-zeitgesteuerte Aufnahme von Audiomaterial auf Festplatten (Zwischenspeicher), die aus heutiger Sicht wirtschaftlicher und vom Handling her besser sind als Videokassetten und DAT-Bänder. Neben „Fertig-Produkten" unterschiedlicher Hersteller kann man auf Basis u.a. von IT-Standardkomponenten, Betriebssystem-Know-How (Unix, Linux, Windows, etc.), sowie Programmier- und Netzwerkkenntnissen einen Audiologger selbst zusammenstellen. Hohe Zuverlässigkeit im Langzeitbetrieb, die Anzahl der Audiokanäle für die Aufnahme, vorhandene Schnittstellen zur Umwelt (Audioinputs, Netzwerkschnittstellen, Anschluss für Funkuhrsignal, Steuermöglichkeiten für die Programmwahl der Radioempfangsgeräte etc.), Kompaktheit des Gerätes (geringes Gewicht und genormte Maße, z.B. 19"-Format für Rack-Einbau) sind wichtige Parameter bei der Bewertung und Auswahl eines Audiologgers. Weiterhin sind eine räumlich abgesetzte Konfiguration, Bedienung und Kontrolle des Audiologgers über IP-Endgeräte mit Webbrowser (PC, PDA, etc.) von Vorteil. Die Aufzeichnung des Audiomaterials sollte in einem komprimierten, Speicherplatz sparenden Audioformat erfolgen, welches sich als Standard etabliert hat und über eine Vielzahl von Endgeräten wiedergeben und mit Metadaten verknüpft werden kann (aus heutiger Sicht z.B. MPEG-1 Layer 2 oder 3).

Für die *Langzeitarchivierung* empfiehlt sich die Verwendung eines multimedialen Datenbanksystems („Medienserver"). Eine Datenbank hat den Vorteil, dass die Aufnahmen der Radiosender mit Metadaten (u.a. Suchbegriffe, Markierungen, empirische Untersuchungsdaten) verknüpft werden können. Datenbanksysteme speichern ihre Datensätze im Vergleich zu File-Servern geräteunabhängig auf angeschlossenen Speichersystemen. Sie übernehmen die Datenverwaltung und -pflege mit integrierten Mechanismen (u.a. Vermeidung von Redundanz und Verfügbarkeit). Mehrere räumlich-verteilte Audiologger mit IP-Schnittstelle könnten z.B. über ein NAS-Gateway (NAS = Network Attached Storage) ihre aufgenommenen Audiodaten auf ein internetweit verfügbares Speichernetz „überspielen", auf das wiederum über SAN-Technologien (SAN = Storage Attached Network) ein Datenbanksystem und eine Tape-Library (Langzeitarchivierung) zugreifen. Integriert man in dieses Szenario zusätzlich einen Web- und Streamingserver, sind Verwaltung, Nutzung und Pflege des Datenbanksystems über ein IP-Endgerät mit Webbrowser möglich. Aber auch die Codierung des Audiomaterials im Rahmen einer empirischen Untersuchung kann dezentral online durch mehrere Personen parallel erfolgen.

Über spezialisierte Anwendungsserver sind bereits heute *Radioauswertungs- und -überwachungssysteme* in der Lage, Musik, Sprache, Jingles und Werbeblöcke zu erkennen und zu messen (z.B. die Anzahl oder die Dauer). In Zukunft wird es sicherlich Systeme geben, die aufgrund von „Erfahrungen" (vorgegebenes Audiomaterial) die Inhalte von Radiosendern wiedererkennen und einordnen können, also lernfähig sind. Dadurch wäre nicht nur eine quantitative, sondern auch eine inhaltliche Analyse von großen Mengen Audiomaterials mit Hilfe von Computern möglich.

6.3.4 Teile des Codebuchs

Für die Durchführung der Inhaltsanalyse wurde ein umfangreiches Codebuch (30 Seiten) entwickelt, getestet und mehrfach überarbeitet (siehe Anhang 2). Das Codebuch ist das Kernstück jeder Inhaltsanalyse, denn dort werden die Kategorien definiert, mit denen die Datenerhebung durchgeführt wird. Die Kategorien müssen so formuliert werden, dass sie zum einen den theoretischen Erfordernissen genügen und die relevanten theoretischen Konstrukte angemessen – valide – operationalisieren. Zum anderen sollen sie möglichst einfach und präzise sein, damit die Codierer nicht überfordert werden und das Instrument zuverlässig – reliabel – anwenden können. Für die Entwicklung des Kategoriensystems der vorliegenden Untersuchung wurden verschiedene Quellen herangezogen: Neben den oben vorgestellten Studien von Trebbe (1996 und 1998) sind dies die Untersuchung von Stuiber et al. (1990) sowie – als Hilfsinstrumente für die Entwicklung der Musikklassifikation – der Stilkatalog aus Behne (2001) und der im Internet verfügbare All Music Guide (http://www.allmusic.com/ mus_Styles.html).

Das Codebuch der Untersuchung ist modular aufgebaut. Es besteht aus insgesamt zwölf Modulen: einem Strukturmodul, zehn Programmmodulen und einem Restmodul. Die Codiereinheit der vorliegenden Inhaltsanalyse ist der einzelne Beitrag. Ein Beitrag ist eine zusammenhängende Zeiteinheit des Programms, bei der es sich eindeutig um *ein* bestimmtes Programmelement handelt.[25] Grundprinzip der Codierung ist die Einordnung jedes Beitrags in ein bestimmtes Programmmodul oder ins Restmodul. Je nachdem, welchem Modul ein Beitrag zugeordnet wurde, wird er dann anhand der dort definierten Variablen codiert. Bei allen Beiträgen, die dem Restmodul zugewiesen wurden, werden keine weiteren Codierungen vorgenommen.

Inhaltlich lassen sich die Programmelemente in sechs Bereiche einteilen: Dabei handelt es sich um
- ☐ Kulturelle Programmelemente,
- ☐ Strukturierende Programmelemente,
- ☐ Programmelemente mit gesellschaftsbezogenen Informationen,
- ☐ Programmelemente mit alltagsbezogenen Informationen,
- ☐ Programmelemente der Hörerbeteiligung,
- ☐ Elemente der Programmfinanzierung.

Der Bereich *Kulturelle Programmelemente* besteht aus sieben Programmelementen. Drei davon bilden eigenständige Module:
- ☐ *Musik (1):* Hierzu gehören einzelne Musiktitel ebenso wie Konzertübertragungen.

---

25 Zur genauen Definition der Codiereinheit siehe die letzte Seite des Codebuchs im Anhang 2.

❒ *Musikinfo (2):* Damit sind Informationen über Sänger und Musikgruppen gemeint.
❒ *Humor (3):* Dies umfasst Satire, Comedy, Sketche.

Die klassisch-kulturellen Beiträge aus dem Bereich Kunst, Religion und Bildung mit den dazugehörigen Programmelementen „Hörspiel", „Lesung", „Kirchliche Sendungen (Morgenandacht)" sowie „Kinderprogramm" werden nicht weiter codiert, sondern nur im Restmodul erfasst.

Der Bereich *Strukturierende Programmelemente* besteht aus vier Elementen, von denen zwei in eigenständigen Modulen vercodet werden:
❒ *Moderation (4):* Hier werden neben Anmoderationen und Abmoderationen auch *sehr kurze* inhaltliche Beiträge der Moderatoren vercodet.
❒ *Trailer (5):* In diesem Modul sind alle Programmhinweise auf Beiträge, die später gesendet werden, zusammengefasst.
Die Programmelemente „Jingles" (Melodien und Slogans, die helfen, den Sender zu erkennen) und „Sendepausen" werden wiederum nur im Restmodul erfasst.

Bei den Programmelementen mit *gesellschaftsbezogenen Informationen* lassen sich fünf Formen unterscheiden, von denen zwei im Infomodul und drei im Restmodul erfasst werden
❒ *Info (6):* In diesem Modul werden „Nachrichtenbeiträge" und die Sammelkategorie „Bericht / Kommentar / gebauter Beitrag" zusammen codiert.
„Dokumentationen", „Ansprachen" und „Schulfunk" werden im Restmodul erfasst.

Die Gruppe der Programmelemente mit *alltagsbezogenen Informationen* setzt sich aus vier Elementen zusammen. Drei davon werden in zwei eigenständigen Programmmodulen codiert.
❒ *Service (7):* Dem Modul werden zwei der Elemente, und zwar „Verbrauchertipps / Ratschläge für den Alltag" und die „Servicemeldungen (Verkehr, Wetter, Biowetter, Preise, Börsenkurse, Horoskop)" zugeordnet und dort nach dem gleichen Muster codiert.
❒ *Veranstaltung (8):* Dem Modul werden alle Arten von Veranstaltungshinweise (auch auf andere Medienangebote) zugeordnet.
Die „Zeitansage" als viertes Programmelement dieser Gruppe wird nur im Restmodul erfasst.

Die Programmelemente der *Hörerbeteiligung* werden den folgenden zwei Modulen zugerechnet.

❐ *Hörer* (9): In diesem Modul wird die Hörerbeteiligung codiert; darunter werden alle Sendungen zusammengefasst, bei denen die Hörer zu Wort kommen, solange es sich nicht um Spiele handelt.

❐ *Spiele* (10): Dies ist die Sammelkategorie für alle Sendungen zum Mitraten und Mitmachen, bei denen die Hörer gegebenenfalls auch etwas gewinnen können.

Sponsorenhinweise und Werbung als Programmelemente der *Finanzierung* werden nur im Restmodul erfasst.

Darüber hinaus gibt es noch ein *Strukturmodul,* in dem sich solche Kategorien befinden, die beitragsübergreifende Merkmale erfassen, die für den gesamten Datensatz (Sendetag eines Senders) gelten und nicht nur für einzelne Beiträge. Diese Struktur- und Identifikationscodes sind dann von Belang, wenn die verschiedenen Dateien – die, jede für sich genommen, einen Programmtag eines Senders enthält – für die Datenanalyse zusammengeführt werden.

6.3.5 Codiererschulung und Reliabilitätstest

Die Codierung der insgesamt 2170 Stunden Radioprogramm wurde von 36 Studierenden der TU Ilmenau durchgeführt. Die Codierer wurden für diese Aufgabe ausführlich geschult. Güte und Zuverlässigkeit ihrer Arbeit wurden kontinuierlich überprüft. Die Codiererschulung erfolgte durch die Projektleitung. Die Codierer wurden in mehreren kleineren Gruppen jeweils an mehreren Terminen mit dem Codebuch vertraut gemacht und in seine Handhabung eingewiesen. Bei den ersten Sitzungen ging es ausschließlich um die Vercodung der Wortbeiträge. Zunächst wurden die entsprechenden Anweisungen im Codebuch durchgesprochen und anschließend anhand von Beispielaufnahmen korrekte Codierungen eingeübt. Bei den weiteren Sitzungen wurde die Codierung von Musik behandelt. Die Musikcodierung wurde anhand von Beispielstücken erläutert und dann anhand mehrerer Titel trainiert. Um sicher zu stellen, dass die Hörbeispiele und die im Codebuch genannten Beispielinterpreten wirklich dazu geeignet sind, den jeweiligen Stil zu illustrieren, wurde auf den bereits erwähnten All Music Guide zurückgegriffen und jeder ausgewählte Beispieltitel zudem in mehreren Pretests intensiv auf seine Eignung geprüft.

Nachdem die Codierungen hinreichend eingeübt worden waren, wurde ein Reliabilitätstest durchgeführt. Die Testcodierungen wurden zum einen dafür verwendet, um die Reliabilitätskoeffizienten zu errechnen, zum anderen wurde aber auch überprüft, ob bei einzelnen Codierern stärkere Abweichungen von den Referenzcodierungen der Projektleitung festzustellen waren.[26] Trotz der vorherge-

---

26 Eine hohe Übereinstimmung zwischen den Referenzcodierungen der Projektleitung und den jeweiligen Codierungen der einzelnen Codierer kann als Indikator für Validität interpretiert werden (vgl. Früh 1989: 189ff.).

henden Schulung konnte bei einigen Codierern zunächst keine hinreichende Übereinstimmung mit den Codierentscheidungen der anderen festgestellt werden. Diese Codierer wurden daraufhin nochmals geschult. Bei einem erneuten Test konnte dann jedoch ein zufriedenstellendes Ergebnis erreicht werden.

Bei der Berechung der Reliabilitätskoeffizienten wurden in Abhängigkeit vom Skalenniveau der jeweiligen Kategorie zwei unterschiedliche Verfahren gewählt. In Anlehnung an Früh (1989) wurde für alle *nominalskalierten Variablen* die paarweise Übereinstimmung zwischen den Codierern ermittelt. Da bei allen Kategorien nur eine einfache Codierung vorgenommen wurde, kann die von Früh vorgeschlagene Formel vereinfacht werden. Der Reliabilitätskoeffizient ergibt sich dann aus der Relation zwischen der Anzahl der paarweisen Übereinstimmungen und der Anzahl aller Paarvergleiche (Abbildung 22). Da der Reliabilitätstest von allen 36 Codierern (C = 36) durchgeführt wurde, ergeben sich auf diese Weise nach der Formel C / 2 * (C / 2 - 1) insgesamt (18 * 17) = 306 Paarvergleiche, die für jeden im Rahmen des Tests codierten Beitrag durchgeführt wurden, und zwar für jede Kategorie einzeln. Die Summe der dabei ermittelten Übereinstimmungen wird dann durch die Summe der insgesamt durchgeführten Paarvergleiche geteilt. Der so ermittelte Koeffizient kann den maximalen Wert von 1.0 erlangen, wenn alle Codierer die gleichen Codes vergeben haben. Der niedrigste Wert, den der Koeffizient annehmen kann, beträgt 0.0. Dieser Wert wird dann ermittelt, wenn jeder Codierer einen anderen Code vergeben hat – vorausgesetzt, die Variable hat entsprechend viele Ausprägungen. Ein auf diese Weise ermittelter Reliabilitätskoeffizient von .85 bedeutet demzufolge, dass 85% der paarweise verglichenen Codierungen übereinstimmen.

Anders wurde die Reliabilität bei den Variablen auf *Ordinalskalenniveau* ermittelt. Bei solchen Kategorien ist es geboten, die *Stärke der Abweichungen* zwischen den einzelnen Codierungen bei der Reliabilitätsberechnung mit zu berücksichtigen: Je größer die Abweichungen zwischen den Codierungen der Codierer sind, desto größer ist der Codierfehler und desto geringer ist die Reliabilität. Um das Maß der Abweichungen bei den ordinalskalierten Variablen zu bestimmen, wurde zunächst bei jeder Kategorie und jedem Beitrag, der im Rahmen des Tests codiert worden ist, die Standardabweichung der Codierungen von allen Codierern berechnet. Die Standardabweichung gibt an, wie groß die Unterschiede zwischen den Codierentscheidungen der Codierer sind. Da die Standardabweichungen von zwei Variablen aber nur dann direkt vergleichbar sind, wenn auch die zu Grunde liegenden Skalen identisch sind, musste eine Standardisierung des ermittelten Wertes erfolgen. Zudem sollte gewährleistet werden, dass die Reliabilitätswerte, die für die Ordinalskalen ermittelt werden, mit den Werten für die Nominalskala möglichst direkt verglichen werden können. Um dieses zu erreichen, wurde für jede ordinalskalierte Variable die maximale Varianz berechnet. Die maximale Varianz ist dann gegeben, wenn die eine Hälfte der Codierer sich für den einen Extrempunkt der Skala entscheidet und die andere Hälfte der Codierer für den anderen Extrempunkt. Die empirische ermittelte Standardabweichung der jeweiligen Codierungen bei einer bestimmten Kategorie wurde dann durch die maximal mögliche Standardabweichung bei dieser Kategorie dividiert (Abbildung 22). Wenn der so berechnete Wert von 1 subtrahiert wird, dann erhält man einen Koeffizienten, der sich ebenfalls zwischen 0.0 und 1.0 bewegt und bei dem 1.0 die absolute Übereinstimmung zwischen den Codierern zum Ausdruck bringt, während 0.0 die maximal mögliche Divergenz anzeigt.

Abbildung 22   Formeln der Reliabilitätskoeffizienten

Nominalskala	Ordinalskala
$R = \dfrac{P\ddot{U}}{PV}$	$R = 1 - \dfrac{S_{emp}}{S_{max}}$

PÜ = Anzahl paarweiser Übereinstimmungen
PV = Anzahl paarweiser Vergleiche
S_{emp} = Empirische Standardabweichung der Codierungen
S_{max} = Maximale Standardabweichung der Codierungen

Die Resultate des Reliabilitätstests für die häufigsten Programmelemente der Untersuchung sind in Abbildung 23 dargestellt. Die Ergebnisse des Berechnungen zeigen, dass die Handhabung des anspruchsvollen und komplexen Instruments recht hohe Anforderungen an die Codierer stellt. Auch bei an sich einfachen Codierungen (z.B. Sprache) ist es vorgekommen, dass vereinzelt – vermutlich versehentlich – ein falscher Code gewählt wurde. Die in der Abbildung dargestellten Werte beziehen sich auf den ersten Test, der durchgeführt worden ist. Ein Teil der Codierer wurde nachgeschult und erzielte dann bei späteren Tests deutlich bessere Werte. Insgesamt können die Ergebnisse des Reliabilitätstests als zufriedenstellend bezeichnet werden. Deutlich wird zudem, bei welchen Kategorien auch einer Nachschulung nur begrenzte Wirkung zukommen kann. Insbesondere bei der Kategorie *Hintergrund* muss ein geringerer Grad an Zuverlässigkeit des Instruments in Kauf genommen und ggfs. bei den Interpretationen berücksichtigt werden.

Abbildung 23 Reliabilitätskoeffizienten der Inhaltsanalyse

Kategorien	Art der Reliabilitätsberechnung	Reliabilitäts- koeffizient
Musikstil	Paarweise	.86
Instrumental vs. Gesang	Paarweise	.96
Stimme (Geschlecht des Sängers/Chors)	Paarweise	.86
Sprache	Paarweise	.95
Tempo	Standardabweichung	.80
Klangvolumen	Standardabweichung	.70
Intensität	Standardabweichung	.81
Stimmung	Standardabweichung	.76
Rhythmusbetonung vs. Melodiebetonung	Standardabweichung	.74
Beitragsform	Paarweise	.84
Regionalbezug	Standardabweichung	.77
Thema der gesellschaftsbezogenen Informationen	Paarweise	.68
Musikhinterlegung	Paarweise	.89
Präsentationsstil	Paarweise	.88
Interview	Paarweise	.84
0-Töne	Paarweise	.84
Reporter	Paarweise	.84
Konflikthaltigkeit	Standardabweichung	.73
Positives	Standardabweichung	.74
Quelle der Information	Paarweise	.66
Aktualität	Standardabweichung	.83
W-Fragen	Standardabweichung	.69
Hintergrund	Standardabweichung	.60
Inhalt der Servicemeldung	Paarweise	.90

6.3.6 Feldphase, Codiertools, Qualitätskontrolle der Codierungen

Bei der Aufteilung des Codiermaterials auf die Codierer wurde darauf geachtet, dass die Sender möglichst breit gestreut wurden; d. h. jeder Sender sollte von möglichst vielen unterschiedlichen Codierern bearbeitet werden, um auf diese Weise sicherzustellen, dass sich kein „Expertentum" für einen bestimmten Sender herausbildet und sich auf diese Weise Codierereinflüsse systematisch auf die Ergebnisse auswirken. Des weiteren erhielten die Codierer eine Exceldatei, in der alle zu kodierenden Kategorien bereits als Variablen vordefiniert waren. Jedes der Datenblätter erhielt alle Variablen für ein bestimmtes Programmelement. Durch die Aufteilung der insgesamt über 60 formalen und inhaltlichen Kategorien auf die Blätter gelang es, die jeweilige Eingabemaske übersichtlich zu gestalten. Zusätzlich waren die Variablen in der Exceldatei mit Kommentarfenstern versehen, in denen jeweils Erläuterungen zu den Ausprägungen der

Kategorien zu finden waren. Um die MP3-Dateien anzuhören, wurde das Pro-gramm WINAMP3 verwendet. Es hat den Vorteil, dass die Aufnahmezeiten se-kundengenau angezeigt werden und es problemlos möglich ist, sich in den MP3-Dateien vor- und rückwärts zu bewegen. Diese Optionen sind für eine sorgfältige Codierung von großer Bedeutung, da sie dem Codierer ermögli-chen, sich schwierige und komplexe Beiträge mehrfach anzuhören. Die Daten-eingabemaske, die Programmoberfläche von WINAMP3 und die Erläuterungen zu den einzelnen Kategorien können gleichzeitig auf dem Bildschirm dargestellt werden.

Die Codierer wurden angehalten, zunächst nur einige wenige Stunden des Pro-gramms zu codieren und die Codierergebnisse dann der Projektleitung per E-Mail zuzusenden. Diese Codierungen wurden durch die Projektleitung sorgfältig geprüft und die Codierer gegebenenfalls auf individuelle Fehler schriftlich hin-gewiesen. Des weiteren wurden die Codierer aufgefordert, sich bei Problemen und Zweifelsfällen an die Projektleitung zu wenden, um eine verbindliche Klä-rung herbeizuführen. Die aufgetretenen Fehler und die schriftlichen Hinweise an die Codierer wurden dokumentiert. Wenn bestimmte Fehler oder Missverständ-nisse bei mehreren Codierern auftraten oder wenn Fragen von genereller Be-deutung gestellt worden waren, wurde eine Rundmail an alle Codierer verfasst, in der das Problem thematisiert und die richtige Verfahrensweise dargestellt wurde. Die Codierungen der ersten Programmstunden wurden bei allen Codie-rern sehr intensiv kontrolliert. Der weitere Codierprozess gestaltet sich so, dass jeweils nach Abschluss eines Programmtages die fertige Exceldatei von den Co-dierern an die Projektleitung gesendet und dort auf strukturelle Plausibilität und stichprobenartig auf Face-Validität geprüft wurde.

6.3.7 Operationalisierung der zentralen Konstrukte in Anlehnung an die Befragung

Um die Inhaltsanalysedaten mit den Daten der Befragung in Verbindung setzen zu können, war es notwendig, sich bei der Entwicklung des Codebuchs an den in der Befragung berücksichtigten Dimensionen der Qualitätserwartungen und Qualitätswahrnehmungen zu orientieren. Dies implizierte drei Anforderungen an die Inhaltsanalyse: Zum einen mussten die in der Umfrage erhobenen Erwar-tungen an die Berücksichtigung von Programmelementen und bestimmten The-menbereichen in das Codebuch integriert werden. Zum zweiten musste sicher gestellt werden, dass zwischen den in der Befragung erhoben Musikstilen und den in der Inhaltsanalyse differenzierten Musikrichtungen eine klare Zuordnung erfolgen kann. Zum dritten musste eine Brücke zwischen den Erwartungen an das Radioprogramm, die durch die Spannungsbögen gemessen wurden, und den damit korrespondierenden Eigenschaften der Radioprogramme geschlagen werden.

Zur ersten Anforderung: Auf der Ebene der *Programmelemente* war es beispielsweise geboten, die Musikinformationen und die Veranstaltungshinweise als eigenständige Programmelemente zu behandeln und diese nicht in den allgemeinen Bereich der Serviceinformationen einzugliedern. Des weiteren mussten auf jeden Fall auch solche Programmelemente wie Jingles oder Trailer mit in der Analyse berücksichtigt werden, die aus der Perspektive einer publizistisch-normativen Qualitätsdebatte eher irrelevant erscheinen.

Zur zweiten Anforderung: Für die Entwicklung der musikbezogenen Kategorien der Inhaltsanalyse wurden zum einen jene Musikstile verwendet, die den Hörern in der Befragung vorgelegt worden waren, zum anderen aber auch solche Stile, die bei der entsprechenden offenen Frage genannt worden waren. Beides zusammen bildet das Grundgerüst der inhaltsanalytischen Musikklassifikation, denn nur so konnte sichergestellt werden, dass die Zuordnung von Umfrage- und Inhaltsanalysedaten auch im musikalischen Bereich erfolgen konnte.

Zur dritten Anforderung: Für die Untersuchung von besonderer Bedeutung – gleichzeitig aber auch die besondere Herausforderung dieser Studie – war die Entwicklung von Kategorien, mit denen die Spannungsbögen operationalisiert werden können. Damit sollte ein inhaltsanalytisches Pendant zu den über die Spannungsbögen gemessenen Erwartungen der Hörer geschaffen werden. Im Folgenden sollen nun diese Kategorien und Kategorienausprägungen erläutert werden.

Der Spannungsbogen *Nebenbeiradio vs. Zuhörradio* bezieht sich nicht auf einzelne Programmelemente, sondern auf das gesamte Programm. Von daher werden für die Operationalisierung dieses Spannungsbogens vor allem programmstrukturelle Aspekte ins Auge gefasst. Als Indikatoren für die Ausrichtung eines Programms als *Nebenbeiradio* wurden ein geringer Wortanteil, eine geringe durchschnittliche Länge bei Wortbeiträgen, ein hoher Anteil an Musikhinterlegung bei den Wortbeiträgen sowie ein hoher Anteil an Redundanz bei den Wortbeiträgen gewählt. Als Indikatoren für den Gegenpol des *Zuhörradios* werden ein hoher Anteil gesellschaftsbezogener Informationen am Programm und ein hoher Anteil deutschsprachiger Musik angesehen. Dafür war die Überlegung maßgebend, dass Musik mit deutschen Texten weniger für das Nebenbeihören geeignet ist als Musik mit nicht-deutschsprachigen Texten. Diese Merkmale werden mit der Inhaltsanalyse erhoben bzw. können im Nachhinein aus den erhoben Kategorien errechnet werden.

Der Spannungsbogen *Regionalität vs. Globalität* bezieht sich – im Unterschied zum vorherigen Spannungsbogen – primär auf das Programmelement der gesellschaftsbezogenen Informationen. Von daher wurde die Regionalität inhaltsanalytisch auch nur bei diesem Programmelement gemessen. Um hier differenziertere Aussagen machen zu können, wurde jedoch nicht nur zwischen regionaler und überregionaler Berichterstattung unterschieden, sondern die Einordnung – z.B. einer Nachrichtenmeldung – erfolgte auf einer siebenstufigen Skala von lokal bis global.

Überraschung vs. Erwartbarkeit ist ein Spannungsbogen der sich in der hier verwendeten Operationalvisierung nur auf die Musik bezieht. *Überraschend* kann Musik vor allem dann sein, wenn ein Sender bei der Musikauswahl auf ganz unterschiedliche Musikstile zurückgreift oder wenn er innerhalb der von ihm hauptsächlich gespielten Musikhauptrichtung viel Abwechslung bietet. Die *Erwartbarkeit* ist um so höher, je kleiner das Spektrum der ausgewählten Stile ausfällt und je geringer die Unterschiede zwischen den Musikstücken innerhalb dieses Spektrums sind. Der erste Aspekt – Vielfalt der Stile – wird anhand des Anteils der unterschiedlichen Musikstile am Programm operationalisiert. Der zweite Aspekt wird anhand der Unterschiedlichkeit der ausgewählten Musik im Hinblick auf die Dimensionen Tempo, Klangvolumen, Intensität, Stimmung und Tanzbarkeit operationalisiert. Je stärker die verschiedenen Lieder sich auf diesen Dimensionen unterscheiden, desto größer ist das Überraschungsmoment. Zur Validierung dieser Messung wurden zwei weitere Indikatoren für Erwartbarkeit herangezogen: die Anzahl von Top 50 Charthits und die Rotation, hier gemessen als der Prozentsatz an Liedern, die im Laufe eines Tages wiederholt werden. Dieser Spannungsbogen wurde inhaltsanalytisch mit acht Indikatoren gemessen.

Als Indikatoren für die Pole des Spannungsbogens *Intellektualität vs. Emotionalität* kommen ganz unterschiedliche Kategorien bei verschiedenen Programmelementen in Betracht. In dieser Inhaltsanalyse werden zehn Indikatoren dafür verwendet. Im Bereich der gesellschaftsbezogenen Informationen kann ein hoher Anteil an Hintergrundberichterstattung als Indikator für *Intellektualität* angesehen werden, im Bereich der Spiele ist dies ein hoher Anteil an wissensbasierten Spielen, bei der Hörerbeteiligung ein großer Anteil von anspruchsvolleren Themen aus den Bereichen Politik, Gesellschaft und Kultur sowie ein hoher Anteil an ausführlichen Statements der Anrufer. Ein Indikator für Intellektualität ist auch der Umfang, den die eigenständigen Informationsbeiträge einnehmen, also jener Beiträge, die nicht im Rahmen eines Nachrichtenblocks gesendet werden. Stärker für die Intellektualität eines Programms spricht ebenfalls, wenn sich die humorvollen Beiträge vor allem auf Politik und Gesellschaftskritik beziehen und weniger aus unpolitischen Comedy-Beiträgen bestehen. Schließlich kann auch ein hoher Anteil von Hörspielen, Buchlesungen, Dokumentationen und Schulfunk als Indikator für die Intellektualität eines Programms angesehen werden. Im Gegenzug lassen sich eine Vielzahl von Indikatoren für die *Emotionalität* eines Programms identifizieren. Zu nennen wäre da ein hoher Anteil an Informationsbeiträgen aus den Bereichen Verbrechen und Softnews und ein hoher Anteil an Beiträgen, in denen entweder über große Konflikte oder sehr positive Entwicklungen berichtet wird. Für Emotionalität spricht auch ein großer Anteil von Hörerbeteiligung, die als Geplauder, Erzählen von Anekdoten oder als

Kummerkasten klassifiziert worden ist. Ein Anzeichen für starke Emotionalität ist es auch, wenn bei den Spielen hohe Gewinne zu erzielen sind und wenn die Spiele eher spaßorientiert konzipiert wurden. Aus dem Bereich der Musik ist es schwierig, einen speziellen Indikator zu finden – möglich wäre es beispielsweise, einen hohen Musikanteil als Indikator für Emotionalität anzusehen, denn es spricht einiges dafür, dass Musik per se „pure Emotion" ist. Möglicherweise gibt es aber auch dort Varianz: Musik, die besonders fröhlich ist, oder aber auch solche, die besonders sentimental und melancholisch wirkt, kann eventuell als Anzeichen für höhere Emotionalität im Programm interpretiert werden.

Der Spannungsbogen von *Nähe vs. Distanz* bezieht sich im Rahmen der Befragung explizit auf die Moderation. Da es aber fraglich erscheint, ob die Zuhörer bei der Wahrnehmung eines Programms immer präzise zwischen Moderationsbeiträgen, Informationsbeiträgen und Nachrichten unterscheiden, wurden nicht nur im Bereich der Moderation, sondern auch bei den gesellschaftsbezogenen Informationsbeiträgen Indikatoren für diesen Spannungsbogen erhoben. Der wichtigste Indikator für Nähe vs. Distanz ist der Präsentationsstil insgesamt, also von Moderation und Informationsbeiträgen zusammengenommen. Als Indikatoren für Nähe wird ein lockerer, cooler oder freundlicher Stil interpretiert; als Indikator für Distanz hingegen ein sachlicher oder analysierender Stil. Ein weiteres Instrument, um die Positionierung eines Programme auf dem Bogen von Nähe vs. Distanz zu messen, ist die Publikumsansprache. Wenn die Moderatoren ihr Publikum mit „Sie" ansprechen deutet das auf eine größere Distanz, als wenn sie es mit „Du" ansprechen; wenn sie es indirekt ansprechen („die Hörer"), deutet dies wiederum auf eine größere Distanz, als wenn sie es direkt mit „Du" oder „Sie" ansprechen; und wenn sie es gar nicht ansprechen, dann ist dies das stärkste Anzeichen für Distanz.

Die nun folgenden Spannungsbögen beziehen sich alle in erster Linie auf die gesellschaftsbezogenen Informationen. Aus diesem Grund werden nur Indikatoren berücksichtigt, die sich auf die entsprechenden Programmelemente beziehen. Die Dimension *Konflikt vs. Harmonie* wurde durch zwei Kategorien der Inhaltsanalyse abgebildet. Zum einen wurde gemessen, ob in den gesellschaftsbezogenen Beiträgen über *Konflikte* berichtet wird und wenn dies der Fall ist, wie ausgeprägt diese Konflikte sind. Zum anderen wurde erhoben, ob in den Beiträgen positive Ereignisse und Entwicklungen implizit oder explizit thematisiert werden oder über Schönes und Angenehmes berichtet wird. Die Thematisierung solcher positiven Themenaspekte wird als Indikator für eine *harmonie*orientierte Berichterstattung interpretiert.

Der Spannungsbogen von *Aktualität vs. Sorgfalt* lässt sich durch vier Indikatoren operationalisieren. Zum einen wurde die *Aktualität* der Berichterstattung gemessen, indem geprüft wurde, welche Zeitangabe in den Beiträgen hinsichtlich des berichteten Geschehens gemacht wurden. Je näher der Zeitpunkt des Ereignisses und der Zeitpunkt der Berichterstattung beieinander liegen, desto aktueller ist folglich die Berichterstattung. Die *Sorgfalt* wird durch drei Indikatoren operationalisiert: Wenn die Quellen der Information in den Informationsbeiträgen deutlich gemacht werden, ist dies ein Anzeichen für Sorgfalt. Wenn die Qualität der Informationsquellen darüber hinaus explizit problematisiert wird, ist dies ein Indikator für große Sorgfalt. Wenn hingen die Quellen nur angedeutet oder gar nicht genannt werden, ist dies ein Anzeichen für geringere Sorgfalt. Ein weiterer Indikator für Sorgfalt ist die Beantwortung der sogenannten W-Fragen (Wer? Wann? Was? Wo? Wie?). Je mehr dieser Fragen in einem Beitrag beantwortet werden, desto größer ist die Sorgfalt, mit der er erstellt wurde. Schließlich kann auch hier wieder die Intensität der Hintergrundberichterstattung herangezogen werden. Eine intensive Thematisierung von Hintergründen kann nicht nur als Indikator für Intellektualität, sondern auch für Sorgfalt angesehen werden.

Um den Spannungsbogen von *Wahrheit vs. Rücksichtnahme* angemessen zu operationalisieren, müssten eigentlich Außenkriterien herangezogen werden. Wenn z.B. die Wahrheit eines Beitrages geprüft werden soll, müssen medienexterne Daten benutzt werden, denn allenfalls so – wenn überhaupt – kann ermittelt werden, ob das, was berichtet wurde, tatsächlich mit der Realität übereinstimmt. Das gleiche gilt auch für die Rücksichtnahme. Hier könnte ein Vergleich zwischen dem Informations-Input und dem Output Hinweise darauf geben, ob bestimmte heikle Themen in der Berichterstattung ausgespart werden. Auch der Vergleich mit anderen Medien kann hier weiterhelfen. Weder der Vergleich mit medienexternen Daten noch eine Input-Output-Analyse oder eine medienvergleichende Analyse konnten im Rahmen dieser Untersuchung geleistet werden. Eine inhaltsanalytische Erfassung dieses Spannungsbogen kann folglich nur indirekt und annäherungsweise erfolgen. Als Anzeichen für *Rücksichtnahme* kann beispielsweise ein geringer Anteil von Konfliktberichterstattung gewertet werden. Als Anzeichen für den Versuch, möglichst *wahrheits*gemäß zu berichten, kann der sorgfältige Nachweis von Quellen, die Beantwortung der W-Fragen oder der Einsatz von O-Ton, Reporterschaltungen und Interviews angesehen werden. Für die Wahrnehmung eines Rezipienten, ob ein Sender großen Wert auf Wahrheit legt oder vielleicht öfter einmal Rücksicht nimmt, können diese Kriterien durchaus relevant sein. Ob diese Wahrnehmung aber tatsächlich angemessen ist, darüber sagen sie nichts aus.

7. Was wollen die Hörer? Deskriptive Befunde der Befragung

Bevor die im Kapitel 5 vorgestellten forschungsleitenden Fragen beantwortet werden, soll in den nachfolgenden Kapiteln zunächst ein Überblick über die deskriptiven Befunde der Untersuchung gegeben werden. Eine solche Darstellung ist für das Verständnis der später präsentierten Analysen unverzichtbar, denn die korrelativen Zusammenhänge sind immer vor dem Hintergrund der jeweiligen univariaten Verteilungen zu interpretieren. In diesem Kapitel werden zunächst die deskriptiven Ergebnisse der Befragung präsentiert. Besondere Beachtung wird dabei der Darstellung der Befunde gegeben, die mit den Indikatoren zur Operationalisierung der Spannungsbögen erzielt worden sind.

7.1 Radionutzung differenziert nach Sendern, Situationen und Aufmerksamkeit

Im Durchschnitt schalten die Befragten an sechs von sieben Tagen in der Woche das Radio an. Zwei Drittel aller befragten Personen sagen sogar, sie würden täglich Radio hören. Die in der Untersuchung ermittelte Hördauer liegt mit durchschnittlich 228 Minuten gut 20 Minuten über den in der MA 2002 ermittelten Daten (Abbildung 24, vgl. Klingler & Müller 2003: 417). Möglicherweise ist dieser Unterschied auf die in der vorliegenden Untersuchung verwendete Frageform zurückzuführen. Bevor die Befragten gebeten wurden, ihre gesamte Radionutzungsdauer zu schätzen, wurde ihnen die in Abbildung 28 präsentierten Nutzungssituationen ins Gedächtnis gerufen. Anschließend wurden sie dann aufgefordert, alle Zeiten zusammen zu zählen, um so ihre Gesamtnutzungsdauer zu schätzen. Möglicherweise führt diese Abfragetechnik dazu, dass den Hörer die Vielfalt der unterschiedlichen Nutzungssituationen besser präsent ist und sie deswegen zu einem etwas höheren Ergebnis gelangen.[27]

Die hohe Bindung der Rezipienten an ein bestimmtes, häufig gehörtes Radioprogramm wird dadurch deutlich, dass im Durchschnitt über 70 Prozent der Gesamtnutzungszeit auf das meistgehörte Programm entfallen. Fast jeder dritte Befragte gibt sogar an, dass er die gesamte Nutzungszeit einem einzigen Radioprogramm widmet (Abbildung 24). Auch in dieser Untersuchung zeigt sich, dass das Senderrepertoire der Hörer eher gering ist. Nach den hier ermittelten Daten werden in einer normalen Woche durchschnittlich 3,6 Sender gehört.

---

27 Ein anderer Grund, der zumindest eine gewisse Rolle spielen dürfte, sind systematische Ausfälle bedingt durch Antwortverweigerungen. Da es sich bei der vorliegenden Untersuchung um eine monothematische Radiostudie handelt, wurde bereits in der Gesprächseröffnung durch die Interviewer darauf hingewiesen, dass es in der Befragung ums Radio geht. Das hat dazu geführt, dass immerhin 4,2% der ausgewählten Personen das Interview mit der Begründung verweigerten, dass sie kein Radio hören. Solche Ausfälle führen im Ergebnis dazu, dass die durchschnittliche Hördauer überschätzt wird.

Abbildung 24   Nutzung des Radios generell sowie des meistgehörten Senders

n ≥ 1411	Mittelwert in Minuten	bis eine Stunde	mehr als eine und bis drei Stunden	mehr als drei und bis fünf Stunden	mehr als fünf Stunden
		%	%	%	%
Verweildauer: Nutzungsdauer des Radios an Nutzungstagen	250	17	34	21	28
Hördauer des Radios pro Tag	228	20	35	19	26
Verweildauer: Nutzungsdauer des meistgehörten Radiosenders an Nutzungstagen	177	29	40	16	15
Hördauer des meistgehörten Radiosenders pro Tag	160	33	38	15	14
	Mittelwert des Prozent- anteils	bis zu 50 %	mehr als 50 % und bis zu 75 %	mehr als 75 % und bis unter 100 %	100 %
Anteil des meistgehörten Senders an der Gesamtnutzungsdauer	71	30	27	12	31

Daten mit dem bundeslandübergreifenden Faktor für die Gesamtstichprobe gewichtet.

Die Nutzungshäufigkeit der in Abbildung 25 aufgeführten Sender wurde in der Befragung in einem dreistufigen Fragemodell erhoben. Zunächst wurde ermittelt, ob der jeweilige Sender bekannt ist; falls dies der Fall war, wurde gefragt, ob er in den letzten 14 Tagen gehört wurde. Denjenigen, die dies bejahten, wurde die Frage gestellt, wie häufig der Sender in einer normalen Woche genutzt wird. Auf diese Weise wurden in jedem Bundesland bei acht (bzw. neun in Sachsen-Anhalt) Sendern die Bekanntheit, der weiteste Hörerkreis (WHK) und die Nutzungshäufigkeit erhoben (Abbildung 25). Darüber hinaus wurde die Frage gestellt, ob es noch weitere Sender gibt, die mindestens einmal pro Woche gehört werden. Einige Befragte nannten daraufhin Sender, die in den anderen Bundesländern explizit abgefragt wurden. Diese Nennungen sowie die Nutzungszahlen für alle anderen, auf diese offene Frage genannten Sender, werden in Abbildung 26 präsentiert.

Abbildung 25   Nutzung der Sender: WHK und Nutzungstage

Sender	Thüringen n = 519		Sachsen-Anhalt n = 510		Hessen n = 520	
	WHK *	Nutzungs-tage **	WHK *	Nutzungs-tage **	WHK *	Nutzungs-tage **
	%	Mittelwert	%	Mittelwert	%	Mittelwert
Antenne Th.	67	4,0				
Landeswelle Th.	52	3,3				
TOP 40	5	3,0				
MDR 1 Radio Th.	44	4,7				
JUMP	53	4,0	44	3,7		
MDR Kultur	13	2,9	13	2,7		
MDR 1 Radio S.-A.			48	4,4		
SAW			70	4,3		
Brocken			44	3,2		
Rockland			15	3,0		
Project 89.0			15	3,3		
FFH					65	4,5
Planet					23	3,3
hr3 Junge Welle					56	3,5
hr4 Service					32	3,7
hr1 Info					31	3,4
hr2 Kultur					15	2,7
DeutschlandRadio	5	2,6	7	2,2	4	1,9
Deutschlandfunk	16	3,1	17	3,1	12	2,3

Daten innerhalb der einzelnen Länder gewichtet.
* WHK = weitester Hörerkreis: Alle diejenigen, die in den letzten 14 Tagen, den Sender mindestens einmal gehört haben.
** Nutzungstage Mittelwert: Die durchschnittliche Anzahl der Nutzungstage derjenigen, die den jeweiligen Sender in den letzten 14 Tagen mindestens einmal gehört haben. Diejenigen, die den Sender in den letzten 14 Tagen gehört haben, ihn aber durchschnittlich seltener als einmal pro Woche hören, gehen mit dem Wert 0,25 in die Berechnung ein.

In allen drei Bundesländern ist es einem Privatsender gelungen, den größten Hörerkreis (WHK) zu erreichen. In Thüringen ist dies Antenne Thüringen, in Sachsen-Anhalt handelt es sich dabei um Radio SAW und in Hessen um Hit-Radio FFH (Abbildung 25). In den beiden ostdeutschen Bundesländern ist die Konkurrenz auf dem privaten Marktsektor größer. In beiden Ländern gibt es jeweils noch einen zweiten Sender, der einen beachtlichen Teil der Bevölkerung erreicht. In Thüringen ist dies die Landeswelle Thüringen und in Sachsen-Anhalt der Radiosender Hit-Radio Brocken. Bei den öffentlich-rechtlichen Sendern erweisen sich jeweils zwei bis drei Programme als erfolgreich: Dies sind zum einen die Sender mit einem relativ jungen Zielpublikum (JUMP und hr3) und zum anderen jeweils die beiden Landeswellen des MDR sowie in Hessen das Service- und das Infoprogramm. Deutlich weniger Zuspruch bekommen die Kulturwellen (hr2 und MDR Kultur), sowie die privaten Spartensender Radio TOP 40, Project 89.0, Rockland Sachsen-Anhalt und Planet Radio. Auch die deutschlandweit verbreiteten öffentlich-rechtlichen Programme DeutschlandRadio und Deutschlandfunk erreichen nur einen relativ geringen Anteil der Bevölkerung und diese zudem auch nur an relativ wenigen Nutzungstagen.

Abbildung 26   Nutzung weiterer Radioprogramme

„Gibt es neben den genannten Sendern noch einen anderen, den Sie mindestens einmal pro Woche hören?"	Thüringen	Sachsen-Anhalt	Hessen
	n = 519	n = 510	n = 520
	%	%	%
Sender aus anderen Ländern, fremdsprachige Sender	1	1	2
Sender mit bundesweiter Verbreitung	4	1	5
Lokalsender	1	1	4
Antenne Th.	-	2	<1
Landeswelle Th.	-	<1	<1
SAW	7	-	0
Brocken	1	-	<1
Rockland	<1	-	0
Project 89.0	7	-	1
MDR 1 Radio S.-A.	2	-	<1
MDR 1 Radio Th.	-	1	2
JUMP	-	-	1
Weitere Sender des MDR	3	10	0
FFH	2	0	-
Planet	<1	0	-
hr1 Info	1	0	-
hr2 Kultur	<1	0	-
hr3 Junge Welle	3	1	-
hr4 Service	1	0	-
Weitere Sender des Hessischen Rundfunks (HR)	<1	0	4
Privatsender aus Sachsen	6	6	0
Sender aus Berlin und Brandenburg	1	4	<1
Sender des Norddeutschen Rundfunks (NDR)	8	13	3
Privatsender aus Niedersachsen	<1	3	<1
Radio Bremen / Radio Hamburg	0	0	1
Sender des Westdeutschen Rundfunks (WDR)	1	<1	4
Privatsender aus Rheinland Pfalz	<1	<1	7
Sender des Südwestdeutschen Rundfunks (SWR)	<1	0	18
Saarländischer Rundfunk	0	0	1
Privatsender aus Baden Württemberg	1	1	3
Sender des Bayrischen Rundfunks (BR)	10	2	12
Antenne Bayern	2	1	2

Daten mit dem bundeslandübergreifenden Faktor für die Gesamtstichprobe gewichtet.

Neben den in Abbildung 25 aufgeführten Sendern, deren Nutzung mit dem o-
ben dargestellten Fragemuster erhoben worden war, haben die Befragten noch
zahlreiche weitere Sender genannt, die sie öfter nutzen: 51 Prozent der Hessen,
39 Prozent der Sachsen-Anhalter und 32 Prozent der Thüringer hören sich mindestens einmal pro Woche weitere, nicht explizit abgefragte Programme an, vor
allem solche aus den angrenzenden Gebieten. Insgesamt 42 Prozent der Hessen, 28 Prozent der Sachsen-Anhalter und 26 Prozent der Thüringer hören mindestens ein Programm aus einem anderen Bundesland. Besonders beliebt sind
dabei die öffentlich-rechtlichen Programme aus den jeweils angrenzenden Ländern. Eine Aufstellung der Sender, die von den Befragten genannt wurden, findet sich in Abbildung 26. Für die Thüringer sind vor allem die Programme des
NDR und des Bayrischen Rundfunks sowie die Privatsender aus Sachsen von Bedeutung. Die Sachsen-Anhaltiner bevorzugen vor allem die Programme des
NDR, aber auch die anderen, in der Befragung nicht explizit abgefragten MDR-
Programme sowie die Privatsender aus Sachsen. Erstaunlicher Weise werden die
Berliner und Brandenburger Sender deutlich weniger genutzt. Die Hessen orientieren sich vor allem in den Süden und Südwesten. Sie hören besonders häufig
die Programme des SWR und des BR.

Um sich einen Eindruck davon zu verschaffen, welche Merkmale die Publika der
verschiedenen Sender aufweisen, ist es hilfreich, sich die *soziodemographischen
Charakteristika der Hörerschaften* anzusehen (Abbildung 27).

In jedem der drei Bundesländer gibt es einen Sender, dessen Rezipienten im
Durchschnitt jünger als 30 Jahre sind, dabei handelt es sich um die Privatprogramme Radio TOP 40, Project 89.0 und Planet Radio. Alle drei Sender – vor
allem die beiden letztgenannten – haben eine überdurchschnittlichen Anteil an
Männern in ihrer Hörerschaft, relativ viele Höhergebildete und nur sehr wenige
mit Hauptschule als höchstem Bildungsabschluss.

Bei den öffentlich-rechtlichen Sendeanstalten gibt es ebenfalls je ein Programm,
das eine etwas jüngere Zielgruppe erreicht. Dabei handelt es sich in Thüringen
und Sachsen-Anhalt um JUMP und in Hessen um hr3. Mit durchschnittlich 35
bzw. 43 Jahren ist die Hörerschaft aber bereits deutlich älter als die der erstgenannten privaten Anbieter. Auch der Frauenanteil ist hier höher, während der
Anteil der höher Gebildeten nur leicht überdurchschnittlich ausfällt. Hinsichtlich
des Durchschnittsalters und des Frauenanteils in der Hörerschaft ähneln diese
beiden Sender auch eher den großen privaten Konkurrenten im jeweiligen Sendegebiet. Dabei handelt es sich in Thüringen um Antenne Thüringen und Landeswelle Thüringen, in Sachsen-Anhalt um Radio SAW und Hit-Radio Brocken
und in Hessen um Hit-Radio FFH. Die Privatsender unterscheiden sich von ihren
öffentlich rechtlichen Konkurrenten im wesentlichen dadurch, dass sie einen etwas höheren Anteil von Hörern mit maximal Hauptschulabschluss haben und
einen etwas geringeren Anteil von Abiturienten. Nicht in die bisher vorgestellte

Systematik passt der sachsen-anhaltinische Sender Rockland, der zwar ähnlich wie die zuerst genannten Jugendsender ein tendenziell höher gebildetes überwiegend männliches Publikum anspricht, dessen Hörerschaft aber ein Durchschnittsalter von 42 Jahren aufweist und von daher eher mit den publikumsstarken privaten und öffentlich rechtlichen Sendern konkurriert.

Abbildung 27 Nutzerprofile: Lebenslage-Indikatoren der regelmäßigen Nutzer*

		Alter	Ge-schlecht	Bildung		
		Jahre	Frauen	Hauptschule	Realschule	Abitur
	n ≥	M	%	%	%	%
Project 89.0	91	25	37	10	57	33
TOP 40	23	25	46	13	61	26
Planet	101	29	41	14	48	39
JUMP	319	35	48	11	61	28
hr3 junge Welle	295	43	47	25	42	33
Antenne Th.	330	43	48	16	58	26
Landeswelle Th.	250	45	48	18	56	26
SAW	358	42	51	20	58	22
Brocken	216	47	49	23	54	23
FFH	321	40	46	27	44	30
Rockland	70	42	35	17	53	30
MDR 1 Radio Th.	232	56	50	32	48	20
MDR 1 Radio S.-A.	247	56	53	37	45	18
hr4 Service	166	57	47	45	33	23
hr2 Kultur	75	60	60	23	31	47
MDR Kultur	86	51	42	11	50	40
DeutschlandRadio	81	60	45	26	35	39
hr1 Info	162	55	48	35	30	35
Deutschlandfunk	208	58	46	37	27	36

Daten innerhalb der einzelnen Länder gewichtet bis auf JUMP, MDR Kultur, DeutschlandRadio und Deutschlandfunk, die mit dem bundeslandübergreifenden Faktor für die Gesamtstichprobe gewichtet wurden.
* Regelmäßige Nutzer sind Personen, die den Sender durchschnittlich mindestens einmal pro Woche hören. M= Mittelwert

Die dritte große Gruppe neben den Jugendprogrammen und den zuvor aufgeführten massenattraktiven Programmen sind die öffentlich-rechtlichen Landes- oder Serviceprogramme. Ihre Hörerschaft ist mit einem Durchschnittalter von über 55 Jahren deutlich älter und mit einem Anteil von 32 bis 45 Prozent Hauptschulabsolventen wesentlich niedriger gebildet.

Die Hörer der beiden Kulturprogramme hr2 und MDR Kultur sowie des DeutschlandRadios bilden die vierte Gruppe. Sie sind ebenfalls im Durchschnitt über 50 Jahre alt, unterscheiden sich aber von den regelmäßigen Nutzern der drei zuvor genannten Programmen hinsichtlich ihrer formalen Bildung. Mit einem Anteil von 39 bis 47 Prozent Abiturienten haben sie insgesamt das höchste Bildungsniveau aller hier untersuchten Hörergruppen. Völlig unterschiedlich sind die Programme jedoch hinsichtlich des Geschlechteranteils: Während bei hr2 die Frauen mit 60 Prozent klar dominieren, sind sie bei MDR Kultur und DeutschlandRadio deutlich in der Minderheit.

Die fünfte und letzte Hörergruppe der hier untersuchten Radioprogramme bilden die Nutzer der informationsorientierten Radiosender Deutschlandfunk und hr1 - das Informationsradio. Auch sie sind im Durchschnitt bereits über 55 Jahre alt, der Männeranteil ist leicht überdurchschnittlich, und hinsichtlich des Bildungsniveaus liegen die Hörer dieser Sender zwischen den Landes- bzw. Servicewellen und den Kulturprogrammen. Auf der einen Seite haben die Programme einen relativ hohen Anteil (ca. 1/3) an Zuhörern, die mit dem Hauptschulabschluss die Schule beendet haben, auf der anderen Seite aber hat eine gleich große Gruppe von Hörern dieser Sender das Abitur gemacht.

Mit der Frage, wie häufig Radio bei bestimmten Gelegenheiten gehört wird, kann der *situationale Kontext der Nutzung* erfasst werden (Abbildung 28). Am häufigsten wird beim Autofahren Radio gehört. Mehr als drei Viertel der Befragten sagen, sie würden häufig im Auto das Radio einschalten. Für fast 70 Prozent der Personen in den drei Bundesländern ist das Radio häufig der Begleiter am frühen Morgen, und mehr als die Hälfte aller Leute lässt das Radio häufig bei der Hausarbeit laufen. Auch beim Mittagessen sowie am Nachmittag und abends hört immerhin noch jeder Dritte häufig Radio. Allerdings zeigt sich auf der anderen Seite, dass es eine beträchtliche Anzahl von Personen gibt, die beim Mittagessen grundsätzlich nie das Radio einschalten, während bei allen anderen zuvor genannten Nutzungssituationen es nur relativ wenige (unter 20 %) sind, die in dem jeweiligen situationalen Kontext nie Radio hören.

Abbildung 28 Situationen der Radionutzung

„Ich nenne Ihnen jetzt einige Situationen und Gelegenheiten, bei denen manche Leute Radio hören. *Sagen Sie mir bitte jeweils, ob Sie bei dieser Gelegenheit häufig (3), ab und zu (2), selten (1) oder nie (0) Radio hören!"*

n ≥ 1518	Mittel- wert	häufig %	nie %
Beim Autofahren	2,5	78	11
Beim Aufstehen und Frühstücken	2,3	69	16
Bei der Arbeit zu Hause	2,2	54	12
Nachmittags oder abends zu Hause	1,7	32	18
Beim Mittagessen	1,4	30	38
Bei der Arbeit in der Firma (n =910, nur Berufstätige)	1,3	32	47

Daten mit dem bundeslandübergreifenden Faktor für die Gesamtstichprobe gewichtet.

Im Vergleich zur Hausarbeit wird bei der Berufsarbeit deutlich weniger Radio gehört. Fast 50 Prozent der Berufstätigen geben an, nie am Arbeitsplatz Radio zu hören, aber immerhin fast ein Drittel der Befragten sagt, sie würden häufig bei der Arbeit in der Firma Radio hören.

Radio wird in ganz unterschiedlichen Kontexten gehört, aber selten mit großer Aufmerksamkeit. Für fast zwei Drittel der befragten Personen sind Situationen, in der sie ausschließlich Radio hören, die absolute Ausnahme oder sie kommen sogar gar nicht vor. Nicht einmal jeder siebte schenkt dem Radio häufig seine ganze Aufmerksamkeit (Abbildung 29).

Abbildung 29   Aufmerksamkeit bei der Radionutzung oder Radio als Nebenbeimedium

(n = 1534)	Mittel-wert	häufig %	selten / nie %
„Wie oft kommt es vor, dass Sie nur dem Radio zuhören und nichts nebenbei machen? Kommt das häufig (3), ab und zu (2), selten (1) oder nie (0) vor?"	1,3	13	63

Daten mit dem bundeslandübergreifenden Faktor für die Gesamtstichprobe gewichtet.

Eine konzentrierte Radionutzung findet offenbar vor allem am Nachmittag und am Abend statt. Diejenigen, die angeben, häufiger am Nachmittag und Abend Radio zu hören, sind auch diejenigen, die etwas häufiger konzentriert Radio hören. Einen gewissen positiven Effekt auf die konzentrierte Nutzung hat auch die häufigere Nutzung des Radios am Morgen und bei der Berufstätigkeit – was alle Arbeitgeber sicherlich freuen dürfte (Abbildung 30).

Abbildung 30   Zusammenhang zwischen Nutzungssituationen und Aufmerksamkeit

Korrelationen und Regression (pairwise)	Abhängige Variable Aufmerksamkeit bei der Radionutzung	
n ≥ 909	R^2 = .10	
Unabhängige Variablen	r	beta
Nachmittags oder abends zu Hause	.29 ***	.27 ***
Beim Aufstehen und Frühstücken	.15 ***	.08 *
Bei der Arbeit in der Firma	.07 *	.08 *
Beim Mittagessen	.16 ***	
Bei der Arbeit zu Hause	.14 ***	
Beim Autofahren	-.03	

* $p < .05$ ** $p < .01$ *** $p < .001$

Zur Erläuterung der Koeffizienten und statistischen Kennwerte siehe Anhang 3.
Daten mit dem bundeslandübergreifenden Faktor für die Gesamtstichprobe gewichtet.
Nur signifikante betas werden ausgewiesen.

7.2 Erwartungen an die Berücksichtigung von Programmelementen und Musikstilen

Die Hörer erwarten von ihrem Idealradio vor allem Musik und Nachrichten. Es gibt kaum Hörer, die diese Programmelemente völlig ablehnen. Hohe Zustimmungsraten erhalten auch die Verkehrsmeldungen. Auf der anderen Seite möchte aber immerhin jeder zehnte Befragte dieses Programmelement nur selten oder gar nicht hören. Das obere Mittelfeld der gewünschten Programmelemente bilden aktuelle Politikberichte, Veranstaltungshinweise, Moderatorenteams und humorvolle Beiträge. Ungefähr die Hälfte der Befragten möchte solche Programmelemente häufig hören. Allerdings ist zu beachten, dass hier bereits jeder fünfte Hörer auf diese vier Elemente lieber weitgehend verzichten würde (Abbildung 31).

Das untere Mittelfeld der bevorzugten Programmelemente bilden Trailer, Berichte über Verbrechen und Unfälle, Alltagstipps sowie die Jingles und Erkennungsmelodien der Sender. Bei diesen Programmelementen ist bereits eine starke Polarisierung der Hörer festzustellen. Ein gutes Drittel der Befragten möchte diese Elemente häufig hören, ein knappes Drittel hingegen eher selten oder nie. Nur wenige Anhänger haben jene Sendungen, die eine Hörerbeteiligung ermöglichen, auch Informationssendungen über Musikinterpreten und die verschiedenen Spielformate werden nur von wenigen gewünscht. Bei diesen Programmelementen sind mehr Personen zu finden, die sie selten oder nie hören wollen, als solche, die diese Programmformen gerne häufig in ihrem Idealprogramm hätten.

Die Items, mit denen die gewünschte Berücksichtigung von Programmelementen erhoben wurde, sind einer Faktorenanalyse unterzogen worden. Dabei konnte allerdings kein sinnvoll interpretierbares Ergebnis ermittelt werden. Bei einer Inspektion der Korrelationsmatrix zeigt sich jedoch, dass zwischen jeweils zwei Items eine relativ hohe Korrelation festzustellen ist, die eine Zusammenfassung rechtfertigt. Dabei handelt es sich erstens um die Korrelation zwischen Spielen und Hörerbeteiligung (r = .40) und zweitens um die Korrelation zwischen Nachrichten und Berichten zur aktuellen Politik (r = .39). In beiden Fällen wurden die Items zu einem Index zusammengefasst. Alle anderen bivariaten Korrelationen waren deutlich niedriger, so dass auf eine weitere Indexbildung verzichtet wurde.

Die abgefragte Liste der Programmelemente ist bei weitem nicht vollständig. Viele Angebotsformen, wie z.B. Hörspiele, Sportberichte, Wetterbericht oder fremdsprachliche Angebote konnten aus Gründen der Interviewdauer nicht im Fragebogen berücksichtigt werden. Die gewünschte Bedeutung der Programmelemente Werbung und Sponsoring wurden aus den oben dargelegten Gründe nicht abgefragt.

Abbildung 31   Die Programmelemente des Idealradios

„Auch in der nächsten Frage geht es um Ihre Vorstellungen vom idealen Radio. Ich nenne Ihnen jetzt einiges, was man so im Radio hören kann. Bitte sagen Sie mir jeweils, ob Sie gerne möchten, dass so etwas in Ihrem Idealradio häufig (3), ab und zu (2), selten (1) oder nie (0) gebracht wird."

n ≥ 1513	Mittel-wert	häufig %	nie / selten %
Musik	2,89	90	1
Verkehrsmeldungen	2,58	73	11
Index: Nachrichten / pol. Berichte und Kommentare	2,51		
Nachrichten	2,73	77	3
Berichte und Kommentare zur aktuellen Politik	2,33	53	17
Hinweise auf Veranstaltungen	2,21	45	20
Ein Moderatorenteam, das gemeinsam durch das Programm führt	2,20	48	22
Humorvolle Beiträge: Satire, Comedy, Sketche	2,20	43	18
Programmhinweise auf Beiträge, die später gesendet werden sollen	2,00	35	27
Berichte über Verbrechen und Unfälle	1,98	33	28
Verbrauchertipps und Ratschläge für den Alltag	1,91	34	32
Melodien und Slogans, die helfen, den Sender zu erkennen	1,90	35	34
Informationen über Sänger und Musikgruppen	1,77	25	37
Index: Spiele und Hörerbeteiligung	1,69		
Sendungen, bei denen die Hörer auch selbst zu Wort kommen	1,82	24	33
Spiele, Sendungen zum Mitraten und Mitmachen	1,54	21	48

Daten mit dem bundeslandübergreifenden Faktor für die Gesamtstichprobe gewichtet.

Die Befragten sind sich zwar weitgehend einig darüber, dass Musik häufig im Radio gespielt werden sollte, welche Musik dies jedoch sein sollte, darüber gehen die Meinungen auseinander (Abbildung 32). Noch am ehesten konsensfähig sind Oldies. Zwar möchte selbst bei dieser relativ unspezifischen Musikrichtung weniger als die Hälfte der Befragten, dass solche Musik *häufig* gespielt wird, aber es gibt auf der anderen Seite auch nur sehr wenige, die Oldies völlig ablehnen und sie *nie* hören möchten. Schon auf deutlich mehr Ablehnung stößt die Popmusik. Ungefähr jeder siebte Befragte möchte nicht, dass Popmusik (gleichgültig ob aktuell oder etwas älter) in seinem Idealprogramm gespielt wird. Dennoch sind Oldies und Popmusik die einzigen zumindest tendenziell mehrheitsfähigen Musikrichtungen. Alle anderen Stile polarisieren stark oder werden sogar von der Mehrheit abgelehnt.

Stark polarisieren Klassik und deutsche Schlagermusik mit jeweils rund einem Viertel Anhängern und Gegnern. Bei allen anderen abgefragten Musikrichtungen überwiegt die Zahl derjenigen, die die Musikrichtung ablehnen, deutlich die der Fans. Musik aus den Stilrichtungen Techno, Punk, Hard Rock oder Volksmusik ist jeweils für rund die Hälfte der Befragten etwas, was sie *nicht* in ihrem Idealradio hören möchten. Der Anteil derjenigen, die solche Musik *häufig* hören möchte, bleibt bei allen anderen Stilen unter zwanzig Prozent; bei Hard Rock, Punk und Techno ist er sogar unter zehn Prozent.

Abbildung 32   Die Musikrichtungen des Idealradios

„Ich nenne Ihnen jetzt einige Musikrichtungen. Bitte sagen Sie mir jeweils, ob Sie möchten, dass solche Musik in Ihrem Idealradio häufig (3), ab und zu (2), selten (1) oder nie (0) gespielt wird. Auch hier geht es um Ihre Wünsche, wie Radio sein sollte!"

n ≥ 1480	Mittelwerte	nie %	häufig %
Oldies	2,20	7	46
Popmusik aus den letzten Jahren	2,03	12	42
Aktuelle Popmusik	2,01	15	46
Klassik	1,53	22	22
Deutsche Schlagermusik	1,45	30	25
Jazz	1,33	25	13
Hip Hop	1,11	38	13
Volksmusik	1,05	46	18
Hard Rock / Heavy Metal	0,98	42	9
Punk / Grunge / Independent	0,81	50	7
Techno	0,79	53	7

Daten mit dem bundeslandübergreifenden Faktor für die Gesamtstichprobe gewichtet.

Wenn man eine Faktorenanalyse der Musikrichtungen des Idealradios durchführt, um zu prüfen, welche Musikstile in der Wahrnehmung der Hörer miteinander harmonieren, dann findet man vier Dimensionen: Auf zwei Faktoren findet man Mainstream-Musikrichtungen und auf den anderen beiden Musikstile für Minderheiten. Beide Paare unterscheiden sich dahingehend, dass eine Dimension eher traditionelle und die andere eher aktuelle Stile beinhaltet (Abbildung 33). Interessanter Weise gibt es einige Musikrichtungen, die wie eine Art Brücke zwischen den Musikwelten fungieren. Das ist zum einen der Hip Hop, der sowohl auf dem Faktor *Aktuell für Minderheiten* als auch auf dem Faktor *Aktueller Mainstream* recht hohe Ladungen aufweist. Und das sind zum anderen die Oldies, die eine – wenn auch schwächere – Brücke zwischen aktuellem und traditionellem Mainstream herstellen.

Abbildung 33 Faktorenanalyse der Musikrichtungen des Idealradios

	Aktuell f. Minderheiten	Aktuell Mainstream	Traditionell Mainstream	Traditionell f. Minderheiten
Punk / Grunge / Independent	.83			
Hard Rock / Heavy Metal	.72			
Techno	.61			
Hip Hop	.54	.40		
Popmusik aus den letzten Jahren		.88		
Aktuelle Popmusik		.82		
Deutsche Schlagermusik			.89	
Volksmusik		-.31	.84	
Oldies		.37	.61	
Jazz				.88
Klassik				.75

Daten mit dem bundeslandübergreifenden Faktor für die Gesamtstichprobe gewichtet.
Extraktionsmethode: Hauptkomponentenanalyse. Rotationsmethode: Varimax mit Kaiser-Normalisierung
68 % erklärte Varianz.
Zur Erläuterung der Koeffizienten und statistischen Kennwerte siehe Anhang 3.

Wenn man die Indizes, die auf Basis der Ergebnisse der Faktorenanalyse gebildet worden sind, miteinander korreliert, dann stellt man fest, dass zwischen den Musikstilen teilweise erhebliche Unverträglichkeiten bestehen (Abbildung 34). Insbesondere zwischen dem traditionellen Mainstream und den beiden aktuellen Musikdimensionen findet man relativ starke negative Korrelationen. Positive Korrelationen sind hingegen nur zwischen den beiden aktuellen und den beiden traditionellen Musikrichtungen festzustellen.

Abbildung 34 Korrelationen zwischen den Musikdimensionen

n ≥ 1536	Aktuell Mainstream	Traditionell Mainstream	Traditionell f. Minderheiten
Aktuell f. Minderheiten	.45 ***	-.36 ***	-.16 ***
Aktuell Mainstream		-.20 ***	-.15 ***
Traditionell Mainstream			.20 ***

* p < .05** p < .01 *** p <.001

Zur Erläuterung der Koeffizienten und statistischen Kennwerte siehe Anhang 3.
Daten mit dem bundeslandübergreifenden Faktor für die Gesamtstichprobe gewichtet.

Bemerkenswert ist, dass fast 20 Prozent der Befragten einen oder mehrere weitere Musikstile nannten, als ihnen die offene Frage gestellt wurde, ob es noch eine andere Musikrichtung gäbe, die sie gerne häufig im Radio hören würden. Die von den Hörern gewünschten zusätzlichen Musikrichtungen streuen breit über ganz unterschiedliche Kategorien (Abbildung 35). Relativ häufig – von immerhin vier Prozent der Befragten – wurden Country- und Western-Musik genannt. Ebenfalls von vier Prozent wurde etwas aus der Kategorie Weltmusik gewünscht. Die unter der Rubrik Weltmusik zusammengefassten Stile sind jedoch bei genauerer Betrachtung eine bunte Ansammlung ganz unterschiedlicher Musikrichtungen. Nicht so homogen, wie es auf den ersten Blick aussehen mag, sind auch die Stilkategorien *Klassischer Gesang* und *Rockmusik*, die sich auf den nachfolgenden Plätzen in der Publikumsgunst befinden. Aus der Sicht der jeweiligen Fans setzen sich beide Kategorien sicherlich aus recht unterschiedlichen Musikstilen zusammen.

Abbildung 35   Die Musikrichtungen des Idealradios: Weitere Stile

„Gibt es eine Musikrichtung, die ich jetzt nicht genannt habe, von der Sie gerne möchten, dass solche Musik häufig gespielt wird?"   (n = 1547)

Musikstil	von den Befragten genannte Musikrichtungen	%
Country	Country, Western	4
Weltmusik	Chanson, ethnische Musik, Ethno, Folklore aus fernen Ländern, Weltmusik, französisch, italienisch, spanische, jüdische, irische, türkische Musik, europäische Popmusik, Südamerika, Salsa, Lateinamerika, Folk, Liedermacher, Folkrock, New Age, Entspannungsmusik, Meditation	4
Klassischer Gesang	Operette, Oper, Musical	3
Rockmusik	Rock, Klassik Rock, Symphonic Rock, Alternative Rock, Kuschelrock, Emotional Rock, Celtic Rock, Rock ´n Roll	2
Soul	Soul, Rhythm´n Blues, Black Music	2
Blues	Blues	2
Reggae	Reggae, Raga, Ska, Dancehall	1
Blasmusik	Blasmusik, Marschmusik	1
Deutsche Musik	Deutscher Rock, Neue Deutsche Welle, Deutscher Pop, deutsche Musik	1
Kirchenmusik	kirchliche Musik, christliche Musik, religiöse Musik, Gospel	1

Daten mit dem bundeslandübergreifenden Faktor für die Gesamtstichprobe gewichtet.

7.3   Erwartungen an das Idealradio: Qualität als Spannungsbogen

Die Qualitätserwartungen an das Idealradio, die als Spannungsbögen mit jeweils zwei Items operationalisiert wurden, sind in Abbildung 37 dargestellt. In den beiden äußeren Spalten findet sich der Wortlaut des jeweiligen Itempaares und in den mittleren Spalten sind die Mittelwerte der Spannung und der Spannungspräferenzen abgetragen.

Die Berechnung der Konstrukte Präferenz und Spannung erfolgte in Anlehnung an die im Kapitel 6 dargestellten Überlegungen zur Berechnung der Qualitätssurteile. Die Präferenz wird ermittelt, indem zunächst eine der beiden Skalen des Spannungsbogens umgepolt wird und dann von den beiden Skalen des jeweiligen Spannungsbogens der Mittelwert gebildet wird. In den nachfolgend präsentierten Abbildungen werden die Spannungs- und Präferenz-Items in der Form Pol-1 vs. Pol-2 benannt, also beispielsweise Aktualität vs. Sorgfalt. Bei den Präferenz-Items ist der zuerst genannte Pol (also hier die Aktualität) *immer* mit dem Wert „1" codiert, während der zuletzt genannte Pol (im Beispiel die Sorgfalt) *immer* mit dem Wert „5" vercodet wurde. Ein Mittelwert von 2,0 bedeutet demnach, dass die Befragten im Durchschnitt mehr die Aktualität präferieren. Ein Mittelwert von 4,0 besagt hingegen, dass die Hörer im Durchschnitt der Sorgfalt eine größere Bedeutung zusprechen.

Der Grad der Spannung auf den verschiedenen Spannungsbögen wird genauso ermittelt, ohne jedoch vorher eine der Skalen zu drehen. Inhaltlich bedeuten somit niedrige Spannungswerte, dass keine der beiden Qualitätsaspekte der zugehörigen Dimension für den Befragten besonders wichtig ist. Hohe Werte bedeuten hingegen, dass beide Merkmale stark gewünscht werden. Da die beiden Anforderungen, die durch die Pole des Spannungsbogens markiert werden, sich tendenziell widersprechen, d.h. nur schwer miteinander vereinbar sind, sind hohe Werte ein Ausdruck für Spannung zwischen den Idealen. Je stärker die widerstrebenden Anforderungen gleichzeitig nachgefragt werden, desto höher sind die Werte auf der Spannungsdimension und desto größer ist die Spannung. Hohe Werte auf der Spannungsdimension signalisieren also hohe Spannung.

Wie man der Abbildung 36 entnehmen kann – in der beispielhaft der Spannungsbogen zwischen Konflikt und Harmonie dargestellt wurde – variieren die beiden Dimensionen nicht völlig unabhängig voneinander. Extrem hohe Spannung (Tension) und extrem niedrige Spannung (Indifferenz) gehen – logisch und rechnerisch – einher mit ausgewogenen Präferenzen. Bei einer mittleren Spannung ist hingegen alles möglich: Klare Präferenzen für einen der beiden Pole, aber auch Präferenzen für mittlere Positionen auf der Präferenzskala.

Die Ergebnisse der Mittelwertberechnungen zeigen, dass vor allem zwischen den Polen Sorgfalt und Aktualität eine sehr starke Spannung herrscht. Große Spannungen gibt es auch zwischen den Gegensatzpolen globale und regionale Ausrichtung der Berichterstattung und zwischen den Anforderungen Seriosität und Lockerheit in der Moderation. Bei den Spannungsbögen Nebenbeiradio vs. Zuhörradio, Konflikt vs. Harmonie, Gefühl vs. Geist und Wahrheit vs. Rücksichtnahme sind die Spannungsgegensätze etwas geringer, aber immer noch ausgeprägt vorhanden. Unter den acht abgefragten Dimensionen gibt es überhaupt nur eine, bei der keine Spannung (keine Tension) festgestellt werden konnte, die also in Richtung Indifferenz tendiert. Dabei handelt es sich um das Paar Überraschung und Erwartbarkeit in der Musik.

Abbildung 36   Kombination von Spannungsstärke und Spannungspräferenz am
Beispiel Konflikt vs. Harmonie

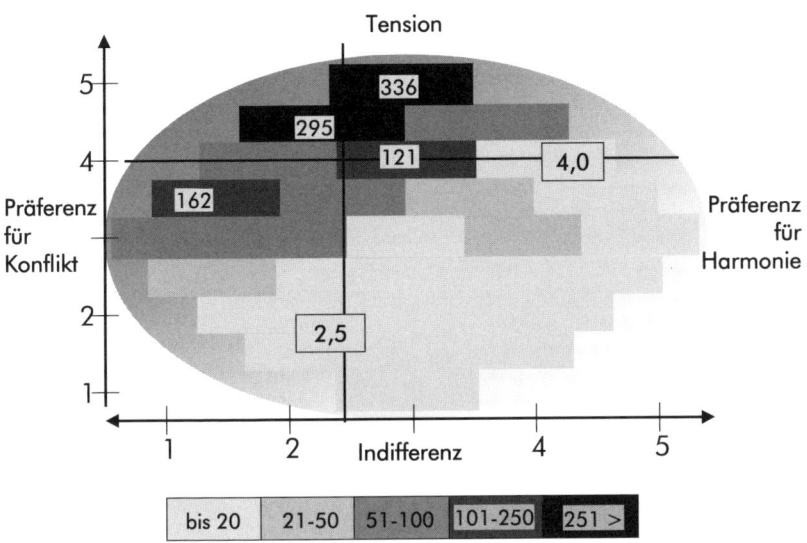

Schaut man sich nun an, bei welchem Pol der Spannungsbögen die Befragten
ihre Präferenzen haben, dann stellt man bei den meisten Itempaaren fest, dass
die durchschnittliche Präferenz jeweils nahe am Skalenmittelwert zu finden ist,
d.h. im Durchschnitt aller Befragten soll das Idealradio sowohl die eine Qualitätserwartung als auch die andere realisieren. Etwas größere Abweichungen gibt
es nur bei zwei Spannungsbögen. Bei den Gegensatzpolen Konflikt vs. Harmonie entscheiden sich die Befragten etwas stärker für den Konflikt, und wenn es
um Wahrheit oder Rücksichtnahme geht, dann soll das Idealradio nach Ansicht
der Befragten doch eher die Wahrheit bringen.

Abbildung 37   Spannungspräferenzen und Spannungsstärken

n ≥ 1509

„Wie ein richtig gutes Radio sein sollte, darüber gehen ja die Meinungen auseinander. Ich nenne Ihnen jetzt einige Aussagen zum Radio. Sagen Sie mir bitte Ihre Meinung dazu. Es gibt fünf Antwortmöglichkeiten: Sagen Sie bitte bei jeder Aussage, ob Sie völlig zustimmen (5), teilweise zustimmen (4), unentschieden sind (3), teilweise ablehnen (2) oder völlig ablehnen (1)."

Mittelwerte der Präferenz

1 = eindeutige Präferenz für Aktualität, Regionalität, Nähe, Nebenbeiradio, Konflikt, Intellektualität, Wahrheit, Überraschung.

3 = gleichstarke Präferenz für beide Pole

5 = eindeutige Präferenz für Sorgfalt, Globalität, Distanz, Zuhörradio, Harmonie, Emotionalität, Rücksicht, Erwartbarkeit.

Mittelwert der Spannung

1 = Indifferenz (keine Bewertungsrelevanz der Pole)

3 = Konsistenz (keine Spannung zwischen den beiden Polen)

5 = Tension (extreme Spannung zwischen den beiden Polen des Spannungsbogens)

	Mittelwert Spannung	Mittelwert Präferenz	
Aktualität: Bei einem guten Radio-programm muss man sofort erfahren, wenn es etwas Neues in der Welt gibt.	4,8	3,1	Sorgfalt: Ein gutes Radioprogramm muss erst die Informationen sorgfältig prüfen, bevor etwas gesendet wird.
Regionalität: Ein gutes Radio sollte vor allem über das Geschehen in der Region berichten.	4,5	3,1	Globalität: Ein gutes Radio sollte über den regionalen Tellerrand schauen und vor allem darüber berichten, was drau-ßen in der Welt geschieht.
Nähe: Bei einem guten Radio-programm sollten die Moderatoren ganz locker und unverkrampft sein.	4,5	2,8	Distanz: Bei einem guten Radio-programm sollten die Moderatoren einen seriösen Eindruck machen.
Nebenbeiradio: Gutes Radio sollte so sein, dass es nicht stört und die ganze Zeit im Hintergrund laufen kann.	4,1	3,0	Zuhörradio: Gutes Radio sollte so sein, dass man am liebsten die ganze Zeit aufmerksam zuhören möchte.
Konflikt: Bei einem guten Radio-programm sollte man vor allem etwas über Probleme und Konflikte in der Welt erfahren.	4,0	2,5	Harmonie: Ein gutes Radioprogramm sollte besonders über die schönen Dinge auf dieser Welt berichten.
Intellektualität: Ein gutes Radiopro-gramm muss vor allem Stoff zum Nachdenken bieten.	3,9	3,0	Emotionalität: Ein gutes Radio sollte Dinge bringen, die die Gefühle der Menschen bewegen.
Wahrheit: Ein gutes Radioprogramm sollte auf jeden Fall die ungeschminkte Wahrheit bringen.	3,9	2,1	Rücksichtnahme: Wahrheit ist nicht alles! Ein gutes Radioprogramm nimmt Rücksicht darauf, dass es manchmal besser ist, die Dinge auf sich beruhen zu lassen.
Überraschung: Bei einem guten Radio-programm sollte man nie wissen, wel-che Musikrichtung als nächstes kommt.	2,8	2,8	Erwartbarkeit: Ein gutes Radiopro-gramm sollte verlässlich eine Musikrich-tung spielen und nicht mal dieses und mal jenes.

Daten mit dem bundesländübergreifenden Faktor für die Gesamtstichprobe gewichtet.

Die Itempaare, die zur Konstruktion des jeweiligen Präferenz-Items zusammengefasst wurden, müssten eigentlich deutlich negativ miteinander korrelieren – bevor dann eines von beiden für die Indexbildung umgepolt wird. Schaut man sich nun aber die bivariaten Korrelationen an (Abbildung 38), dann stellt man fest, dass überhaupt nur bei drei von acht Paaren negative Zusammenhänge festzustellen sind, bei den anderen fünf findet man hingegen positive Korrelationen. Als Gegensätze, die sich zumindest tendenziell ausschließen, werden nur Überraschung vs. Erwartbarkeit in der Musik (r = -.13) und Wahrheit vs. Rücksichtnahme (r = -.08) von den Befragten angesehen. Ganz anders hingegen das Itempaar Intellektualität und Emotionalität: Diese beiden Anforderungen korrelieren positiv (r= .29): Das heißt, je mehr eine Person die eine Eigenschaft wünscht, desto stärker möchte sie gleichzeitig, dass auch die andere – prinzipiell entgegengesetzte – Eigenschaft auf ihr Idealprogramm zutrifft. Von diesem Item einmal abgesehen, sind die korrelativen Zusammenhänge zwischen den Variablen aber nur gering, d.h. es gibt keine ausgeprägten systematischen Beziehungen zwischen den Gegensatzpolen.

Bisher wurde nur analysiert, welche Erwartungen die Hörer allgemein an ihr Idealradio haben. Im nächsten Analyseschritt wird geprüft, ob sich diese Erwartungen zwischen den regelmäßigen Nutzern der verschiedenen Programme unterscheiden. Dafür werden die Qualitätserwartungen derjenigen Hörer berechnet, die angeben, dass jeweilige Programme mindestens einmal pro Woche zu nutzen. Die Ergebnisse werden differenziert nach dem Grad der Spannung zwischen den beiden Polen und der Richtung der Präferenz dargestellt (Abbildung 39 und Abbildung 40).

Beim Spannungsbogen zwischen *Nebenbeiradio und Zuhörradio* zeigt sich, dass bei den Hörern jener Sender, die in den beiden neuen Bundesländern ausgestrahlt werden, im Durchschnitt eine stärkere Spannung zwischen den beiden Polen festzustellen ist. Besonders ausgeprägt ist die Spannung bei den Hörern der beiden Landeswellen des MDR sowie bei den Nutzern von Radio SAW und Hit-Radio Brocken. Am niedrigsten ist die Spannung bei den Nutzern von hr2 - die Kulturwelle. Die hr2-Hörer haben dann auch die deutlichste Präferenz für eine der beiden Seiten: sie wünschen sich eher ein Zuhörradio. Ebenfalls stärker in Richtung Zuhörmedium tendieren die Hörer von DeutschlandRadio, Deutschlandfunk, hr1 - das Informationsradio und MDR Kultur. Zusammenfassend kann man sagen, dass diejenigen, die stark informationsorientierte oder eher an einem klassischen Begriff der Hochkultur orientierte Sender nutzen, etwas stärker von ihrem Idealradio erwarten, dass man ihm am liebsten die ganze Zeit zuhören möchte. Bei der Interpretation der Befunde sollte man jedoch nicht vergessen, dass auch bei diesen Hörergruppen die gemessenen Präferenzwerte nur wenig vom Skalenmittelwert abweichen. Dies gilt auch für alle anderen Spannungsbögen. Es gibt zwar einige Unterschiede zwischen den Hörergruppen, aber diese sind immer nur graduell und nicht grundlegend.

Abbildung 38 Spannungsbögen: Korrelationen zwischen den Indikatoren für die gegenüberliegenden Pole der Spannungsbögen

„Wie ein richtig gutes Radio sein sollte, darüber gehen ja die Meinungen auseinander. Ich nenne Ihnen jetzt einige Aussagen zum Radio. Sagen Sie mir bitte Ihre Meinung dazu. Es gibt fünf Antwortmöglichkeiten: Sagen Sie bitte bei jeder Aussage, ob Sie völlig zustimmen (5), teilweise zustimmen (4), unentschieden sind (3), teilweise ablehnen (2) oder völlig ablehnen (1). Ganz wichtig ist: Es geht hier um Ihre Wünsche! Es geht nicht darum, wie die Radioprogramme, die Sie hören, tatsächlich sind!"

n ≥ 1509

Überraschung: Bei einem guten Radioprogramm sollte man nie wissen, welche Musikrichtung als nächstes kommt.	-.13***	Erwartbarkeit: Ein gutes Radioprogramm sollte verlässlich eine Musikrichtung spielen und nicht mal dieses und mal jenes.
Wahrheit: Ein gutes Radioprogramm sollte auf jeden Fall die ungeschminkte Wahrheit bringen.	-.08**	Rücksichtnahme: Wahrheit ist nicht alles! Ein gutes Radioprogramm nimmt Rücksicht darauf, dass es manchmal besser ist, die Dinge auf sich beruhen zu lassen.
Nähe: Bei einem guten Radioprogramm sollten die Moderatoren ganz locker und unverkrampft sein.	-.03	Distanz: Bei einem guten Radioprogramm sollten die Moderatoren einen seriösen Eindruck machen.
Aktualität: Bei einem guten Radioprogramm muss man sofort erfahren, wenn es etwas Neues in der Welt gibt.	.05*	Sorgfalt: Ein gutes Radioprogramm muss erst die Informationen sorgfältig prüfen, bevor etwas gesendet wird.
Nebenbeiradio: Gutes Radio sollte so sein, dass es nicht stört und die ganze Zeit im Hintergrund laufen kann.	.06*	Zuhörradio: Gutes Radio sollte so sein, dass man am liebsten die ganz Zeit aufmerksam zuhören möchte.
Regionalität: Ein gutes Radio sollte vor allem über das Geschehen in der Region berichten.	.08**	Globalität: Ein gutes Radio sollte über den regionalen Tellerrand schauen und vor allem darüber berichten, was draußen in der Welt geschieht.
Konflikt: Bei einem guten Radioprogramm sollte man vor allem etwas über Probleme und Konflikte in der Welt erfahren.	.08**	Harmonie: Ein gutes Radioprogramm sollte besonders über die schönen Dinge auf dieser Welt berichten.
Intellektualität: Ein gutes Radioprogramm muss vor allem Stoff zum Nachdenken bieten.	.29***	Emotionalität: Ein gutes Radio sollte Dinge bringen, die die Gefühle der Menschen bewegen.

* p < .05 ** p < .01   *** p < .001

Zur Erläuterung der Koeffizienten und statistischen Kennwerte siehe Anhang 3.
Daten mit dem bundeslandübergreifenden Faktor für die Gesamtstichprobe gewichtet.

Auf dem Spannungsbogen zwischen *Regionalität und Globalität* ist bei den Hörern aller Sender eine relativ starke Spannung festzustellen. Es gibt aber zwei Hörergruppen, die hier besonders hohe Werte aufweisen, dabei handelt es sich um die Nutzer der beiden MDR-Landeswellen. Auf der anderen Seite gibt es aber auch zwei Gruppen, bei denen auf dieser Dimension eine unterdurchschnittliche Spannung festzustellen ist, dabei handelt es sich um die Hörer der jugendorientierten Sender Project 89.0 und Planet Radio. Bei den Präferenzen findet man ebenfalls eine recht große Homogenität zwischen den Rezipienten der verschiedenen Sender. Bis auf drei Ausnahmen bewegen sich die Mittelwerte mit maximal 0,1 Skalenpunkten Abweichung um den Skalenmittelwert. Bei den Ausnahmen handelt es um DeutschlandRadio, Deutschlandfunk und hr2 - die Kulturwelle. Die Hörer dieser drei Sender präferieren etwas stärker eine globale Ausrichtung des Programms.

Die Spannungen zwischen *Erwartbarkeit und Überraschung* sind bei den Hörern der meisten Sender aus Hessen (Planet Radio, Hit-Radio FFH, hr2 und hr3) besonders niedrig und bei den Hörern der meisten Sender aus Sachsen-Anhalt (MDR 1, Hit-Radio Brocken, Radio SAW und Rockland) sowie bei den Hörern der beiden überregionalen öffentlich-rechtlichen Sender (DeutschlandRadio und Deutschlandfunk) etwas höher. Bei den Präferenzen gibt es ein relativ breites Feld an Hörern, die etwas stärker in Richtung Überraschung tendieren: Das sind die Rezipienten von sechs Privatradios in Thüringen und Sachsen-Anhalt (Antenne Thüringen, Landeswelle Thüringen, Radio TOP 40, Radio SAW, Hit-Radio Brocken und Rockland), darüber hinaus aber auch die regelmäßigen Nutzer von JUMP und MDR 1 Sachsen-Anhalt sowie von Planet Radio. In die andere Richtung weichen nur drei Nutzergruppen ab: Die Hörer von hr1 - das Informationsradio und hr2 - die Kulturwelle sowie die von DeutschlandRadio, sie präferieren alle etwas stärker die Erwartbarkeit.

Auf der Dimension *Intellektualität vs. Emotionalität* gibt es zwischen den Hörerschaften der verschiedenen Sender teilweise recht starke Unterschiede im Spannungsgrad. Relativ niedrige Spannungen findet man bei mehreren eher jugendorientierten Sendern: Radio TOP 40, Project 89.0, Planet Radio, hr3 - die junge Welle und Hit-Radio FFH, überdurchschnittlich starke Spannungen hingegen bei den Sendern mit älteren Hörerschaften. Dabei handelt es sich um die regelmäßigen Nutzer von DeutschlandRadio, Deutschlandfunk, hr2 - die Kulturwelle, MDR Kultur und den beiden MDR Landeswellen. Ähnlich verhält es sich auch mit den Präferenzen auf diesem Spannungsbogen, allerdings sind hier die Unterschiede weniger ausgeprägt und die Gruppen nicht so klar abgegrenzt: Etwas stärkere Präferenzen für Emotionalität haben die Hörer von Radio TOP 40, Project 89.0 und Radio SAW, eher zur Intellektualität tendieren hingegen die regelmäßigen Nutzer von hr2 - die Kulturwelle, Deutschlandfunk und hr1 - das Informationsradio.

Abbildung 39   Erwartungen an das Radio, differenziert nach Nutzergruppen (I)

Regelmäßige Hörer von...	n ≥	Nebenbeimedium vs. Zuhörradio		Regionalität vs. Globalität		Überraschung vs. Erwartbarkeit		Intellektualität vs. Emotionalität	
		Spannung M	Präferenz M	Spannung M	Präferenz M	Spannung M	Präferenz M	Spannung M	Präferenz M
Antenne Th.	356	4,2	2,8	4,5	3,0	2,8	2,6	4,0	3,0
Landeswelle Th.	267	4,2	2,8	4,6	2,9	2,9	2,6	4,0	3,0
TOP 40	26	4,2	2,8	4,5	2,9	2,7	2,6	3,7	3,3
MDR 1 Radio Th.	237	4,3	2,9	4,7	2,9	3,0	2,7	4,2	3,0
JUMP*	358	4,2	2,8	4,5	3,0	2,9	2,5	3,8	3,1
MDR Kultur*	91	4,0	3,1	4,4	3,1	2,9	2,7	4,2	2,9
MDR 1 Radio S.-A.	251	4,3	2,9	4,7	2,9	3,1	2,6	4,3	3,1
SAW	386	4,3	2,8	4,6	3,0	3,0	2,5	4,0	3,2
Brocken	229	4,3	2,8	4,6	2,9	3,0	2,6	4,1	3,1
Rockland	78	4,2	2,9	4,4	3,0	3,1	2,6	4,0	3,0
Project 89.0	115	4,1	2,9	4,2	3,1	2,7	2,7	3,5	3,2
FFH	347	4,0	2,9	4,4	3,1	2,6	2,8	3,7	3,1
Planet	121	4,0	2,8	4,3	3,1	2,5	2,6	3,6	3,1
hr1 Info	156	3,8	3,2	4,5	3,1	2,8	3,1	4,0	2,8
hr2 Kultur	69	3,7	3,5	4,4	3,3	2,6	3,3	4,2	2,7
hr3 junge Welle	309	3,9	2,9	4,5	3,1	2,6	2,8	3,7	3,0
hr4 Service	160	3,9	3,0	4,6	3,0	2,8	2,9	4,0	2,9
DeutschlandRadio*	80	4,1	3,4	4,4	3,2	3,0	3,1	4,4	2,9
Deutschlandfunk*	208	4,0	3,2	4,5	3,2	3,0	2,8	4,2	2,8

* Daten mit dem bundeslandübergreifenden Faktor für die Gesamtstichprobe gewichtet - alle anderen Daten innerhalb der einzelnen Länder gewichtet.
M = Mittelwert

Der fünfte Spannungsbogen (Abbildung 40) bezieht sich auf das Verhältnis von *Nähe und Distanz* bei der Moderation. Bei dieser Dimension sind die Unterschiede bezüglich der Spannung zwischen den beiden Polen eher gering. Die höchsten Spannungen sind hier bei den Hörern der beiden Landeswellen des MDR festzustellen, die niedrigsten bei zwei hessischen Sendern, Planet Radio und hr3. Der Abstand zwischen der niedrigsten und der höchsten Spannung beträgt aber gerade einmal 0,3 Skalenpunkte. Ausgeprägter sind die Unterschiede bei den Präferenzen. Vor allem die Hörer der Sender mit einem eher jungen Publikum präferieren stärker einen lockeren Moderationsstil. Dabei handelt es sich um Planet Radio, Project 89.0, Radio TOP 40, Hit-Radio FFH und hr3. Ein wenig distanzierter wünschen sich die Hörer von MDR Kultur, Deutschlandfunk und DeutschlandRadio die Moderation ihres Idealradios.

Auch auf der Spannungsdimension *Wahrheit vs. Rücksichtnahme,* findet man nur relativ geringe Unterschiede bezüglich der Spannung. Wieder sind es die bereits beim vorherigen Spannungsbogen benannten fünf Sender mit dem etwas jüngeren Publikum, die gemeinsam eine Gruppe bilden, hier jedoch hinsichtlich des Ausmaßes der Spannung. Bei ihnen ist eine geringere Spannung festzustellen. Eine leicht überdurchschnittliche Spannung zeigt sich bei drei Sendern aus Sachsen-Anhalt und zwar bei Hit-Radio Brocken, Rockland und MDR 1 sowie bei DeutschlandRadio. Auch bei den Präferenzen findet man nur geringfügige Unterschiede. Die Hörer der verschiedenen Sender unterscheiden sich nur minimal. Die einzigen, die ein wenig stärker vom Durchschnitt abweichen, sind die regelmäßigen Nutzer von Rockland Sachsen-Anhalt und Hit-Radio Brocken sowie von Deutschlandfunk und DeutschlandRadio. Deren Idealradio sollte sich ein wenig stärker dem Pol Rücksichtnahme zuneigen.

Die Spannung zwischen *Konflikt und Harmonie* ist etwas ausgeprägter als bei den beiden zuvor diskutierten Dimensionen, das Muster der Hörerpräferenzen ist aber sehr ähnlich: Bei den Hörern der drei Sendern mit eher jungem Publikum sind die Spannungen gering, bei den regelmäßigen Hörern der beiden MDR-Landeswellen und bei denen von DeutschlandRadio sind sie überdurchschnittlich hoch. Die Präferenzen der verschiedenen Hörergruppen unterscheiden sich jedoch nur wenig. Geringe Abweichungen vom Mittelwert in Richtung Harmonie findet man bei den Nutzern von MDR 1 Radio Sachsen-Anhalt, Rockland Sachsen-Anhalt, hr4 - das Serviceradio und von DeutschlandRadio; den Konflikt hingegen präferieren die Hörer von hr1 - das Informationsradio und hr2 - die Kulturwelle etwas stärker.

Bei der letzten Spannungsdimension – der zwischen *Aktualität und Sorgfalt* – findet man weder hinsichtlich der Spannung noch bezüglich der Präferenzen erwähnenswerte Unterschiede zwischen den Hörern der verschiedenen Sender. Die Spannung zwischen den Erwartungen ist bei allen sehr hoch, und die Präferenzen liegen bei allen sehr nahe am Skalenmittelwert.

Die verschiedenen Erwartungsmessungen – sowohl die sechzehn Einzel-Items, als auch die zu acht Spannungsbögen zusammengefassten Indizes – wurden mit Faktorenanalysen daraufhin geprüft, ob sie sich zu übergreifenden Dimensionen zusammenfassen lassen. Die dabei ermittelten Faktorlösungen ließen sich aber nicht inhaltlich sinnvoll interpretieren, zudem waren die Hauptladungen der Items überwiegend niedrig und die Nebenladungen zum Teil sehr hoch, so dass auf eine Zusammenfassung der Erwartungs-Items verzichtet wurde.

Abbildung 40 Erwartungen an das Radio, differenziert nach Nutzergruppen (II)

Regelmäßige Hörer von...	n ≥	Nähe vs. Distanz		Wahrheit vs. Rücksicht-nahme		Konflikt vs. Harmonie		Aktualität vs. Sorgfalt	
		Span-nung	Prä-ferenz	Span-nung	Prä-ferenz	Span-nung	Prä-ferenz	Span-nung	Prä-ferenz
		M	M	M	M	M	M	M	M
Antenne Th.	354	4,6	2,8	3,9	2,1	4,0	2,5	4,8	3,0
Landeswelle Th.	265	4,6	2,8	3,9	2,1	4,1	2,5	4,8	3,0
TOP 40	26	4,5	2,6	3,8	2,0	3,6	2,5	4,8	3,0
MDR 1 Radio Th.	231	4,7	2,9	4,0	2,1	4,3	2,6	4,8	3,0
JUMP*	500	4,6	2,8	3,9	2,2	3,9	2,5	4,8	3,0
MDR Kultur*	126	4,6	3,1	4,0	2,1	4,0	2,5	4,7	3,1
MDR 1 Radio S.-A.	252	4,7	2,9	4,1	2,2	4,3	2,7	4,8	3,0
SAW	386	4,6	2,8	4,0	2,2	4,1	2,6	4,8	3,0
Brocken	225	4,6	2,9	4,1	2,3	4,2	2,6	4,8	3,0
Rockland	75	4,6	2,8	4,1	2,4	4,1	2,7	4,7	3,0
Project 89.0	114	4,5	2,7	3,8	2,2	3,7	2,6	4,7	3,0
FFH	342	4,5	2,7	3,8	2,1	3,8	2,5	4,7	3,1
Planet	119	4,4	2,5	3,8	2,1	3,7	2,5	4,6	3,1
hr1 Info	160	4,5	2,9	4,0	2,2	4,0	2,4	4,8	3,1
hr2 Kultur	72	4,5	2,9	4,0	2,1	3,8	2,4	4,7	3,2
hr3 junge Welle	304	4,4	2,7	3,8	2,1	3,8	2,5	4,7	3,1
hr4 Service	164	4,6	2,8	3,9	2,0	4,1	2,7	4,8	3,1
DeutschlandRadio*	81	4,7	3,0	4,1	2,3	4,3	2,7	4,8	3,1
Deutschlandfunk*	207	4,6	3,1	4,0	2,3	4,2	2,6	4,7	3,2

* Daten mit dem bundeslandübergreifenden Faktor für die Gesamtstichprobe gewichtet - alle anderen Daten innerhalb der einzelnen Länder gewichtet.
M = Mittelwert

7.4   Wahrnehmung des Realradios: Qualität als Spannungsbogen

Schaut man sich nun an, wie die meistgehörten Sender wahrgenommen werden, dann stellt man fest, dass bei den verschiedenen Qualitätsdimension sehr unterschiedliche Verteilungen festzustellen sind (Abbildung 41). Ein senderübergreifendes einheitliches Muster der Wahrnehmung gibt es nicht. Relativ klare Mehrheiten für einen der beiden Pole findet man bei der Wahrnehmung der Moderation und beim Bedarf an Aufmerksamkeit, der von einem Programm eingefordert wird: Die weitaus meisten Befragten empfinden die Moderation des von ihnen an meisten gehörten Senders eher als locker und unverkrampft und attestieren dem Programm, dass es eher zum Nebenbeihören geeignet ist. Eine stärker polarisierte Wahrnehmung gibt es bei der Dimensionen Überraschung in

Abbildung 41   Wahrnehmung des meistgehörten Senders

„Ich würde jetzt gerne noch etwas mehr über XY wissen, vor allem, wie Sie den Sender beurteilen. Ich lese Ihnen jetzt einige Fragen dazu vor: Bitte sagen Sie jeweils, was davon auf XY zutrifft!" (n ≥ 1440)

Sind die Moderatoren bei XY ganz locker und unverkrampft oder machen sie eher einen seriösen Eindruck?	sind locker und un-verkrampft	[unentschieden, sowohl als auch]	sind seriös
	76 %	13 %	11 %
Ist XY ein Radio, bei dem man die ganze Zeit aufmerksam zuhören möchte, oder ein Radio, das man gut nebenbei laufen lassen kann?	eher zum Neben-beihören	[unentschieden, sowohl als auch]	eher zum auf-merksam Zuhören
	64 %	21 %	15 %
Spielt XY verlässlich eine Musikrichtung oder weiß man nie genau, welche Musikrichtung als nächstes kommt?	unsicher, welche Musikrichtung kommt	[unentschieden, sowohl als auch]	spielt verlässlich eine Musikrich-tung
	49 %	12 %	39 %
Ist es typisch für XY, dass man alle Neuigkeiten möglichst schnell erfährt oder dass alle Informationen erst sorgfältig geprüft werden?	Schnelligkeit ist typisch	[unentschieden, sowohl als auch]	sorgfältiges Prü-fen ist typisch
	48 %	20 %	32 %
Bringt XY immer die unge-schminkte Wahrheit oder nimmt der Sender manchmal Rücksicht und lässt die Dinge auf sich beruhen?	bringt ungeschmink-te Wahrheit	[unentschieden, sowohl als auch]	lässt Dinge auf sich beruhen
	53 %	24 %	23 %
Bringt XY vor allem Dinge, die die Gefühle der Menschen bewegen, oder vor allem Stoff zum Nachdenken?	bringt Stoff zum Nachdenken	[unentschieden, sowohl als auch]	bringt Dinge, die bewegen
	20 %	46 %	34 %
Berichtet XY vor allem über Probleme und Konflikte oder mehr über die schönen Dinge auf dieser Welt?	berichtet über Prob-leme und Konflikte	[unentschieden, sowohl als auch]	berichtet über schöne Dinge
	33 %	47 %	20 %
Berichtet XY vor allem über das Geschehen in der Region oder vor allem darüber, was drau-ßen in der Welt geschieht?	über die Region	[unentschieden, sowohl als auch]	über die Welt
	34 %	48 %	18 %

Daten mit dem bundesländübergreifenden Faktor für die Gesamtstichprobe gewichtet.

der Musik und tendenziell auch bei den Spannungsbögen Aktualität vs. Sorgfalt und Wahrheit vs. Rücksichtnahme. Ein Teil der Befragten empfindet die Musik, die im Radio gespielt wird, eher als überraschend, ein anderer, allerdings etwas kleinerer Teil, als erwartbar. Deutlicher in Richtung des einen Pols verschoben ist die Wahrnehmung auf der Aktualitäts-Sorgfalt-Dimension: Mehr Befragte sehen die Aktualität bei ihrem Sender im Vordergrund stehen, aber immerhin fast ein Drittel meint, das gründliche, aber langwierige Prüfen von Informationen wäre typisch für das von ihnen meistgehörte Programm. Weniger polarisiert als bei den beiden zuvor genannten Dimensionen, andererseits aber auch wesentlich weniger eindeutig als bei den beiden erstgenannten Spannungsbögen fällt die Wahrnehmung des Wahrheitsaspekts aus. Gut 50 Prozent der Befragten sehen bei ihrem Sender die Wahrheit dominieren, aber immerhin fast ein Viertel meint, ihr Sender nehme eher Rücksicht und verzichte schon mal auf die Wahrheit um jeden Preis. Bei den restlichen drei Spannungsbögen dominiert die mittlere Position. Obwohl den Befragten diese Antwortvorgabe nicht explizit angeboten wurde, hat jeweils die Hälfte der Befragten diese Mittelposition gewählt, da sie sich nicht entscheiden konnte, welche der beiden Eigenschaften stärker zutrifft. Sowohl bei der Intellektualitäts-Emotions-Dimension als auch bei der Konflikt-Harmonie-Dimension und der Regional-Global-Dimension ist dies der Fall. Die verbleibenden 50 Prozent der Befragten verteilen sich dann jedoch nicht gleichmäßig auf die beiden Pole, sondern ungefähr im Verhältnis sieben zu vier zugunsten von Emotion, Konflikt und Region.

Im nächsten Schritt werden die Unterschiede in der Wahrnehmung differenziert für die verschiedenen Sender dargestellt (Abbildung 42 bis Abbildung 49). Da jeder Befragte immer nur zu einem – und zwar zu dem von ihm am meisten genutzten Sender – befragt werden konnte, unterscheiden sich die Fallzahlen deutlich, auf denen die in den Abbildungen dargestellten Prozentwerte beruhen. Bei allen Sendern, bei denen von weniger als zehn Personen Daten vorlagen, wurde auf die Wiedergabe in den Abbildungen verzichtet.

Bei der Entscheidung, ob das von ihnen meistgenutzte Medium eher ein *Nebenbeiradio* ist oder eher ein *Zuhörradio*, tendiert bei den meisten Programmen die überwiegende Anzahl der Hörer (zwei Drittel bis drei Viertel) dazu, den jeweiligen Sender als Nebenbeiradio zu charakterisieren (Abbildung 42). Etwas niedriger ist die Zustimmung zu einer solchen Bezeichnung ihres favorisierten Senders bei den Hörern der beiden MDR-Landeswellen und der Servicewelle des Hessischen Rundfunks. Deutlich anders ist die Einschätzung hingegen bei den Nutzern der Kulturprogramme des MDR und des Hessischen Rundfunks sowie bei denen der informationsorientierten Programme hr1 und Deutschlandfunk. Bei diesen Sendern sind es nur relativ kleine Minderheiten (6 - 28 Prozent), die die Programme als Hintergrundmedien bezeichnen. Es ist aber auf der anderen Seite auch festzuhalten, dass nur bei einem Sender (Deutschlandfunk) eine klare Mehrheit der Hörer meint, es handle sich eindeutig um ein Zuhörprogramm; bei den anderen drei findet man jeweils auch große Gruppen in der Hörerschaft, die unentschieden sind und sowohl die eine als auch die andere Eigenschaft wahrnehmen.

Abbildung 42 Wahrnehmung der Sender: Nebenbeiradio vs. Zuhörradio

	Nebenbeiradio	unentschieden	Zuhörradio	
	%	%	%	n
Antenne Th.	73	18	10	143
Landeswelle Th.	79	15	6	66
MDR 1 Radio Th.	54	24	22	132
JUMP*	76	16	8	125
MDR Kultur*	14	43	43	14
MDR 1 Radio S.-A.	61	25	14	132
SAW	69	23	8	174
Brocken	72	23	8	39
Project 89.0	80	10	10	40
FFH	74	17	9	187
Planet	77	17	7	30
hr1 Info	28	28	44	46
hr2 Kultur	17	22	61	18
hr3 junge Welle	66	24	10	103
hr4 Service	57	30	13	70
Deutschlandfunk*	6	3	91	32

* Daten mit dem bundeslandübergreifenden Faktor für die Gesamtstichprobe gewichtet - alle anderen Daten innerhalb der einzelnen Länder gewichtet.

Beim Spannungsfeld von *Globalität und Regionalität* sieht die überwiegende Anzahl der Hörer ihren Sender eher beim Pol der Regionalität oder sie nimmt die Berücksichtigung dieser beiden Aspekte als ausgeglichen wahr (Abbildung 43). Bei den meisten Sendern sind dies zusammengenommen zwischen 70 und 90 Prozent, wobei die beiden Gruppen in etwa gleich groß sind. Etwas stärker in Richtung Regionalität tendieren nur die Hörer von MDR 1 Radio Thüringen und hr4 - das Serviceradio, während die Nutzer der anderen drei hessischen Sender sowie die Hörer von Hit-Radio Brocken stärker dazu tendieren, beide Aspekte bei ihrem Lieblingssender wahrzunehmen. Ihren meistgehörten Sender eher als global orientiert bezeichnen vor allem die Nutzer des Deutschlandfunks – was allerdings bei einem überregionalen Programm nicht besonders überraschend ist. Aber auch die Hörer von Project 89.0 meinen, ihr Sender sei relativ stark global orientiert.

Abbildung 43   Wahrnehmung der Sender: Globalität vs. Regionalität

	Regionalität	unentschieden	Globalität	
	%	%	%	n
Antenne Th.	43	51	6	143
Landeswelle Th.	45	49	6	67
MDR 1 Radio Th.	47	45	8	134
JUMP*	20	53	27	123
MDR Kultur*	31	39	31	13
MDR 1 Radio S.-A.	39	55	6	132
SAW	39	49	13	174
Brocken	38	58	5	40
Project 89.0	13	34	53	38
FFH	37	46	17	189
Planet	48	26	26	27
hr1 Info	18	62	20	45
hr2 Kultur	18	65	18	17
hr3 junge Welle	25	59	17	102
hr4 Service	52	30	17	69
Deutschlandfunk*	0	15	85	33

* Daten mit dem bundeslandübergreifenden Faktor für die Gesamtstichprobe gewichtet - alle anderen Daten innerhalb der einzelnen Länder gewichtet.

Abbildung 44   Wahrnehmung der Sender: Überraschung vs. Erwartbarkeit

	überraschende Musik	unentschieden	erwartbare Musik	
	%	%	%	n
Antenne Th.	58	16	26	140
Landeswelle Th.	38	6	56	63
MDR 1 Radio Th.	51	11	38	129
JUMP*	67	7	26	124
MDR Kultur*	29	14	57	14
MDR 1 Radio S.-A.	49	18	33	125
SAW	52	11	37	169
Brocken	41	23	36	39
Project 89.0	33	13	54	39
FFH	45	10	45	185
Planet	53	3	43	30
hr1 Info	40	14	47	43
hr2 Kultur	19	0	81	16
hr3 junge Welle	52	18	31	101
hr4 Service	50	14	36	66
Deutschlandfunk*	44	20	36	25

* Daten mit dem bundeslandübergreifenden Faktor für die Gesamtstichprobe gewichtet - alle anderen Daten innerhalb der einzelnen Länder gewichtet.

Die Wahrnehmung der Programme auf der Dimension *Überraschung und Erwartbarkeit* in der Musik wird in Abbildung 44 dargestellt. Überwiegend als erwartbar empfinden die Hörer der beiden Kulturprogramme sowie die Nutzer von Project 89.0 und Landeswelle Thüringen die Musik ihrer präferierten Sender. Anders verhält es sich bei den Hörern von Antenne Thüringen und von JUMP. Sie attestieren ihren Sendern relativ eindeutig ein starkes Überraschungsmoment in der Musik. Eher überraschend als erwartbar ist die Musik ihres Stammradios auch für die Hörer der hessischen Sender Planet Radio, hr3 und hr4 sowie für die Nutzer von MDR 1 Radio Thüringen und von Radio SAW. Bei diesem Spannungsbogen ist es den Hörern nicht schwergefallen, das jeweilige Programm einem der beiden Pole zuzuordnen. Die Gruppe der Unentschiedenen ist bei allen Sender relativ klein.

Auf dem Spannungsbogen zwischen *Emotionalität und Intellektualität* bescheinigen die Hörer den meisten Sendern, dass es ihnen gelingt, sowohl die Gefühle zu bewegen als auch Stoff zum Nachdenken zu liefern (Abbildung 45). Von dieser durchgängigen Regel gibt es nur insofern einige Ausnahmen, als bei einigen Sendern nicht nur die mittlere Position sehr häufig vertreten wurde, sondern dass sich darüber hinaus auch eine etwas größere Anzahl von Nutzern zu einem der beiden Pole bekannt hat. Dabei handelt es sich um vier öffentlich-rechtliche Programme, zwei Informations- und zwei Kulturradios. Hörer dieser Sender können bei ihren Programmen weniger die Vermittlung bewegender Gefühle entdecken als die Bereitstellung von Stoff zum Nachdenken. Genau andersherum – wenn auch weniger ausgeprägt – verhält es sich mit den Hörern der privatwirtschaftlich organisierten Sender Hit-Radio FFH, Planet Radio, Hit-Radio Brocken und Radio SAW. Sie nehmen bei ihrem favorisierten Sender eher die Vermittlung von Emotionen als intellektuelle Anregungen wahr.

Bei der Gegenüberstellung von *Wahrheit und Rücksichtnahme* findet man bei den meisten Sendern, dass die Hörer überwiegend der Ansicht sind, dass die Sender sich im Zweifelsfall für die Wahrheit entscheiden (Abbildung 46). Ausnahmen bilden allerdings die Landeswelle Thüringen, Hit-Radio FFH, Planet Radio sowie hr3 und hr4. Bei diesen fünf Sendern ist weniger als die Hälfte der Hörerschaft der Ansicht, der Sender entscheide sich immer klar für die Wahrheit. Auf der anderen Seite gibt es zwar kein Programm, bei dem die Mehrheit der Nutzer den Eindruck hat, dass der Sender sich eher für Rücksichtnahme entscheidet, aber es gibt doch immerhin acht Sender, bei denen ein gutes Viertel der Hörer oder sogar noch mehr den Eindruck hat, dass die Rücksichtnahme den Sender stärker prägt als die unbedingte Wahrheit.

Abbildung 45 Wahrnehmung der Sender: Intellektualität vs. Emotionalität

	Intellektualität: Stoff zum Nachdenken	unentschieden	Emotionalität: Bewegende Gefühle	
	%	%	%	n
Antenne Th.	15	53	32	135
Landeswelle Th.	21	46	33	63
MDR 1 Radio Th.	11	62	27	126
JUMP*	24	42	35	115
MDR Kultur*	43	50	7	14
MDR 1 Radio S.-A.	17	53	30	123
SAW	16	48	36	165
Brocken	11	50	40	38
Project 89.0	17	38	45	29
FFH	11	39	50	175
Planet	26	30	44	27
hr1 Info	51	42	7	43
hr2 Kultur	57	36	7	14
hr3 junge Welle	23	42	35	95
hr4 Service	13	62	25	68
Deutschlandfunk*	58	30	12	33

* Daten mit dem bundeslandübergreifenden Faktor für die Gesamtstichprobe gewichtet - alle anderen Daten innerhalb der einzelnen Länder gewichtet.

Abbildung 46 Wahrnehmung der Sender: Wahrheit vs. Rücksichtnahme

	Wahrheit	unentschieden	Rücksichtnahme	
	%	%	%	n
Antenne Th.	54	25	21	116
Landeswelle Th.	40	36	24	55
MDR 1 Radio Th.	65	28	7	103
JUMP*	53	19	28	104
MDR Kultur*	55	18	27	11
MDR 1 Radio S.-A.	65	21	14	111
SAW	66	20	14	147
Brocken	50	39	11	28
Project 89.0	65	8	27	37
FFH	45	25	31	151
Planet	36	20	44	25
hr1 Info	66	9	26	35
hr2 Kultur	62	7	31	13
hr3 junge Welle	45	27	29	83
hr4 Service	40	40	20	55
Deutschlandfunk*	78	15	7	27

* Daten mit dem bundeslandübergreifenden Faktor für die Gesamtstichprobe gewichtet - alle anderen Daten innerhalb der einzelnen Länder gewichtet.

Ähnlich wie beim Spannungsfeld von Intellektualität und Emotionalität ist auch bei der Dimension *Konflikt vs. Harmonie* die Mehrheit der Befragten unentschieden, in welche Richtung ihr meistgehörter Radiosender neigt (Abbildung 47). Das trifft nicht nur auf die Hörer insgesamt zu, sondern auch auf die Nutzer der einzelnen Programme. Es gibt überhaupt nur fünf Sender, bei denen die mittlere Kategorie nicht den meisten Zuspruch auf sich vereint. Dabei handelt es sich um Project 89.0, Planet Radio und MDR Kultur auf der einen und um hr1 - das Informationsradio und Deutschlandfunk auf der anderen Seite. Bei den drei erstgenannten Sendern dominiert in der Wahrnehmung der Hörer die Harmonie, bei den beiden anderen der Konflikt. Auch relativ viele Hörer des sachsen-anhaltinischen Privatsenders Radio SAW nehmen bei ihrem Sender eine Präferenz für Konflikte wahr.

Abbildung 47   Wahrnehmung der Sender: Konflikt vs. Harmonie

	Konflikt	unentschieden	Harmonie	
	%	%	%	n
Antenne Th.	34	55	11	137
Landeswelle Th.	39	48	13	64
MDR 1 Radio Th.	31	63	7	131
JUMP*	35	42	23	119
MDR Kultur*	29	21	50	14
MDR 1 Radio S.-A.	38	57	5	129
SAW	42	43	15	169
Brocken	35	54	11	37
Project 89.0	22	38	41	32
FFH	23	49	28	181
Planet	18	21	61	28
hr1 Info	61	39	0	41
hr2 Kultur	24	53	24	17
hr3 junge Welle	35	42	23	100
hr4 Service	24	53	24	68
Deutschlandfunk*	67	33	0	33

* Daten mit dem bundeslandübergreifenden Faktor für die Gesamtstichprobe gewichtet - alle anderen Daten innerhalb der einzelnen Länder gewichtet.

Anders als bei den vorhergehenden Dimensionen hatten die Befragten bei dem Spannungsbogen *Aktualität vs. Sorgfalt* weniger Schwierigkeiten sich zu entscheiden. Hier gab es nur relativ wenige Unentschiedene. Bei vier Sendern sind die Hörer überwiegend der Ansicht, dass sie einer gründlichen Recherche den Vorzug vor einer besonders schnellen Berichterstattung geben, bei vier anderen meinen die Hörer, dass sie sich eher durch Aktualität als durch Sorgfalt auszeichnen. Zu den Sendern, die als besonders sorgfältig wahrgenommen werden, gehören neben den beiden Kulturwellen vom Mitteldeutschen und vom

Hessischen Rundfunk interessanter Weise auch die beiden informationsorientierten Sender: hr1 und Deutschlandfunk profilieren sich in der Wahrnehmung ihrer
Hörer aber nicht durch eine besonders aktuelle, sondern durch eine besonders
zuverlässige Berichterstattung (Abbildung 48). Als besonders aktuell werden
hingegen die privaten Marktführer in Sachsen-Anhalt (Radio SAW) und Hessen
(Hit-Radio FFH) erlebt sowie Planet Radio, der jugendorientierte Ableger von Hit-
Radio FFH und schließlich auch JUMP, das Dreiländerprogramm des MDR. E-
benfalls hohe Werte auf der Aktualitätsskala haben die beiden Landeswellen des
MDR, hr3 - die junge Welle sowie hr4 - das Serviceradio. Die beiden großen
Thüringer Privatsender werden von ihren Hörern ähnlich wahrgenommen wie
ihre Counterparts in den anderen beiden Bundesländern. Auch bei diesen Sendern erkennt ein Großteil der Hörer den Schwerpunkt der Berichterstattung bei
der Aktualität, aber die Wahrnehmung wird hier nicht ganz so stark durch diesen Pol dominiert wie bei den anderen Sendern.

Abbildung 48   Wahrnehmung der Sender: Aktualität vs. Sorgfalt

	Aktualität	unentschieden	Sorgfalt	
	%	%	%	n
Antenne Th.	47	20	33	126
Landeswelle Th.	49	33	18	57
MDR 1 Radio Th.	54	23	24	115
JUMP*	56	20	25	117
MDR Kultur*	8	23	69	13
MDR 1 Radio S.-A.	49	17	34	118
SAW	54	18	28	161
Brocken	29	27	44	34
Project 89.0	31	28	41	32
FFH	59	19	22	164
Planet	67	21	13	24
hr1 Info	15	23	62	39
hr2 Kultur	14	0	86	14
hr3 junge Welle	47	20	33	97
hr4 Service	46	23	30	56
Deutschlandfunk*	13	23	63	30

* Daten mit dem bundeslandübergreifenden Faktor für die Gesamtstichprobe gewichtet - alle anderen
Daten innerhalb der einzelnen Länder gewichtet.

Bei der Entscheidung zwischen *Nähe und Distanz* besteht bei der überwiegenden
Anzahl der Hörer der weitaus meisten Sender kein Zweifel, dass sich die Moderatoren eher locker als seriös präsentieren. Abweichungen von dieser Regel
werden wiederum nur von den Hörern der Kultur- und Infoprogramme zu Proto-
koll gegeben. Seriöse Moderatoren werden vor allem von den regelmäßigen
Nutzern des Deutschlandfunks und – schon deutlich weniger – von der Hörern

des Kulturprogramms des MDR bei ihren Sendern erkannt. Unentschieden sind besonders viele Hörer vom Kulturprogramm des Hessischen Rundfunks (hr2) während beim Infosender (hr1) die Wahrnehmungen sehr uneinheitlich sind: Fast gleich große Teile der Hörerschaft beschreiben die Moderation als locker oder aber als seriös. Ein Fünftel ist unentschieden (Abbildung 49).

Abbildung 49 Wahrnehmung der Sender: Nähe vs. Distanz

	Nähe: lockere Moderatoren	unentschieden	Distanz: seriöse Moderatoren	
	%	%	%	n
Antenne Th.	81	13	6	143
Landeswelle Th.	73	15	12	66
MDR 1 Radio Th.	71	20	10	132
JUMP*	87	7	7	124
MDR Kultur*	15	31	54	13
MDR 1 Radio S.-A.	73	8	19	128
SAW	89	7	5	174
Brocken	83	15	3	40
Project 89.0	95	5	0	39
FFH	87	11	2	189
Planet	90	7	3	30
hr1 Info	40	19	42	43
hr2 Kultur	8	46	46	13
hr3 junge Welle	81	16	4	103
hr4 Service	72	13	15	67
Deutschlandfunk*	9	21	68	33

* Daten mit dem bundeslandübergreifenden Faktor für die Gesamtstichprobe gewichtet - alle anderen Daten innerhalb der einzelnen Länder gewichtet.

Zusammenfassend lässt sich feststellen, dass einige Sender sich in der Wahrnehmung ihrer Hörer bei vielen Dimensionen von der Wahrnehmung der anderen Sender unterscheiden, während andere nur selten oder nie eine exponierte Stellung eingenommen haben. Bei den sehr „auffälligen" Sendern handelt es sich überwiegend um Sender mit relativ kleinen Publika. Es spricht einiges dafür, dass die großen publikumsattraktiven Programme in der Wahrnehmung ihrer Hörer tendenziell eher unspektakuläre Eigenschaften aufweisen.

7.5   Motivbezogene Leistungsbewertungen, Habitualisierung und Handlungsrahmen

Die motivbezogenen Leistungsbewertungen des Radios wurden in der Befragung durch sieben Indikator-Items erhoben. Diese sieben Items wurden zunächst einer Faktorenanalyse unterzogen, bei der zwei klar abgegrenzte und gut interpretierbare Dimensionen ermittelt werden konnten, die im Folgenden als rekreative und kognitive Leistungsbewertungen bezeichnet werden (Abbildung 50).

Abbildung 50   Faktorenanalyse motivbezogener Leistungsbewertungen

	Rekreative Leistungs- bewertungen	Kognitive Leistungs- bewertungen
Das Radio bringt einen oft erst so richtig in Schwung.	.75	
Wenn man Radio hört, fällt die Arbeit viel leichter.	.68	
Wenn man Radio hört, kann man so richtig entspannen.	.67	
Beim Radiohören vergisst man oft alles um sich herum.	.65	
Beim Radiohören erfährt man Dinge, über die man sich mit anderen unterhalten kann.		.79
Wenn man Radio hört, weiß man über alles wichtige Bescheid.		.70
Im Radio erfährt man vieles, was einem hilft, im Alltag zurechtzukommen.	.37	.61

Daten mit dem bundeslandübergreifenden Faktor für die Gesamtstichprobe gewichtet.
Extraktionsmethode: Hauptkomponentenanalyse. Rotationsmethode: Varimax mit Kaiser-Normalisierung
52% erklärte Varianz
Zur Erläuterung der Koeffizienten und statistischen Kennwerte siehe Anhang 3.

Auf der Basis der Ergebnisse der Faktorenanalyse wurden zwei Indizes gebildet, indem aus den Werten der jeweiligen Einzelskalen ein Mittelwert gebildet wurde. Schaut man sich die deskriptiven Befunde dieser Indexbildung an (Abbildung 51), dann stellt man fest, dass die rekreative Motivdimension etwas weniger Zustimmung der Befragten findet als die kognitive Dimension. Dabei ist allerdings zu beachten, dass der Grad der Zustimmung zu den Einzel-Items bei beiden Faktoren stark variiert.

Größer noch als die Wichtigkeit der Leistungsbewertungen auf der kognitiven Dimension ist die Bedeutung einer habitualisierten Nutzungsweise. Fast drei Viertel der Befragten geben an, dass das Radio bei ihnen ganz selbstverständlich zum Tagesablauf dazu gehört. Die Korrelationen zwischen den beiden aus den Leistungsbewertungen gebildeten Indizes untereinander sowie mit dem Indikator für Habitualisierung sind alle deutlich positiv (zwischen $r = .33$ und $r = .43$). Das bedeutet, dass sich die drei Faktoren nicht gegenseitig ausschließen. Ganz im Gegenteil: Diejenigen, die ein höheres Maß an Habitualisierung bei der Radionutzung angeben, stimmen sowohl den rekreativen als auch den kognitiven Leitungsbewertungen stärker zu.

Abbildung 51 Motivbezogene Leistungsbewertungen und Habitualisierung

„Ich nenne Ihnen jetzt einige Aussagen, die andere Leute über das Radio gemacht haben. Dazu möchte ich Ihre Meinung wissen! Bitte sagen Sie mir jeweils, ob Sie der Aussage völlig zustimmen (3), teilweise zustimmen (2) oder gar nicht zustimmen (1).“

n ≥ 1516	Mittel-wert	völlig zu-stimmen	gar nicht zu-stimmen
		%	%
Rekreative Leistungsbewertungen (Skalenreliabilität: Alpha = .67)	2,2		
Wenn man Radio hört, fällt die Arbeit viel leichter.	2,5	62	11
Wenn man Radio hört, kann man so richtig entspannen.	2,4	43	8
Das Radio bringt einen oft erst so richtig in Schwung.	2,2	40	16
Beim Radiohören vergisst man oft alles um sich herum.	1,7	12	47
Kognitive Leistungsbewertungen (Skalenreliabilität: Alpha = .57)	2,4		
Beim Radiohören erfährt man Dinge, über die man sich mit anderen unterhalten kann.	2,6	64	3
Wenn man Radio hört, weiß man über alles wichtige Bescheid.	2,5	57	5
Im Radio erfährt man vieles, was einem hilft, im Alltag zurechtzukommen.	2,1	30	19
Habitualisierung			
Radiohören gehört ganz selbstverständlich zum Tagesablauf dazu.	2,7	74	7

Daten mit dem bundeslandübergreifenden Faktor für die Gesamtstichprobe gewichtet.

Das konzeptionell-theoretische Gegenstück zu den motivierenden Faktoren, die in den Leistungsbewertungen zum Ausdruck kommen, sind die Handlungsrahmen in Form von Restriktionen und/oder Optionen. In der Befragung wurde eine internale und eine externale Handlungsbeschränkung in Form von zwei subjektiv wahrgenommenen Restriktionen erhoben: Dabei handelt es sich einerseits um die Einschränkung der Nutzungsfreiheit durch andere Personen (external) und anderseits durch Tätigkeiten, die eine besonders hohe Konzentration erfordern (internal). Die empirischen Ergebnisse zeigen, dass aus der Sicht der Befragten die arbeitsbedingten (internalen) Nutzungshindernisse eine wesentlich größere Rolle spielen als die sozial begründeten (Abbildung 52). Interessant ist, dass beide Restriktionen *negativ* mit den Leistungsbewertungen, aber auch mit dem Indikator für Habitualisierung korrelieren (Korrelationen zwischen r = -.03 und r = -.26). Das bedeutet, Personen, die die Leistungen des Radios positiver bewerten und/oder sich stärker zu einer habitualisierten Nutzungsweise bekennen, nehmen Handlungsbeschränkungen weniger wahr bzw. sind solchen Beschränkungen tatsächlich weniger ausgesetzt.

Abbildung 52   Restriktionen der Radionutzung

n ≥ 1510	Mittel-wert	häufig %	nie %
Soziale Restriktion: *„Wie oft kommt es vor, dass Sie jemand bittet, das Radio auszumachen oder umzuschalten, weil er sich gestört fühlt oder ihm das Programm nicht gefällt? Kommt das häufig (3), ab und zu (2), selten (1) oder nie (0) vor?"*	0,7	7	54
Arbeitsbedingte Restriktion: *„Wie oft kommt es vor, dass Sie sich so sehr auf Ihre eigentliche Arbeit konzentrieren müssen, dass Sie deswegen nebenbei kein Radio hören können? Kommt das häufig (3), ab und zu (2), selten (1) oder nie (0) vor?"*	1,4	24	27

Daten mit dem bundeslandübergreifenden Faktor für die Gesamtstichprobe gewichtet.

7.6   Radionutzug im Kontext der Nutzung anderer Medien

Um zumindest Anhaltspunkte für den jeweiligen medialen Nutzungskontext des Radios zu gewinnen, wurden in der Befragung auch einige – wenige – Daten zur Nutzung anderer Medien mit publizistischen Inhalten erhoben. Die in der Befragung ermittelte Zeitungsnutzungshäufigkeit (Abbildung 53) entspricht in etwa den in der Studie Massenkommunikation für das Jahr 2000 ermittelten Zahlen, die Nutzungsdauer des Fernsehens liegt aber fast 30 Minuten unter den dort gemessenen Zahlen (Ridder et al. 2002). Die Onlinenutzung aller befragten Personen liegt im Durchschnitt bei knapp vier Stunden in der Woche, die Nutzungsdauer derjenigen, die tatsächlich das Internet nutzen, ist mit einem Durchschnittswert von 440 Minuten fast doppelt so hoch. Dieser Wert liegt aber immer noch rund 100 Minuten unter den in der ARD-Online-Studie 2002 ermittelten Werten (Eimeren, Gerhard & Frees 2003: 355). Diese Unterschätzungen der Fernseh- und Internetnutzung sind zumindest teilweise auf die hier eingesetzte – doch sehr einfache – Abfrageform zurückzuführen.

Der Zusammenhang zwischen der Nutzungshäufigkeit bzw. Hördauer des Radios und der Nutzung anderer Medien ist sehr gering (Abbildung 54). Die meisten Korrelationen erweisen sich als nicht signifikant und auch die statistisch signifikanten sind nur sehr schwach. Insgesamt überwiegen die positiven Korrelationen: Inhaltlich bedeutet das, dass diejenigen, die häufig Radio hören, auch etwas häufiger Zeitung lesen und sich Nachrichten im Fernsehen ansehen. Die Hördauer des Radios korreliert positiv mit der Nutzungsdauer des Fernsehens.

Abbildung 53   Die Nutzung von Printmedien, Fernsehen und Internet

n ≥ 1507	Mittel-wert	unter 1 Tag	1-3 Tage	4-6 Tage	7 Tage
		%	%	%	%
Nutzungstage der Tageszeitung (Anzahl der Tage pro Woche)	4,5	20	12	41	27
Nutzungstage der Fernsehnachrichten (Anzahl der Tage pro Woche)	6,0	5	10	14	72
	Mittel-wert	nie	selten	ab und zu	häufig
		%	%	%	%
Nutzungshäufigkeit von Zeitschriften (1=nie; 2= selten; 3=ab und zu; 4 = häufig)	2,9	6	31	29	34
	Mittel-wert	bis 30 Minuten	bis 120 Minuten	bis 240 Minuten	über 240 Minuten
		%	%	%	%
Nutzungsdauer des Fernsehens (in Minuten pro Tag)	153	8	41	42	9
Nutzungsdauer des Internets (in Minuten pro Woche)	237	53	16	9	23

Daten mit dem bundeslandübergreifenden Faktor für die Gesamtstichprobe gewichtet.

Bei diesen beiden Medien, von denen man annehmen könnte, dass sie am stärksten um das Zeitbudget der Rezipienten konkurrieren, zeigen sich also genau die entgegengesetzten Zusammenhänge. Vielnutzer des Radios sind tendenziell auch Vielnutzer des Fernsehens. In den Daten findet man überhaupt nur einen einzigen statistisch signifikanten – aber ebenfalls marginalen – negativen Zusammenhang: Intensive Nutzer des Internets hören weniger Radio als Wenignutzer des Internets.

Abbildung 54   Zusammenhang zwischen der Radionutzung und der Nutzung anderer Medien

n ≥ 1517 Korrelationen	Nutzungstage des Radios pro Woche	Mittlere Hördauer
Nutzungstage der Tageszeitung pro Woche	.08 **	.00
Nutzungshäufigkeit von Zeitschriften	.02	.04
Nutzungsdauer des Fernsehens pro Tag	.04	.15***
Nutzungstage von TV-Nachrichten pro Woche	.08 **	.03
Nutzungsdauer des Internets pro Woche	-.06 *	-.04

* p < .05 ** p < .01   *** p <.001

Zur Erläuterung der Koeffizienten und statistischen Kennwerte siehe Anhang 3.
Daten mit dem bundeslandübergreifenden Faktor für die Gesamtstichprobe gewichtet.

Analysiert man, wie Hörer der verschiedenen Sender das verfügbare Medienbouquet nutzen, dann findet man einige auffällige Unterschiede, die in Zusammenhang mit den in Abbildung 27 dargestellten Nutzerprofilen zu interpretieren sind. Die Tageszeitung wird häufiger von den Hörern jener Programme genutzt, die im Durchschnitt eine ältere Hörerschaft haben, während bei den Sendern mit besonders jungen Hörern die Tageszeitungsnutzung ganz besonders gering ist. Es ist aus verschiedenen Studien (vgl. z.B. Ridder et al. 2002: 200) bekannt, dass die Zeitungsnutzungsdauer bei den älteren Personen umfangreicher ausfällt als bei den jüngeren. Die diesbezüglichen Unterschiede zwischen den Sendern sind also in erster Linie auf das Alter der Rezipienten zurückzuführen. Genau entgegengesetzt stellt sich die Nutzungsdauer des Internets dar. Bei den Sendern mit einer jungen Hörerschaft findet man besonders hohe Nutzungszeiten und bei den Sendern, die von älteren Personen gehört werden, ist eine tendenziell geringere Nutzungsdauer festzustellen. Abweichungen von dieser Tendenz sind vor allem durch Unterschiede im Bildungsniveau der Hörer zu erklären: Die bekannten Unterschiede in der Internetnutzung zwischen Alten und Jungen, höher Gebildeten und Personen mit niedrigem Bildungsabschluss sowie zwischen Männern und Frauen, die unter dem Begriff „Digital Divide" diskutiert werden (vgl. van Eimeren, Gerhard & Frees 2003), zeigen sich – vermittelt über die soziodemographische Zusammensetzung der verschiedenen Publika – nun bei den verschiedenen Radioprogrammen.

Auch bei der Fernsehnutzung findet man einige Unterschiede. Die niedrigste durchschnittliche Nutzungszeit mit 133 Minuten pro Tag ist bei den Hörern von hr1 - das Informationsradio und die höchste mit 193 Minuten ist bei den Hörern von MDR 1 Radio Sachsen-Anhalt festzustellen. Die mittleren Fernsehnutzungszeiten bei den Hörern der anderen Sender liegen breit gestreut zwischen den beiden Extremen. Die Unterschiede zwischen den Hörerschaften der verschiedenen Sender lassen sich auf mehrere Faktoren zurückführen. Zum einen gibt es deutliche Unterschiede zwischen den Bundesländern. Die Befragten in den neuen Bundesländern – insbesondere die aus Sachsen-Anhalt – schauen deutlich länger fern als die Hörer der hessischen Programme. Dieses Ergebnis entspricht den aus anderen Studien bekannten Nutzungsmustern von Ostdeutschen und Westdeutschen (van Eimeren & Ridder 2001: 544). Neben diesem Ost-West-Unterschied findet man auch Hinweise auf Alters- und Bildungseffekte. Die durchschnittliche Fernsehnutzungszeit bei den Programmen mit jüngerem Publikum ist niedriger als bei denen mit älterem Publikum. Darüber hinaus gibt es auch Hinweise darauf, dass einige der Unterschiede auf das Bildungsniveau der Hörerschaften zurückzuführen sind. Bei den letzten fünf in Abbildung 55 aufgeführten Sendern ist die Hörerschaft zwar besonders alt, aber auch überdurchschnittlich hoch gebildet. Das könnte eine Erklärung für die geringere Nutzungszeit sein. Ähnlich wie mit der Gesamtnutzungszeit verhält es sich auch mit der Nutzung der Fernsehnachrichten. Allerdings ist hier kein Ost-West-Gefälle festzustellen. Die Abweichungen sind vor allem altersbedingt und eventuell auch auf Bildungsunterschiede in den Hörerschaften zurückzuführen.

Im Gegensatz zu allen anderen Medien, gibt es bei Zeitschriften und Anzeigenblättern keine nennenswerten Unterschiede in der Nutzungshäufigkeit zwischen den Hörern der 19 Sender.

Abbildung 55 Mediennutzungsprofile der Hörerschaften der untersuchten Sender

	n ≥	Tages-zeitung **	Zeit-schriften ***	Fernsehen ****	Fernseh-nach-richten **	Internet *****
		M	M	M	M	M
Project 89.0	115	2,8	3,0	147	5,1	392
TOP 40	26	2,6	2,9	164	4,8	655
Planet	119	3,4	3,0	138	5,6	528
JUMP*	354	3,6	3,0	152	5,5	278
hr3 junge Welle	308	4,5	3,0	136	6,0	290
Antenne Th.	358	4,2	2,9	150	5,8	214
Landeswelle Th.	268	4,3	3,0	156	5,9	192
SAW	383	4,3	3,0	171	6,0	202
Brocken	229	4,7	3,0	176	6,2	151
FFH	342	4,4	3,0	138	6,0	326
Rockland	77	4,4	3,0	180	5,9	279
MDR 1 Radio Th.	240	5,0	2,9	174	6,3	95
MDR 1 Radio S.-A.	253	5,3	3,0	193	6,6	81
hr4 Service	167	5,6	2,9	150	6,5	137
hr2 Kultur	74	5,5	2,9	147	6,3	142
MDR Kultur*	91	4,9	2,9	145	6,1	224
DeutschlandRadio *	81	5,3	3,1	153	6,0	110
hr1 Info	161	5,2	2,9	133	6,2	164
Deutschlandfunk*	214	5,4	3,1	146	6,1	176

*   Daten mit dem bundesländübergreifenden Faktor für die Gesamtstichprobe gewichtet - alle
          anderen Daten innerhalb der einzelnen Länder gewichtet.
**   Mittelwert: Anzahl der Nutzungstage pro Woche.
***   Mittelwert auf 4-Punkte-Skala von 1 = „nie" bis 4 = „häufig".
****   Mittelwert: Minuten pro Tag.
*****   Mittelwert: Minuten pro Woche.

8. Was bieten die Sender? Deskriptive Befunde der Inhaltsanalyse

Im vorangegangenen Kapitel ist deutlich geworden, was die Hörer wollen und wie sie „ihre" Sender vor dem Hintergrund dieser Erwartungen sehen. Nun stellt sich die Frage, was die Sender ihren Hörern bieten. In diesem Kapitel werden die Ergebnisse der quantitativen Inhaltsanalyse deskriptiv dargestellt, bevor sie dann in Abschnitt 9.1. argumentativ und in Abschnitt 9.2 systematisch mit den Befunden der Befragung verknüpft werden. Zunächst werden im nun folgenden Abschnitt 8.1 die generellen Strukturen der Programme verdeutlicht. Im nächsten Abschnitt werden dann die Eigenschaften der einzelnen Programmelemente herausgearbeitet.

8.1 Die Struktur der Programme im Vergleich

Ein Blick auf die Abbildung 56 zeigt, dass die *Musik* bei allen inhaltsanalytisch ausgewerteten Sendern[28] mit Ausnahme von hr1 - das Informationsradio das dominierende Programmelement ist. Bei den weitaus meisten Sendern beläuft sich der Musikanteil auf 60 bis 70 Prozent. Allerdings gibt es davon sowohl nach unten als auch nach oben einige Abweichungen. Besonders hohe Musikanteile findet man bei jugendorientierten Sendern wie Radio TOP 40, Project 89.0 oder Planet Radio, besonders geringe Musikanteile hingegen bei den beiden Kultursendern.

Über alle Sender hinweg betrachtet sind die Programmelemente mit *gesellschaftsbezogenen Informationen*[29] der zweitwichtigste Bestandteil der Radioprogramme. Nicht überraschend liegt hier hr1 - das Informationsradio mit einem Anteil von über 40 Prozent klar vorn. Ebenfalls recht große Anteile in diesem Programmsegment findet man bei den beiden Kultursendern sowie bei der Servicewelle des Hessischen Rundfunks und den beiden Landeswellen des MDR. Bei den massenattraktiven, privatrechtlich organisierten Sendern beträgt der Anteil gesellschaftsbezogener Informationen zwischen sechs und neun Prozent. Die wenigsten Informationen dieser Art bekommen die Nutzer der musikorientierten Jugendsender zu hören. Deutlich tritt also eine Zweiteilung des Programmangebots zu Tage: auf der einen Seite die öffentlich-rechtlichen Sender mit einem Anteil von über zehn Prozent gesellschaftsbezogener Informationen und auf der anderen Seite die Privaten mit einem Anteil von unter zehn Prozent. Die einzige Ausnahme in dieser Systematik bildet JUMP, der mit einem Anteil von sechs Prozent einen – auch im Vergleich zu den privatwirtschaftlichen Konkurrenten – äußerst niedrigen Anteil in dieser Rubrik aufweist.

---

28 Deutschlandfunk und DeutschlandRadio waren nicht Teil der Stichprobe.
29 Zu den Definitionen der Programmelemente vgl. das Codebuch in Anhang 2.

Abbildung 56 Programmelemente*

Prozentanteil an der Gesamtsendezeit Basis: jeweils 98 h pro Sender	Musik	Musikinfo	Humor	Moderation	Trailer	Info	Service	Veranstaltungen	Hörer	Spiele	Kulturelles	Werbung	Rest
	%	%	%	%	%	%	%	%	%	%	%	%	%
Antenne Th.	68	<1	<1	4	2	8	7	1	<1	2	<1	5	2
Landeswelle Th.	65	<1	1	4	1	9	7	2	<1	1	-	6	3
TOP 40	90	1	<1	2	1	2	2	1	<1	<1	-	1	1
MDR 1 Radio Th.	70	<1	<1	5	1	14	6	1	<1	1	<1	2	1
JUMP	72	<1	1	5	1	6	7	1	1	2	-	3	2
MDR Kultur	58	3	<1	6	1	17	3	2	1	1	8	-	1
MDR 1 Radio S.-A.	70	1	1	3	1	13	6	1	1	1	1	2	1
SAW	65	<1	2	5	1	6	7	1	<1	3	-	8	3
Brocken	70	-	1	5	1	7	5	1	<1	1	<1	6	3
Rockland	79	1	-	2	1	4	3	1	<1	3	-	4	2
Project 89.0	89	-	1	2	2	1	1	<1	<1	<1	-	<1	4
FFH	66	<1	1	6	1	8	7	1	1	2	<1	7	1
Planet	80	<1	1	4	1	3	4	1	<1	2	-	4	1
hr1 Info	41	-	<1	4	2	43	6	1	<1	1	1	1	<1
hr2 Kultur	56	1	-	5	2	23	1	2	<1	<1	9	-	<1
hr3 junge Welle	67	1	1	5	1	11	6	2	1	1	<1	4	1
hr4 Service	63	<1	<1	6	<1	19	8	1	1	<1	<1	2	<1

* Die in dieser und den nachfolgenden Abbildungen präsentierten Daten beziehen sich immer auf die Künstliche Woche, solange nichts anderes angegeben ist.

Neben Musik und gesellschaftsbezogenen Informationen beanspruchen vor allem die Moderation und die Serviceinformationen einen größeren Anteil der Sendezeit. Der Anteil der Moderation variiert bei den 17 Sendern zwischen zwei und sechs Prozent. Einen besonders hohen Moderationsanteil findet man bei so unterschiedlichen Programmen wie MDR Kultur, Hit-Radio FFH und hr4 - das Serviceradio; besonders geringe Anteile hingegen bei den Jugendsendern Radio TOP 40 und Project 89.0, aber auch bei Rockland Sachsen-Anhalt. Geringe Moderationsanteile sind aber kein typisches Kennzeichen der Sender für ein jüngeres Publikum. Bei Planet Radio beträgt der Anteil der Moderation immerhin vier Prozent, und bei den beiden eher jugendorientierten Sendern des öffentlichen-rechtlichen Rundfunks, hr3 und JUMP, beläuft sich der Anteil der Moderation sogar auf fünf Prozent.

Der Anteil der Serviceinformationen an den Programminhalten liegt bei den massenattraktiven privaten und öffentlich-rechtlichen Sendern zwischen sechs und acht Prozent. Deutlich geringere Anteile mit ein bis maximal vier Prozent findet man hingegen bei den Kulturprogrammen und den Jugendsendern.

Die mit *Werbung* belegte Sendezeit ist bei den privaten Sendern naturgemäß höher als bei den öffentlich-rechtlichen. Bei den großen massenattraktiven Programmen umfasst die Werbung fünf bis acht Prozent des Programms, aber auch bei den öffentlich-rechtlichen werden bis zu vier Prozent des Programms mit Werbung gefüllt.

Für alle *anderen Programmelemente* gilt, dass sie in zeitlicher Hinsicht bei den Sendern alles in allem keine größere Rolle spielen. Eine Ausnahme bilden dabei die „hoch"-kulturellen Programmbestandteile, die auftragsgemäß bei den beiden Kulturprogrammen eine größere Beachtung finden. Alle anderen Programmelemente, wie Musikinformationen, Trailer und Teaser, Veranstaltungshinweise, Hörerbeteiligungen sowie Spiele werden von einigen Sendern gar nicht, von anderen wenig und nur vereinzelt etwas intensiver (bis zu drei Prozent der Sendezeit) für die Programmgestaltung verwendet. Diese auf den ersten Blick nur geringfügigen Unterschiede bei der Berücksichtigung dieser Programmelemente sollten jedoch nicht unterschätzt werden. Es spricht einiges dafür, dass sie auf die Anmutung und Wahrnehmung eines Programms einen nicht unerheblichen Einfluss haben – sowohl in positiver als auch in negativer Hinsicht. Hier hatte auch die explorative Vorstudie einige Hinweise geliefert, dass einige Programmelemente wie Hörerbeteiligung oder Jingles das Bild eines Programms stark prägen können, der „gefühlte" Anteil wesentlich höher ist, als es die Daten der Inhaltsanalyse zeigen.

Bevor im Folgenden die einzelnen Programmelemente einer genaueren Betrachtung unterzogen werden, sollen zunächst noch einige weitere strukturelle Merkmale des Programms dargestellt werden (Abbildung 57).

Bemerkenswert ist die hohe Anzahl von *Jingles*, mit denen die meisten Sender den Zuhörern ihr Programm, einzelne Programmelemente oder bestimmte Sendestrecken (z.B. die „Morning-Show") immer wieder ins Gedächtnis rufen. Ausnahmen bilden hier nur die beiden Kulturprogramme. Relativ wenig Jingles hört man auch beim Informationsradio und der Servicewelle des Hessischen Rundfunks sowie bei den beiden Landeswellen des MDR. Sehr wenig Jingles sendet überraschender Weise auch der thüringische Jugendsender Radio TOP 40. Bei der Anzahl der *Zeitansagen* gibt es ebenfalls einige Unterschiede zwischen den Sendern, diese sind aber weniger ausgeprägt.

Wichtig für die Anmutung eines Programms ist auch das Ausmaß an *Redundanz* im Programm. Bei einigen Sendern werden bis zu 30 Prozent der Sendezeit mit Beiträgen und Musik gefüllt, die am gleichen Tag schon einmal in ähnlicher oder identischer Form gesendet worden sind. Vor allem bei den privatwirtschaftlich organisierten Sendern ist ein hoher Anteil von Wiederholungen im Programm festzustellen. Aber auch hier gibt es wieder Ausnahmen. Unterdurchschnittlich ist die Redundanz bei den beiden sachsen-anhaltinischen Privatsendern Hit-Radio Brocken und Rockland. Höher als bei vielen Privaten ist die Redundanz hingegen bei JUMP. Ein anderer Indikator für Redundanz ist die Häufigkeit, mit der Hits aus den aktuellen TOP 50 Charts gespielt werden. Tatsächlich zeigt sich ein recht enger Zusammenhang zwischen den beiden Programmmerkmalen.

Abbildung 57   Strukturierungshilfen, Redundanz, Durchhörbarkeit

	Jingles pro Tag	Zeitansagen pro Tag	TOP 50 Chart-Hits pro Tag	Sendezeit mit ähnlichen Wiederholungen		Sendezeit mit identischen Wiederholungen		Sendezeit mit Hintergrundmusik**
				MW	WW*	MW	WW*	
	n	n	n	%	%	%	%	%
Antenne Th.	210	50	12	<1	29	11	20	75
Landeswelle Th.	270	30	6	<1	14	19	55	64
TOP 40	90	20	6	<1	14	13	36	96
MDR 1 Radio Th.	120	20	-	-	18	2	22	33
JUMP	210	80	13	-	32	16	26	96
MDR Kultur	30	35	-	-	11	-	12	8
MDR 1 Radio S.-A.	120	35	<1	-	20	1	23	20
SAW	230	30	19	-	22	14	37	75
Brocken	310	50	6	-	19	1	44	66
Rockland	170	35	<1	-	31	2	40	>99
Project 89.0	230	35	6	<1	8	15	59	>99
FFH	250	30	18	-	36	13	8	81
Planet	190	40	21	<1	35	28	15	> 99
hr1 Info	100	30	2	-	29	1	7	9
hr2 Kultur	30	20	<1	<1	13	-	6	8
hr3 junge Welle	200	45	12	<1	31	6	17	63
hr4 Service	70	50	<1	-	14	1	25	4

Daten mit der Beitragslänge gewichtet, außer „Zahl der Jingles pro Tag" und „Zahl der Zeitansagen pro Tag".
* bezieht sich nur auf die Sendezeit folgender Programmelemente: Musikinfo, Humor, Info, Veranstaltungen, Hörer und Spiele.
** bezieht sich auf die Sendezeit aller Programmelemente außer Musik, Werbung, Kulturelles und Rest.
MW = Musikwiederholungsanteil
WW = Wortwiederholungsanteil

Ein Indikator für die Durchhörbarkeit oder Nebenbeihörbarkeit eines Programms ist der Einsatz von *Musik als Hintergrund* für Wortbeiträge. Tatsächlich variiert der Anteil beträchtlich, zu dem die Programme durch Musik hinterlegt werden. Ein fast durchgängiges Musikbett findet man bei den jugendorientierten

Programmen. Hohe Quoten an Musikhinterlegung haben auch die anderen massenattraktiven Programme der Privatsender. Sehr geringe Anteile an Musikhinterlegung weisen nur die Informations- und Kulturprogramme auf, und auch bei den Servicewellen für die älteren Hörerschaften findet man nur relativ wenig Musikhinterlegung im Programm.

8.2   Eigenschaften des Programmelements Musik im Vergleich

Die Inhaltsanalyse erlaubt nicht nur einen Blick auf die Grundstruktur des Programms, sondern auch detaillierte Einblicke in die einzelnen Programmelemente. Im Mittelpunkt steht dabei die Musik, umrahmt von den anderen Programmelementen.

Wie gezeigt, ist die *Musik* in allen Programmen ein wichtiges und in den meisten Programmen das klar dominierende Programmelement. Ein genauer Blick auf die Musik zeigt jedoch, dass sich hinter dieser Gemeinsamkeit eine beträchtliche Vielfalt an Varianten verbirgt, mit denen die unterschiedlichen Musikstile zu einem Programmkonzept verbunden werden (Abbildung 58).

8.2.1   Kombination der Musikrichtungen in den Programmen

Bei den massenattraktiven Programmen lässt sich zum einen unterscheiden, ob die Sender ihr Programm überwiegend auf *traditionellem Mainstream* mit Schwerpunkt in der deutschen Schlagermusik oder auf *aktuellem Mainstream* mit dem Schwerpunkt in der englischen Popmusik aufbauen.[30] Bei den letztgenannten Sendern ist wiederum zu unterscheiden, ob sie sich eher auf die aktuelle Popmusik der Gegenwart (Antenne Thüringen, Radio SAW und Hit-Radio FFH) oder stärker auf ältere Titel aus den 80er und 90er Jahren stützen (Landeswelle Thüringen und Hit-Radio Brocken). Eine ähnliche Aufteilung findet man auch innerhalb des Hessischen Rundfunks; hr1 - das Informationsradio ist bei der Musikauswahl etwas traditioneller, hr3 - die junge Welle stärker an den aktuellen Charts orientiert. Ähnlich wie das Musikprogramm von hr3 ist auch die Zusammenstellung bei JUMP. Allerdings setzt JUMP stärker auf Techno, während bei hr3 eher Soul und Funk und ab und zu ein Oldie zu hören ist.

Die jugendorientierten Programme stellen ihr Programm aus dem Bereich des aktuellen Mainstreams und aus dem Bereich *aktuelle Stilrichtungen für Minderheiten* zusammen. *Wie* diese Stile zusammengestellt werden, ist aber von Sender zu Sender höchst unterschiedlich. Während Radio TOP 40 besonders viel Techno spielt, bringt Planet Radio vor allem Hip Hop und Soul, während das Pro-

---

30 Die vier musikalischen Hauptstile wurden in Anlehnung an die Ergebnisse der Faktorenanalyse mit den Musikpräferenzen der Hörer gebildet.

gramm von Project 89.0 wesentlich stärker rockorientiert ist. Noch stärker rockorientiert als Project 89.0 präsentiert sich Rockland Sachsen-Anhalt – jedoch mit einem stärkeren Schwerpunkt auf Mainstream-Rock.

Abbildung 58   Musikrichtungen in den Programmen

von allen Musikbeiträgen sind... *

	Aktueller Mainstream				Traditioneller Mainstream					Aktuelle Stilrichtungen für Minderheiten						Traditionelle Stilrichtungen für Minderheiten					
	POP -Charts	POP engl. 80er/90er	POP deutsch	Mainstream-Rock	Oldies	Schlager	Country	Volksmusik	Blasmusik	Independent	Sonstiger Rock	Hip Hop	Techno	Soul/Funk	Reggae	Klassik	Oper	Jazz	Blues	Weltmusik	Kirchenmusik
	%	%	%	%	%	%	%	%	%	%	%	%	%	%	%	%	%	%	%	%	%
Antenne Th.	52	33	2	6	2	-	-	-	-	<1	<1	<1	2	2	-	-	-	-	-	1	-
Landeswelle Th.	17	64	7	8	1	-	<1	-	-	<1	1	-	2	<1	-	-	-	-	-	<1	-
TOP 40	25	5	1	6	-	-	-	-	-	1	3	12	40	7	<1	-	-	<1	-	<1	-
MDR 1 Radio Th.	<1	7	5	1	22	56	4	<1	-	-	<1	-	-	-	<1	-	-	-	-	5	-
JUMP	44	32	3	9	<1	<1	-	-	-	1	1	<1	10	1	<1	-	-	-	-	<1	-
MDR Kultur	2	-	-	<1	<1	-	1	<1	1	-	<1	-	<1	<1	-	66	10	6	2	10	2
MDR 1 Radio S.-A.	1	12	1	1	21	51	3	7	-	-	<1	-	-	-	<1	-	-	<1	<1	3	-
SAW	71	15	<1	3	-	-	-	-	-	-	<1	8	2	<1	-	-	-	-	-	<1	-
Brocken	7	69	4	4	13	<1	-	-	-	-	-	-	1	<1	1	-	-	-	-	1	-
Rockland	1	14	-	61	3	-	1	-	-	1	18	-	<1	<1	<1	-	-	<1	1	1	-
Project 89.0	5	10	<1	42	-	-	<1	-	-	5	28	6	3	<1	<1	-	-	-	-	<1	-
FFH	58	28	<1	7	1	-	-	-	-	<1	<1	<1	3	2	<1	-	-	-	<1	<1	-
Planet	32	3	<1	2	-	-	-	-	-	<1	1	30	2	30	1	-	-	-	-	-	-
hr1 Info	14	59	1	4	9	<1	2	-	<1	-	1	-	<1	3	1	<1	-	<1	1	5	<1
hr2 Kultur	<1	-	<1	-	-	-	-	-	<1	-	-	-	<1	-	-	90	4	<1	<1	5	1
hr3 junge Welle	45	35	2	9	2	<1	<1	-	-	<1	1	1	2	3	1	-	-	-	<1	<1	-
hr4 Service	<1	7	1	<1	9	54	3	8	2	-	1	<1	-	-	<1	4	1	3	<1	7	-

Daten mit der Beitragslänge gewichtet.
* Basis der Prozentuierung ist der Musikanteil (Abbildung 56, Spalte 1)

Eine weitere Gruppe an Sendern orientiert sich bei der Musikauswahl an den *traditionellen Stilen für Minderheiten*. Dabei handelt es sich um die Kultursender vom MDR und vom Hessischen Rundfunk (hr2). Bei einer genaueren Betrachtung stellt man aber fest, dass sich die Konzepte der beiden Sender doch deutlich unterscheiden. Während hr2 zu 90 Prozent Klassik spielt und aktuelle Musik beinahe vollständig ignoriert, ist die Musikauswahl von MDR Kultur breiter angelegt. Zwar gibt es hier mit 66 Prozent auch einen Schwerpunkt auf klassischer Musik, aber bei diesem Sender sind sogar aktuelle Charthits zu hören, und auch innerhalb des Bereichs der traditionellen Musikrichtungen für Minderheiten ist die Auswahl breiter gestreut.

8.2.2 Von Instrumentierung bis Tanzbarkeit: Spezifische Eigenschaften der Musikfarbe

Die in den nachfolgenden Abbildungen 59 und 61 präsentierten spezifischen Eigenschaften der jeweiligen Musikfarbe wurden nur bei den besonders häufig eingesetzten Musikstilen aus den Bereichen des traditionellen und aktuellen Mainstreams erfasst. Aus diesem Grund beruhen die dort präsentierten Daten vor allem bei den Kultursendern, aber auch bei den jugendorientierten Sendern nur auf einem (kleinen) Teil des Musikprogramms. Das muss bei der Interpretation beachtet werden.

Wenig Überraschung bieten die Ergebnisse zur *Instrumentierung* und zur *Sprache des Gesangs*. A cappella und reine Instrumentalmusik spielen bei keinem Sender eine nennenswerte Rolle. Bei der Sprache dominiert eindeutig Englisch. Ausnahmen bilden hier nur die Servicewelle des Hessischen Rundfunks und die beiden Regionalwellen des MDR, die überwiegend deutsche Musik senden. Aber auch bei diesen drei Sendern ist der Anteil englischsprachiger Musik mit 20 bis 38 Prozent immer noch relativ hoch. Andere Sprachen spielen bei keinem Sender eine große Rolle. Den höchsten Anteil anderssprachiger Musik erreicht hr1 - das Informationsradio, aber auch dort sind es gerade einmal fünf Prozent. Bemerkenswert ist hingegen die Prozentverteilung von *männlichen und weiblichen Leadsängern*. Bei fast allen Sendern findet man ein Übergewicht männlicher Stimmen. Vor allem bei den beiden rockbasierten Programmen ist der Anteil der männlichen Stimmen überwältigend. Einzige Ausnahme bildet hier Planet Radio, dort überwiegen etwas die weiblichen Stimmen. Relativ ausgewogen ist das Verhältnis auch noch bei Radio SAW und Hit-Radio FFH.

Abbildung 59 Eigenschaften des Musikprogramms: Instrumentierung und Gesang des Mainstreams

	Merkmale der Musiktitel aus dem Bereich Mainstream:								
	Instrumentierung			Geschlecht des Lead-sängers		Sprache des Gesangs			
Anteil Main-stream an der Musik	Instrumente mit Gesang	a cappella	Instrumental	weib-lich	männ-lich	Deutsch	Englisch	Englisch und an-dere Sprache	andere Sprache
%	%	%	%	%	%	%	%	%	%
Antenne Th. — 95	100	-	-	36	55	5	93	1	1
Landeswelle Th. — 98	>99	<1	-	30	65	8	90	2	-
TOP 40 — 40	>99	-	<1	35	53	11	88	1	<1
MDR 1 Radio Th. — 91	>99	-	<1	38	53	64	33	1	3
JUMP — 88	>99	-	<1	40	53	8	89	2	2
MDR Kultur — 3	93	-	7	34	57	8	89	-	3
MDR 1 Radio S.-A. — 87	>99	<1	<1	32	61	60	38	-	3
SAW — 90	>99	-	<1	45	47	4	93	2	1
Brocken — 97	>99	-	<1	28	63	7	92	1	1
Rockland — 96	>99	-	<1	4	91	-	100	-	-
Project 89.0 — 84	100	-	-	12	86	1	99	<1	<1
FFH — 94	>99	-	<1	45	48	4	92	2	2
Planet — 37	100	-	-	49	41	7	92	-	1
hr1 Info — 88	>99	-	<1	32	63	4	91	<1	5
hr2 Kultur * — <1	-	-	-	-	-	-	-	-	-
hr3 junge Welle — 94	>99	-	<1	38	55	5	94	1	1
hr4 Service — 71	99	-	1	43	51	77	20	<1	3

Daten mit der Beitragslänge gewichtet.
* auf eine Berechnung wurde verzichtet, da nur 5 Musikstücke in die zu kodierenden Musikstile eingeordnet worden waren.

Neben den Musikstilen, dem Gesang und der Instrumentierung wurden noch fünf weitere Dimensionen von Musik untersucht, mit denen die Charakteristika und die Vielfalt der musikalischen Programmgestaltung erfasst werden sollen. Dabei handelt es sich um das Tempo, das Klangvolumen, die Intensität der Instrumentierung, die Stimmung und die Tanzbarkeit. Ein erster Blick auf die Abbildung 61 zeigt, dass die Unterschiede zwischen den Sendern bei diesen Dimensionen nicht dramatisch ausfallen. Bei keinem Sender und bei keiner der verschiedenen Dimensionen betragen die Abweichungen der Mittelwerte vom Skalenmittelwert (3) deutlich mehr als einen halben Skalenpunkt. In den meisten Fällen ist die Abweichung sogar wesentlich geringer. Allerdings sollten auch diese eher kleinen Unterschiede nicht unterschätzt werden. An einem Rechenbeispiel kann verdeutlicht werden, dass sich hinter den relativ geringen Abweichungen doch substantielle Unterschiede verbergen (Abbildung 60).

Abbildung 60 Rechenbeispiel: Prozentverteilung und Mittelwerte am Beispiel Tempo

	Skalenwerte					Mittelwert
	langsam 1	2	3	4	schnell 5	
Sender M	0 %	20 %	60 %	20 %	0 %	3,0
Sender A	0 %	40 %	40 %	20 %	0 %	2,8
Sender B	0 %	20 %	30 %	50 %	0 %	3,3

Die Verschiebung von immerhin 20 Prozent der Lieder um einen Skalenpunkt in Richtung „langsam" führt nur zu einer Abnahme des Mittelwertes um 0,2 Skalenpunkte, eine Verschiebung in die Gegenrichtung von 30 Prozent der Lieder verändert den Mittelwert nur um 0,3 Skalenpunkte. Man kann mit Sicherheit davon ausgehen, dass solche Unterschiede in einem Programm hörbar sind.

Von daher ist ein genauerer Blick auf die Daten notwendig und sinnvoll, um die spezifischen Eigenschaften der Sender herauszuarbeiten. Auch hier ist natürlich wieder zu beachten, dass sich die Ergebnisse nur auf den Bereich des musikalischen Mainstreams beziehen: Beim *Tempo* zeigt sich, dass das Durchschnittstempo der Musik bei den meisten Sendern eher gering ist. Eine etwas größere Schnelligkeit ist nur bei den beiden Jugendsendern Project 89.0 und Radio TOP 40 festzustellen. Relativ schnell ist die Musik auch noch bei JUMP und Rockland Sachsen-Anhalt. Langsame Musik findet man hingegen verstärkt bei MDR Kultur, Landeswelle Thüringen und Hit-Radio FFH.

Beim *Klangvolumen* tendieren die Sender insgesamt eher in Richtung volles Volumen. Einen volleren Sound findet man vor allem bei den drei Sendern, die auch schon mit einer höheren Geschwindigkeit hervorgetreten sind (Radio TOP 40, Project 89.0 und Rockland Sachsen-Anhalt). Aber auch bei der eher langsamen Landeswelle Thüringen sowie bei MDR 1 Radio Thüringen wird Musik mit einem volleren Klang bevorzugt. Anders hingegen das MDR Regionalprogramm in Sachsen-Anhalt: Dort werden mehr Lieder mit einem etwas sparsamen Klang ausgewählt. Die Musikredakteure von MDR Kultur bevorzugen – zumindest im Bereich des Mainstreams – nicht nur besonders langsame, sondern auch besonders sparsam instrumentierte Musik.

Bei der *Intensität* der *Musik* tendieren die Sender überwiegend in Richtung „soft". Vor allem bei den beiden Regionalprogrammen des MDR und bei MDR Kultur, aber auch bei Hit-Radio FFH ist die Musikauswahl recht deutlich in diese Richtung verschoben. Den Gegenpol hierzu bilden wiederum jene drei Sender, die auch besonders schnelle und volle Musik spielen (Radio TOP 40, Project 89.0 und Rockland Sachsen-Anhalt).

Abbildung 61   Eigenschaften des Musikprogramms

	Anteil Main- stream an der Musik	Merkmale der Musiktitel aus dem Bereich Mainstream:									
		Tempo (langsam vs. schnell)		Klang- volumen (sparsam vs. voll)		Intensität (soft vs. hart)		Stimmung (fröhlich vs. sentimental)		Tanzbarkeit (rhythmus- vs. melodie- betont)	
	%	M	S	M	S	M	S	M	S	M	S
Antenne Th.	95	2,89	.78	3,18	.62	2,61	.66	2,94	.77	2,91	.82
Landeswelle Th.	98	2,68	.80	3,24	.65	2,73	.60	3,24	.77	3,21	.82
TOP 40	40	3,17	.75	3,23	.76	3,07	.71	2,87	.66	2,68	.93
MDR 1 Radio Th.	91	2,84	.70	3,30	.60	2,50	.56	3,07	.84	3,32	.76
JUMP	88	2,99	.78	3,10	.61	2,69	.73	3,06	.81	2,71	1.04
MDR Kultur	3	2,42	.71	2,51	.69	2,35	.73	3,39	.81	3,67	.85
MDR 1 Radio S.-A.	87	2,84	.67	2,89	.54	2,44	.54	2,95	.75	2,89	.75
SAW	90	2,84	.71	3,19	.60	2,61	.58	2,96	.90	2,96	.79
Brocken	97	2,78	.75	3,18	.68	2,67	.60	3,13	.77	2,96	.89
Rockland	96	2,90	.69	3,22	.66	3,06	.83	3,23	.65	3,04	.91
Project 89.0	84	3,02	.71	3,36	.67	3,23	.78	3,12	.71	2,80	.92
FFH	94	2,69	.73	3,08	.69	2,53	.60	3,18	.83	3,09	.82
Planet	37	2,78	.66	2,93	.63	2,68	.67	3,00	.72	2,72	.79
hr1 Info	88	2,72	.62	2,94	.56	2,58	.60	3,02	.76	3,15	.80
hr2 Kultur*	<1	-	-	-	-	-	-	-	-	-	-
hr3 junge Welle	94	2,84	.75	3,09	.64	2,67	.64	2,92	.84	2,93	.95
hr4 Service	71	2,82	.61	2,98	.37	2,76	.43	2,99	.83	3,07	.73

Daten mit der Beitragslänge gewichtet.
M =   Mittelwert
S =   Standardabweichung
Zur Erläuterung der Koeffizienten und statistischen Kennwerte siehe Anhang 3.
Tempo: 1 = langsam; 5 = schnell
Klangvolumen: 1 = sparsam; 5 = voll
Intensität: 1 = soft; 5 = hart
Stimmung: 1 = fröhlich; 5 = sentimental
Tanzbarkeit: 1 = rhythmusbetont; 5 = melodiebetont
* auf eine Berechnung wurde verzichtet, da nur 5 Musikstücke in die zu kodierenden Musikstile einge- ordnet worden waren.

Etwas anders stellt sich die Verteilung der Sender bei der *Stimmung* dar. Alles in allem tendieren die Sender mehr in Richtung sentimentale Musik. Etwas fröhlichere Musik findet man vor allem bei Radio TOP 40, hr3, Radio SAW und bei MDR 1 Radio Sachsen-Anhalt. Einen stärker sentimentalen und melancholischen Eindruck macht die Musik bei der Landeswelle Thüringen, MDR Kultur und Rockland Sachsen-Anhalt.

Wieder anders ist die Verteilung der Sender im Hinblick auf die *Tanzbarkeit* der Musik. Eine generelle Tendenz in Richtung Rhythmus oder Melodie ist nicht festzustellen. Als besonders rhythmusbetont erweisen sich vor allem die drei Jugendsender (Radio TOP 40, Project 89.0 und Planet Radio) sowie JUMP. Stärker melodiebetont sind hingegen die Landeswelle Thüringen und vor allem die beiden Landesprogramme des MDR.

Durch die Berücksichtigung dieser Musikmerkmale wird einerseits deutlich, wie einzelne Sender ihr Musikprogramm profilieren, anderseits wird aber auch sichtbar, dass einige Sender in ihrer Musikauswahl auffällig unauffällig sind. Dies trifft insbesondere auf Antenne Thüringen, Hit-Radio Brocken, hr1 - das Informationsradio und hr4 - das Serviceradio zu, die bei keiner der fünf Eigenschaftsdimensionen größere Abweichungen vom Gesamtmittelwert aufweisen.

Im Hinblick auf die musikalische Vielfalt, die entscheidend für den Spannungsbogen von Überraschung vs. Erwartbarkeit ist, spielen jedoch die Mittelwertvergleiche zwischen den verschiedenen Sendern keine Rolle, sondern die Unterschiedlichkeit der Titel innerhalb des jeweiligen Senders ist relevant. Um ein Maß für die interne Vielfalt zu gewinnen, wurde für jeden Sender die Standardabweichung der fünf Musikmerkmale errechnet. Sie bilden die Basis für eine Operationalisierung dieser Spannungsdimension. Deswegen werden die Standardabweichungen der Mittelwerte ebenfalls in Abbildung 61 ausgewiesen.

8.3 Musikinformationen

Das zweite Programmelement im kulturellen Bereich sind die Musikinformationen. Sie spielen bei den meisten Sendern keine oder nur eine sehr geringe Rolle (Abbildung 62). Eine gewisse Ausnahme bilden hier nur die beiden Kulturprogramme und das Spartenprogramm Rockland Sachsen-Anhalt, bei denen dieses Programmelement mit einem Anteil von über einem Prozent einen etwas größeren Umfang der Sendezeit einnimmt. Auf diesem insgesamt niedrigen Niveau gibt es aber dennoch einige Unterschiede zwischen den Sendern, vor allem hinsichtlich der inhaltlichen Ausgestaltung. Biographische Angaben zu den Musikern enthalten vor allem die Musikinformationen der beiden Kultursender, der Regionalsender des MDR sowie der Servicewelle des Hessischen Rundfunks. Hohe Werte erreichen hier aber auch Rockland Sachsen-Anhalt und Antenne Thüringen. Tourneedaten werden in den Musikinformationen insgesamt nur selten präsentiert. Nur bei Antenne Thüringen und hr3 werden etwas höhere Werte erreicht. Deutlich mehr wird über aktuelle CDs informiert: Alle Sender, die Musikinformationen als Programmelement in ihre Programmstruktur integriert haben, bringen auch CD-Informationen. Unterdurchschnittlich gering ist der Anteil von CD-Hinweisen aber gerade bei den Sendern, die insgesamt überdurchschnittlich viel über Musik informieren. Bei den meisten Sendern bildet vor allem das Erscheinen einer neuen CD den Anlass, über Musik zu informieren. Recht unterschiedlich ist auch der Anteil von Klatsch und Tratsch in den Musikinformationen. Bei den Privatsendern Antenne Thüringen, Radio SAW, Rockland Sachsen-Anhalt und Planet Radio, aber auch bei hr3 und hr4 spielen solche Human-Interest-Aspekte in der Musikberichterstattung eine große Rolle.

Abbildung 62   Eigenschaften der Musikinformationen

	Anteil von Musik-informa-tionen am Pro-gramm	von allen Musikinformationen enthalten…				
		Biogra-phische Angaben zu den Musikern	Tournee-daten	Informa-tionen zu aktuellen CDs	Klatsch und Tratsch	Gestal-tung mit Interviews und/oder O-Tönen
	%	%	%	%	%	%
Antenne Th.	0,3	64	50	92	69	77
Landeswelle Th.	0,4	94	-	63	38	20
TOP 40	0,5	15	8	75	23	58
MDR 1 Radio Th.	0,1	60	-	60	20	80
JUMP	0,2	30	10	60	33	67
MDR Kultur	2,7	97	11	35	5	52
MDR 1 Radio S.-A.	0,6	69	35	62	42	89
SAW	0,1	33	-	33	100	100
Brocken	-	-	-	-	-	-
Rockland	1,1	78	19	25	75	49
Project 89.0	-	-	-	-	-	-
FFH	0,2	18	-	64	55	60
Planet	0,2	14	-	43	67	43
hr1 Info	-	-	-	-	-	-
hr2 Kultur	1,1	91	5	19	14	14
hr3 junge Welle	0,7	46	54	57	72	79
hr4 Service	0,4	64	27	71	80	86

Daten mit der Beitragslänge gewichtet.

8.4   Humor

Auch humorvolle Beiträge sind Programmbestandteile, denen insgesamt wenig Programmzeit zugewiesen wird (Abbildung 63). Allerdings gibt es auch nur zwei Sender, die völlig auf Humor im Programm verzichten (Rockland Sachsen-Anhalt und hr2 - die Kulturwelle). Auf der anderen Seite findet man vier Sender, die mit ungewöhnlich hohen Anteilen (1,3 - 1,8 Prozent) an der Sendezeit diesen Bereich besonders akzentuieren. Dabei handelt es sich um die Landeswelle Thüringen, Radio SAW, Hit-Radio Brocken und hr3 - die junge Welle. Inhaltlich dominiert bei den meisten Sendern der unpolitische Humor. Ausnahmen findet man vor allem bei den öffentlich-rechtlichen Sendern: Bei den drei Regionalprogrammen und dem Inforadio des Hessischen Rundfunks wird mindestens die Hälfte der Sendezeit für humorvolle Beiträge mit politischen Themen bestritten. Aber auch bei zwei Privatsendern spielt der politische Humor eine größere Rolle. Dabei handelt es sich um Antenne Thüringen und Planet Radio.

Abbildung 63   Eigenschaften der humorvollen Programmelemente

	Anteil von humorvollen Beiträgen am Gesamtprogramm	von allen humorvollen Beiträgen sind...	
		politischer Humor: Satire, Witze, Stimmenimitation, Gesellschaftskritik	Unpolitische humorvolle Beiträge: Comedy, Witze
	%	%	%
Antenne Th.	0,4	65	35
Landeswelle Th.	1,3	37	63
TOP 40	<0,1	-	100
MDR 1 Radio Th.	0,1	100	
JUMP	0,6	33	67
MDR Kultur	0,4	36	64
MDR 1 Radio S.-A.	0,5	48	52
SAW	1,8	31	69
Brocken	1,3	27	73
Rockland	-	-	-
Project 89.0	0,8	-	100
FFH	0,5	45	55
Planet	0,5	75	25
hr1 Info	0,3	75	25
hr2 Kultur	-	-	-
hr3 junge Welle	1,3	40	60
hr4 Service	0,1	100	-

Daten mit der Beitragslänge gewichtet.

8.5 Klassisch-kulturelle Beiträge: Kunst, Religion und Bildung

Das letzte Segment aus dem Bereich der kulturellen Programmelemente bilden jene Angebote, die einem gehobenen, auf Hochkultur fokussierten Verständnis von Kultur entsprechen. Sie werden in der Abbildung 64 zusammen mit den wenigen als Bildungsformat zu bezeichnenden Programmelementen dargestellt. Diese Angebotsformen spielen nur bei den beiden Kultursendern eine nennenswerte Rolle. Sie widmen diesen Programmelementen einen beträchtlichen Anteil der Sendezeit und verteilen diese zudem auf eine breite Palette von Beitragsarten. Keine oder fast keine Sendezeit verwenden die privaten Rundfunkstationen für solche Angebote. Hit-Radio FFH ist der einzige Privatsender, der nicht nur kurze religiöse Andachten sendet, sondern zumindest etwas Programmzeit für kurze Buchlesungen zur Verfügung stellt. Aber auch bei den anderen öffentlich-rechtlichen Sendern sieht es in diesem Programmsegment nicht besser aus. Maximal 1,4 Prozent (hr1) des Programms wird auf diese Art von Inhalten verwendet, bei den meisten Programmen ist es deutlich weniger.

Abbildung 64 Bildende und „hoch"-kulturelle Inhalte

	Anteil von Bildung und Kultur am Programm	von allen Bildungs- und Kulturbeiträgen sind...							
		Lesung	Hörspiel	Hörspiel für Kinder	andere Kindersendung	Gottesdienst	andere religiöse Beiträge	Dokumentation / Ansprache	Schulfunk
	%	%	%	%	%	%	%	%	%
Antenne Th.	0,1	-	-	-	-	-	100	-	-
Landeswelle Th.	-	-	-	-	-	-	-	-	-
TOP 40	-	-	-	-	-	-	-	-	-
MDR 1 Radio Th.	0,4	-	-	-	-	-	100	-	-
JUMP	-	-	-	-	-	-	-	-	-
MDR Kultur	7,7	32	4	18	6	13	4	23	-
MDR 1 Radio S.-A.	0,5	-	25	20	-	-	55	-	-
SAW	-	-	-	-	-	-	-	-	-
Brocken	<0,1	-	-	-	-	-	100	-	-
Rockland	-	-	-	-	-	-	-	-	-
Project 89.0	-	-	-	-	-	-	-	-	-
FFH	0,1	67	-	-	-	-	33	-	-
Planet	-	-	-	-	-	-	-	-	-
hr1 Info	1,4	10	6	-	32	-	52	-	-
hr2 Kultur	9,2	48	13	10	19	-	8	-	2
hr3 junge Welle	0,2	-	-	-	-	-	100	-	-
hr4 Service	0,3	33	-	-	-	-	67	-	-

Daten mit der Beitragslänge gewichtet.

8.6   Strukturierende Programmelemente

Eine wichtige Rolle in einem Radioprogramm spielen Programmelemente, die dem Programmfluss eine Struktur geben. Vor allem die Moderation dient dazu und gibt dem Programmangebot zudem eine spezifische Farbe. Daneben übernehmen Teaser und Trailer eine strukturierende Funktion.

8.6.1   *Teaser und Trailer*

Teaser und Trailer sind einerseits programmstrukturierende Elemente, andererseits sollen sie aber auch durch den Hinweis auf das spätere Programm die Hörer beim jeweiligen Sender halten, d. h. sie sollen die Programmbindung erhöhen. Auf diese Funktion will offenbar keiner der untersuchten Sender verzichten, denn in allen Programmen ist dieses Element zu finden (Abbildung 65). Der Anteil schwankt zwischen 0,1 Prozent der Sendezeit (hr4) und 1,6 Prozent (hr1). Schon daran, dass sowohl die untere als auch die obere Grenze von einem Sender der gleichen öffentlich-rechtlichen Anstalt markiert wird, erkennt man, dass es hier keine erkennbaren Unterschiede zwischen privaten und öffentlich-rechtlichen Sendern gibt. Auch was die Inhalte der Trailer und Teaser betrifft, ist die Varianz eher gering. Als besonders geeignet für die Programmbindung werden offenbar Hinweise auf Humor, Hörerbeteiligung und Spiele angesehen, und dies, obwohl diese Programmelemente nur einen sehr geringen Anteil des Programms ausmachen. Offenbar werden solche Beiträge in gewisser Weise als Höhepunkte im Programmablauf angesehen und dargestellt. Zwei – im hohen Maße plausible – Ausnahmen von dieser Regel sind noch zu nennen: Das Informationsradio hr1 weist in seinen Programmhinweisen besonders häufig auf Beiträge zu gesellschaftsbezogenen Themen hin und das Serviceradio hr4 besonders häufig auf Servicethemen. Längerfristige Ankündigungen von Musiktiteln spielen – obwohl fast alle Sender der Musik den weitaus größten Teil der Sendezeit einräumen – nur bei den drei Jugendsendern sowie bei Hit-Radio Brocken und bei hr2 - die Kulturwelle eine gewisse Rolle.

Abbildung 65   Inhalte der Programmhinweise

Anteil von Trailern/Teasern am Gesamtprogramm	von allen Trailern/Teasern beziehen sich auf...									
	Prominente Gäste ohne gesellschaftlichen Einfluss	Prominente Gäste mit gesellschaftlichem Einfluss	Experten als Gäste	Musiktitel / Musiker als Gäste	Kulturelle Beiträge: Humor, Hörspiel...	Hörerbeteiligung und Spiele	politisch-gesellschaftliche Informationen	unpolitische gesellschaftliche Informationen	Serviceinformationen	Sonstiges
%	%	%	%	%	%	%	%	%	%	%
Antenne Th. 1,5	5	-	-	<5	10	60	<5	15	5	5
Landeswelle Th. 1,1	-	<5	-	<5	30	45	<5	5	<5	15
TOP 40 0,6	20	-	-	20	5	25	-	<5	10	20
MDR 1 Radio Th. 0,7	5	-	-	15	30	20	10	5	5	15
JUMP 1,3	<5	<5	-	5	5	60	-	5	15	10
MDR Kultur 1,2	15	<5	-	10	60	-	5	5	5	-
MDR 1 Radio S.-A. 0,6	10	-	5	5	10	30	15	5	10	5
SAW 1,2	<5	-	-	15	10	60	<5	-	<5	15
Brocken 1,3	<5	-	-	20	30	40	<5	<5	<5	10
Rockland 1,0	-	-	-	5	5	85	5	-	<5	-
Project 89.0 1,5	-	-	-	20	<5	35	<5	-	<5	45
FFH 0,7	5	-	-	5	40	25	<5	<5	5	15
Planet 0,9	-	-	-	15	5	70	<5	5	5	<5
hr1 Info 1,6	5	-	<5	10	10	<5	25	35	15	5
hr2 Kultur 1,5	5	<5	5	40	40	5	5	5	-	<5
hr3 junge Welle 0,5	5	-	<5	20	40	10	5	15	<5	5
hr4 Service 0,1	-	-	10	-	30	-	-	5	55	-

Daten mit der Beitragslänge gewichtet.

Aufschlussreich ist auch, ob eine Programmbindung vor allem über Hinweise auf kurzfristig bevorstehende Programminhalte zu erreichen versucht wird oder eher durch allgemeine Ankündigungen und langfristig angelegte Kampagnen. Die Ergebnisse in Abbildung 66 zeigen, dass die öffentlich-rechtlichen Serviceprogramme ihr älteres Publikum vor allem durch kurzfristige Hinweise ködern wollen. Das Gleiche gilt auch für das Info- und das Kulturprogramm des Hessischen Rundfunks sowie für Planet Radio. Auf eine längerfristige Bindungswirkung angelegt sind hingegen eher die Hinweise der großen privaten Sender. Vor allem auf Antenne Thüringen, Landeswelle Thüringen, Radio SAW und Hit-Radio Brocken trifft dies zu. Eine ähnlich angelegte Bindungsstrategie ist auch bei Project 89.0 und Planet Radio zu beobachten.

Abbildung 66   Zeitpunkt der Ausstrahlung des angekündigten Beitrags

Anteil von Trailern/Teasern am Gesamt- programm	inner- halb von 1-2 Stunden	später, aber noch am gleichen Tag	am nächs- ten Tag	später	unklar	
	%	%	%	%	%	%	Mittelwert
Antenne Th.	1,5	17	12	7	42	22	3,17
Landeswelle Th.	1,1	25	8	27	35	4	2,82
TOP 40	0,6	65	12	18	6	-	1,57
MDR 1 Radio Th.	0,7	35	42	12	12	-	2,03
JUMP	1,3	26	19	11	35	9	2,75
MDR Kultur	1,2	29	40	14	17	-	2,19
MDR 1 Radio S.-A.	0,6	67	13	13	4	4	1,65
SAW	1,2	27	12	4	18	39	2,89
Brocken	1,3	17	7	52	10	14	2,83
Rockland	1,0	39	24	3	3	30	2,30
Project 89.0	1,5	8	14	59	12	8	2,87
FFH	0,7	47	10	17	23	3	2,25
Planet	0,9	21	24	3	10	41	2,85
hr1 Info	1,6	45	43	7	2	3	1,69
hr2 Kultur	1,5	26	63	4	4	4	1,90
hr3 junge Welle	0,5	40	15	5	20	20	2,41
hr4 Service	0,1	33	33	33	-	-	1,83

Daten mit der Beitragslänge gewichtet.

8.6.2   Moderation

Die Moderation hat zwar ebenso wie Trailer und Teaser programmstrukturie-rende Funktionen, sie hat aber vor allem eine große Bedeutung für die Hörer-bindung. Die Programmleistungen der Moderation können jedoch auch darüber hinaus gehen, nämlich dann, wenn gesellschafts- und/oder alltagsbezogene Informationen vermittelt werden. Wenn solche Informationen im Mittelpunkt ei-nes Moderatorbeitrages stehen, dann wurde ein solcher Beitrag von den Codie-rern den entsprechenden Programmmodulen zugeordnet und nicht als Modera-tion codiert. Das hat zur Folge, dass nicht immer, wenn der Moderator spricht, dies auch als Moderation verschlüsselt wurde. Nur wenn die gesellschafts- oder alltagsbezogenen Informationen lediglich als Aufhänger benutzt wurden, um beispielsweise zu einem Lied überzuleiten oder um ein wenig unverbindlich zu plaudern, dann wurden sie als Moderation codiert. Das ist bei der Interpretation der Daten zu beachten.

Schaut man sich an, welche Arten von Moderation bei den Sendern überwiegen, dann stellt man fest, dass der typische Moderationsbeitrag bei den meisten Sendern den Charakter einer multifunktionalen Mischmoderation hat (Abbildung 67), die sowohl programmstrukturierende als auch publikumsbindende und zum Teil auch darüber hinaus gehende inhaltliche Elemente integriert. Um die 50 Prozent der Moderationszeit wird bei den meisten Sendern durch solche Moderationen bestritten.

Abbildung 67 Art der Moderation

	Anteil der Moderation am Gesamt-programm	von allen Moderationen sind...							
		strukturierend			ans Programm bindend		multifunktional		
		reine Musikmoderation	Verknüpfung von Wort-beiträgen	Verknüpfung von Musik und Wort	Plauderei	Eigenwerbung	Mischmoderation ohne thematischen Inhalt	Mischmoderation mit thematischem Inhalt	Produkthinweise (Schleichwerbung)
	%	%	%	%	%	%	%	%	%
Antenne Th.	4	20	4	4	21	5	15	31	<1
Landeswelle Th.	4	39	<1	7	10	5	8	30	<1
TOP 40	2	56	<1	4	14	1	10	15	-
MDR 1 Radio Th.	5	13	3	6	25	5	11	37	1
JUMP	5	15	3	12	13	5	19	34	-
MDR Kultur	6	51	6	12	1	1	10	19	<1
MDR 1 Radio S.-A.	3	12	6	20	18	1	9	35	-
SAW	5	7	10	4	14	19	25	18	2
Brocken	5	21	3	15	16	4	12	29	1
Rockland	2	11	8	9	2	26	34	11	-
Project 89.0	2	30	1	4	7	3	38	17	<1
FFH	6	14	2	4	16	6	13	44	1
Planet	4	24	2	3	11	6	10	43	1
hr1 Info	4	2	6	28	18	3	9	35	-
hr2 Kultur	5	28	9	8	11	1	7	35	2
hr3 junge Welle	5	10	3	6	15	9	12	45	<1
hr4 Service	6	7	7	10	19	1	22	35	<1

Daten mit der Beitragslänge gewichtet.

Im Hinblick auf die Strukturierungsfunktion überwiegt die Musikmoderation. Vor allem bei den drei jugendorientierten Programmen und den beiden Kulturprogrammen, aber auch bei der Landeswelle Thüringen spielt diese Moderationsform eine große Rolle. Bei diesen Sendern entfällt mehr als 25 Prozent, teilweise sogar mehr als 50 Prozent der Moderationszeit auf reine Musikmoderation. Die Verknüpfung von mehreren Wortbeiträgen durch den Moderator ist bei keinem Sender eine besonders wichtige Funktion der Moderation. Die Verbindung zwischen Wort und Musik wird nur von einigen wenigen Sendern besonders gepflegt, hierzu gehören vor allem hr1 - das Informationsradio und MDR 1 Radio Sachsen-Anhalt.

Nicht zu unterschätzen ist auch die Funktion der Moderation als Element der Hörerbindung. Bei den meisten Sendern wurde ungefähr jede fünfte Moderation als Plauderei oder Eigenwerbung klassifiziert. Die Funktion solcher Formen der Moderation liegt überwiegend in der Herstellung von Nähe. Indem eine positive Atmosphäre geschaffen wird, soll dies dazu beitragen, dass sich die Hörer bei ihrem Programm wohlfühlen und sich mit ihm identifizieren. MDR Kultur ist der einzige Sender in der Untersuchung, der auf diese Form der Hörerbindung fast völlig verzichtet.

Die Herstellung von Nähe, positiver Atmosphäre und damit von Hörerbindung kann auch durch die *Art der Höreransprache* bei der Moderation erfolgen. Die Moderatoren haben dabei mehrere Möglichkeiten. Zum einen können sie ihr Publikum eher förmlich mit „Sie" anreden oder aber sie benutzen das persönlichere „Du". Eine dritte Variante, die in der Programmrealität der untersuchten Sender in Verbindung mit der direkten Ansprache verwendet wird, ist die unbestimmte Ansprache (z.B. „Guten Morgen hier bei..."). Eine weitere Möglichkeit besteht darin, auf eine Ansprache des Publikums völlig zu verzichten. Im Hinblick auf die Entscheidung zwischen „Du" und „Sie" haben alle Sender eine klare Entscheidung getroffen (Abbildung 68). Nur die drei Jugendsender sowie JUMP und Rockland Sachsen-Anhalt sprechen ihre Hörer mit „Du" an, alle anderen haben sich für das „Sie" entschieden. Ob die Hörer aber überhaupt angesprochen werden und ob sie dabei vorwiegend direkt oder häufiger unbestimmt angesprochen werden, variiert stark zwischen den Sendern. Ein klares Muster, nach dem bestimmte Sendertypen ihr Publikum auf eine bestimmte Weise ansprechen, ist nicht zu erkennen. So verzichten beispielsweise die Moderatoren von MDR Kultur meistens auf eine direkte Ansprache des Publikums; aber auch beim jugendorientierten Sender hr3 werden die Hörer kaum angesprochen. Die jeweiligen Counterparts hr2 - die Kulturwelle und JUMP verfolgen hingegen genau die entgegengesetzte Strategie. Bei beiden Sendern werden die Hörer meistens in irgendeiner Form – sei es direkt oder unbestimmt – von den Moderatoren angesprochen.

Abbildung 68   Art der Höreransprache bei der Moderation

	Anteil der Moderation am Gesamtprogramm	davon mit folgender Ansprache…			
		Sie	Du	unbestimmt	keine Ansprache
	%	%	%	%	%
Antenne Th.	4	57	-	17	25
Landeswelle Th.	4	65	-	17	18
TOP 40	2	-	54	2	44
MDR 1 Radio Th.	5	54	-	2	43
JUMP	5	-	41	32	27
MDR Kultur	6	41	-	1	58
MDR 1 Radio S.-A.	3	57	-	13	30
SAW	5	41	2	12	45
Brocken	5	59	-	8	33
Rockland	2	-	72	7	21
Project 89.0	2	-	35	37	28
FFH	6	52	-	22	26
Planet	4	-	79	2	19
hr1 Info	4	26	2	24	48
hr2 Kultur	5	57	1	15	27
hr3 junge Welle	5	28	2	12	58
hr4 Service	6	50	-	7	43

Daten mit der Beitragslänge gewichtet.

8.7   Programmelemente mit gesellschaftsbezogenen Informationen

Die nach der Musik zweitwichtigste Gruppe von Programmelementen bilden die Beiträge mit gesellschaftsbezogenen Inhalten. Diese Gruppe wurde bislang in der Forschung besonders intensiv betrachtet, da mit ihr die publizistische Leistung des Hörfunks identifiziert wurde.

8.7.1   Darstellungsformen gesellschaftsbezogener Information

In dieser Gruppe finden sich unterschiedliche Arten von Beiträgen. Bei der ü-berwiegenden Anzahl der Sender handelt es sich primär um Nachrichten (Abbildung 69). Nur bei den beiden Kultursendern, dem Inforadio hr1 und der Servicewelle des Hessischen Rundfunks überwiegen die eigenständigen Beiträge. Bei allen anderen Sendern wird von der gesamten Sendezeit der gesellschaftsbezogenen Beiträge 62 bis 100 Prozent allein mit Nachrichtensendungen bestritten. Einen etwas größeren Anteil von eigenständigen Beiträgen (mehr als

20 Prozent der Sendezeit) findet man sonst nur noch bei den beiden Regional-programmen des MDR, der Jungen Welle des Hessischen Rundfunks sowie bei drei Privatsendern (Antenne Thüringen, Hit-Radio FFH und Planet Radio). Zu-sammenfassend lässt sich festhalten: Je mehr Zeit ein Sender für Beiträge mit gesellschaftsbezogenen Themen reserviert, desto größer ist der Anteil eigen-ständiger Beiträge. Oder andersherum formuliert: Je geringer der Anteil, den die gesellschaftsbezogenen Informationen an der Gesamtsendezeit ausmachen, desto größer ist die Wahrscheinlichkeit, dass sich ein Sender allein auf die Sen-dung von Nachrichten und Nachrichtenüberblicken beschränkt.

Spezielle Beitragsformen wie Presseschau und Diskussionen kommen überhaupt nur in ganz wenigen Programmen vor. Dabei handelt es sich fast ausschließlich um öffentlich-rechtliche Sender. Insbesondere die Programme des Hessischen Rundfunks berücksichtigen solche besonderen Formen der Informationsvermitt-lung in ihrem Programmschema.

Abbildung 69   Art der Beiträge mit gesellschaftsbezogenen Inhalten

	Anteil von Beiträgen mit gesell-schafts-bezogenen Inhalten am Programm	von allen Beiträgen mit gesellschaftsbezogenen Inhalten sind...				
		Nach-richten-überblick	Nach-richten-beitrag	eigen-ständiger Beitrag	Presse-schau	Diskus-sion
	%	%	%	%	%	%
Antenne Th.	8	7	72	22	-	-
Landeswelle Th.	9	-	97	3	-	-
TOP 40	2	-	>99	<1	-	-
MDR 1 Radio Th.	14	7	63	30	-	-
JUMP	6	9	78	12	1	-
MDR Kultur	17	-	44	52	2	2
MDR 1 Radio S.-A.	13	1	61	38	-	<1
SAW	6	5	89	6	<1	-
Brocken	7	11	87	3	-	-
Rockland	4	-	95	5	-	-
Project 89.0	1	14	82	4	-	-
FFH	8	7	68	25	-	-
Planet	3	17	60	23	-	-
hr1 Info	43	1	21	70	<1	8
hr2 Kultur	23	-	19	75	3	4
hr3 junge Welle	11	10	64	26	-	<1
hr4 Service	19	<1	44	47	-	8

Daten mit der Beitragslänge gewichtet.

8.7.2 Themenspektrum

Die Feststellung, welchen Anteil die gesellschaftsbezogenen Informationen an der Gesamtsendezeit eines Programms haben und in welchem Format diese Informationen vermittelt werden, sagt noch nichts über die *Themen* aus, die in diesen Beiträgen behandelt werden. Ein Blick auf Abbildung 70 zeigt, dass es bei der Themenbehandlung deutliche Unterscheide zwischen den Sendern gibt. Ein erster Indikator für die thematische Ausrichtung eines Senders ist der Anteil der Beiträge mit Politikbezug. Auf den ersten Blick fallen hier einige überraschende Befunde ins Auge. Dies sind zum einen die außerordentlich hohen Politikanteile bei Rockland Sachsen-Anhalt und Landeswelle Thüringen und die erstaunlich niedrigen Anteile bei Sendern wie hr1 - das Informationsradio, hr4 - das Serviceradio oder MDR 1 Radio Sachsen-Anhalt. Ein zweiter Blick in die Daten verdeutlicht, dass gerade bei denjenigen Sendern, die sich bei der Vermittlung gesellschaftsbezogener Information fast ausschließlich auf die Nachrichtenform stützen, die höchsten Politikanteile zu verzeichnen sind. Durch diese Form der Berichterstattung wird offenbar der politikbezogene Teil des (Tages-) Geschehens im Auswahlprozess begünstigt. Diese Unterschiede im Politikanteil findet man auch, wenn man sich nur das Hauptthema des Beitrags ansieht, allerdings auf einem anderen Niveau mit etwas niedrigeren Prozentwerten.

Größere Unterschiede zwischen den Sendern sind ansonsten vor allem beim Thema Verbrechen und Justiz festzustellen. Einige Sender räumen diesem Themenbereich bis zu 36 Prozent der Sendezeit ein, andere bleiben deutlich unter zehn Prozent. Viel Beachtung finden die Themen Kriminalität und Kriminalitätsbekämpfung vor allem bei den privatwirtschaftlich organisierten Sendern. Aber auch hier gibt es einige Ausnahmen, und zwar in beide Richtungen. Extrem viel Beachtung erfährt die Kriminalität beim öffentlich-rechtlichen hr3 (33 Prozent) und insgesamt eher wenig berichtet der Privatsender Landeswelle Thüringen über diesen Themenkomplex (16 Prozent). Im Vergleich zur Landeswelle Thüringen schenken MDR 1 Radio Thüringen und JUMP dem Thema mehr Beachtung. Relativ große Unterschiede findet man auch bei der Berücksichtigung von Softnews: Häufig sind es gerade die Sender, die schon beim Thema Verbrechen große Anteile verbucht haben, die nun auch diesen Themenbereich stark berücksichtigen. Aber auch hier bestätigt die Ausnahme wieder die Regel, denn es finden sich Fälle, bei denen diese Systematik durchbrochen wird: MDR Kultur, MDR 1 Radio Sachsen-Anhalt und hr4 haben beim Thema Verbrechen nur geringe Anteile, weisen bei den Softnews aber sehr hohe Werte auf.

Mehr oder weniger große und bemerkenswerte, überraschende oder erwartbare Unterschiede finden sich auch bei den anderen Themen. Nicht überraschend, aber bemerkenswert ist der überaus hohe Anteil kultureller Themen bei hr2 (54 Prozent); bemerkenswert wird dieser Wert vor allen Dingen durch die Tatsache, dass sich das Gegenstück zu hr2 – das Kulturprogramm des MDR – nur in 20

Abbildung 70 Hauptthema der Beiträge mit gesellschaftsbezogenen Inhalten

davon mit folgendem Hauptthema...

	Anteil am Gesamt-programm	Politikanteil insgesamt *	Politikbeitrag	Skandale	Militär und Krieg	Beziehungen zwischen Ländern	Umwelt	Bau und Landwirtschaft	Arbeit und Wirtschaft	Soziales: Rente, Gesundheit, Ausländer	Kultur und Wissenschaft	Religion und Geschichte	Verbrechen und Justiz	Unfälle	Sport	Softnews
	%	%	%	%	%	%	%	%	%	%	%	%	%	%	%	%
Antenne Th.	8	22	19	2	2	1	1	3	14	4	3	2	22	6	13	9
Landeswelle Th.	9	41	39	2	2	3	2	2	14	3	6	4	16	1	5	3
TOP 40	2	26	20	6	1	5	1	1	4	-	5	-	32	3	8	14
MDR 1 Radio Th.	14	31	28	<1	2	3	3	3	11	5	7	6	17	2	5	10
JUMP	6	35	26	1	4	3	2	1	15	4	2	1	19	8	7	7
MDR Kultur	17	24	18	<1	4	5	2	1	10	3	20	13	7	2	1	15
MDR 1 Radio S.-A.	13	25	18	1	<1	1	8	9	11	8	11	5	6	3	9	10
SAW	6	32	29	5	1	2	3	6	12	3	5	<1	18	4	10	3
Brocken	7	30	26	<1	<1	1	1	5	16	4	7	2	21	5	6	7
Rockland	4	53	46	-	3	1	2	4	5	2	2	-	24	4	1	6
Project 89.0	1	20	19	12	-	-	3	-	10	1	4	-	25	3	11	13
FFH	8	13	13	1	4	2	3	3	10	5	5	4	24	5	13	10
Planet	3	12	12	-	2	2	1	<1	9	3	10	2	36	5	8	11
hr1 Info	43	27	19	1	7	3	3	3	14	4	17	5	10	1	8	6
hr2 Kultur	23	8	5	<1	3	3	1	1	6	3	54	11	3	1	2	8
hr3 junge Welle	11	19	16	1	4	6	3	<1	6	3	4	1	33	3	10	10
hr4 Service	19	22	18	-	5	2	4	3	9	8	13	4	13	3	1	19

Daten mit der Beitragslänge gewichtet.
* Hauptthema oder Nebenthema als Politik codiert.

Prozent der Sendezeit mit Themenaspekten aus diesem Bereich beschäftigt. Erwähnenswert sind auch die Befunde, dass die ostdeutschen Sender sich insgesamt etwas ausführlicher mit dem Thema Arbeit und Wirtschaft beschäftigen als die meisten Sender aus Hessen; und dass die beiden Jugendsender Radio TOP 40 und Project 89.0 sowie Radio SAW dem Thema Skandale und Verdrossenheit mit bis zu zwölf Prozent der Sendezeit bemerkenswert viel Platz einräumen. Beim Vergleich der Themenauswahl zwischen den Sendern aus den drei Bundesländern ist aber zu berücksichtigen, dass die Auswahlentscheidungen natürlich auch von der jeweiligen Ereignislage im Bundesland geprägt werden und damit nur unter Vorbehalt verglichen werden können. Da die Lokal- und Regionalberichterstattung bei einigen Sendern relativ umfangreich ist (Abbildung 71), sollte dieser Faktor nicht unterschätzt werden.

Nach all den zuvor genannten Unterschieden zwischen den Sendern muss aber andererseits auch erwähnt werden, dass alle Sender ein relativ breites Spektrum an Themen behandeln, allerdings mit unterschiedlicher Intensität und teilweise mit recht einseitiger Schwerpunktbildung bei bestimmten Themen oder Themenkomplexen.

Abbildung 71   Räumlicher Bezug der Beiträge mit gesellschaftsbezogenen Inhalten

	Anteil der Beiträge am Gesamt-programm	davon mit folgendem räumlichen Bezug...							
		lokal	regional	überregional	national	europäisch	international	global	M*
	%	%	%	%	%	%	%	%	
Antenne Th.	8	24	17	3	37	6	5	8	3,33
Landeswelle Th.	9	23	14	-	43	5	8	9	3,51
TOP 40	2	4	8	-	45	9	30	5	4,54
MDR 1 Radio Th.	14	28	11	1	42	3	12	3	3,28
JUMP	6	<1	2	2	55	8	28	5	4,72
MDR Kultur	17	2	3	1	62	12	12	8	4,48
MDR 1 Radio S.-A.	13	29	23	2	32	6	5	4	2,91
SAW	6	16	18	3	46	7	7	3	3,43
Brocken	7	28	23	8	29	3	8	1	2,84
Rockland	4	8	10	3	52	8	15	4	4,03
Project 89.0	1	-	-	-	60	7	31	3	4,77
FFH	8	16	11	<1	50	7	10	7	3,79
Planet	3	5	4	2	60	13	14	3	4,25
hr1 Info	43	11	7	<1	45	9	18	11	4,31
hr2 Kultur	23	5	1	6	39	16	18	15	4,74
hr3 junge Welle	11	4	4	9	49	6	22	6	4,39
hr4 Service	19	16	5	1	43	14	14	7	4,02

Daten mit der Beitragslänge gewichtet.
* Mittelwert auf einer 7-Punkte-Skala (von 1 = „regional" bis 7 = „global")

8.7.3 Räumlicher Bezug der Beiträge

Auch bei der Berücksichtigung von regionalen Themen in der Berichterstattung unterscheiden sich die Sender erheblich. In den beiden neuen Bundesländern überwiegen bei den massenattraktiven Programmen die Sender mit relativ starker regionaler und lokaler Ausrichtung des Programms (Abbildung 71). In Hessen findet sich kein Radioprogramm, das auch nur annähernd so viele Beiträge aus der Region sendet wie Antenne Thüringen, Landeswelle Thüringen, Hit-Radio Brocken oder die Regionalprogramme des MDR. In Hessen wird die umfangreichste Lokal- und Regionalberichterstattung von Hit-Radio FFH angeboten, auch die Servicewelle des Hessischen Rundfunks erreicht dessen Werte nicht. In Thüringen sind es vor allem die jugendorientierten Sender, die sich stärker global orientieren. Aber auch die beiden vom MDR als bundeslandübergreifend konzipierten Programme JUMP und Kultur sind eher global als regional ausgerichtet.

8.7.4 Publizistische Qualitätskriterien

Werden Quellen angegeben?
Für die Beurteilung der Berichterstattung aus publizistischer Perspektive gibt es eine Reihe von Kriterien, von denen einige – für die Qualitätsperspektive besonders relevante – in der vorliegenden Untersuchung berücksichtigt wurden.

Ein wichtiges Kriterium in diesem Zusammenhang ist der Quellennachweis, also die Frage, ob in dem Beiträgen angegeben wurde, aus welchen Quellen die Informationen stammen. Die Bilanz ist hier ernüchternd: Bei den meisten Sendern sind zwischen 40 und 50 Prozent der gesellschaftsbezogenen Informationen ohne Quellenangabe (Abbildung 72), nur bei zwei Sendern – Rockland Sachsen-Anhalt und vor allem hr2 - die Kulturwelle – fällt die Bilanz besser aus. Besonders wenig Quellenangaben sind bei den beiden Jugendprogrammen Radio TOP 40 und Project 89.0 zu finden, aber auch bei Hit-Radio Brocken und hr3 - die junge Welle liegt der Anteil der Berichterstattung ohne Quellenverweis bei über 60 Prozent. Die Qualität des Quellennachweises ist zudem nicht überall gleich. Vor allem Radio SAW, aber auch Landeswelle Thüringen, hr3 - die junge Welle und MDR 1 Radio Thüringen arbeiten häufig mit eher allgemeinen Angaben, bei denen die Quellen eher angedeutet als benannt werden. Eine kritische Auseinandersetzung mit der Seriosität und Zuverlässigkeit der verwendeten Quellen bieten die Sender ihren Hörern nur äußerst selten oder gar nicht. Bei einem Vergleich zwischen öffentlich-rechtlichen und privaten Sendern fällt das Ergebnis eher disparat aus. In beiden Systemen findet man sowohl positive als auch negative Abweichungen.

Abbildung 72 Quellenangabe bei Beiträgen mit gesellschaftsbezogenen
Inhalten

	Anteil der Beiträge am Gesamtprogramm	davon mit folgender Quellenangabe...			
		keine Quelle angegeben	Quelle angedeutet	Quelle problematisiert	Quelle benannt
	%	%	%	%	%
Antenne Th.	8	42	4		53
Landeswelle Th.	9	52	14	1	33
TOP 40	2	84	2	<1	14
MDR 1 Radio Th.	14	52	10	-	39
JUMP	6	50	9	-	42
MDR Kultur	17	48	6	<1	46
MDR 1 Radio S.-A.	13	50	4	<1	47
SAW	6	47	27	-	26
Brocken	7	66	1	<1	33
Rockland	4	27	7	-	66
Project 89.0	1	62	2	-	36
FFH	8	45	4	-	51
Planet	3	43	7	<1	50
hr1 Info	43	45	5	<1	50
hr2 Kultur	23	6	6	<1	88
hr3 junge Welle	11	64	14	<1	22
hr4 Service	19	48	4	<1	48

Daten mit der Beitragslänge gewichtet.

Werden Hintergründe dargestellt?

Ein weiteres wichtiges Qualitätskriterium aus publizistischer Sicht ist die Intensität, mit der die Hintergründe des Geschehens in der Berichterstattung thematisiert und aufgedeckt werden. Bei diesem Qualitätskriterium findet man deutliche Unterschiede zwischen den Sendern (Abbildung 73). Besonders viel Zeit auf die Hintergrundberichterstattung verwenden die beiden Kulturprogramme. Recht ausführlich wird auch von den meisten anderen öffentlich-rechtlichen Programmen über die Hintergründe der Ereignisse berichtet. Eine Ausnahme bilden die beiden eher jugendorientierten Sender des öffentlich-rechtlichen Rundfunks – hr3 und vor allem JUMP; sie beschäftigen sich in ihren Beiträgen kaum mit den Ursachen und Folgen des Geschehens. Auch in dieser Beziehung unterscheiden sie sich nicht von den meisten privaten Konkurrenten. Allerdings gibt es auch positive Ausnahmen bei den Privaten. Vor allem Hit-Radio FFH, aber auch Antenne Thüringen erreichen sehr hohe Werte bei der Berücksichtigung von Hintergründen in der Berichterstattung.

Werden in den Beiträgen die W-Fragen beantwortet?
Geringere Unterschiede zwischen den Sendern findet man bei der Berücksichtigung der sogenannten W-Fragen (Abbildung 73). Bei allen Sendern werden im Durchschnitt mehr als vier Fragen beantwortet. Insgesamt betrachtet ist die Verteilung der Ergebnisse aber ähnlich wie bei der Hintergrundberichterstattung. Die meisten öffentlich-rechtlichen Sender erreichen besonders hohe Werte, die Privaten hingegen etwas niedrigere. Wie gewohnt sind aber auch hier wieder einige Ausnahmen zu konstatieren. Als negative Ausnahme im öffentlich-rechtlichen Bereich ist wiederum – wie schon bei der Hintergrundberichterstattung nun auch bei den W-Fragen – JUMP zu erwähnen, der hier sogar alle Sender der privaten Konkurrenz unterbietet. Als publizistisch positive Ausnahme bei den Privaten sind diesmal Radio SAW und Rockland Sachsen-Anhalt und wiederum Hit-Radio FFH hervorzuheben.

Wie aktuell sind die Beiträge?
Speziell beim Radio wird die Aktualität der Berichterstattung als wichtiges Qualitätskriterium diskutiert. Legt man dieses Kriterium als Maßstab an, dann stellen sich die Ergebnisse deutlich anders dar als bei den zuvor genannten Kriterien. Hier sind es vor allem die (großen) Privatsender, die in ihrer Berichterstattung die Aktualität herausstellen (Abbildung 73). Der Anteil an der Sendezeit, den die öffentlich-rechtlichen Programmen den aktuellen Themen widmen, ist insgesamt betrachtet deutlich niedriger. Dies trifft nicht nur auf die Kulturprogramme zu, bei denen dies zu erwarten war, sondern beispielsweise auch auf das Informationsradio hr1. Bei den öffentlich-rechtlichen Sendern erreicht MDR 1 Radio Thüringen die höchsten Aktualitätswerte und erreicht damit fast die Werte der großen Privatsender. Bei den Privaten sind es interessanter Weise zwei der drei Jugendsender (Radio TOP 40 und Project 89.0), die wenig Wert auf die Betonung von Aktualität legen.

Bei der Interpretation der Daten zur Aktualität sind zwei Dinge zu beachten. Zum einen wurde nicht codiert, ob ein Bericht tatsächlich aktuell war oder nicht, sondern es wurde verschlüsselt, ob Aktualität in dem Beitrag deutlich wurde. Wenn die Redakteure in einem aktuellen Bericht versäumt hatten, darauf hinzuweisen, dass es sich um neue Informationen handelt (in der Regel durch eine Zeitangabe), dann wurde der Beitrag als nicht aktuell codiert. Die zweite Anmerkung zielt auf eine angemessene Interpretation des Befundes. Wie bereits dargestellt, unterscheiden sich die Sender beträchtlich hinsichtlich des Umfangs der Berichterstattung mit gesellschaftsbezogenen Inhalten. Ein Programm, das diesem Bereich große Aufmerksamkeit schenkt, dürfte sich nicht nur mit aktuellen oder tagesaktuellen Dingen beschäftigen, sondern hat auch den zeitlichen Spielraum, andere Dinge zu thematisieren, die nur einen geringen tagesaktuellen Bezug aufweisen. Durch solche Berichte wird der Mittelwert der Aktualität selbstverständlich gedrückt, obwohl die absolute Anzahl tagesaktueller Beiträge möglicherweise sogar größer ist.

Wie ist das Verhältnis von Konflikt und Harmonie?
Bei den an die Nachrichtenwertforschung angelehnten Kriterien der *Konflikthaltigkeit* und des *Anteils an Positivem* (vgl. Schulz 1976; Staab 1990) handelt es sich nicht um publizistische Qualitätskriterien im engeren Sinne, auch wenn Schatz und Schulz (1992) die Nachrichtenfaktoren als mögliche Indikatoren im Rahmen der Qualitätsforschung vorschlagen. Beide Merkmale sind aber für die Operationalisierung des Spannungsbogens Konflikt vs. Harmonie im Rahmen der Inhaltsanalyse wichtig. Sie zeigen an, ob die Sender eher Konflikte oder eher die „schönen Dinge" in der Welt thematisieren. Zunächst einmal ist festzuhalten: Auch im Radio dominieren die Konflikte über die positiven Ereignisse. Es gibt keinen Sender, bei dem der Mittelwert auf der Positiv-Skala größer ist als der Mittelwert auf der Konflikt-Skala. Dennoch gibt es zwischen den Sendern einige Unterschiede, mit welcher Intensität sie Konflikte und Positives in der Berichterstattung thematisieren (Abbildung 73).

Bei der Konfliktthematisierung fällt eine recht deutliche Ost-West-Diskrepanz auf. Alle hessischen Sender mit Ausnahme von hr4 - das Serviceradio, weisen einen überdurchschnittlich hohen Grad an Konflikthaltigkeit in der Berichterstattung auf. In Thüringen und Sachsen-Anhalt erreicht nur JUMP einen ähnlichen hohen Wert wie die hessischen Sender. Gleichzeitig sind es aber auch vier der sechs hessischen Sender, die überdurchschnittlich intensiv über Positives berichten. Vergleichbar hohe Werte erreichen in den beiden neuen Bundesländern nur MDR 1 Radio Sachsen-Anhalt und MDR Kultur sowie Antenne Thüringen. Besonders wenig werden Konflikte von den drei öffentlich-rechtlichen Regionalsendern sowie von Radio SAW und Landeswelle Thüringen thematisiert. Besonders wenig Positives findet man bei hr3 und hr4, bei JUMP und Radio TOP 40 sowie bei den meisten sachsen-anhaltinischen Privatsendern. Bei der Berücksichtigung und Thematisierung von Konflikten und Positivem sind bei den Sendern unterschiedliche Strategien zu erkennen. Bei vielen hessischen Sendern findet man eine Doppelstrategie, d.h. es werden sowohl die Konflikte als auch das Positive deutlich gemacht. Ganz anders hingegen Radio SAW und hr4. Diese Sender thematisieren weder die Konflikte besonders intensiv noch weisen sie ausdrücklich darauf hin, wenn sich etwas positiv entwickelt hat. Wieder anders gestaltet sich der Umgang mit diesem Spannungsfeld bei JUMP und hr3. Die beiden jugendorientierten Sender betonen die Konflikte besonders stark und berichten so gut wie nie über Positives. Ganz im Gegensatz dazu die Berichterstattung von MDR 1 Radio Sachsen-Anhalt: Hier findet man wenig Konflikte, dafür aber relativ viel Positives.

Abbildung 73   Eigenschaften der Beiträge mit gesellschaftsbezogenen Inhalten

	Anteil am Gesamt- programm	Hinter- gründe		W-Fragen		Aktualität		Konflikt- haltigkeit		Positives		Gestaltung mit O-Ton, Interview oder Reporter
	%	M	S	M	S	M	S	M	S	M	S	%
Antenne Th.	8	2,67	.83	4,11	.84	2,14	.98	2,06	1.20	1,45	.72	71
Landeswelle Th.	9	2,11	.79	4,16	.86	2,30	.95	1,88	.98	1,30	.50	36
TOP 40	2	1,64	.65	4,28	.72	1,85	.93	2,02	1.07	1,26	.54	-
MDR 1 Radio Th.	14	2,72	.98	4,42	.75	2,04	.97	1,91	1.06	1,32	.60	58
JUMP	6	2,07	.91	4,10	.76	1,92	1.01	2,22	1.27	1,18	.42	19
MDR Kultur	17	3,25	1.03	4,83	.38	1,78	.94	2.09	1.12	1,55	.77	62
MDR 1 Radio S.-A.	13	2,52	.96	4,71	.55	1,93	.95	1,63	.90	1,54	.74	55
SAW	6	2,44	.68	4,67	.52	2,09	1.00	1,78	1.04	1,24	.47	50
Brocken	7	2,06	.79	4,31	.94	1,88	1.02	1,94	1.20	1,23	.55	33
Rockland	4	2,32	.65	4,77	.45	2,13	.98	1,92	.97	1,25	.52	53
Project 89.0	1	1,96	.69	4,38	.51	1,41	.77	1,98	1.16	1,34	.59	5
FFH	8	3,00	.95	4,58	.69	2,25	1.11	2,30	1.11	1,49	.66	76
Planet	3	2,29	1.05	4,34	1.05	2,21	.95	2,32	1.28	1,58	.81	29
hr1 Info	43	2,98	.94	4,69	.58	1,74	1.04	2,31	1.02	1,64	.73	88
hr2 Kultur	23	3,37	1.03	4,66	.67	1,38	.84	2,11	1.05	1,86	.76	76
hr3 junge Welle	11	2,40	.87	4,42	.78	1,95	1.02	2,35	1.33	1,19	.49	61
hr4 Service	19	2,89	1.06	4,44	.87	1,67	.94	1,76	1.08	1,15	.45	51

Daten mit der Beitragslänge gewichtet.
M = Mittelwert
S = Standardabweichung
Zur Erläuterung der Koeffizienten und statistischen Kennwerte siehe Anhang 3.

Konflikt:	1 = kein Konflikt	4 = großer expliziter Konflikt	
Positives:	1 = nicht als positiv dargestellt	4 = explizit als sehr positiv bezeichnet	
Aktualität:	1 = nicht aktuell	4 = sehr aktuell	
W-Fragen:	1 = nur eine von fünf beantwortet	5 = Antwort auf alle fünf Fragen	
Hintergründe:	1 = kein Hintergrund thematisiert	4 = Hintergrund ausführlich dargestellt	

8.7.5 Präsentationsstil der Informationen

Von besondere Bedeutung für das Bild, dass sich die Zuhörer von ihrem Sender machen, ist der Präsentationsstil der Moderation und der Informationsbeiträge. Die Art und Weise, wie die Moderatoren und Sprecher ihre Informationen vermitteln und ihre Aussagen formulieren, schafft eine spezifische Stimmung, die durch den Spannungsbogen zwischen Nähe und Distanz beschrieben wird.

In der Untersuchung wurden insgesamt elf Präsentationsstile unterschieden, von denen aber einige nie oder so gut wie nie bei den untersuchten Sendern vorkamen. Ein Blick auf die Abbildung 74 zeigt aber auch, dass bei allen Sender mehr als ein Stil festzustellen ist und dass nur bei wenigen Programmen ein Stil stark dominiert. Bei den meisten ist es eine Mischung aus zwei bis drei Stilen, die zusammen die jeweilige Anmutung des Programms ausmachen.[31]

Sieht man einmal von den Unterschieden zwischen den Sendern ab, dann stellt man fest, dass insgesamt der sachliche Präsentationsstil überwiegt. Bei den meisten Sendern umfasst diese Art der Präsentation 50 bis 70 Prozent der Sendezeit. Es gibt keinen Sender, der völlig auf sachliche Präsentation verzichtet. Als Ergänzung zur sachlichen Präsentation wird von den meisten Sendern ein lockerer Stil gewählt. Hier variieren die Anteile jedoch wesentlich stärker. Neben diesen beiden Stilen, die zusammen genommen einen Großteil der Präsentation ausmachen, ist noch der freundliche Stil zu erwähnen, der vor allem bei den drei öffentlich-rechtlichen Regionalprogrammen und den beiden Kultursendern zu finden ist. Die beiden Kultursender sind es dann auch, die durch einen höheren Anteil betulicher Präsentation auffallen. Kommentierende Präsentationsformen findet man ebenfalls vor allem bei den öffentlich-rechtlichen Sendern. Mit einem analysierend-kritischen Stil tut sich vor allem der Kultursender hr2 hervor; bei anderen Sendern findet man diesen Stil kaum oder gar nicht. Eine coole Präsentation ist hingegen verstärkt bei den Jugendsendern zu finden.

Zusammenfassend ist festzuhalten, dass zwei Präsentationsstile – allerdings in unterschiedlicher Mischung – die Programme beherrschen. Vor allem die massenattraktiven Privatprogramme beschränken sich weitgehend auf diese Stile. Bei den Jugendprogrammen tritt dann mit unterschiedlicher Intensität ein cooler Stil hinzu. Bei den öffentlich-rechtlichen Programmen ist insgesamt eine etwas größere Vielfalt an Präsentationsformen zu beobachten, je nach Zielpublikum werden hier zusätzlich andere Formen integriert. Eine Ausnahme bilden – nun auch bei der Art der Präsentation – die jugendorientierten Programme hr3 und JUMP. Sie beschränken sich – ähnlich wie ihre privaten Konkurrenten – vornehmlich auf eine Mischung aus sachlicher und lockerer Präsentation.

---

31 Nähere Erläuterungen hierzu findet man im Anhang 2 im Codebuch Kategorie: M03.

Abbildung 74   Präsentationsstil der Moderationen und Informationsbeiträge

Anteil von Moderation und gesellschafts-bezogenen Informationen am Programm	cool	aggressiv	empört	lobpreisend	locker	kommentierend	freundlich	analysierend / kritisch	sachlich	betulich	depressiv	andere Stile / unterschiedlich
	%	%	%	%	%	%	%	%	%	%	%	%
Antenne Th. 12	1	-	<1	-	46	1	1	-	51	-	-	-
Landeswelle Th. 13	1	-	-	-	28	-	3	-	68	-	-	-
TOP 40 4	12	-	-	-	51	-	-	-	37	-	-	-
MDR 1 Radio Th. 19	-	-	-	-	10	4	18	-	68	1	-	<1
JUMP 11	<1	-	-	-	43	-	3	1	53	-	-	-
MDR Kultur 23	-	-	-	-	-	11	7	2	62	17	-	1
MDR 1 Radio S.-A. 16	-	-	-	-	8	3	14	3	69	4	-	1
SAW 11	<1	-	-	1	35	3	5	-	56	-	-	-
Brocken 12	-	-	-	-	36	-	5	-	59	-	1	-
Rockland 6	-	-	-	-	27	3	5	-	66	-	-	-
Project 89.0 3	30	-	-	-	40	-	-	-	30	-	-	-
FFH 14	2	-	-	-	45	5	1	-	48	-	-	-
Planet 7	17	-	<1	-	66	<1	<1	-	16	-	-	-
hr1 Info 47	-	-	-	-	8	9	2	3	77	-	-	1
hr2 Kultur 28	-	-	-	-	7	7	28	16	36	5	-	<1
hr3 junge Welle 16	-	-	-	-	34	5	4	-	57	-	-	<1
hr4 Service 25	-	-	-	-	8	6	17	-	69	<1	-	-

Daten mit der Beitragslänge gewichtet.

8.8   Programmelemente mit alltagsbezogenen Informationen

Nach der Musik und den Beiträgen mit gesellschaftsbezogenen Inhalten sind die Serviceinformationen das drittwichtigste Programmelement. Bei den meisten Sendern werden sechs bis sieben Prozent der Programmzeit mit Servicemeldungen gefüllt (Abbildung 75).

8.8.1   Serviceinformationen

Die wichtigste Serviceleistung, die von den Sendern angeboten wird, sind *Verkehrsmeldungen*. Von den Sendern in Thüringen und Sachsen-Anhalt werden die Verkehrsmeldungen in den meisten Fällen mit Blitzermeldungen verknüpft. Anders ist die Situation in Hessen: Dort hat Planet Radio praktisch das Monopol auf Blitzermeldungen, und dort gibt es mit dem Kulturradio hr2 auch den einzigen Sender in dieser Untersuchung, der völlig auf Verkehrsmeldungen verzichtet.

Abbildung 75 Inhalt der Servicemeldung

| | Anteil von Service-meldungen am Programm | von allen Servicemeldungen sind... | | | | | | |
		Wetter	Tipps	Sport	Geld und Arbeit	Verkehr mit Blitzer	Verkehr ohne Blitzer	Rest
	%	%	%	%	%	%	%	%
Antenne Th.	7	29	4	12	5	47	3	<1
Landeswelle Th.	7	25	<1	1	4	64	4	1
TOP 40	2	34	1	2	-	61	1	-
MDR 1 Radio Th.	6	37	11	11	1	36	4	1
JUMP	7	40	1	1	1	55	1	1
MDR Kultur	3	44	5	7	-	38	4	2
MDR 1 Radio S.-A.	6	33	11	10	9	29	5	2
SAW	7	31	4	8	1	54	2	1
Brocken	5	32	1	2	3	60	1	-
Rockland	3	35	7	5	-	52	<1	-
Project 89.0	1	35	-	20	-	44	-	-
FFH	7	25	3	8	3	5	56	<1
Planet	4	19	10	12	5	49	5	-
hr1 Info	6	25	16	9	11	-	39	<1
hr2 Kultur	1	69	-	20	10	-	-	2
hr3 junge Welle	6	18	10	6	9	-	57	1
hr4 Service	8	22	18	4	3	-	53	<1

Daten mit der Beitragslänge gewichtet.

Nach den Verkehrsmeldungen ist der *Wetterbericht* die wichtigste Form der Serviceinformation. Bei den meisten Sendern wird ein Viertel bis ein Drittel der Sendezeit für Servicemeldungen mit Wetterberichten und Wettervorhersagen bestritten. Alle anderen Serviceinhalte spielen bei den untersuchten Sendern eine eher geringe Rolle. Allerdings gibt es keinen Sender, der völlig auf *Sportmeldungen* verzichtet, auch wenn die dafür bereit gestellte Sendezeit teilweise nur sehr kurz ist. Selbst diejenigen Sender, deren Serviceanteil überhaupt nur sehr gering ist, bringen zumindest einige Sportmeldungen.

Tipps zu den unterschiedlichen alltagsrelevanten Dingen wie Haushalt, Auto, Einkauf, Gesundheit etc. bieten vor allem die Regionalsender der öffentlich-rechtlichen Programme, aber auch beim hessischen Inforadio hr1, beim jugendorientierten Sender hr3 und bei Planet Radio kann man öfter einmal Informationen aus diesem Bereich hören. Bei den meisten Sendern spielen solche Themen aber keine oder nur eine sehr geringe Rolle.

Noch stärker gilt dies für den Bereich *Geld und Arbeit*. Von den Sendern in Thüringen und Sachsen-Anhalt werden dazu fast keine Informationen angeboten.

Etwas anders ist es in Hessen. Alle hessischen Sender bieten zumindest einige Informationen zu diesem Themenbereich an.

Die Palette der genannten Bereiche ist weitgehend vollständig: Andere Servicethemen spielen bei keinem der untersuchten Sender eine erwähnenswerte Rolle.

8.8.2 Veranstaltungshinweise

Eine besondere Form alltagsrelevanter Informationen sind die Veranstaltungshinweise. Alle untersuchten Sender nutzen diese spezielle Form, um ihre Hörer auf unterschiedliche Möglichkeiten zur Freizeitgestaltung hinzuweisen. Bis zu zwei Prozent der Sendezeit werden für dieses Programmelement reserviert. Eine Systematik ist nicht zu erkennen, anhand der man beschreiben könnte, welche Sendertypen dieser Informationsart mehr Beachtung schenken und welche weniger (Abbildung 76).

Abbildung 76   Inhalte der Veranstaltungshinweise

	Anteil von Veranstaltungshinweisen am Programm	von allen Veranstaltungshinweisen sind...						
		Sendung im TV	Andere Medien	Kulturelle Ereignisse z.B. Konzerte	Sport	Politik	Feste	andere oder mehrere Kurzhinweise
	%	%	%	%	%	%	%	%
Antenne Th.	0,8	-	16	19	3	-	48	13
Landeswelle Th.	1,9	13	4	41	2	-	33	7
TOP 40	1,1	-	17	38	-	-	-	45
MDR 1 Radio Th.	1,1	20	-	27	2	-	32	20
JUMP	0,6	-	-	50	13	-	25	13
MDR Kultur	2,0	2	13	54	-	-	5	27
MDR 1 Radio S.-A.	1,4	10	21	53	3	-	9	3
SAW	0,8	5	11	27	3	-	19	35
Brocken	0,8	-	19	36	14	-	19	11
Rockland	1,4	2	7	62	7	-	16	7
Project 89.0	0,3	-	-	100	-	-	-	-
FFH	0,8	17	6	37	29	-	3	9
Planet	0,7	-	-	50	17	-	-	33
hr1 Info	0,7	21	13	29	4	-	-	33
hr2 Kultur	1,7	-	9	88	-	-	3	-
hr3 junge Welle	1,9	11	12	49	13	-	3	13
hr4 Service	0,8	10	3	36	13	-	3	36

Daten mit der Beitragslänge gewichtet.

Schaut man sich die *Inhalte der Hinweise* an, dann zeigt sich, dass die Ankündigungen kultureller Ereignisse dieses Programmelement klar dominieren; hinter diesem Label verbergen sich vor allem Hinweise auf Konzerte. Neben den Ankündigungen kultureller Aktivitäten sind vor allem noch die Hinweise auf Angebote anderer Medien zu nennen. Einige Sender konzentrieren sich dabei auf das Fernsehen, andere stärker auf die sonstigen Medien (z.B. Kino). Fast alle Sender berichten ein wenig, aber keiner berichtet besonders viel über die Angebote anderer Medien. Auch hier lässt sich bei der Auswahl keine Regelmäßigkeit erkennen.

Hinweise auf Sportveranstaltungen spielen bei den meisten Sendern nur eine sehr kleine Rolle, nur Hit-Radio FFH gibt diesem Thema etwas mehr Raum. Eine Besonderheit der ostdeutschen Sender ist die große Bedeutung, die sie den Hinweisen auf Festivitäten aller Art zuweisen. Bis zu 50 Prozent der Sendezeit für Veranstaltungshinweise sind bei den ostdeutschen Sendern der Ankündigung von Festen gewidmet. Spitzenreiter ist dabei Antenne Thüringen.

Wie die Sender ihre Hörer auf die Veranstaltungen hinweisen, ist höchst unterschiedlich (Abbildung 77). Einige setzen dabei eher auf ausführliche Hinweise zu einzelnen Veranstaltungen (Antenne Thüringen, MDR 1 Radio Sachsen-Anhalt, Hit-Radio Brocken, hr1 - das Informationsradio), andere hingegen mehr auf Kurzinformationen in Form eines Veranstaltungskalenders (Landeswelle Thüringen, MDR 1 Radio Thüringen, Radio SAW, Rockland Sachsen-Anhalt, Project 89.0), wieder andere auf ein ausgewogenes Verhältnis beider Formen. Einig sind sich die Sender aber darin, dass es bei den Veranstaltungshinweisen nicht in erster Linie um eine Kritik und Kommentierung geht, sondern um eine neutrale Information. Nur ganz wenige Programme – neben den beiden Kultursendern handelt es sich dabei um Rockland Sachsen-Anhalt und Planet Radio – bewerten zumindest ab und zu die Angebote, auf die sie hinweisen.

Aufschlussreich ist, ob die Veranstaltungen, auf die ein Sender hinweist, in irgend einer *Beziehung zum Programm* stehen, sei es, dass die Veranstaltung vom Sender gesponsert wird, sei es, dass sie sogar von ihm veranstaltet wird. Hier zeigt sich, dass die Veranstaltungshinweise häufig gar nicht primär die Funktion haben, die Hörer auf andere Freizeitmöglichkeiten aufmerksam zu machen, sondern vor allem dazu dienen sollen, die Hörer ans Programm zu binden (Abbildung 77). Denn alle Sender nutzen dieses Programmsegment in beträchtlichem Umfange, um auf Veranstaltungen aufmerksam zu machen, die vom Sender organisiert oder gesponsert werden. Gerade auch auf diese Weise kann Nähe zum Publikum hergestellt werden, z.B. indem der Sender bei den gesponserten Veranstaltungen präsent ist. Diese Form der Instrumentalisierung von Veranstaltungshinweisen für die Zwecke der Eigenwerbung und Programmbindung ist von JUMP perfektioniert worden. Fast 100 Prozent der Veranstaltungshinweise beziehen sich bei JUMP auf Aktivitäten, die vom Sender veranstaltet oder organisiert werden. Im Leben des JUMP-Hörers soll es kein Konzert, keine Sportveranstaltung und kein Fest ohne JUMP geben.

Abbildung 77 Art des Veranstaltungshinweises und Veranstalter

Anteil von Veranstaltungs-hinweisen am Programm		Art des Veranstaltungshinweises			Veranstalter		
		Kalender	Ausführ-liche Hinweise	Kritik eines Angebots	vom Sen-der orga-nisiert	vom Sen-der ge-sponsert	kein Hin-weis auf Sender
	%	%	%	%	%	%	%
Antenne Th.	0,8	19	81	-	26	29	45
Landeswelle Th.	1,9	66	34	-	24	41	35
TOP 40	1,1	62	38	-	17	10	72
MDR 1 Radio Th.	1,1	70	25	5	15	18	68
JUMP	0,6	60	40	-	60	36	4
MDR Kultur	2,0	36	54	11	2	19	79
MDR 1 Radio S.-A.	1,4	28	72	-	30	39	30
SAW	0,8	62	32	5	11	47	42
Brocken	0,8	34	66	-	44	28	28
Rockland	1,4	69	15	17	6	36	57
Project 89.0	0,3	100	-	-	-	90	10
FFH	0,8	46	49	6	25	22	53
Planet	0,7	56	28	16	27	31	42
hr1 Info	0,7	-	100	-	24	20	56
hr2 Kultur	1,7	38	41	22	32	-	68
hr3 junge Welle	1,9	49	51	-	13	34	53
hr4 Service	0,8	47	53	-	20	40	40

Daten mit der Beitragslänge gewichtet.

8.9 Programmelemente der Hörerbeteiligung

In dieser Untersuchung werden zwei Formen der Hörerbeteiligung unterschie-den, der Hörerdialog und die Spiele. Die Hörerbeteiligung – insbesondere der Hörerdialog – sind problematische Programmelemente. Auf der einen Seite er-öffnet die Einbindung der Hörer in das Programm die Möglichkeit, Nähe herzu-stellen. Zum anderen gibt es aber beim Publikum teilweise erhebliche Wider-stände gegen die Beteiligung der Hörer im Programm. Dass dieses Programm-element umstritten ist, zeigt sich auch daran, dass viele Sender ihm so gut wie keine Zeit einräumen. Der Höchstwert liegt bei 1,2 Prozent der Sendezeit (Hit-Radio FFH und MDR Kultur).

8.9.1 Hörerbeteiligung als Dialog mit dem Hörer

Bei der *formalen Ausgestaltung* des Hörerdialogs setzen einige Sender (hr4 - das Serviceradio, Radio SAW und MDR Kultur) fast ausschließlich auf die klassische Wunsch- und Grußsendung, andere geben ihren Hörern überwiegend die Möglichkeit, ausführlich Stellung zu nehmen (MDR 1 Radio Sachsen-Anhalt, Hit-Radio FFH, hr1 - das Informationsradio), bei anderen Sendern dürfen die Hörer nur kurze Statements abgeben (JUMP, Project 89.0). Zwei Sender (Radio TOP 40 und Rockland Sachsen-Anhalt) geben ihren Hörern zwar nur sehr selten die Möglichkeit etwas zu sagen, dann aber ausführlich (Abbildung 78).

Abbildung 78 Art des Hörerdialogs

	Anteil von Hörer-beteiligungen am Programm	von allen Hörerbeteiligungen sind...			
		Kurze Statements	ausführliche Statements	Gruß-sendungen	Kontakt-sendungen
	%	%	%	%	%
Antenne Th.	0,3	42	33	25	-
Landeswelle Th.	0,4	47	53	-	-
TOP 40	<0,1	-	100	-	-
MDR 1 Radio Th.	0,2	57	43	-	-
JUMP	0,6	68	32	-	-
MDR Kultur	1,2	-	3	97	-
MDR 1 Radio S.-A.	0,6	8	92	-	-
SAW	0,1	-	-	100	-
Brocken	0,1	50	50	-	-
Rockland	<0,1	-	100	-	-
Project 89.0	0,4	71	29	-	-
FFH	1,2	14	80	6	-
Planet	0,4	47	40	13	-
hr1 Info	0,3	30	70	-	-
hr2 Kultur	0,3	33	50	17	-
hr3 junge Welle	1,0	31	31	38	-
hr4 Service	0,7	19	-	82	-

Daten mit der Beitragslänge gewichtet.

Inhaltlich beschränkt sich die Hörerbeteiligung bei den meisten Sendern auf ein schmales Spektrum (Abbildung 79). Vorwiegend geplaudert und erzählt wird bei den drei Jugendsendern Radio TOP 40, Project 89.0 und Planet Radio. Aber auch bei JUMP, Hit-Radio Brocken, Hit-Radio FFH, hr3 und MDR Kultur dreht sich die Hörerbeteiligung vorwiegend um unverbindliches Geplauder und Anekdoten. Den Schwerpunkt auf alltagsrelevante Servicethemen legen die drei öffentlich-rechtlichen Regionalsender sowie zwei weitere Sender des Hessischen Rundfunks, das Informationsradio (hr1) und die Kulturwelle (hr2). Ein bemerkenswert breites Spektrum an Themen behandeln die beiden großen Thüringer Privatsender mit ihren Hörern: Es erstreckt sich von Politik über unpolitische Themen von gesellschaftlicher Relevanz bis hin zu Geplauder und Anekdoten.

Abbildung 79 Inhalte des Hörerdialogs

	Anteil von Hörer-beteiligungen am Programm	Politik	unpolitisches gesellschaftsthema	Servicethema	Kultur	Anekdote	Geplauder	Kummerkasten	Sonstiges
	%	%	%	%	%	%	%	%	%
Antenne Th.	0,3	22	22	11	11	22	11	-	-
Landeswelle Th.	0,4	29	24	-	-	29	6	-	12
TOP 40	<0,1	-	-	-	-	-	100	-	-
MDR 1 Radio Th.	0,2	-	13	63	-	13	13	-	-
JUMP	0,6	-	7	14	-	57	11	-	11
MDR Kultur	1,2	-	-	-	-	-	100	-	-
MDR 1 Radio S.-A.	0,6	-	-	84	-	8	8	-	-
SAW	0,1	-	-	-	-	-	-	-	-
Brocken	0,1	-	-	-	-	100	-	-	-
Rockland	<0,1	-	-	-	-	-	-	-	100
Project 89.0	0,4	-	-	-	-	36	14	29	21
FFH	1,2	-	-	17	-	6	68	2	6
Planet	0,4	-	-	-	8	17	75	-	-
hr1 Info	0,3	20	10	70	-	-	-	-	-
hr2 Kultur	0,3	-	-	100	-	-	-	-	-
hr3 junge Welle	1,0	-	-	4	23	23	35	-	15
hr4 Service	0,7	-	-	100	-	-	-	-	-

Daten mit der Beitragslänge gewichtet.

8.9.2 Hörerbeteiligung über Spiele

Spiele sind eine spezielle Form der Hörerbeteiligung, die gegenüber den zuvor vorgestellten Formen der Beteiligung einige Vorteile aufweist. Ein wichtiger Vorzug aus Sicht der Sender ist die klare Regelgebundenheit der Spiele, die eine bessere Planbarkeit bedeutet. Während es bei einem normalen Live-Höreranruf schwerer vorhersehbar und kontrollierbar ist, wie sich der Teilnehmer äußern wird, sind bei einem Spiel die Handlungsmöglichkeiten des Anrufenden durch die Regeln beschränkt und bleiben damit überschaubar. Gleichzeitig bietet das Spiel ebenso wie die einfache Hörerbeteiligung die Möglichkeit, Nähe zum Hörer herzustellen. Darüber hinaus erfüllen Spiele – nicht zuletzt durch die Ausschreibung von Gewinnen – auch die Funktion, die Hörerbindung zu festigen und zu erhöhen.

Von daher ist es nicht verwunderlich, dass die meisten Sender den Spielen mehr *Sendezeit* einräumen als der einfachen Hörerbeteiligung (Abbildung 80). Bis zu 3,3 Prozent des Programms (Rockland Sachsen-Anhalt) werden durch Spiele bestritten, und es gibt keinen Sender, der völlig auf Spiele verzichtet.

Fast immer gibt es bei den Spielen auch etwas zu *gewinnen*. Nur bei zwei Jugendsendern (Radio TOP 40 und Project 89.0) sowie bei hr3 kommt es häufiger vor, dass bei den Spielen kein Gewinnen lockt. Allerdings sind die Gewinne überwiegend klein (bis 200 Euro). Vor allem die erfolgreichen privaten Sender offerieren aber auch ab und zu mittelgroße (bis 2000 Euro) oder sogar große Gewinne. Wer gewinnen will, muss sich aktiv darum bemühen; nur bei wenigen Sendern gibt es auch Spielformen, bei denen die Sender von sich aus an die Hörer herantreten.

Abbildung 80   Spiele: Gewinnmöglichkeiten und Höhe der Gewinne

| | Anteil von Spielen am Programm | Gewinnmöglichkeiten | | | | Gewinnhöhe | | |
		keine	nur für aktive Zuhörer	nur für passive Zuhörer	für mehrere Gruppen	klein	mittel	groß
	%	%	%	%	%	%	%	%
Antenne Th.	2,4	2	98	-	-	26	41	32
Landeswelle Th.	0,7	-	100	-	-	50	50	-
TOP 40	0,3	25	75	-	-	100	-	-
MDR 1 Radio Th.	0,5	-	84	-	16	100	-	-
JUMP	2,2	-	77	12	12	64	36	-
MDR Kultur	0,5	-	100	-	-	100	-	-
MDR 1 Radio S.-A.	0,5	-	100	-	-	100	-	-
SAW	3,2	-	58	-	42	34	66	-
Brocken	1,4	-	100	-	-	82	9	9
Rockland	3,3	-	100	-	-	67	33	-
Project 89.0	0,3	40	60	-	-	100	-	-
FFH	1,5	2	36	63	-	24	60	16
Planet	1,8	-	100	-	-	27	73	-
hr1 Info	0,7	-	84	12	4	58	33	8
hr2 Kultur	0,2	-	100	-	-	100	-	-
hr3 junge Welle	1,0	58	30	-	12	72	28	-
hr4 Service	0,1	-	100	-	-	100	-	-

Daten mit der Beitragslänge gewichtet.

Um bei den Spielen etwas zu gewinnen, braucht man vor allem Glück. Die meisten Sender setzten bei den Spielen überwiegend auf das Glück als *Gewinnprinzip*. Aber immerhin 13 von 17 Sendern bieten auch Spiele, bei denen es auf das Wissen der Spieler ankommt. Vor allem bei den beiden Kultursendern und bei MDR 1 Radio Sachsen-Anhalt sind solche wissensbasierten Spiele im Programm. Geschicklichkeitsspiele werden nur von relativ wenigen Sendern angeboten und machen auch dort nur einen kleinen Teil des Spielangebots aus.

Insgesamt betrachtet sind die Spiele, die von den Sendern angeboten werden, eher spaß- als wettbewerbsorientiert (Abbildung 81). Viele Sender bemühen sich aber, zumindest bei einem Teil ihrer Spiele eine *Atmosphäre* herzustellen, die man als eine Mischung aus Wettbewerb und Spaß beschreiben kann. Auf der einen Seite soll offenbar vermieden werden, dass durch eine zu starke Wettbewerbsorientierung eine angespannte Stimmung entsteht, auf der anderen Seite versuchen die Programmmacher aber auch zu verhindern, dass die Spiele als reiner Klamauk wahrgenommen werden. Allerdings gibt es auch einige Sender, die bei den Spielen sehr stark auf Wettbewerb setzen. Das sind vor allem MDR Kultur und MDR 1 Radio Sachsen-Anhalt, aber auch hr1 - das Informationsradio zählt dazu. Zudem findet man bei den größeren Privatsendern in allen drei Bundesländern ebenfalls zumindest einige wettbewerbsorientierte Spiele.

Abbildung 81   Spiele: Gewinnprinzip und Atmosphäre

	Anteil von Spielen am Programm	Prinzip des Gewinns			Atmosphäre		
		Glück	Geschick	Wissen	Spaß	Mischung	Wettbewerb
	%	%	%	%	%	%	%
Antenne Th.	2,4	85	2	13	44	51	6
Landeswelle Th.	0,7	29	25	46	4	74	22
TOP 40	0,3	86	-	14	14	86	-
MDR 1 Radio Th.	0,5	63	-	37	21	63	16
JUMP	2,2	59	11	30	68	27	5
MDR Kultur	0,5	21	-	79	-	29	71
MDR 1 Radio S.-A.	0,5	9	-	91	5	14	82
SAW	3,2	100	-	-	44	43	13
Brocken	1,4	33	30	38	52	31	17
Rockland	3,3	100	-	-	33	67	-
Project 89.0	0,3	100	-	-	100	-	-
FFH	1,5	32	15	53	35	35	30
Planet	1,8	48	-	52	11	65	24
hr1 Info	0,7	38	4	58	13	42	46
hr2 Kultur	0,2	33	-	67	-	100	-
hr3 junge Welle	1,0	73	5	22	84	5	12
hr4 Service	0,1	100	-	-	67	33	-

Daten mit der Beitragslänge gewichtet.

8.10 Zusammenfassung: Programmprofile

Der detaillierte Blick auf die Merkmale und auf die Zusammensetzung der einzelnen Programmelemente hat vor allem eines gezeigt: Das Radioangebot lässt sich nicht einfach nach der Rechtsform der Anbieter trennen. „Öffentlich-rechtlich" oder „privat" erlaubt keine hinreichend präzise Aussage, was sich im einzelnen für ein Programm mit einem Anbieter verbindet. Private Anbieter überraschen ebenso wie öffentlich-rechtliche Anbieter an vielen Stellen mit einer Programmstruktur, die so nicht zu erwarten war. Auch andere Typen wie beispielsweise die Jugendsender, die Kultursender, die Regionalprogramme weisen neben Gemeinsamkeiten erhebliche Varianz auf. Auch diese Klassifikationen bieten nicht mehr als relativ allgemeine Hinweise auf Gemeinsamkeiten und Unterschiede zwischen den Programmen. Das gleiche gilt genauso für Einteilungen nach der regionalen Zugehörigkeit der Sender. Es gibt zwar bei einzelnen Merkmalen durchaus feststellbare Unterschiede zwischen den Programmen aus verschiedenen Ländern und Regionen, ein durchgängiges Muster lässt sich jedoch nicht erkennen. Insgesamt ist deutlich geworden, wie viele Programmelemente zusammenspielen, um ein Programmprofil zu ergeben und dem Programm eine spezifische Anmutung zu geben. Es wird sich zeigen, in welchem Maße sich diese inhaltsanalytisch feststellbaren Profile in der Wahrnehmung der Hörer niederschlagen und sich auf die Auswahlentscheidungen zwischen den Sendern auswirken.

8.11 Das Radio in der Bundestagswahl 2002[32]

In Ergänzung zu den zuvor vorgestellten Analysen der Qualitätsmerkmale des Radios soll nun untersucht werden, in welcher Weise sich ein besonderes Ereignis wie die Bundestagswahl – die Hochzeit des demokratischen politischen Prozesses – auf die Berichterstattung des Radios auswirkt. Es stellt sich die Frage, ob die untersuchten Radiosender willens und in der Lage sind, durch spezifische Programmangebote auf die besondere Ereignislage einzugehen. Welches Echo solch ein besonderes Ereignis von hoher politischer Bedeutung in der Berichterstattung findet, ist aus publizistischer Perspektive ein wichtiges Qualitätsmerkmal. Eine publizistisch hochwertige Berichterstattung sollte auf außergewöhnliche Ereignisse verstärkt eingehen und ihnen entsprechende Beachtung schenken. Lassen die durchformatierten Radioprogramme überhaupt Raum für eine Anpassung des Programms an die Ereignislage?

Um diese Fragen zu beantworten, wurden zwei Analysen durchgeführt. Zunächst wurden die Angebote der sechs Radiosender, die ein Programm (auch) für Thüringen ausstrahlen, einer spezifischen Inhaltsanalyse unterzogen: dazu wurde

---

32 Der Abschnitt 8.11 ist in Teilen bereits veröffentlicht (Vowe & Wolling 2003).

das wahlbezogene Programmangebot im Umfeld der Bundestagswahl 2002 genauer untersucht.[33] In einem zweiten Schritt wurden die Strukturen der Programme zur Wahlzeit mit denen zur Normalzeit verglichen. Hier wird die Analyse auch auf die hessischen Sender ausgedehnt.

8.11.1 Inhaltsanalyse der Wahlzeit

Für den ersten Teil der Analyse wurde von allen sechs Thüringer Sendern das Programm an zwei Tagen vor der Wahl, am Wahltag und an einem Tag nach der Wahl gesondert analysiert. Berücksichtigt wurden jeweils 14 Stunden von 5 bis 19 Uhr. Am Wahltag wurde die Analyse auf 19 Stunden – bis 24 Uhr – ausgedehnt.

Gegenstand der nachfolgenden Darstellung ist die gesamte Berichterstattung mit Wahlbezug. Ein Wahlbezug wurde nur dann als gegeben angesehen, wenn durch die Erwähnung der Bundestagswahl explizit ein solcher Bezug hergestellt wurde. Wenn beispielsweise in einem Beitrag nur von einer Initiative des Kanzlerkandidaten oder von einer Stellungnahme des Kanzlers die Rede war, diese Äußerungen aber weder von den Politikern noch von den Journalisten mit der Bundestagswahl in Verbindung gebracht wurden, dann wurde dies nicht als Wahlbeitrag codiert. Zusätzlich wurden in der Analyse jene Beiträge aus der Nachwahlzeit berücksichtigt, bei denen es um die Koalitionsverhandlungen zwischen den Grünen und der SPD ging, unabhängig davon, ob dabei nochmals die Wahl erwähnt wurde oder nicht. Diese Definition ist eine relativ enge Festlegung dessen, was unter „Wahlbezug" zu verstehen ist (vgl. dazu die sehr ähnliche Definition bei Krüger & Zapf-Schramm 2002: 610). Wenn man die Definition von „Wahlbezug" jedoch weiter fasst, ist man sehr schnell in der Situation, das so ziemlich alles, was sich in der Vorwahlzeit ereignet und auch nur im Entferntesten mit Politik in Deutschland zu tun hat, als „Wahlkampf" codiert werden müsste. Durch eine solche Ausweitung des Definitionsbereichs könnte aber kaum noch ermittelt werden, was über die normale Politikberichterstattung hinausgeht – was also das Besondere in Wahlzeiten ist. Der Kontrast zur normalen Berichterstattung würde verwischt. Diese enge Definition ist bei der Interpretation der Ergebnisse zu berücksichtigen. Wenig Berichterstattung über die Wahl bedeutet nicht, dass nicht über Politik berichtet wurde, sondern nur, dass die Wahl in diesem Zusammenhang keine explizit Rolle gespielt hat.

Inhaltlich wurde der Analysebereich also eng gefasst; hinsichtlich des Genres wurde er hingegen weit gefasst: Es sind Informationsbeiträge, humorvolle Beiträge, Hörermeinungen zur Bundestagswahl, Trailer, mit denen Wahlbeiträge

---

33 Ausgewertet wurden folglich Antenne Thüringen, Landeswelle Thüringen, TOP 40, MDR 1 Radio Thüringen, JUMP, MDR Kultur. Aus organisatorischen Gründen ist es nicht möglich gewesen, die Programme der Sender aus Sachsen-Anhalt und Hessen in die Analyse einzubeziehen. Nicht analysiert wurde außerdem die Informationswelle „MDR-Info".

oder Wahlsondersendungen angekündigt wurden, und Wahlwerbung erfasst worden. In die Kategorie Informationsbeiträge wurden sowohl Nachrichtenbeiträge eingeordnet als auch einzelne Beiträge, die außerhalb des Nachrichtenblocks gesendet wurden.

Die Analyse der Wahlthematisierung stand vor einem zentralen methodischen Problem: die Ergebnisse einer quantitativen Inhaltsanalyse sind aufgrund der wenigen Untersuchungstage nur in Grenzen verallgemeinerungsfähig. Nach den ersten Auszählungen zeigte sich zwar, dass eine beachtliche Anzahl von Beiträgen ermittelt und codiert worden war (Abbildung 82). Es stellte sich jedoch heraus, dass es sich bei einem Großteil dieser Beiträge um Wiederholungen von ähnlichen oder sogar identischen Beiträgen handelte. Dies ist vor allem bei den Meldungen im Rahmen von Nachrichtensendungen der Fall, aber auch bei den an anderer Stelle ins Programm eingestreuten Beiträgen. Die Zahl der ermittelten Originalbeiträge war bei allen Sendern so niedrig, dass jede weitergehende quantitative Auswertung mit sehr kleinen Fallzahlen hätte vorlieb nehmen müssen oder man ähnliche oder identische Beiträge mehrfach in der Analyse hätte berücksichtigen müssen. Auf der Basis der vorhandenen Daten konnten somit verallgemeinerungsfähige Ergebnisse nicht erzielt werden. Eine weitergehende quantitative Auswertung, z.B. hinsichtlich der politischen Akteure, des thematischen Zusammenhangs der Beiträge, des Anteils an Hintergrundinformation oder der Konflikthaltigkeit war somit nicht sinnvoll.

Da jedoch dem Radio in der Wahlforschung bislang kaum Aufmerksamkeit geschenkt worden ist, erschien es lohnend, die Analysen hier nicht abzubrechen, sondern die ermittelten Beiträge intensiver und genauer zu analysieren. Auf diese Weise sollte geprüft werden, inwieweit die gängigen Kategorien der Inhaltsanalyse (vor allem Themen, Akteure, Wertungen, Nachrichtenfaktoren) ausreichen, wesentliche Merkmale der Wahlthematisierung im Radio zu beschreiben, oder ob weitere Kategorien notwendig sind, um die Eigenarten der Wahlthematisierung im Radio angemessen zu erfassen. Wie noch zu zeigen sein wird, rechtfertigen die dabei ermittelten Ergebnisse diese Vorgehensweise: Zum einen wird durch den genaueren Blick deutlich, auf wie vielfältige Weise die Wahl im Radio thematisiert wurde. Trotz der wenigen Untersuchungstage entsteht ein differenziertes Bild der Wahlthematisierung im Radio. Auf der anderen Seite verdeutlicht der häufig sehr eigenwillige Charakter der analysierten Beiträge, dass bei Inhaltsanalysen im Radio zusätzliche Kategorien berücksichtigt werden sollten.

Abbildung 82   Der Umfang der Wahlthematisierung

		Landeswelle Th.		Antenne Th.		TOP 40		JUMP		MDR 1 Radio Th.		MDR Kultur	
		n	D	n	D	n	D	n	D	n	D	n	D
16.9.	Info-beiträge	37(4)	25	17(3)	13	11(2)	4	18(2)	8	16(4)	18	16(1)	14
	Hörerbe-teiligung	5	3										
	Trailer	16	7							2	1		
	Humor	5	5	4	7			8	6	1	2	2	7
	Wahl-werbung			8	6			2	4				
	Summe	61	40	29	26	11	4	28	18	19	21	18	21
19.9.	Info-beiträge	13(5)	7	5(2)	4			3(2)	4	13(4)	12	5(4)	11
	Hörerbe-teiligung	5	3	4	6								
	Trailer	2	1	1	1								
	Humor	1	2	6	8					1	1		
	Wahl-werbung			10	7								
	Summe	21	13	26	26	0	0	3	4	13	12	5	11
22.9. 5-18 Uhr	Info-beiträge	40(11)	36	19(7)	20			32(5)	15	21(9)	27	11(3)	15
	Trailer	5	2										
	Humor	2	4					1	1				
	Summe	47	42	19	20	0	0	33	16	21	27	11	15
22.9. 18-24 Uhr	Info-beiträge	16	32	25	37			29	35	71	119	2	3
	Trailer	3	1										
	Summe	19	33	25	37	0	0	29	35	71	119	2	3
25.9.	Info-beiträge	28(1)	16	9(1)	7	6(1)	2	20(3)	6	31(6)	24	20(7)	28
	Summe	28	16	9	7	6	2	20	6	31	24	20	28
	Gesamt-summe	176		108		17		113		155		56	

n =   Anzahl der Beiträge (In Klammern: Anzahl der Originalbeiträge ohne ähnliche und identische Wiederholungen)

D =   Gesamtdauer der Beiträge in Minuten

8.11.2 Das Radio im Wahlkampf: Vorwahlzeit

Aus der *unmittelbaren Vorwahlzeit* wurden zwei Tage, Montag, der 16.9., und Donnerstag, der 19.9., analysiert. Die beiden Tage unterscheiden sich deutlich in ihrer Themenstruktur, wenn man die Beiträge grob in folgende Kategorien einteilt:

❒ Themen des Wahlkampfes: Hierunter sind Beiträge zu verstehen, die auf ein bestimmtes politisch-substantielles Thema orientiert sind, z.B. Zuwanderung.

❒ Wahlkampf als Thema: Hierunter werden Beiträge gefasst, die den Wahlkampf selbst zum Thema nehmen, z.B. die Wahlchancen einer Partei.

❒ Skurrile Themen: Hierunter werden Beiträge gefasst, die eher skurrile Aspekte der Wahl bzw. des Wahlkampfes zum Thema haben oder die ein normales Wahlthema in einer eher skurrilen Form behandeln.

❒ Humorige Beiträge: Hierunter werden Beiträge gefasst, in denen die Wahl zum Anlass genommen wird, um die Hörer zum Lachen oder zumindest zum Schmunzeln zu bringen.

Der zentrale Unterschied zwischen den beiden Tagen bestand darin, dass der erste Tag von einem einzelnen Thema dominiert wurde, der zweite nicht. Dadurch lag die Anzahl der Beiträge mit Wahlbezug am zweiten Untersuchungstag bei allen Sendern niedriger. Zwar war die Anzahl der Originalbeiträge nahezu unverändert, aber sie wurden nicht so häufig wiederholt wie am ersten Tag.

Am ersten Untersuchungstag spielte ein *wahlbezogenes Thema* in der Berichterstattung aller sechs untersuchten Sender eine zentrale Rolle (Abbildung 83), und zwar die Zuwanderungsinitiative der CDU/CSU. Inhaltlich ging es in der Berichterstattung um das Vorhaben der Union, im Falle eines Wahlsieges das Zuwanderungsgesetz von Rot-Grün rückgängig machen zu wollen, sowie um die Reaktionen auf diesen Vorstoß durch Mitglieder der Regierungsparteien. Sie warfen der Union vor, mit dem sensiblen Thema auf Stimmenfang gehen zu wollen. Über den Inhalt der Initiative wurde relativ wenig berichtet. Eine gewisse Ausnahme bildet hier MDR 1 Radio Thüringen, bei dem sich die Berichterstattung über das Thema im Lauf des Tages allmählich weiterentwickelte und dabei auch über inhaltliche Details berichtet wurde. Die Verbindung zwischen der Initiative der Union und der bevorstehenden Wahl wurde fast immer durch die Anmoderation („Sechs Tage vor der Wahl...") und durch die Kritiker aus dem Regierungslager hergestellt. Durch die Verknüpfung des Themas mit dem Wahlkampf wurde die Initiative weniger als inhaltlich und mehr als wahltaktisch motiviert dargestellt.

Das zweite große Thema mit Wahlbezug, das am ersten Tag eine Rolle spielte, war die Ankündigung der Bundesregierung, durch die Übernahme von Staatsbürgschaften zur Rettung der Firma Mobilcom beitragen zu wollen. Darüber wurde von allen sechs Sendern berichtet, allerdings haben dabei nur zwei das Thema explizit in den Zusammenhang mit der Wahl gebracht (Antenne Thüringen und Radio TOP 40). Bei den anderen vier Sendern wurde in den Beiträgen über Mobilcom keine Beziehung zur Wahl hergestellt (Abbildung 83); sicherlich auch deshalb, weil die Opposition die Regierung zwar kritisierte, aber in keinem der ausgestrahlten O-Töne der Vorwurf erhoben wurde, die Regierung würde aus wahltaktischen Gründen Mobilcom stützen.

Abbildung 83   Die Zuwanderungsinitiative der CDU/CSU und die Mobilcom-Rettung: Informationsbeiträge am 16.9.

	Landes-welle Th.	Antenne Th.	TOP 40	JUMP	MDR 1 Radio Th.	MDR Kultur
	n	n	n	n	n	n
Beiträge zur CDU- Zu-wanderungsinitiative	24	10	4	17	12	16
Mobilcom mit Wahlbe-zug	-	6	7	-	-	-
Mobilcom *ohne* Wahl-bezug[34]	26	15	-	27	21	14
Sonstige Beiträge mit Wahlbezug	13	1	-	1	4	-

Am zweiten Tag hingegen waren Beiträge, in denen politische Themen mit der Wahl in Verbindung gebracht wurden, äußerst selten. Zudem waren sie uneinheitlich verteilt. Bei der Landeswelle Thüringen waren drei thematische Beiträge zu finden, in denen von den Journalisten oder von anderen Akteuren eine Verbindung mit der Wahl hergestellt wurde, z.B. die geänderte Haltung Stoibers zum bevorstehenden Irakkrieg.

Neben den substantiellen Wahlkampfthemen spielte auch der *Wahlkampf selbst* als Thema eine gewichtige Rolle. Soweit am ersten Tag überhaupt weitere Beiträge zur Wahl gesendet wurden, drehten sich diese im wesentlichen um den Wahlprozess und den Wahlkampf selbst. Bei Antenne Thüringen ging es z.B. um die Belastung der Kandidaten durch Wahlkampfauftritte oder um eine Wahlprognose, nach der die SPD Stimmen hinzugewonnen habe. Bei JUMP wurde darüber berichtet, dass die FDP angesichts aktueller Umfragewerte Abstand von ihrem Wahlziel „18 Prozent" genommen habe. Das Scheitern des ehrgeizigen Ziels wurde vom JUMP-Moderator auf eine fehlende klare Wahlaussage zurückgeführt.

---

34 Diese Beiträge sind nicht Teil der Wahlthematisierung, weil in diesen Beiträgen kein Wahlbezug hergestellt wurde. Die Beiträge wurden hier nur aufgeführt, um zu verdeutlichen, dass das Thema bei allen Sendern eine Rolle spielte, aber eben nicht durchgängig als Wahlthema.

Am zweiten Tag finden sich in dieser Klasse vor allem Beiträge, in denen über Verfahrensfragen berichtet wurde. So haben Antenne Thüringen und JUMP in jeweils einem Beitrag Informationen zum Ablauf und zur wachsenden Bedeutung der Briefwahl vermittelt. Zum anderen wurde auch direkt über den Wahlkampf informiert: MDR 1 Radio Thüringen berichtete beispielsweise über die Wahlkampfabschlusskundgebung der PDS und der Grünen in Thüringen. Diese beiden Beiträge (zweimal bzw. siebenmal gesendet), sind insofern hervorzuheben, weil diese die einzigen im Untersuchungszeitraum waren, in denen programmatische Wahlkampfaussagen der Parteien unmittelbar kommuniziert wurden. Eine besondere Facette der Thematisierung von Wahlkampf steuerte MDR Kultur bei: Drei in Deutschland lebende Ausländer verglichen am Beispiel von Fernsehwahlwerbung die politische Kultur in Deutschland mit der in ihren Heimatländern.

Nur bei der Landeswelle Thüringen war am 16.9. neben der Berichterstattung über die beiden genannten Wahlkampfthemen noch ein weiteres Schwerpunktthema zu finden. Dies steht hier für eine Klasse von Beiträgen, die sich um eher *skurrile Themen* ranken. In diesem Falle ging es um den Kauf und Verkauf von Wählerstimmen. Dieser Beitrag wurde über mehrere Stunden angekündigt und bestand vor allem aus einem kurzen Telefoninterview mit einem Mann, der angeblich seine Stimme per Internet zum Verkauf angeboten hatte. Der Moderator bezeichnete ein solches Verhalten als skandalös. Darüber hinaus wurden auch Hörermeinungen zu dem „Problem" eingeholt. Diese Hörermeinungen wurden dann über den ganzen Tag im Rahmen der dazugehörigen Informationsbeiträge immer wieder eingespielt. Am Nachmittag wurden sie dann auch noch für die Ankündigung der nächsten Morgenshow verwendet. Ein weiteres Beispiel für diese Klasse von Beiträgen ist ein Telefoninterview mit dem thüringischen Justizminister, der erläuterte, wie für die Insassen der Gefängnisse die Wahl organisiert wird. Eine andere Spielart dieser Gruppe ist das Aufgreifen von Themen in einer eher skurrilen Form. Als Beispiel kann ein Beitrag dienen, in dessen Mittelpunkt ein „Interview" stand, das ein Kind mit dem Erfurter Bundestagsabgeordneten Carsten Schneider (SPD) führte. Er wurde u.a. nach seinem Auto, seiner Freundin, seinem Einkommen und den Motiven für seine Kandidatur gefragt. Nicht von ungefähr stammen alle Beispiel von der Landeswelle Thüringen: An ihrer Wahlthematisierung fällt auf, dass häufig weder eine klare inhaltliche Abgrenzung der Beiträge noch eine formale Unterscheidung der Beitragstypen möglich war: der Übergang zwischen Informationsbeitrag, Hörerbeteiligung und Trailer war fließend. Am 19.9. war es vor allem die Wahlkampfberichterstattung von MDR Kultur, die sich als sehr eigenwillig herausstellte. So erhielten einige Schriftsteller die Gelegenheit, ihre Meinung zu den Spitzenkandidaten in möglichst geistreicher und witziger Art abzugeben. Auch ein Beitrag über die Wahlkampfberichterstattung der Wochenzeitschrift „Freitag" war eher in einem feuilletonistisch-ironischen als in einem nüchtern-analysierenden Stil gehalten.

Bemerkenswert ist, welche Bedeutung *Humor* für die Thematisierung der Wahl hatte – im übrigen nicht nur in der Vorwahlzeit, sondern auch am Wahltag selbst. Dabei kann die Grenze zwischen humorvollen und ernst gemeinten Beiträgen nicht immer klar gezogen werden. Einige dieser Beiträge sollen etwas genauer geschildert werden, denn nur dann wird deutlich, dass diese Spielart der Wahlthematisierung mit den gängigen Kategorien nicht erfasst werden kann.

Bei Antenne Thüringen wurden an den zwei Tagen insgesamt sechs humorvolle Beiträge gesendet. Dreimal drehte es sich dabei um die Wahlkampfaktivitäten einer fiktiven Partei, z.B. um die Vortäuschung eines Einbruchs in die Parteizentrale dieser Partei. Dazu wurde bei einem Schlüsseldienst angerufen und nach dessen Bereitschaft gefragt, diesen Einbruch durchzuführen. Auf der Grenze von Humor und Ernsthaftigkeit bewegten sich mehrere Beiträge über die Eigenschaften und Eigenarten der Ehefrauen des Kanzlers und des Kandidaten.

Auch bei der Landeswelle Thüringen spielte Humor eine wichtige Rolle. So gab es ein Telefongespräch, in dem Kanzler und Kandidat durch Stimmenimitatoren dargestellt wurden. Des weiteren wurde eine Spielformat ankündigt, bei dem die Zuhörer anrufen und zwischen Schnitzel und Weißwurst wählen sollten. In einem anderen Beitrag wurde der Ablauf im Wahllokal in etwas anzüglicher Weise dargestellt unter dem Motto: „Wie wähle ich richtig?" Hinterlegt war der Beitrag mit der Erkennungsmelodie von „Der Sendung mit der Maus". Auffällig war bei der Landeswelle Thüringen, dass in den Trailern, in denen auf die eigene Wahlthematisierung hingewiesen wurde, ernsthafte und humorvolle Beiträge gleichrangig und in einem Atemzug genannt wurden.

Aber nicht nur bei den privatwirtschaftlich organisierten Sendern, auch bei den öffentlich-rechtlichen wurden humorvolle Beiträge zur Wahl gesendet. So erläuterten bei MDR 1 Radio Thüringen Kinder die Funktion von Wahlplakaten und Wahlurnen. Bei MDR Kultur wurde der Beitrag eines Kabarettisten gesendet, der zur Wahlabstinenz aufrief, weil – egal wen man wählt – der Gewählte versagen werde. Auch bei JUMP wurden mehrere humorvolle Beiträge ausgestrahlt; u.a. wurde vermutet, dass viele Wähler in der Kabine wie beim Lotto sechs Kreuze machen würden, weil sie nicht wüssten, wen sie wählen sollen.

8.11.3 Das Radio am Wahlsonntag

Bei Ausmaß und Qualität der Berichterstattung am Wahlsonntag zeigen sich noch stärkere Divergenzen zwischen den Radiosendern als in der Vorwahlzeit.

Bei *Radio TOP 40* fanden die Wahlen am Wahlsonntag überhaupt nicht statt. Bei MDR Kultur beschränkte sich die Berichterstattung weitgehend auf grundlegende Fakten wie die Zahl der Wahlberechtigten und der Kandidaten. Später

wurden dann noch Ergebnisse zur Wahlbeteiligung gesendet. Nach der Schließung der Wahllokale brachte MDR Kultur nur noch eine Prognose, später die
erste Hochrechnung und Stellungnahmen von den im Bundestag vertretenen
Parteien. Statt eigener Berichterstattung verwies MDR Kultur während des ganzen Tages auf die Berichterstattung von MDR-Info. Dagegen haben die drei
großen AC-Sender und MDR 1 Radio Thüringen ausführlich über die Wahl berichtet. Die Basisinformationen zu den Wahlen wurden durch weitere Beiträge
ergänzt, die der Berichterstattung jeweils einen senderspezifischen Charakter
gaben.

Bei *JUMP* wurden vor allem die grundlegenden Informationen sehr häufig gesendet. Darüber hinaus gehende Informationen gab es jedoch nur wenige; so
wurde beispielsweise über einen versuchten Wahlbetrug in Hamburg berichtet.
Nach Schließung der Wahllokale berichtete JUMP kontinuierlich über Prognosen, Hochrechnungen und erste Reaktionen der Spitzenpolitiker, sowie über die
Stimmung auf den Thüringer Wahlpartys. Durch Statements der Ministerpräsidenten von Sachsen-Anhalt und Sachsen und die Präsentation von Wahlergeb-
nissen aus Ostdeutschland wurde ein regionaler Bezug hergestellt. Besondere
Aufmerksamkeit schenkte JUMP auch den Reaktionen der FDP auf ihr schlechtes
Abschneiden.

Etwas umfangreicher und vielfältiger war die Thematisierung der Wahl bei *Antenne Thüringen*: So wurden am Nachmittag O-Töne von Thüringer Bürgern zu
den Motiven ihrer Wahlbeteiligung gesendet; in mehreren Beiträgen wurde die
Rolle der Wahlhelfer thematisiert; dann wurde berichtet, wie Schröder und Stoi-
ber den Wahlsonntag verbringen und wie sie die Wahlchancen ihrer Parteien
einschätzen. Des weiteren hat Antenne Thüringen einen Wahlaufruf des Ministerpräsidenten Vogel gesendet, der nicht nur zur Wahl aufrief, sondern auch die
SPD-Bundesministerin Däubler-Gmelin kritisierte. Auch sonst wurden mehrfach
im Laufe des Tages die Affären um Däubler-Gmelin und Möllemann in direkten
Zusammenhang mit der Wahl gebracht und als belastend für SPD und FDP bezeichnet. Die überraschend politische Ausrichtung dieser Beiträge war das auf-
fälligste Merkmal der Berichterstattung auf Antenne Thüringen am Wahltag. Am
Abend beschränkte sich Antenne Thüringen weitgehend auf das Standardpro-
gramm und ergänzte dies um einige wenige Beiträge, z.B. um zwei Interviews
mit dem Ministerpräsidenten und dem Vorsitzenden der Thüringer SPD.

Umfangreicher noch als Antenne Thüringen berichtete die *Landeswelle Thüringen* über die Wahl. So wurde über die Wahrnehmung und Einschätzungen der
Bundestagswahl im Ausland berichtet, und es wurde auch erklärt, wie Wahl-
prognosen ermittelt werden. Auf die geplanten Wahlberichte des Senders am
Abend wurde im Laufe des Tages immer wieder hingewiesen. Nach Schließung
der Wahllokale stellte die Landeswelle Thüringen u.a. durch kurze Interviews mit
Vertretern der Thüringer SPD und der CDU einen Regionalbezug her. Auch auf

die Frage der Überhangmandate wurde eingegangen und erläutert, wie diese Mandate zustande kommen.

Im Unterschied zu den anderen Sendern informierte *MDR 1 Radio Thüringen* zunächst ausführlich über die Wahlergebnisse von 1998, wobei speziell auf die Ergebnisse in Thüringen eingegangen wurde. Berichtet wurde zudem über Wahlziele und Koalitionsaussagen der im Bundestag vertretenen Parteien bei dieser Wahl und über die letzten Umfrageergebnisse. Am Nachmittag wurden mögliche Ursachen der etwas niedrigeren Wahlbeteiligung erörtert. Zudem wurde live aus zwei Wahllokalen in Thüringen berichtet. Wer am Wahlabend aktuelle und umfangreiche Fakten, ausführliche Live-Berichte und Hintergrundinformationen suchte, der war bei MDR 1 Radio Thüringen am besten aufgehoben. Von 18 bis 23 Uhr wurden bei MDR 1 Radio Thüringen über 70 Beiträge mit einer Gesamtlänge von fast zwei Stunden gesendet. Nach 18 Uhr berichtete MDR 1 Radio Thüringen sehr intensiv über Prognosen, Hochrechnungen und Stellungnahmen der Spitzenpolitiker auf Bundes- und Landesebene. MDR 1 Radio Thüringen ging auch ausführlich auf die Thüringer Ergebnisse ein und reagierte flexibel auf aktuelle Entwicklungen: Als am Wahlabend deutlich wurde, dass die Thüringer Überhangmandate für den Wahlausgang von entscheidender Bedeutung sein könnten, informierte MDR 1 Radio Thüringen detailliert über den Stand der Auszählung der dafür relevanten Erststimmen. Besonders bemerkenswert ist die Tatsache, dass MDR 1 Radio Thüringen bereits am Wahlabend mit der Analyse der Wahlen begann. So wurde ausführlich das Scheitern der PDS kommentiert und im Unterschied zu allen anderen Sendern gab MDR 1 Radio Thüringen einem Experten, dem Erfurter Kommunikationswissenschaftler Patrick Rössler, mehrmals am Wahlabend die Gelegenheit, seine Einschätzungen des Wahlergebnisses und der Rolle der Medien im Wahlkampf darzustellen.

8.11.4 Das Radio in der Nachwahlzeit

Drei Tage später war die Wahl für fünf der sechs Sender nur noch hinsichtlich der Koalitionsverhandlungen von Bedeutung. Die Berichterstattung war weitgehend homogen und offenbar vor allem durch die Zulieferungen der Nachrichtenagenturen geprägt. Unterschiede zwischen den Sendern gab es nur beim Umfang der Berichterstattung und bei der Gewichtung einzelner Aspekte.

Am wenigsten berichtete wiederum *Radio TOP 40*, aber auch *Antenne Thüringen* berichtete kaum mehr wahlbezogen. Der Fahrplan für die Koalitionsverhandlungen stand dabei im Mittelpunkt. Nur einmal wurden dabei auch strittige Personalfragen und die Themenfelder genannt, um die es bei den Verhandlungen gehen werde. Die Nachwahlthematisierung von *JUMP* und *Landeswelle Thüringen* unterschieden sich nur geringfügig von der bei Antenne Thüringen. Nahezu identische Informationen – teilweise sogar die gleichen O-Töne - wurden nach und nach in die Beiträge integriert. Unterschiede kamen bei JUMP dadurch zustande, dass dort auch über die Forderungen berichtet wurde, einen weiteren ostdeutschen Minister ins Kabinett aufzunehmen. Eine bemerkenswerte Besonderheit der Landeswelle Thüringen bestand darin, dass dort der Weiterbau der ICE-Strecke durch den Thüringer Wald thematisiert wurde, ein Projekt, das für Thüringen große Relevanz hat und in den Koalitionsverhandlungen behandelt wurde.

Bei *MDR 1 Radio Thüringen* wurde zwar wesentlich umfangreicher als bei den anderen Sendern über den Beginn der Koalitionsverhandlungen berichtet, aber es wurden im wesentlichen die gleichen Aspekte behandelt. Ausführlicher als bei den anderen Sendern wurden vor allem die möglichen Streitpunkte in den Verhandlungen thematisiert. Mehr Beachtung fand auch die ICE-Strecke durch den Thüringer Wald.

Völlig anders stellt sich die Nachwahlthematisierung bei MDR Kultur dar. Nicht nur zeitlich war sie von allen Sendern am umfangreichsten, sondern sie war auch besonders vielfältig und analytisch. Über die Basisinformationen zu den Koalitionsverhandlungen hinaus berichtete der Sender mit O-Tönen über die Ergebnisse der Verhandlungen, insbesondere über die Absicht der Koalition, den Osten stärker zu fördern. Einzig und allein bei MDR Kultur wurde thematisiert, wie Lobbygruppen versuchen, die Koalitionsverhandlungen zu beeinflussen. Besonders bemerkenswert sind zwei ausführliche, journalistisch anspruchsvolle Expertengespräche (fünf bzw. sieben Minuten) mit Politikwissenschaftlern über die Ursachen und Folgen der Niederlage der PDS und des Erfolges der Grünen.

8.11.5 Strukturelle Unterschiede zwischen Wahlzeit und Normalzeit

Nachdem im vorhergehenden Abschnitt die Merkmale der Wahlberichterstattung in einer eher qualitativen Art und Weise herausgearbeitet und erläutert worden sind, soll im Folgenden ein systematischer Strukturvergleich zwischen drei Tagen aus der Wahlzeit (Montag und Donnerstag vor der Wahl sowie dem Wahlsonntag) und drei Tagen aus der Normalzeit (die gleichen Wochentage drei Wochen später) vorgenommen werden. Wie sehr unterscheidet sich nun die Programmstruktur der Radiosender im Umfeld der Bundestagswahl von ihrem Programm zu politischen Normalzeiten?

Schaut man sich zunächst einmal an, ob der *Umfang der Berichterstattung mit gesellschaftsbezogenen Inhalten* in der Wahlzeit größer war als in der Normalzeit, dann stellt man fest, dass bei einer Reihe von Sendern leichte Tendenzen in diese Richtung festzustellen sind. Bei sechs Sendern war die Berichterstattung in der Wahlzeit etwas höher. Allerdings fällt der Unterschied mit maximal drei Prozent (hr1 - das Informationsradio) nur bescheiden aus. Bei vier Programmen ist der Umfang exakt identisch und bei zwei Programmen (den beiden Kulturprogrammen) ist der Umfang sogar geringer. Schon nach diesem Ergebnis kann man festhalten, dass die Bundestagswahl sich nicht dramatisch auf die Programmgestaltung der untersuchten Radiosender ausgewirkt hat.

Unterhalb dieser programmstrukturellen Ebene findet man jedoch einige Unterschiede zwischen Normalzeit und Wahlzeit. Bei den meisten Programmen ist der *Anteil der gesellschaftsbezogenen Beiträge mit Politik als Hauptthema* in der Wahlzeit größer als in der Normalzeit (Abbildung 84). Teilweise fällt der Unterschied nur sehr gering aus. So beträgt der Unterschied bei Antenne Thüringen oder MDR Kultur beispielsweise nur zwei Prozentpunkte. Es gibt aber auch Sender wie JUMP, hr3 - die junge Welle oder Hit-Radio FFH, die den Anteil der Politikberichterstattung von durchschnittlich 20 Prozent in der Normalzeit auf rund 40 Prozent in der Wahlzeit verdoppeln. Auf der anderen Seite findet man aber auch drei Sender, bei denen der Anteil der Politikberichterstattung während der Wahlzeit niedriger ausfällt als in der Normalzeit.

Abbildung 84 Wahlzeit vs. Normalzeit: Anteil der Beiträge mit gesellschaftsbezogenen Inhalten und mit Politik- und Wahlbezug

	Beiträge mit gesellschafts-bezogenen Informationen		von allen Beiträge mit gesellschaftsbezogenen Informationen haben als Hauptthema...					
			Politik gesamt		Politik mit Wahlbezug		Politik ohne Wahlbezug	
	WZ	NZ	WZ	NZ	WZ	NZ	WZ	NZ
	%	%	%	%	%	%	%	%
Antenne Th.	8	8	27	25	16	-	11	25
Landeswelle Th.	11	9	33	53	23	4	10	49
TOP 40	2	2	-	22	-	-	-	22
MDR 1 Radio Th.	13	13	33	35	24	5	9	30
JUMP	6	6	40	21	22	-	18	21
MDR Kultur	14	17	23	21	10	3	13	18
FFH	9	8	36	16	33	1	3	15
Planet	4	3	27	14	25	-	2	14
hr1 Info	45	42	36	19	16	1	20	17
hr2 Kultur	20	25	23	5	15	-	8	5
hr3 junge Welle	13	12	41	19	21	-	20	19
hr4 Service	19	18	21	16	11	4	11	12

Daten mit der Beitragslänge gewichtet.
NZ = Normalzeit
WZ = Wahlzeit

Generell lässt sich über die meisten Sender sagen, dass in der Wahlzeit ein beträchtlicher Teil ihrer gesellschaftsbezogenen Berichterstattung einen *Wahlbezug* aufweist. Mit Ausnahme von Radio TOP 40 – bei dem sich überhaupt kein Beitrag mit der Wahl oder mit Politik als Hauptthema beschäftigt – behandeln die anderen Sender in zehn bis 33 Prozent aller Beiträge wahlbezogene Themen.

Drei Wochen später – in der Normalzeit – ist das Thema „Wahl" bei fast allen Sendern weitgehend von der Tagesordnung verschwunden.

Wie sehr die Politikberichterstattung durch die Wahl dominiert wird, variiert zwischen den Sendern erheblich. Während bei Planet Radio oder Hit-Radio FFH in der Wahlzeit fast keine politischen Beiträge ohne Wahlbezug gesendet werden, dominiert bei hr1 - das Informationsradio auch in der Wahlzeit die Politikberichterstattung ohne Wahlbezug. Bei den meisten Sendern ist das Verhältnis zwischen Politik mit Wahlbezug und Politik ohne Wahlbezug relativ ausgewogen mit einem gewissen Übergewicht bei den Wahlthemen.

Im nächsten Schritt soll die vergleichende Analyse noch etwas vertieft werden. Da mit dem Wahlsonntag ein ganz spezieller Tag in der Analyse enthalten ist, durch den die Ergebnisse möglicherweise systematisch verzerrt werden, wurden die Strukturdaten noch einmal getrennt für *Wochentage* und *Sonntage* berechnet. Ein Blick auf die Ergebnisse in Abbildung 85 und 86 zeigt, dass sich für eine solche systematische Verzerrung keine Hinweise finden lassen. Die Unterschiede in der Berücksichtigung gesellschaftsbezogener Inhalte sind zwischen Wahlsonntag und Normalsonntag in etwa genauso groß (besser: genauso gering) wie zwischen Wahlwochentagen und Normalwochentagen. Kleinere Ausnahmen von dieser Regel sind nur bei hr2 - die Kulturwelle und Hit-Radio FFH festzustellen.

Abbildung 85 Wahlzeit vs. Normalzeit an Wochentagen: Anteil der Beiträge mit gesellschaftsbezogenen Inhalten und mit Politik- und Wahlbezug

	Beiträge mit gesellschafts-bezogenen Informationen		von allen Beiträge mit gesellschaftsbezogenen Informationen haben als Hauptthema...					
			Politik gesamt		Politik mit Wahlbezug		Politik ohne Wahlbezug	
	WZ	NZ	WZ	NZ	WZ	NZ	WZ	NZ
	%	%	%	%	%	%	%	%
Antenne Th.	8	8	15	28	2	-	13	28
Landeswelle Th.	12	11	17	63	7	5	10	58
TOP 40	2	2	-	22	-	-	-	22
MDR 1 Radio Th.	14	13	21	37	13	7	8	30
JUMP	6	6	22	21	11	-	11	21
MDR Kultur	15	18	18	22	9	4	9	18
FFH	9	9	15	15	12	-	3	15
Planet	4	4	10	13	7	-	3	13
hr1 Info	45	42	42	22	13	-	29	22
hr2 Kultur	22	29	29	4	20	-	9	4
hr3 junge Welle	14	12	38	21	14	-	24	21
hr4 Service	18	17	25	12	11	7	14	12

Daten mit der Beitragslänge gewichtet.
NZ = Normalzeit
WZ = Wahlzeit

Die in Abbildung 85 und 86 präsentierten Ergebnisse zeigen, dass die strukturellen Unterschiede zwischen Wahlsonntag und Normalsonntag sowie zwischen Wahlwochentagen und Normalwochentagen äußerst gering sind. Ganz anders sieht es aber aus, wenn man sich die Inhalte der gesellschaftsbezogenen Informationen nach Wochentagen und Sonntag differenziert betrachtet. Ein Blick auf die beiden Abbildungen verdeutlicht: An den *Wochentagen* vor der Wahl findet alles in allem keine substantielle Ausweitung der politischen Berichterstattung statt. Die Berichterstattung zur Bundestagswahl findet bei vielen Sendern auf Kosten der sonstigen Politikberichterstattung statt. Vielfach ist sogar der Anteil der Politikberichterstattung an den Wahlwochentagen selbst dann noch geringer, wenn man die wahlbezogene Berichterstattung und die sonstige Politikberichterstattung zusammenfasst. Deutlich anders ist dies nur bei den Sendern des Hessischen Rundfunks, die ihren sonstigen Politikanteil konstant gehalten haben und die wahlbezogene Berichterstattung auf Kosten anderer Themen oder anderer Programmelemente zusätzlich ins Programm aufgenommen haben.

Abbildung 86 Wahlzeit vs. Normalzeit an Sonntagen: Anteil der Beiträge mit
gesellschaftsbezogenen Inhalten und mit Politik- und Wahlbezug

	Beiträge mit gesellschafts- bezogenen Informationen		von allen Beiträge mit gesellschaftsbezogenen Informationen haben als Hauptthema...					
			Politik gesamt		Politik mit Wahlbezug		Politik ohne Wahlbezug	
	WZ	NZ	WZ	NZ	WZ	NZ	WZ	NZ
	%	%	%	%	%	%	%	%
Antenne Th.	8	8	55	21	46	-	9	21
Landeswelle Th.	7	6	86	17	76	-	10	17
TOP 40	-	-	-	-	-	-	-	-
MDR 1 Radio Th.	13	12	61	31	48	-	13	31
JUMP	6	6	74	24	42	-	32	24
MDR Kultur	11	16	27	17	11	-	26	17
FFH	11	7	67	21	65	3	2	18
Planet	3	2	69	20	69	-	-	20
hr1 Info	46	42	25	11	23	4	2	7
hr2 Kultur	17	16	10	7	5	-	5	7
hr3 junge Welle	11	11	47	15	36	-	11	15
hr4 Service	21	21	16	12	11	-	5	12

Daten mit der Beitragslänge gewichtet.
NZ = Normalzeit
WZ = Wahlzeit

Völlig anders stellt sich hingegen der Vergleich der *beiden Sonntage* dar. Am
Wahlsonntag wird die Berichterstattung bei den meisten Sendern ganz erheblich
durch das Thema Bundestagswahl bestimmt. Bei sehr vielen Sendern, beträgt
der Anteil der wahlbezogenen Beiträge 40 Prozent und mehr. Bis zu 76 Prozent
aller Beiträge (Landeswelle Thüringen) beschäftigen sich mit der Bundestagswahl
als Hauptthema. Nicht ganz so ausgeprägt ist dies bei den Sendern des Hessischen Rundfunks, aber auch dort ist es so, dass am Wahlsonntag die sonstigen
politischen Themen praktisch von der Agenda verschwunden sind. Fasst man
nun die Politikberichterstattung mit und ohne Wahlbezug zusammen, dann stellt
man fest, dass der erhöhte Anteil der politikbezogenen Berichterstattung in der
Wahlzeit bei den meisten Sendern im wesentlichen auf die Wahlberichterstattung am Wahlsonntag zurückzuführen ist. Eine substantielle Thematisierung der
Wahl an den Wahlwochentagen – nicht nur prozentual, sondern auch bezüglich
der absoluten Sendezeit – hat nur bei zwei öffentlich-rechtlichen Sendern stattgefunden, einem Informationsradio (hr1) und einem Kulturradio (hr2).

Bereits in der qualitativen Studie hatte sich gezeigt, dass auch andere Programmelemente in der wahlbezogenen Berichterstattung eine gewisse Rolle
spielen. Zu diesen Elementen gehören die *Trailer/Teaser*. Wenn ein Sender auf
bestimmte Themen in Trailern und Teasern hinweist, dann signalisiert er damit,

dass er diesem Thema eine besondere Bedeutung zumisst oder dass dieses Thema für die Hörer von besonderem Interesse sein dürfte. Nach den vorliegenden Ergebnissen (Abbildung 87) scheinen die meisten Sender nicht der Ansicht zu sein, dass die Wahl ein Thema ist, mit dem man die Hörer am Radiogerät halten könnte. Von den Privatsendern haben nur die Landeswelle Thüringen und Hit-Radio FFH einige wahlbezogene Trailer gesendet. Bei den öffentlichrechtlichen hat sich vor allem hr1 - das Informationsradio dabei hervorgetan. Bei hr3 - die junge Welle ist der Anteil der wahlbezogenen Trailer zwar ebenfalls recht hoch, allerdings hat der Sender generell kaum Trailer im Programm.

Des weiteren wurde untersucht, ob die Sender in ihren *Veranstaltungshinweisen* auf politische Veranstaltungen oder speziell auf Wahlveranstaltungen hingewiesen haben. Dies war im Untersuchungszeitraum bei keinem der Sender – weder in der Wahlzeit noch in der Normalzeit – der Fall.

Ein weiteres Ergebnis der qualitativen Studie war der Befund, dass in der Wahlzeit *Humor* mit Wahlbezug in vielen Programmen eine erhebliche Rolle spielt. Schaut man sich bei der quantitativen Analyse zunächst nur den Umfang an,

Abbildung 87 Wahlzeit vs. Normalzeit: Inhalte der Trailer

	Anteil von Trailern und Teasern am Programm		davon sind Trailer mit...			
			Politikbezug		Wahlbezug	
	WZ	NZ	WZ	NZ	WZ	NZ
	%	%	%	%	%	%
Antenne Th.	1,5	1,0	-	-	<5	-
Landeswelle Th.	2,5	0,5	5	-	15	-
TOP 40	0,5	0,5	-	-	-	-
MDR 1 Radio Th.	1,0	1,0	5	15	5	-
JUMP	0,5	0,5	-	-	-	-
MDR Kultur	1,0	1,0	-	-	-	-
FFH	1,0	0,5	-	-	25	-
Planet	1,0	0,5	-	15	-	-
hr1 Info	1,5	1,5	25	25	35	-
hr2 Kultur	1,5	1,5	-	-	10	-
hr3 junge Welle	0,5	0,5	20	-	40	-
hr4 Service	1,0	<0,5	10	-	10	-

Daten mit der Beitragslänge gewichtet.
* Ergebnisse jeweils auf 0,5 Prozent auf- oder abgerundet.
** Ergebnisse jeweils auf 5 Prozent auf- oder abgerundet.
NZ = Normalzeit
WZ = Wahlzeit

den der Humor am Programm einnimmt, dann kann eine systematische Ausweitung oder Einschränkung des Anteils humorvoller Beiträge während der Wahlzeit nicht festgestellt werden (Abbildung 88). Dennoch kann die Bedeutung wahlbezogenen Humors durch die quantitativen Daten bestätigt werden, denn in fast allen Programmen wird politischer Humor mit Wahlbezug gesendet. Bei zahlreichen Programmen haben 40 Prozent und mehr aller humorvollen Beiträge einen Wahlbezug. Vergleicht man die Wahlzeit mit der Normalzeit, dann kommt man zu dem Schluss, dass der wahlbezogene Humor teilweise auf Kosten von Comedy-Formaten und teilweise auf Kosten von anderen politischen Humor ins Programm genommen wurde.

Abbildung 88 Wahlzeit vs. Normalzeit: Eigenschaften der humorvollen Beiträge

	Anteil humor-voller Beiträge am Programm		von allen humorvollen Beiträgen sind... **					
			Humor mit Wahlbezug		Humor mit Politikbezug		Comedy	
	WZ	NZ	WZ	NZ	WZ	NZ	WZ	NZ
	%	%	%	%	%	%	%	%
Antenne Th.	0,5	0,5	90	30	10	15	-	55
Landeswelle Th.	1,5	1,0	45	-	10	40	45	60
TOP 40	-	<0,5	-	-	-	-	-	100
MDR 1 Radio Th.	0,5	<0,5	25	-	50	100	25	-
JUMP	0,5	1,0	30	-	15	30	55	70
MDR Kultur	1,0	1,0	25	-	75	10	-	90
FFH	0,5	0,5	75	-	10	-	20	100
Planet	0,5	0,5	100	-	-	65	-	40
hr1 Info	1,0	0,5	70	-	30	100	-	-
hr2 Kultur	-	-	-	-	-	-	-	-
hr3 junge Welle	1,0	1,5	40	5	20	20	40	75
hr4 Service	0,5	-	40	-	40	-	20	-

Daten mit der Beitragslänge gewichtet.
* Ergebnisse jeweils auf 0,5 Prozent auf- oder abgerundet.
** Ergebnisse jeweils auf 5 Prozent auf- oder abgerundet.
NZ = Normalzeit
WZ = Wahlzeit

8.11.6 Zusammenfassung und Schlussfolgerungen

Alles in allem zeigen die Analysen, dass die Wahl weder im Vorfeld noch in der Nachbereitung bei den hier untersuchten Radiosendern eine bedeutende Rolle gespielt hat. Auch der Wahltag selbst ist bei den meisten Radiosendern ein Tag wie jeder andere.

Hinter diesem generellen Befund verbergen sich jedoch erhebliche *Unterschiede* zwischen den einzelnen Sendern. Die Analyse der Thüringer Sender hat gezeigt, dass das Thema Wahl in dem für das Publikum attraktivsten Teil des Hörfunkangebots nur am Rande auftaucht, und dann häufig in einer merkwürdigen Gewichtung von Nachrichtenwertfaktoren. Aber es herrscht Konsens unter den Verantwortlichen dieser Programme, dass einem politischen Ereignis wie der Bundestagswahl eine gewisse Beachtung geschenkt werden sollte – insbesondere am Wahltag. Die anderen untersuchten Sender weichen in unterschiedlicher Weise von diesem Konsens ab. In einem zweiten Teil des Radiomarktes, hier vertreten durch das jugendorientierte Spartenprogramm Radio TOP 40, ist dieser Konsens weitgehend aufgekündigt. Die Wahl spielt dort praktisch keine Rolle. Beim hessischen Jugendsender Planet Radio findet man zwar ebenfalls wenig wahlbezogene Informationen, aber zumindest am Wahlsonntag wurde doch einiges berichtet. In die andere Richtung weichen die generell stärker informationsorientierten öffentlich-rechtlichen Regionalprogramme und vor allem hr3-Info ab. Dort findet die Wahl eine größere Beachtung. Die öffentlich-rechtlichen Kulturprogramme changieren in der Wahlthematisierung zwischen Mainstream und Informationsorientierung. Auf der einen Seite zeigt sich bei beiden Programmen, dass sie gerade in der Wahlzeit den Anteil gesellschaftsbezogener Informationen zurückfahren, auf der anderen Seite geben sie aber der Wahl – allerdings mit unterschiedlichem Schwerpunkt – durchaus Raum. Die öffentlich-rechtlichen Regional- Kultur- und Informationsprogramme zeigen in ihrer Wahlthematisierung, dass der öffentlich-rechtliche Rundfunk durchaus über journalistisches Potential verfügt, allerdings in deutlichen Abstufungen. Problematisch ist dabei vor allem die Tatsache, dass diese publizistische Leistung weiten Teilen des Publikums versagt bleibt, weil durch die Musikfarbe dieser Sender (vor allem Schlager und Klassik) große Teile der Hörerschaft von der Nutzung dieser Informationen abgehalten werden.

Welche *Wirkungen* diese Art von Wahlthematisierung auf das Publikum hat, darüber kann auf Basis der Inhaltsanalyse nur spekuliert werden. Im Rahmen der qualitativen Studie konnte bei keinem Sender festgestellt werden, dass im Rahmen der Wahlthematisierung eine bestimmte Partei oder ein bestimmter Kandidat bevorzugt wurde. Von daher ist eine wahlentscheidende Rolle des Radios nicht sehr wahrscheinlich. Es stellt sich jedoch die Frage, ob das Radio für diejenigen ein Ersatz sein kann, die sich von den politischen Informationen in der Zeitung und im Fernsehen bewusst fernhalten. Diese Frage muss sicherlich verneint werden: Wer sich in seiner Wahlinformation nur auf das Radio verlässt, der ist bei den allermeisten Sendern verlassen. Die Zahl der Beiträge, die in irgendeiner Form zur Meinungsbildung in einer speziellen wahlrelevanten Frage hätten beitragen können, war – zumindest zeigen dies die Ergebnisse aus Thüringen – verschwindend gering. Angesichts des schmalen Themenrepertoires mit einem hohen Anteil doch recht abseitiger Themen, der Vermischung unterschiedlicher Genres und der großflächigen Wahlabstinenz stellt sich statt dessen eher die Frage, welches generelle Politikbild dadurch bei den Radiorezipienten gefördert wird. Sehr unwahrscheinlich ist, dass eine solche Radioberichterstattung die Einflussüberzeugung stärkt und mobilisierend wirkt (vgl. dazu auch die Argumente von Pöttker 1991: 103 und die Befunde von Wolling 1999: 184). Über die Masse der hier untersuchten Radioangebote kann man schwerlich behaupten, dass sie einen gewichtigen Beitrag zur Zivilgesellschaft leisten.

8.11.7 Erwartungen und Angebot im Vergleich

Abschließend stellt sich die Frage, ob diese Form der Wahlberichterstattung den *Erwartungen der unterschiedliche Hörergruppen* entspricht, oder ob Differenzen zwischen Erwartungen und Angebotseigenschaften festzustellen sind. Dazu wird der Anteil der Wahlberichterstattung mit den Erwartungen verglichen, die die regelmäßigen Nutzer dieser Sender an ihr Idealradio stellen (Abbildung 89).

Abbildung 89 Was die Sender in der Wahlzeit bieten und was die Hörer wünschen: Anteil der Beiträge mit gesellschaftsbezogener Information und mit Wahlbezug vs. Wunsch nach Nachrichten und Kommentaren

	Inhaltsanalyse	Befragung	
	Beiträge mit Wahl als Hauptthema	Nachrichten sollten häufig gebracht werden	Berichte und Kommentare zur aktuellen Politik sollten häufig gebracht werden
	%	%	%
Antenne Th.	1,5	67	48
Landeswelle Th.	2,5	70	53
TOP 40	0,0	50	31
MDR 1 Radio Th.	3,0	81	63
JUMP	1,5	60	40
MDR Kultur	1,5	71	64
FFH	3,0	79	52
Planet	1,0	70	44
hr1 Info	7,0	88	61
hr2 Kultur	3,0	84	75
hr3 junge Welle	2,5	80	54
hr4 Service	2,0	88	61

Inhaltsanalysedaten mit der Beitragslänge gewichtet.
Befragungsdaten mit dem bundeslandübergreifenden Faktor für die Gesamtstichprobe gewichtet.

Bei dem Vergleich ergibt sich: Wer häufig Sender nutzt, die wenig über die Wahl berichten, erwartet von seinem Idealradio im Durchschnitt auch weniger Politikberichterstattung und Nachrichten. Die Korrelationen zwischen der Rangreihe der Inhaltsanalysedaten (also den Anteilen am Programm) und den Rangreihen der Befragungsdaten (also den Erwartungen an das Radio) sind beide ausgeprägt und signifikant (Abbildung 90). Von daher sind die Programmrealitäten nicht zuletzt Ausdruck dessen, was die Hörer wünschen. Die oben formulierte Kritik an den Programmen verliert damit einen Teil ihrer Berechtigung – wenn man die Hörer als mündige Bürger begreift. Dies wirft bereits einen Blick auf die analytischen Befunde im nächsten Kapitel.

Abbildung 90   Zusammenhang zwischen Umfang der Wahlthematisierung und Hörerwünschen

	Nachrichten sollten häufig gebracht werden	Berichte und Kommentare zur aktuellen Politik sollten häufig gebracht werden
Beiträge mit Wahl als Hauptthema		
Korrelationskoeffizient (Spearman-Rho)	.77	.63
p	< .01	<.05

Zur Erläuterung der Koeffizienten und statistischen Kennwerte siehe Anhang 3.

9. Analytische Befunde: Beantwortung der Forschungsfragen

9.1 Subjektive Qualitätsauswahl

Das in Abbildung 91 dargestellte Gesamtmodell zur These der subjektiven Qualitätsauswahl kann in seiner Komplexität nicht in einem einzigen Analyseschritt geprüft werden, da eine Vielzahl von abhängigen Variablen und ganz unterschiedliche Möglichkeiten zur Operationalisierung der unabhängigen Variablen zu berücksichtigen sind. Darüber hinaus erscheint es sinnvoll, die Analysemodelle schrittweise zu entwickeln und dabei mehr und mehr zu komplettieren, um den Einfluss einzelner Variablenblöcke zu verdeutlichen.

In einem ersten Schritt wird nun geprüft, welchen Effekt die Globalbewertungen auf die Nutzungshäufigkeit der verschiedenen Sender und auf die Auswahlentscheidungen zwischen den Sendern haben. Anschließend werden Regressionsmodelle entwickelt, mit denen die generelle, senderübergreifende Radionutzung – die anhand einer Reihe unterschiedlicher Indikatoren operationalisiert wurde – erklärt werden kann. Hierzu werden etablierte Erklärungsfaktoren wie motivbezogene Leistungsbewertungen und soziodemographische Variablen als Indikatoren für Lebenslagen herangezogen.

Diese Variablen werden dann auch im nächsten Schritt verwendet, um die Nutzungshäufigkeit der einzelnen Sender zu erklären. Hinzu treten an dieser Stelle nun aber die zentralen Variablen des Projekts, die Qualitätserwartungen. Zunächst werden die Erwartungen an die Berücksichtigung einzelner Programmelemente und Musikrichtungen integriert. In einem nächsten Schritt kommen die Variablen, die die Spannungspräferenzen und die Spannungsstärken auf den verschiedenen Spannungsbögen operationalisieren in die Modelle hinein. Abschließend wird dann aus den Qualitätserwartungen und den Qualitätswahrnehmungen das Qualitätsurteil berechnet und mit den Nutzungsdaten in Beziehung gesetzt.

9.1.1 Effekt der Globalbewertung auf die Nutzungshäufigkeit

In einem ersten Analyseschritt wurde überprüft, in wie weit die Unterschiede in der Nutzungshäufigkeit der verschiedenen Radioprogramme durch die Globalbewertung über den jeweiligen Sender erklärt werden können. Anders ausgedrückt: Hören diejenigen, die einem Sender eine gute Note geben, dessen Programm häufiger als diejenigen, die ihm eine schlechte Note geben? Die Ergebnisse zeigen, dass diese Frage ganz und gar nicht trivial ist. Die abhängige Variable ist hier die Zahl der Nutzungstage der verschiedenen Sender.[35]

---

35 Die Nutzungs*dauer* wurde nur für den Lieblingssender und hinsichtlich der gesamten Radionutzung erhoben.

Abbildung 91   Modell für die subjektive Qualitätsauswahl

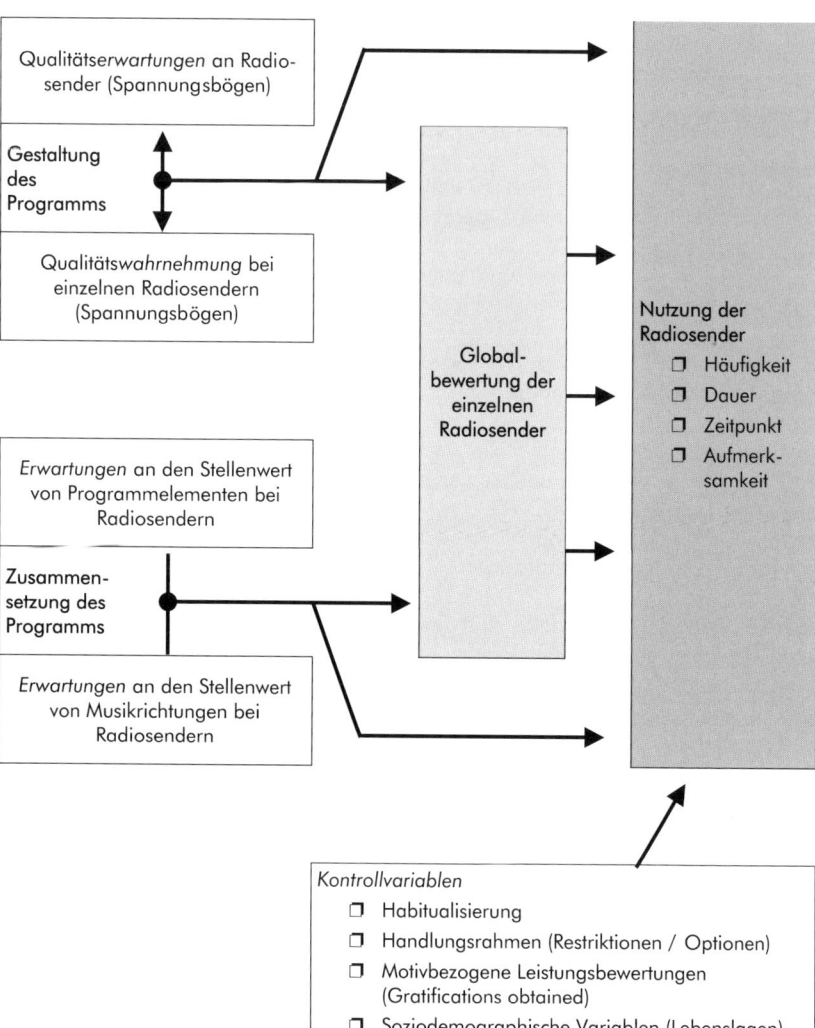

Ein Blick auf die Ergebnisse in Abbildung 92 zeigt, dass dies tatsächlich bei allen Programmen der Fall ist. Alle in den einfachen Regressionen ermittelten beta-Koeffizienten sind positiv und hoch signifikant. Allerdings gibt es erhebliche Unterschiede zwischen den Sendern, in welchem Maße die Nutzungsunterschiede durch die Globalbewertung erklärt werden können. Eine besonders hohe Varianzaufklärung ist bei den drei öffentlich-rechtlichen Regionalprogrammen festzustellen. Einen

starken Effekt hat die Globalbewertung auch auf die Nutzung der Jugendpro-
gramme Radio TOP 40 und Planet Radio. Bei den massenattraktiven Privatsendern
und deren öffentlich-rechtlichen Konkurrenzprogrammen (JUMP bzw. hr3) variiert
die Varianzaufklärung im mittleren Bereich zwischen 17 und 28 Prozent. Besonders
schlecht kann die Globalbewertung die Nutzung der überregionalen Programmangebote Deutschlandfunk und DeutschlandRadio erklären, aber auch die Nutzungshäufigkeit des hessischen Inforadios und der beiden Kulturprogramme lässt
sich nur in einem relativ geringen Maße auf die Unterschiede in der Globalbeurtei-
lung zurückführen.

Abbildung 92   Effekte der Globalbewertung auf die Nutzungshäufigkeit der
bekannten Sender

*„Wenn Sie bitte die Sender, die ich Ihnen jetzt nenne, bewerten würden, so ähnlich wie in der
Schule. Geben Sie eine "1", wenn Ihnen der Sender sehr gut gefällt, und eine "5", wenn er Ihnen gar nicht gefällt. Mit den Noten dazwischen können Sie Ihr Urteil abstufen." [Für die
nachfolgend präsentierten Analysen wurden die Daten recodiert: 1 bedeutet nun: gefällt gar
nicht, 5 bedeutet: gefällt sehr gut. Beurteilt wurden nur die Sender, welche die Befragten kennen.]*

	Mittelwert Globalbewertung	n	beta	R^2
Antenne Th.	4,0	459	.41	17
Landeswelle Th.	3,7	425	.46	21
TOP 40	3,7	67	.52	27
MDR 1 Radio Th.	3,7	391	.63	40
JUMP (Thüringen und Sachsen-Anhalt)*	3,8	489	.48	23
MDR Kultur (Thüringen und Sachsen-Anhalt)*	3,2	304	.43	18
MDR 1 Radio S.-A.	3,7	411	.59	35
SAW	4,0	444	.53	28
Brocken	3,6	415	.49	24
Rockland	3,3	211	.41	17
Project 89.0	3,6	118	.46	21
FFH	3,8	423	.50	25
Planet	3,4	225	.54	30
hr1 Info	3,5	319	.39	15
hr2 Kultur	3,5	193	.47	22
hr3 junge Welle	3,6	383	.41	17
hr4 Service	3,3	318	.57	32
DeutschlandRadio*	3,4	263	.28	8
Deutschlandfunk*	3,5	627	.39	15

* Daten mit dem bundeslandübergreifenden Faktor für die Gesamtstichprobe gewichtet - alle anderen
Daten innerhalb der einzelnen Länder gewichtet.
Zur Erläuterung der Koeffizienten und statistischen Kennwerte siehe Anhang 3.

In diesem ersten Analyseschritt wurde die Berechnung des Zusammenhangs mit allen Personen durchgeführt, die den jeweiligen Sender kennen. Alle Personen, die sich zutrauen, eine Bewertung des Senders abzugeben, wurden bei der Auswertung berücksichtigt, auch wenn sie den Sender in der letzten Zeit nie gehört haben. Damit spielen selbstverständlich Imagemomente eine starke Rolle.

Abbildung 93   Effekte der Globalbewertung auf die Nutzungshäufigkeit der regelmäßig genutzten Sender

„Wenn Sie bitte die Sender, die ich Ihnen jetzt nenne, bewerten würden, so ähnlich wie in der Schule. Geben Sie eine "1", wenn Ihnen der Sender sehr gut gefällt, und eine "5", wenn er Ihnen gar nicht gefällt. Mit den Noten dazwischen können Sie Ihr Urteil abstufen." [Für die nachfolgend präsentierten Analysen wurden die Daten recodiert: 1 bedeutet nun: gefällt gar nicht, 5 bedeutet: gefällt sehr gut. Beurteilt wurden nur die Sender, welche die Befragten mindestens einmal pro Woche nutzen.]

	Mittelwert Globalbewertung	n	beta	R^2
Antenne Th.	4,1	342	.38	15
Landeswelle Th.	4,0	260	.43	19
TOP 40	4,3	26	.43	19
MDR 1 Radio Th.	4,3	223	.51	26
JUMP (Thüringen und Sachsen-Anhalt)*	4,1	345	.37	13
MDR Kultur (Thüringen und Sachsen-Anhalt)*	4,0	90	.31	10
MDR 1 Radio S.-A.	4,2	244	.41	17
SAW	4,3	350	.39	15
Brocken	4,0	221	.47	22
Rockland	3,8	74	.30	9
Project 89.0	3,9	74	.36	13
FFH	4,0	335	.43	19
Planet	3,8	120	.53	29
hr1 Info	3,9	157	.24	6
hr2 Kultur	4,0	73	.52	27
hr3 junge Welle	3,8	278	.37	14
hr4 Service	3,9	165	.41	17
DeutschlandRadio*	3,8	79	.26	7
Deutschlandfunk*	4,0	204	.27	8

* Daten mit dem bundeslandübergreifenden Faktor für die Gesamtstichprobe gewichtet - alle anderen Daten innerhalb der einzelnen Länder gewichtet.
Zur Erläuterung der Koeffizienten und statistischen Kennwerte siehe Anhang 3.

Wie aber verändert sich das Ergebnis, wenn man die Auswertung auf diejenigen beschränkt, die den jeweiligen Sender *regelmäßig*, d.h. mindestens einmal pro Woche *nutzen*? Bei diesen Hörern beruht die Globalbewertung auf aktuellen Erfahrungen und nicht auf möglicherweise schon lange zurückliegenden durch die Zeit getrübten Erinnerungen. Von daher könnte man erwarten, dass sich hier deutlichere Effekte der Bewertung auf die Nutzung nachweisen lassen. Ein Blick auf die Abbildung 93 zeigt: das Gegenteil ist der Fall. Die Varianzaufklärung ist bei allen Sendern – mit Ausnahme von hr2 - die Kulturwelle – geringer, zum Teil sogar sehr deutlich. Dies bedeutet: Durch die Globalbewertung kann die Entscheidung, einen Sender überhaupt in ein individuelles Programmrepertoire mit aufzunehmen, besser erklärt werden, als die Entscheidung, diesen Sender selten oder häufig zu hören. Anders ausgedrückt: Wenn man von einer Person weiß, wie sie einen bestimmten Sender bewertet, dann kann man insgesamt ganz gut vorhersagen, ob sie den Sender nutzt, aber man kann deutlich schlechter vorhersagen, *wie oft* sie den Sender nutzt.

9.1.2 Effekt der Globalbewertung auf die Entscheidung zwischen zwei Sendern

In den bisher vorgestellten Analysen wurde jeweils die Nutzungshäufigkeit eines einzelnen Senders mit der Globalbewertung über diesen einzelnen Sender in Beziehung gesetzt. Eine etwas andere *Herangehensweise* bietet sich an, wenn man bedenkt, dass sich die Hörer bei der Radionutzung zwischen verschiedenen Programmen entscheiden müssen. Die damit verbundene Vorgehensweise wird im Folgenden dargestellt. Die Analyse beruht auf der Idee, dass die Angaben zur Nutzung von zwei Sendern miteinander verknüpft und dadurch die zu Grunde liegenden Auswahlentscheidungen rekonstruiert werden können. Indem man die Nutzungshäufigkeit des Senders A von der Nutzungshäufigkeit des Senders B abzieht, erhält man eine neue Variable, die sowohl positive als auch negative Werte sowie den Wert „0" annehmen kann. Negative Werte bedeuten, dass Sender A häufiger als Sender B genutzt wird; positive Werte bedeuten hingegen, dass Sender B häufiger genutzt wird. Nimmt die neu gebildete Variable den Wert „0" an, werden die beiden Sender gleich häufig genutzt. Entsprechend kann auch bei den Globalbewertungen vorgegangen werden. Auch hier wird die Globalbewertung des Senders A von der Globalbewertung des Senders B abgezogen und auch hier erhält man eine Variable mit positiven und negativen Werten. Diese beiden neu gebildeten Variablen können nun miteinander in Beziehung gesetzt werden. Es ist zu erwarten, dass diejenigen, die Sender A besser benoten als Sender B, auch den Sender A häufiger nutzen als Sender B. Darüber hinaus ist auch zu erwarten, dass immer dann, wenn ein Sender viel besser als ein anderer benotet wird, dieser Sender auch viel häufiger genutzt wird. Entsprechend der zuvor beschriebenen Vorgehensweise und den damit verbundenen Annahmen wurden die in Abbildung 94, 95 und 96 präsentierten Analysen durchgeführt.

Abbildung 94   Unterschiede in den Globalbewertungen als Erklärung für die
Senderauswahlentscheidungen in Thüringen

Entscheidung zwischen		n	beta	R^2
privat	*privat*			
Antenne Th.	Landeswelle Th.	413	.46	21
Antenne Th.	TOP 40	67	.58	34
Landeswelle Th.	TOP 40	61	.70	49
privat	*öffentlich-rechtlich*			
Antenne Th.	JUMP	361	.54	29
Antenne Th.	MDR 1 Radio Th.	357	.58	34
Antenne Th.	MDR Kultur	219	.42	18
Antenne Th.	DeutschlandRadio	90	.57	32
Antenne Th.	Deutschlandfunk	190	.48	23
Landeswelle Th.	JUMP	334	.67	46
Landeswelle Th.	MDR 1 Radio Th.	333	.56	31
Landeswelle Th.	MDR Kultur	203	.38	15
Landeswelle Th.	DeutschlandRadio	86	.44	20
Landeswelle Th.	Deutschlandfunk	174	.39	15
TOP 40	JUMP	66	.54	29
TOP 40	MDR 1 Radio Th.	43	.66	44
TOP 40	MDR Kultur	34	.56	32
TOP 40	DeutschlandRadio	13	.54	29
TOP 40	Deutschlandfunk	18	.73	53
öffentlich-rechtlich	*öffentlich-rechtlich*			
JUMP	MDR 1 Radio Th.	274	.72	52
JUMP	MDR Kultur	170	.59	35
JUMP	DeutschlandRadio	66	.52	27
JUMP	Deutschlandfunk	137	.60	36
MDR 1 Radio Th.	MDR Kultur	192	.45	21
MDR 1 Radio Th.	DeutschlandRadio	86	.47	22
MDR 1 Radio Th.	Deutschlandfunk	171	.46	21
MDR Kultur	DeutschlandRadio	66	.24	6
MDR Kultur	Deutschlandfunk	136	.43	19
DeutschlandRadio	Deutschlandfunk	78	.32	10

Daten innerhalb der einzelnen Länder gewichtet.
Zur Erläuterung der Koeffizienten und statistischen Kennwerte siehe Anhang 3.

Abbildung 95 Unterschiede in den Globalbewertungen als Erklärung für die
Senderauswahlentscheidungen in Sachsen-Anhalt

Entscheidung zwischen		n	beta	R^2
privat	*privat*			
SAW	Brocken	392	51	26
SAW	Rockland	203	57	32
SAW	Project 89.0	117	69	48
Brocken	Rockland	194	55	30
Brocken	Project 89.0	104	64	41
Rockland	Project 89.0	75	60	36
privat	*öffentlich-rechtlich*			
SAW	JUMP	327	54	29
SAW	MDR 1 Radio S.-A.	362	59	35
SAW	MDR Kultur	189	60	35
SAW	DeutschlandRadio	97	53	28
SAW	Deutschlandfunk	232	57	33
Brocken	JUMP	305	62	39
Brocken	MDR 1 Radio S.-A.	352	61	37
Brocken	MDR Kultur	191	42	18
Brocken	DeutschlandRadio	99	48	23
Brocken	Deutschlandfunk	234	46	21
Rockland	JUMP	172	63	39
Rockland	MDR 1 Radio S.-A.	170	51	26
Rockland	MDR Kultur	105	52	27
Rockland	DeutschlandRadio	52	41	17
Rockland	Deutschlandfunk	122	45	20
Project 89.0	JUMP	115	66	44
Project 89.0	MDR 1 Radio S.-A.	76	45	20
Project 89.0	MDR Kultur	54	37	14
Project 89.0	DeutschlandRadio	14	74	55
Project 89.0	Deutschlandfunk	51	30	9
öffentlich-rechtlich	*öffentlich-rechtlich*			
JUMP	MDR 1 Radio S.-A.	267	59	34
JUMP	MDR Kultur	148	50	25
JUMP	DeutschlandRadio	62	62	39
JUMP	Deutschlandfunk	163	57	33
MDR 1 Radio S.-A.	MDR Kultur	187	46	21
MDR 1 Radio S.-A.	DeutschlandRadio	100	54	29
MDR 1 Radio S.-A.	Deutschlandfunk	235	42	17
MDR Kultur	DeutschlandRadio	63	18	3
MDR Kultur	Deutschlandfunk	144	44	19
DeutschlandRadio	Deutschlandfunk	96	27	7

Daten innerhalb der einzelnen Länder gewichtet.
Zur Erläuterung der Koeffizienten und statistischen Kennwerte siehe Anhang 3.

Abbildung 96 Unterschiede in den Globalbewertungen als Erklärung für die
Senderauswahlentscheidungen in Hessen

Entscheidung zwischen		n	beta	R^2
privat	*privat*			
FFH	Planet	220	53	28
privat	*öffentlich-rechtlich*			
FFH	hr1 Info	257	63	39
FFH	hr2 Kultur	149	61	38
FFH	hr3 junge Welle	350	56	32
FFH	hr4 Service	265	58	34
FFH	DeutschlandRadio	53	48	23
FFH	Deutschlandfunk	152	50	25
Planet	hr1 Info	129	61	37
Planet	hr2 Kultur	71	58	33
Planet	hr3 junge Welle	198	54	30
Planet	hr4 Service	129	57	33
Planet	DeutschlandRadio	29	45	20
Planet	Deutschlandfunk	74	60	37
öffentlich-rechtlich	*öffentlich-rechtlich*			
hr1 Info	hr2 Kultur	172	30	9
hr1 Info	hr3 junge Welle	247	52	27
hr1 Info	hr4 Service	239	49	24
hr1 Info	DeutschlandRadio	62	39	16
hr1 Info	Deutschlandfunk	151	32	10
hr2 Kultur	hr3 junge Welle	154	59	34
hr2 Kultur	hr4 Service	152	47	22
hr2 Kultur	DeutschlandRadio	49	59	35
hr2 Kultur	Deutschlandfunk	102	39	15
hr3 junge Welle	hr4 Service	252	56	32
hr3 junge Welle	DeutschlandRadio	63	42	18
hr3 junge Welle	Deutschlandfunk	147	38	14
hr4 Service	DeutschlandRadio	56	53	28
hr4 Service	Deutschlandfunk	144	50	25
DeutschlandRadio	Deutschlandfunk	61	10	1

Daten innerhalb der einzelnen Länder gewichtet.
Zur Erläuterung der Koeffizienten und statistischen Kennwerte siehe Anhang 3.

Da für die Hörer vor allem jene Programme von Bedeutung sind, die im und für
das jeweilige Sendegebiet ausgestrahlt werden, wurden die Globalbewertungen
nur für diese Sender erhoben. Deswegen werden die nachfolgenden Analysen
für die einzelnen Länder separat und nur mit den dort ausgestrahlten Programmen durchgeführt. Die *Ergebnisse* zeigen, dass die in der zuvor beschriebenen
Weise rekonstruierten Auswahlentscheidungen durch die unterschiedlichen Be-

wertungen in den meisten Fällen gut bis sehr gut erklärt werden können. Nur selten sinkt die erklärte Varianz unter 20 Prozent, und häufig werden Varianzaufklärungen von zum Teil deutlich über 30 Prozent erreicht. Insgesamt kann man festhalten, dass im Allgemeinen die Auswahlentscheidungen zwischen zwei Sendern durch die Globalbewertungen deutlich besser erklärt werden können als die Nutzungshäufigkeit einzelner Sender. Dies gilt sowohl für Auswahlentscheidungen zwischen verschiedenen Privatsendern als auch für solche zwischen öffentlich-rechtlichen Sendern, und auch die Entscheidungen zwischen privaten und öffentlich-rechtlichen lassen sich mit diesem Modell gut erklären. Dennoch ist festzuhalten, dass im Durchschnitt die erklärte Varianz bei den Auswahlentscheidungen zwischen den Privaten am höchsten, bei Entscheidungen zwischen den Sendergruppen am zweithöchsten und bei Entscheidungen zwischen öffentlich-rechtlichen Anbietern am niedrigsten ausfällt. Zwischen den drei Bundesländern sind keine bedeutsame Unterschiede festzustellen. Wenn man sich jedoch die einzelnen Werte in den Modellen genauer ansieht und nicht nur die Gesamttendenz betrachtet, dann stellt man große Unterschiede fest. Die Varianz in der Varianzaufklärung ist enorm. Versucht man ein Muster in diesen Unterschieden zu entdecken, dann kommt man zu dem Ergebnis, dass die Globalbewertungen vor allem dann die Auswahlentscheidungen gut erklären, wenn die Sender sehr unterschiedlich sind. Je ähnlicher sich zwei Sender sind, desto weniger sind die Globalbewertungen geeignet, Auswahlentscheidungen zu prognostizieren.

Zusammenfassend bleibt festzuhalten: Die vorgestellten Modelle zeigen, dass die Nutzungshäufigkeit und die Auswahlentscheidungen zwischen verschiedenen Sendern durch Globalbewertungen erklärt werden können. Ob die dabei erzielten Varianzaufklärungen als hoch oder niedrig einzuschätzen sind, hängt vom Anspruchsniveau an Forschung ab. Wenn man davon ausgeht, dass der Zusammenhang von Bewertung und Nutzung im Grunde trivial ist, dann erscheinen die Effekte nicht besonders beeindruckend. Ganz im Gegenteil: Es stellt sich vielmehr die Frage, warum die Varianzaufklärungen in einigen Modellen doch erstaunlich schwach ausgefallen sind. Festzuhalten ist somit, dass sich aus einem positiven Urteil über einen Sender nicht automatisch auch eine hohe Nutzung des Senders ergibt. Aber selbst in den Fällen, wo mit dieser einfachen Messung der Globalbewertung eine hohe Varianzaufklärung erzielt werden konnte, stellt sich die Frage der praktischen Relevanz eines solchen Befundes. Was nützt es dem Macher eines Radioprogramms, wenn er weiß, dass diejenigen, denen das Programm gefällt, es auch häufiger nutzen? Zum Nachdenken anregend dürfte dieser Befund wahrscheinlich eher für diejenigen sein, die feststellen, dass sich die positive Bewertung ihres Programm kaum auf die Nutzung auswirkt.

Aus theoretischer Perspektive sind die Ergebnisse insofern bedeutsam, als sie zeigen, dass Nutzungsentscheidungen sich nicht allein aus der Bewertung eines

Programms ableiten lassen. Andere Faktoren spielen hier eine Rolle und müssen in der Modellbildung berücksichtigt werden. Allerdings verspricht auch aus theoretischer Perspektive die Analyse des Zusammenhangs zwischen Benotung und Nutzung keine weiter reichenden Erkenntnisse, vor allem können so die Beweggründe des Radiohörens und die zu Grunde liegenden Kognitionsprozesse nicht weiter aufgeklärt werden.

9.1.3 *Effekte der Kontrollvariablen auf den Umfang der Radionutzung*

Um Ergebnisse erzielen zu können, die eine größere Verständnis- und Handlungsrelevanz haben, bedarf es einer differenzierteren Vorgehensweise. Es muss herausgefunden werden, welche Faktoren sich hinter der Globalbewertung verbergen, welche Qualitätseigenschaften eines Programms dazu führen, dass sich die Hörer dem Programm häufiger oder seltener zuwenden. Um die Identifikation dieser Faktoren wird es im Folgenden gehen. Dazu werden zunächst einige Modelle entwickelt, mit denen die allgemeine Nutzung des Radios – ohne dass dabei die einzelnen Sender differenziert werden – erklärt werden kann. Für die Erklärung der senderübegreifenden Radionutzung erscheint es sinnvoll, sich auf die im *Modell für die Subjektive Qualitätsauswahl* (Abbildung 91) als Kontrollvariablen gekennzeichneten Erklärungsfaktoren zu beschränken, da sich die Qualitätserwartungen und -wahrnehmungen auf konkrete Programmeigenschaften und bekannte Sender beziehen und nicht auf die Nutzung des Radios allgemein.

Die in Abbildung 97 dargestellten Befunde zeigen, dass die *Zahl der Wochentage*, an denen jemand das Radio nutzt, vor allem durch Habitualisierung zu erklären ist. Einen gewissen, aber weitaus geringeren Anteil an der Erklärung haben auch die rekreativen Leistungsbewertungen. Alle andern Variablen wie kognitive Leistungsbewertungen, Restriktionen und die verschiedenen Indikatoren für die individuellen Lebenslagen haben keinen Effekt.

Wesentlich komplexer ist das Modell für die Erklärung der *Gesamthördauer*, ohne dass allerdings ein höherer Anteil an Varianz aufgeklärt werden könnte (Abbildung 97). Den größten Einfluss auf die gesamte Hördauer haben ebenfalls Habitualisierung und rekreative Leistungsbewertungen; allerdings sind die beiden Faktoren in diesem Modell gleichwichtig. Einen positiven Effekt auf die Gesamthördauer haben aber auch die kognitiven Leistungsbewertungen und interessanter Weise auch soziale Restriktionen. Wer viel Radio hört, wird demnach öfter einmal gebeten, das Radio auszuschalten; dies führt aber offenbar nicht dazu, dass er deswegen weniger Radio hört als andere. Anders hingegen die arbeitsbedingten Restriktionen; sie haben einen negativen Effekt auf die Hördauer insgesamt. Auch die Lebenslagen haben einen gewissen Einfluss auf die Hördauer. Frauen und höher Gebildete hören insgesamt etwas weniger Radio, eine längere Arbeitszeit hat hingegen einen positiven Effekt auf den Umfang der Radionutzung.

Die *Hördauer des meistgehörten Senders* lässt sich im Wesentlichen durch die gleichen Variablen wie die Hördauer insgesamt erklären (Abbildung 97). Allerdings ist der Anteil der erklärten Varianz etwas niedriger. Unterschiede zwischen den beiden Modellen ergeben sich bei vier Variablen: Im Unterschied zum zuvor vorgestellten Modell haben hier die sozialen Restriktionen, das Geschlecht und die Erwerbsdauer keinen Effekt auf die Hördauer. Stattdessen wird die Hördauer des meistgehörten Senders durch das Alter beeinflusst. Die jüngeren Befragten verbringen zwar insgesamt nicht signifikant weniger Zeit mit dem Radio als die älteren, aber sie nutzen das meistgehörte Programm weniger. Bei den jüngeren Hörern ist eine geringere Programmbindung vorhanden.

Mit den zur Verfügung stehenden Variablen kann der *Anteil*, den die *Nutzung des meistgehörten Radios an der Gesamthördauer* hat, so gut wie nicht erklärt werden (Abbildung 97). Einen leicht negativen Effekt hat interessanter Weise die Habitualisierung. Wer gewohnheitsmäßig Radio hört, nutzt dabei nicht unbedingt immer den gleichen Sender. Der Anteil des meistgehörten Senders an der Gesamtnutzung geht mit zunehmender Habitualisierung zurück. Des weiteren zeigt sich, dass Frauen zwar weniger Radio hören, sich dabei aber stärker auf einen Sender konzentrieren. Und schließlich zeigt sich auch, dass soziale Restriktionen zwar nicht die Hördauer verringern, aber der Anteil, den der Lieblingssender an der Hördauer hat, wird durch die Kritik aus dem sozialen Umfeld etwas verringert.

Überraschend schlecht lässt sich auch die *Nebenbeinutzung des Radios* erklären (Abbildung 97). Noch überraschender ist, dass dabei die rekreativen Leistungsbewertungen einen recht starken *negativen* Effekt auf die Nebenbeinutzung haben. Wer beim Radio entspannen will, alles um sich herum vergessen will oder möchte, dass die Arbeit leichter von der Hand geht, für den ist die Nebenbeinutzung nicht der richtige Nutzungsmodus. Erstaunlicher Weise haben die kognitiven Leistungsbewertungen keinen derartigen negativen Effekt. Im multivariaten Modell ist kein Einfluss dieses Motivbündels nachzuweisen. Stattdessen erweisen sich die arbeitsbedingten Restriktionen als hinderlich: Wer sich bei der Arbeit konzentrieren muss, der kann eben nicht so gut nebenbei hören. Auch die Indikatoren der sozialen Lage haben einen Einfluss auf die Nebenbeinutzung des Radios. Frauen hören mehr nebenbei, Ältere hingegen öfter konzentriert, und eine lange Arbeitszeit wirkt sich ebenfalls fördernd auf den Umfang der Nebenbeinutzung aus.

Schaut man sich an, welchen Effekt Leistungsbewertungen, Restriktionen, Habitualisierung und Lebenslagen auf die Nutzungshäufigkeit des Radios in *bestimmten Nutzungssituationen* haben, dann stellt man zunächst einmal fest, dass eine habitualisierte Nutzung sich in allen Situationen positiv auf die Nutzung auswirkt (Abbildung 98). Vor allem beim Aufstehen, aber auch beim Mittagessen und bei

Abbildung 97 Erklärungsmodelle für die senderübergreifenden Nutzungskennziffern durch Leistungsbewertungen, Habitualisierung, Restriktionen und Lebenslage-Indikatoren

Korrelationen und Regressionen	Nutzungshäufigkeit: Zahl der Nutzungstage *		Hördauer insgesamt **		Hördauer des meistgehörten Senders ***		Anteil des meistgehörten Senders an der Hördauer ****		Nebenbeinutzung *****	
	r	beta	r	beta	r	beta	r	beta	r	beta
Kognitive Leistungsbewertungen	.21		.27	.08	.22	.08	-.06		-.14	
Rekreative Leistungsbewertungen	.23	.09	.34	.21	.28	.15	-.05		-.23	-.27
Habitualisierung	.43	.40	.31	.21	.26	.17	-.09	-.10	-.10	
Soziale Restriktion	.00		.03	.06	-.01		-.07	-.07	-.01	
Arbeitsbed. Restriktion	-.09		-.19	-.09	-.15	-.06	.00		.01	-.08
Geschlecht 1=M; 2=W	.00		-.02	-.07	.02		.10	.10	.04	.11
Alter	.05		.01		.02	-.09	.00		-.13	-.09
Schulbildung	-.03		-.19	-.08	-.17	-.09	-.04		.12	
Arbeitszeit	.03		.05	.07	.04		-.03		.13	.10
R^2 =	.20		.19		.13		.02		.09	
n =	1534		1371		1268		1393		1500	

Daten mit dem bundeslandübergreifenden Faktor für die Gesamtstichprobe gewichtet.
Zur Erläuterung der Koeffizienten und statistischen Kennwerte siehe Anhang 3.
Nur signifikante betas werden ausgewiesen.

* *Nutzungshäufigkeit:* „An ungefähr wie vielen Tagen pro Woche einschließlich Samstag und Sonntag hören Sie normalerweise Radio?
** *Hördauer insgesamt:* „Was schätzen Sie: Wie lange hören Sie an einem ganz normalen Tag Radio? Wie viel Stunden und Minuten?"
*** *Hördauer des meistgehörten Senders:* „Und ungefähr wie viel Zeit verbringen Sie mit diesem Sender, den Sie am meisten hören?"
**** *Anteil des meistgehörten Senders an der Hördauer:* (Relation aus „Hördauer insgesamt" und „Hördauer des meistgehörten Senders"
***** *Nebenbeinutzung:* „Wie oft kommt es vor, dass Sie nur dem Radio zuhören und nichts nebenbei machen? Kommt das häufig, ab und zu, selten oder nie vor?"

der Hausarbeit sind starke Effekte festzustellen. Auch die rekreativen Leistungsbewertungen wirken sich in fast allen Situationen positiv auf die Nutzungshäufigkeit aus. Nur auf das Radiohören am Arbeitsplatz haben rekreative Leistungsbewertungen keinen Effekt. Vor allem das Radiohören bei der Hausarbeit wird durch diese Leistungsbewertungen stark beeinflusst. Deutlich schwächer ist der Effekt der kognitiven Leistungsbewertungen. Personen, die die kognitiven Leistungen des Radios stärker einschätzen, hören nur bei der Berufsarbeit, bei der Hausarbeit und beim Mittagessen etwas häufiger Radio als andere. Die Restriktionen haben ebenfalls nur geringe Effekte. Auch hier zeigt sich, dass die sozialen Restriktionen sich nicht negativ, sondern positiv auf die Nutzung auswirken, allerdings nicht in allen Situationen, sondern nur in ganz bestimmten – beim Autofahren und beim Mittagessen. Arbeitsbedingte Restriktionen haben hingegen einen negativen Effekt, allerdings nur in einer Situation, nämlich bei der Hausarbeit.

Abbildung 98 Erklärungsmodelle für die situative Nutzungshäufigkeit durch Leistungsbewertungen, Habitualisierung, Restriktionen und Lebenslage-Indikatoren

„Ich nenne Ihnen jetzt einige Situationen und Gelegenheiten, bei denen manche Leute Radio hören. Sagen Sie mir bitte jeweils, ob Sie bei dieser Gelegenheit häufig, ab und zu, selten oder nie Radio hören!"

Korrelationen und Regressionen	Beim Aufstehen und Frühstücken		Beim Autofahren		Bei der Arbeit in der Firma		Bei der Arbeit zu Hause		Beim Mittagessen		Nachmittags oder abends	
	r	beta	r	beta	r	beta	r	beta	r	beta	r	beta
Kognitive Leistungsbewertungen	.22		-.03		.14	.12	.31	.09	.30	.10	.14	
Rekreative Leistungsbewertungen	.23	.12	.01	.06	.13		.44	.29	.33	.19	.25	.21
Habitualisierung	.34	.31	.10	.10	.10	.08	.35	.22	.31	.22	.22	.15
Soziale Restriktion	-.02		.11	.06	.07		.00		.01	.06	.01	
Arbeitsbed. Restriktion	-.10		.06		-.11		-.19	-.07	-.16		-.01	
Geschlecht 1=M; 2=W	.08		-.12	-.10	-.15	-.13	.21	.14	.03	-.06	.00	
Alter	.15	.09	-.31	-.27	-.24	-.28	.09		.20	.12	.01	
Schulbildung	-.09		.15	.07	-.23	-.22	-.20		-.21	-.05	-.02	.07
Arbeitszeit	-.13	-.10	.24	.09	.10		-.09		-.16	-.12	-.04	
$R^2 =$		.16		.16		.16		.26		.22		.08
n =		1524		1381		897		1506		1393		1410

Daten mit dem bundeslandübergreifenden Faktor für die Gesamtstichprobe gewichtet.
Zur Erläuterung der Koeffizienten und statistischen Kennwerte siehe Anhang 3.
Nur signifikante betas werden ausgewiesen.

Die Indikatoren für die verschiedenen Lebenslagen haben ganz unterschiedliche Auswirkungen auf die Nutzungshäufigkeit in den verschieden Situationen. Bei der Berufsarbeit, beim Autofahren und beim Mittagessen hören Frauen weniger Radio als Männer, bei der Hausarbeit hingegen mehr. Das Alter hat einen negativen Effekt auf die Nutzung des Radios beim Autofahren und auf der Arbeitsstelle, aber einen positiven Einfluss auf die Nutzung beim Aufstehen und beim Mittagessen. Die Schulbildung wiederum beeinflusst die Radionutzung beim Autofahren und in den Nachmittags- und Abendstunden positiv; auf die Nutzung während der Arbeit und beim Mittagessen hat sie hingegen einen negativen Effekt. Und auch die Dauer der Arbeitszeit wirkt nicht einheitlich: Personen, die lange Arbeitszeiten haben, hören viel beim Autofahren Radio, dafür aber wenig beim Aufstehen und beim Mittagessen. Bei vielen dieser Zusammenhänge ist klar, dass die soziodemographischen Faktoren nicht die eigentlichen Ursachen für die Nutzungsunterschiede des Radios sind, sondern als Indikatoren für spezifische Lebenslagen fungieren. So haben beispielsweise das Alter, die Schulbildung und häufig auch das Geschlecht Einfluss auf die Arbeitssituation. Die Arbeitssituation wiederum bestimmt in erheblichem Maß den Rahmen, in dem sich die Radionutzung verwirklicht.

9.1.4 Effekte der Kontrollvariablen auf die Nutzungshäufigkeit einzelner Sender

Im nächsten Schritt wird es nun darum gehen zu prüfen, mit welchen Variablen die Nutzungshäufigkeit einzelner Sender angemessen erklärt werden kann. Für die Erklärung herangezogen werden zum einen alle jene Variablen, die auch in den zuvor vorgestellten Modellen berücksichtigt wurden, also die Kontrollvariablen in dem analytischen Modell. Darüber hinaus werden nun aber auch die Qualitätserwartungen der Rezipienten berücksichtigt, und zwar die Erwartungen hinsichtlich der Berücksichtigung bestimmter Programmelemente (dazu 9.1.5) und bestimmter Musikrichtungen (dazu 9.1.6). Die Ergebnisse der Analysen finden sich in den Abbildungen 99 – 102. In Abbildung 99 werden die Ergebnisse für die Thüringer Sender, in Abbildung 100 die Analyseergebnisse für die Sender aus Sachsen-Anhalt und in Abbildung 101 werden die Befunde aus Hessen vorgestellt. In der Abbildung 102 werden die Befunde zu den vier länderübergreifenden öffentlich-rechtlichen Sendern präsentiert, die in dieser Untersuchung berücksichtigt worden sind. Da die Befunde zu den einzelnen Sendern den Abbildungen leicht zu entnehmen sind, wird die Diskussion der Resultate variablenorientiert erfolgen.

Schaut man sich die Ergebnisse in den vier Abbildungen im Überblick an, dann fällt auf, dass die *Habitualisierung* zwar die generelle Nutzungshäufigkeit des Radios sehr gut erklären kann (Abbildung 97), auf die Nutzungshäufigkeit der einzelnen Sender hat sie aber nur einen geringen oder gar keinen Effekt. Nur bei fünf Sendern sind Effekte festzustellen. Dabei handelt es sich um die massenattraktiven Programme Radio SAW, Hit-Radio Brocken, Hit-Radio FFH, hr3 und JUMP.

Auch die *rekreativen Leistungsbewertungen*, die bei den meisten senderübergreifenden Indikatoren der Radionutzung signifikante Effekte hatten (Abbildung 97 und Abbildung 98), können die Nutzung einzelner Sender kaum erklären. Nur bei vier Sendern ist überhaupt ein Einfluss nachweisbar. Dabei handelt es sich um zwei Regionalprogramme (MDR 1 Radio Sachsen-Anhalt und hr4 - das Serviceradio) sowie um Planet Radio und JUMP. *Kognitive Leistungsbewertungen* erweisen sich nur bei drei Sendern als bedeutsam: dabei handelt es sich um das

Inforadio und die Servicewelle des Hessischen Rundfunks sowie um Deutsch-landfunk.

Auch die *Restriktionen* sind weitgehend bedeutungslos für die Erklärung der Sendernutzung. Arbeitsbedingte Restriktionen haben einen leicht negativen Effekt auf die Nutzung von MDR 1 Radio Thüringen, soziale Restriktionen einen minimal positiven Effekt auf die Nutzung von Deutschlandfunk.

Sehr unterschiedlich ist die Bedeutung der vier Indikatoren für *soziale Lebensla-gen*: Während das Geschlecht nur bei einem, die Schulbildung bei zwei und die Arbeitszeit bei vier Sendern einen Effekt auf die Nutzungshäufigkeit hat, erweist sich das Alter bei zehn Sendern als signifikanter Prädiktor der Nutzung. Das Ge-schlecht hat nur bei Rockland Sachsen-Anhalt einen Einfluss: Frauen meiden diesen Sender. Die Schulbildung hat einen signifikant positiven Effekt auf die Nutzungshäufigkeit der beiden Kulturprogramme. Die Erwerbsdauer wirkt sich positiv auf die Nutzung von Hit-Radio Brocken, Rockland Sachsen-Anhalt und JUMP aus, hingegen negativ auf die Zuwendung zu MDR 1 Radio Sachsen-Anhalt. Alterseffekte sind vor allem in Hessen festzustellen. Hier diskriminieren die meisten Sender deutlich hinsichtlich des Alters. Mit zunehmendem Alter nut-zen die Hessen häufiger die öffentlich-rechtlichen Programme hr1, hr2 und hr4 und weniger die privaten Sender. Nur bei hr3 - die junge Welle ist kein Altersef-fekt festzustellen. In den beiden ostdeutschen Bundesländern gibt es insgesamt drei Sender, bei denen das Alter einen Effekt auf die Nutzungshäufigkeit hat. Bei allen drei handelt es sich um öffentlich-rechtliche Sender. Da ist auf der einen Seite JUMP, das in beiden Ländern zu empfangen ist, und auf der anderen Seite finden sich die beiden Regionalprogramme des MDR. Während die Älteren häu-figer die Regionalprogramme nutzen, ist bei JUMP genau der umgekehrte Effekt festzustellen. Einen positiven Effekt auf die Nutzung hat das Alter auch bei den beiden überregionalen Programmen Deutschlandfunk und DeutschlandRadio.

9.1.5 Effekte der Erwartungen an Programmelemente auf die Nutzungshäufigkeit einzelner Sender

Für das Untersuchungsziel dieser Arbeit von besonderem Interesse ist die Frage, ob die *Erwartungen an die Berücksichtigung von Programmelementen und Mu-sikstilen* einen Beitrag zur Erklärung der Nutzungshäufigkeit der verschiedenen Sender leisten können. Ein erster Blick auf die Abbildungen zeigt, dass dies durchaus der Fall ist. Ein zweiter Blick ergibt, dass vor allem die Erwartungen an die Berücksichtigung bestimmter Musikstile einen signifikanten Effekt auf die Nutzung der Sender haben. Aber auch die Erwartungen hinsichtlich der ge-wünschten Bedeutung der verschiedenen Programmelemente tragen zur Erklä-rung des Nutzungsverhaltens bei. Welche Programmelemente bei welchem Sen-der eine Rolle spielen, wird im Folgenden dargestellt, der Einfluss von Musikrich-tungen im nächsten Abschnitt. Durch die Einbeziehung der Ergebnisse der Inhaltsanalyse ist es möglich, jeweils zu prüfen, in welchem Maße diese Erwartungen durch das Programm des jeweiligen Senders gedeckt werden.

Personen, die erwarten, dass ihr Idealradio häufig *Nachrichten und politische Informationen* bringen soll, nutzen die beiden Jugendsender Radio TOP 40 und Project 89.0 seltener, hingegen MDR 1 Radio Thüringen etwas häufiger. Zieht man nun die Befunde der Inhaltsanalyse zur Interpretation dieser Zusammenhänge heran, dann sprechen die Ergebnisse für eine rationale Wahl. Die beiden Jugendsender senden kaum Nachrichten und Politik, MDR 1 Radio Thüringen weist aber einen hohen Wort- und Politikanteil auf.

Der Wunsch nach einem *Moderatorenteam,* das durch das Programm führt, hat einen negativen Einfluss auf die Nutzungshäufigkeit der beiden Kultursender und des Deutschlandfunks, hingegen einen positiven Effekt auf die Zuwendung zu Radio SAW. Auch diese Zusammenhänge sprechen für eine rationale Entscheidung, da bei den erstgenannten Sendern Moderatorenteams typischer Weise nicht auftreten,[36] während Radio SAW durchaus mit Teams arbeitet, die durch das Programm führen.

Wer auf *Hörerbeteilung und Spiele* lieber verzichtet, der schaltet häufiger hr3 ein. Diese Entscheidung erscheint irrational, wenn man das diesbezügliche Angebot von hr3 mit den entsprechenden Angeboten der anderen öffentlichrechtlichen Sender in Hessen vergleicht. Bei denen ist das Angebot deutlich geringer. Wenn man aber einen Vergleich zu den privatwirtschaftlichen Gegenspielern anstellt – der eigentlichen Konkurrenz – dann erscheint diese Entscheidung durchaus rational: hr3 bringt sowohl weniger Spiele als auch weniger Hörerbeteilung als die hessischen Privaten, zudem verzichtet es weitgehend auf die Ankündigung dieser Programmelemente. Die Hörerbeteiligung besteht zudem zu einem erheblichen Teil nur in der Nennung von Musikwünschen, und bei den Spielen ist hr3 der einzige Sender, bei dem es meistens nichts zu gewinnen gibt. All dies zusammengenommen dürfte die Präsenz dieser Programmelemente in der Wahrnehmung der Hörer eher gering erscheinen lassen.

Wer auf die Erteilung von *Verbrauchertipps und Ratschlägen* lieber verzichtet, der hört sich häufiger MDR Kultur an. Auch das ist keine irrationale Entscheidung, denn Servicemeldungen spielen bei MDR Kultur generell nur eine kleine Rolle, und Ratschläge für den Alltag kommen dabei so gut wie gar nicht vor.

Wer gerne häufig *humorvolle Beiträge* hört, der entscheidet sich häufiger für Antenne Thüringen, Landeswelle Thüringen und hr3. Dieser Befund ist nur teilweise rational nachvollziehbar. hr3 ist in Hessen tatsächlich der Sender, der mit Abstand den größten Anteil humorvoller Beiträge im Programm hat. Das gleiche

---

36 Zumindest nicht nach Kenntnis der Autoren. Entsprechende Inhaltsanalysedaten zu Deutschlandfunk und DeutschlandRadio wurden im Rahmen dieser Studie nicht erhoben.

trifft auch auf die Landeswelle in Thüringen zu. Warum aber der Wunsch nach viel Humor auch einen positiven Effekt auf die Nutzung von Antenne Thüringen hat, ist nicht nachvollziehbar. Im Vergleich zu den anderen Thüringer Sendern ist der Humoranteil bei Antenne Thüringen nur durchschnittlich, und es wird auch nicht besonders häufig in den Trailern und Teasern darauf hingewiesen.

Veranstaltungshinweise haben nur bei Deutschlandfunk einen Effekt auf die Nutzung. Diejenigen, denen dieses Programmelement wichtig ist, hören das Programm seltener. Ob beim Deutschlandfunk tatsächlich wenig Veranstaltungshinweise gesendet werden, kann ohne entsprechende Inhaltsanalysedaten (Deutschlandfunk und DeutschlandRadio wurden bei der Inhaltsanalyse nicht berücksichtigt) nicht abschließend geklärt werden. Aufgrund des überregionalen Charakters des Senders ist dies allerdings zu erwarten, und auch die Alltagserfahrungen mit dem Sender sprechen dafür.

Der Wunsch, viel über *Verbrechen und Unfälle* zu erfahren, ist ein Grund, um häufiger Radio SAW anzuschalten. Diese Entscheidung ist allerdings nur bedingt rational. Bei den Konkurrenten JUMP und Hit-Radio Brocken könnten die Hörer noch etwas mehr zu diesen Themen erfahren. Im Vergleich zu MDR 1 Radio Sachsen-Anhalt haben sie sich aber für das richtige Programm entschieden.

Der Wunsch, dass im Programm häufig *Verkehrsmeldungen* gebracht werden, hat auf die Nutzung von insgesamt fünf Sendern einen Effekt. Dass diejenigen, die häufig Verkehrsmeldungen wünschen, häufig die Landeswelle Thüringen einschalten, ist vernünftig, denn bei keinem Thüringer Sender bekommen sie mehr Verkehrsmeldungen als bei der Landeswelle Thüringen. Auch die Entscheidungen der Hessen sind nachvollziehbar. Diejenigen, die oft Verkehrsmeldungen hören wollen, nutzen häufiger Hit-Radio FFH und hr4 - das Serviceradio. Diese beiden Sender bringen nicht nur generell viele Servicemeldungen, sondern ein großer Teil davon besteht aus Verkehrshinweisen. Genau andersherum verhält es sich mit denjenigen, die lieber auf Verkehrsmeldungen verzichten würden. Diese Hörer schalten öfter hr1 - das Informationsradio und hr2 - die Kulturwelle ein. Auch diese Entscheidung ist sinnvoll, denn hr2 ist der einzige Sender in Hessen, der ganz auf Verkehrsmeldungen verzichtet, und bei hr1 ist der Anteil der Verkehrsmeldungen unterdurchschnittlich. Nicht rational nachvollziehbar ist hingegen, warum diejenigen, die gerne häufiger die Erkennungsmelodie ihres Senders hören, sich etwas öfter für MDR 1 Radio Thüringen entscheiden, denn die Zahl der Jingles ist bei diesem Programm eher unterdurchschnittlich.

Bemerkenswert ist, dass der Wunsch nach *Trailern* die Nutzung von vier Programmen positiv beeinflusst. Bei zweien dieser Programme (DeutschlandRadio und Deutschlandfunk) kann die Rationalität dieser Entscheidung nicht geprüft werden, da keine Inhaltsanalysedaten zu den Sendern vorliegen. Bei den beiden anderen ist dies aber möglich. Auch hier spricht wieder alles für eine rationale Wahl. Im hessischen Sendegebiet sind hr1 und hr2 die Sender, die mit Abstand die meisten Programmhinweise senden. Auch im Vergleich über alle Programme hinweg liegen die beiden hessischen Sender beim Einsatz dieses Programmelements vorne.

Hörer, die gerne *Informationen über Musiker und Musikgruppen* bekommen möchten, hören häufiger Project 89.0. Allerdings dürften sie in dieser Hinsicht von ihrem Sender enttäuscht werden, denn Project 89.0 ist einer der Sender, der dieses Programmelement überhaupt nicht in seinem Programmablauf berücksichtigt. Ob der Wunsch nach Musikinformationen, den die Project 89.0-Hörer verstärkt zum Ausdruck bringen, durch den dreißigprozentigen Anteil von Musikmoderation an der ohnehin geringen Moderationsdauer (2 Prozent) befriedigt werden kann, erscheint zweifelhaft.

Gut nachvollziehbar ist hingegen die Entscheidung jener, die gerne ein Radioprogramm hören möchten, bei dem *Musik nicht so eine große Rolle* spielt. Dass sich diese Hörer besonders häufig hr1 - das Informationsradio und Deutschlandfunk anhören, ist rational, denn beide Sender haben nur einen geringen Musikanteil. Die Frage, ob viel oder wenig Musik in einem Radioprogramm gespielt werden soll, kann allerdings nur bei diesen beiden Programmen zur Erklärung der Nutzung beitragen. Bei allen anderen Programmen spielt diese grundsätzliche Frage keine Rolle. Sehr wohl eine Rolle spielt aber, *welche* Musik in den Programmen gespielt werden soll. Die Präferenz für bestimmte Musikrichtungen trägt bei *allen* Programmen zur Erklärung der Nutzungshäufigkeit bei.

9.1.6 Effekte der Musikpräferenzen auf die Nutzungshäufigkeit einzelner Sender

Bei der Betrachtung der Effekte von Musikpräferenzen bietet es sich an, die Perspektive zu wechseln. Bisher wurde ein Programmelement nach dem anderen diskutiert. Bei der Musik geht es nun jedoch um unterschiedliche Eigenschaften eines Programmelements, die im Zusammenhang betrachtet werden müssen. Die auf die Musikpräferenzen bezogene Rationalität der Auswahlentscheidungen kann einfacher anhand der Einzelbetrachtung aufgezeigt werden. Aus diesem Grund werden nun nacheinander – Sender für Sender – die entsprechenden Befunde diskutiert.

Radiohörer, die gerne häufig aktuellen Mainstream hören möchten, nutzen häufiger Antenne Thüringen. Tatsächlich besteht das Angebot von *Antenne Thüringen* zu über 90 Prozent aus Musik, die zum aktuellen Mainstream gerechnet werden kann. Von daher ist die Entscheidung für Antenne Thüringen gut nachvollziehbar.

Problematischer ist die Situation bei der *Landeswelle Thüringen*. Einen positiven Effekt auf die Nutzung des Senders hat der Wunsch nach aktuellem Mainstream, aber auch nach traditionellem Mainstream. Zusätzlich wirkt sich die erhöhte Nachfrage nach traditionellen Stilrichtungen für Minderheiten positiv auf die Nutzung des Senders aus. Schaut man sich jedoch das Angebot an, dann stellt man fest, dass die Landeswelle Thüringen – genau wie Antenne Thüringen – vor allem aktuellen Mainstream im Programm hat. Das bedeutet, die Hörererwartungen der Nutzer der Landeswelle Thüringen werden nur zum Teil befriedigt. Es spricht einiges dafür, dass die Landeswelle Thüringen in gewisser Weise das „geringste Übel" für ihre Hörer ist. Die Landeswelle Thüringen ist bei der Musikauswahl stärker auf ältere Popmusik ausgerichtet als die direkten Konkurrenten Antenne Thüringen und JUMP, und von daher für diese Hörer eher akzeptabel. Und da der Wunsch nach aktuellem Mainstream einen stärkeren Einfluss auf die Nutzung der Landeswelle Thüringen hat als der Wunsch nach den anderen beiden Stilrichtungen, können auch die anderen beiden Konkurrenten am Markt - MDR 1 Radio Thüringen und MDR Kultur - keine echte Alternative für die Hörer der Landeswelle Thüringen sein. Um an dieser Stelle einmal exemplarisch Konsequenzen aus den Befunden zu ziehen: Nach den hier vorliegenden Ergebnissen müsste man den Machern der Landeswelle Thüringen raten, zumindest ab und zu etwas mehr Oldies ins Programm aufzunehmen. Oldies sind, das hat die Faktorenanalyse der Musikerwartungen gezeigt, eine Brücke zwischen aktuellem und traditionellem Mainstream.

Hörer mit einer Präferenz auf aktuellen Stilrichtungen für Minderheiten nutzen häufiger Radio *TOP 40*. Die Entscheidung ist gut nachvollziehbar, denn das Musikangebot von Radio TOP 40 besteht zu über 60 Prozent aus Titeln dieser Musikrichtung.

Auf die Nutzung der beiden *MDR Regionalwellen* wirkt sich der Wunsch nach traditionellem Mainstream positiv aus, während der Wunsch nach aktuellem Mainstream einen negativen Effekt hat. Ein Blick auf die Inhaltsanalysedaten verdeutlicht, dass der Wunsch nach traditionellem Mainstream durch das Angebot befriedigt wird. Bei beiden Sendern dominiert diese Musikrichtung klar das Angebot. Zwar stammen bei beiden Sendern auch über zehn Prozent des Angebots aus dem Bereich des aktuellen Mainstreams. Die Sender liegen damit aber deutlich unter den Anteilen der anderen massenattraktiven Sender im jeweiligen Einzugsgebiet.

Die Nutzung von *Radio SAW* wird stark durch die Präferenz für aktuellen Mainstream beeinflusst. Wer diese Musikrichtung wünscht, nutzt den Sender häufiger. Mit einem Anteil von ungefähr 90 Prozent aus dem Mainstreambereich ist Radio SAW der Sender aus Sachsen-Anhalt, der am stärksten auf dieses Musiksegment setzt. Von daher dürften die musikbezogenen Erwartungen der Hörer durch das Programm befriedigt werden.

Die Nutzung von *Hit-Radio Brocken* wird durch zwei Musikstile beeinflusst. Beide Mainstreamrichtungen haben einen positiven Effekt auf die Nutzung, wobei der Wunsch nach traditionellem Mainstream aber einen etwas größeren Einfluss hat. Tatsächlich setzt Hit-Radio Brocken aber in erster Linie auf aktuellen Mainstream bei der Musikauswahl; der Anteil von traditionellem Mainstream im Programm ist mit knapp 14 Prozent eher gering. Von daher entspricht das Programm den Musikerwartungen der Hörer nur bedingt.

Bei *Rockland Sachsen-Anhalt* haben die Musikpräferenzen keinen Effekt auf die Sendernutzung. Dieser Befund gilt aber nur dann, wenn man die Analysen mit den zusammengefassten Stilrichtungsindizes durchführt. Berücksichtigt man jedoch das spezifische Angebot des Senders und führt die Analysen noch einmal durch, um zu prüfen, ob speziell der Wunsch nach Rockmusik die Nutzung des Programms beeinflusst, dann zeigt sich, dass diejenigen, die gerne Hardrock in ihrem Lieblingsradio hören möchten, diesen Sender häufiger nutzen. Allerdings ist auch hier der Effekt nicht sehr groß.

Die Nutzung von *Project 89.0* wird sehr stark durch die Musikpräferenzen beeinflusst. Hörer, die auf keinen Fall traditionellem Mainstream hören möchten und auch auf aktuellen Mainstream lieber verzichten, stattdessen aber aktuelle Musikstile für Minderheiten hören möchten, nutzen diesen Sender am meisten. Von den verfügbaren Sendern in Sachsen-Anhalt kommt Project 89.0 einer solchen Musikerwartung eindeutig am nächsten. Immerhin gut 40 Prozent des Musikangebots stammen aus dem Bereich der aktuellen Musikstile für Minderheiten, und auch im Bereich des Mainstreams ist der musikalische Schwerpunkt von Project 89.0 stark auf den Rockbereich konzentriert, so dass die negative Haltung gegenüber diesem Musikstil hier nicht so sehr zum Tragen kommt. Ganz wichtig: Der von den Project-Vielhörern völlig abgelehnte traditionelle Mainstream kommt im Programm praktisch nicht vor.

Ein ähnliches Muster wie bei Project 89.0 findet man auch bei dem hessischen Jugendsender *Planet Radio*: Ablehnung des gesamten Mainstreams und eindeutige Präferenz auf aktuellen Musikstilen für Minderheiten. Planet Radio befriedigt diese Musikerwartungen etwas anders: Mit fast 65 Prozent wird der Musikbereich der aktuellen Stilrichtungen für Minderheiten stärker bedient. Auf der anderen Seite spielt Planet Radio aber auch einen beträchtlichen Anteil an Chart-Hits – eigentlich ein Bereich, den diejenigen, die häufiger Planet Radio hören, eher ablehnen. Aber auch bei Planet Radio können die Hörer sicher sein, dass sie mit Musik aus dem traditionellen Mainstream nicht belästigt werden.

Die Nutzung von *Hit-Radio FFH* wird durch den Wunsch nach aktuellem Mainstream positiv beeinflusst, während diejenigen, die gerne traditionellen Mainstream hören, den Sender weniger nutzen. Vergleicht man das Musikangebot von Hit-Radio FFH mit dem Angebot der anderen hessischen Sender, dann erweist sich diese Entscheidung als rational. Hit-Radio FFH hat einen aktuellen Mainstreamanteil von über 90 Prozent und bringt – im Unterschied zu den anderen Programmen mit hohem Mainstreamanteil – praktisch keine Musik aus dem Bereich des traditionellen Mainstreams.

Die Nutzung von *hr1 - das Informationsradio* wird durch den Wunsch nach traditionellen Musikrichtungen für Minderheiten positiv beeinflusst. Dieser Musikwunsch wird aber vom Sender weitgehend ignoriert. Der Musikanteil aus diesem Bereich beläuft sich auf unter zehn Prozent, stattdessen hört man auch bei hr1 vor allem aktuellen Mainstream. Schaut man sich jedoch die Ergebnisse von hr1 insgesamt an, dann stellt man fest, dass es für die Hörer vor allem wichtig ist, wenig Musik zu hören, und erst in zweiter Linie, welche Musik gespielt wird. Von daher entspricht hr1 - das Informationsradio diesem Wunsch noch am besten.

Auch bei *hr2 - die Kulturwelle* wird die Nutzung durch den Wunsch nach traditionellen Musikrichtungen für Minderheiten positiv beeinflusst. Bei diesem Sender wird dieser Wunsch aber vollständig befriedigt. Fast 100 Prozent der Musik stammen aus diesem Bereich.

Genau das gleiche gilt für *MDR Kultur*: Die Erwartung, traditionelle Musik für Minderheiten hören zu wollen, beeinflusst die Nutzung dieses Senders positiv. Auch bei diesem Programm dürfte diese Erwartung durch die Musikauswahl befriedigt werden, denn bei diesem Sender stammen ebenfalls fast 100 Prozent der Musik aus diesem Segment. Genauso wenig sollte sich die ablehnende Haltung der Nutzer von MDR Kultur gegenüber dem aktuellen Mainstream als Problem erweisen, denn weniger als drei Prozent des Musikangebots von MDR Kultur entstammen diesem Musikbereich.

Bei *JUMP* erweisen sich drei Musikrichtungen als bedeutsame Prädiktoren der Nutzung. Wer gerne häufig aktuelle Musikrichtungen hört, gleichgültig ob Mainstream oder für Minderheiten, gleichzeitig aber auf traditionelle Mainstreammusik unbedingt verzichten möchte, der hört JUMP besonders häufig. Die Erwartungen, die sich in diesen Musikpräferenzen ausdrücken, werden durch das Programm vermutlich relativ gut befriedigt. JUMP hat einen hohen Anteil an Mainstreammusik und berücksichtigt zusätzlich auch die aktuellen Musikrichtungen für Minderheiten. Traditioneller Mainstream kommt im Programm praktisch nicht vor, so dass JUMP den Erwartungen seiner Nutzer in dieser Hinsicht auf jeden Fall entspricht.

9.1.7   Zusammenfassung: Effekte auf die Nutzungshäufigkeit einzelner Sender

Durch die Gegenüberstellung der in den Regressionsanalysen ermittelten signifikanten Einflussfaktoren mit den inhaltsanalytischen Ergebnissen wurde geprüft, ob sich systematische Beziehungen zwischen den Daten ergeben, die erstens auf eine *qualitätsbasierte* Programmauswahl hindeuten und die zweitens diese Auswahl auch in intersubjektiver Betrachtung als eine *rationale* Auswahlentscheidung der Rezipienten interpretieren lassen. Rational bedeutet: die Rezipienten wählen ein adäquates Mittel, um ihr Ziel zu erreichen; d. h. in diesem Falle, sie wählen einen Sender, der ihre Erwartungen besser erfüllt als andere, die zur Auswahl stehen.

Die Befunde, die präsentiert wurden, sprechen eindeutig dafür. Zwar gibt es einige Zusammenhänge, bei denen eine solche Rationalität nicht an der Programmrealität aufzuzeigen war. Das kann mehrere Gründe haben: Zum einen kann es sein, dass die Hörer die Programme anders wahrnehmen, als es die Daten der Inhaltsanalyse nahe legen. Zum anderen kann es aber auch daran liegen, dass tatsächlich nicht immer die den Wünschen entsprechenden Programmeigenschaften nachweisbar sind; die Hörer sich also mit Programmangeboten zufrieden geben müssen, die nicht – oder nicht vollständig – ihren Erwartungen entsprechen. In diesem Fall wären die aufgezeigten Diskrepanzen besonders wertvolle Hinweise für die Programmplaner, wie sich das Angebot für die Hörerschaft optimieren lässt. Zum dritten kann dies aber auch methodische Gründe haben: Wenn man der Programmrealität der einzelnen Programmen vollständig gerecht werden will, wäre es sicher notwendig, auf jegliche Indexbildung zu verzichten. Vor allem durch die Zusammenfassung der verschiedenen Musikstile werden vorhandene bedeutsame Unterschiede zwischen den individuellen Erwartungen stark nivelliert. Dadurch können dann im Einzelfall auch erhebliche methodenbedingte Unschärfen auftreten. Wenn es in dieser Untersuchung darum ginge, einzelne Sender bei ihrer Programmplanung zu beraten, dann müsste hier mit den einzelnen Erwartungs-Items gerechnet und argumentiert werden. Ein weiterer Umstand, der bei den Analysen nur begrenzt berücksichtigt werden konnte, ist die jeweilige Konkurrenzsituation. Die bei den einzelnen Sendern ermittelten Effekte müssen aber auch vor dem Hintergrund interpretiert werden.

In dieser Untersuchung geht es jedoch nicht um diese Feinheiten, sondern es geht um die grundsätzliche Frage, ob mit dem gewählten Ansatz ein Beitrag zum Verständnis und zur Erklärung der Hörfunknutzung geleistet werden kann. Die vorgestellten Befunde zeigen, dass diese Frage eindeutig bejaht werden kann.

Abbildung 99   Erklärungsmodelle für die Nutzungshäufigkeit der Sender in Thüringen durch Erwartungen an die Berücksichtigung von Programmelementen und Musikrichtungen sowie Kontrollvariablen

Korrelationen und Regressionen	Antenne Th. r	beta	Landeswelle Th. r	beta	TOP 40 r	beta	MDR 1 Radio Th. r	beta
Kognitive Leistungsbewertung	.07		.14		-.01		.30	
Rekreative Leistungsbewertungen	.10		.09		.03		.15	
Habitualisierung	.11		.02		-.01		.13	
Soziale Restriktion	.04		.01		.07		-.07	
Arbeitsbed. Restriktion	-.01		-.04		-.02		-.27	-.12
Geschlecht 1=M; 2=W	.03		-.03		.00		.00	
Alter	-.06		.07		-.22		.57	.29
Schulbildung	.08		.06		.04		-.22	
Arbeitszeit	.13		.10		.05		-.26	
Programmelemente								
Musik	.11		.07		.05		-.12	
Info: Sänger/Musikgrupp.	.04		-.04		.09		.02	
Nachrichten und polit. Berichte u. Kommentare	.01		.13		-.16	-.11	.27	.07
Spiele / Hörerbeteiligung	.07		.07		.03		.15	
Moderatorenteam	.04		.01		.04		-.06	
Verbrauchertipps	.04		.07		-.10		.27	
Humorvolle Beiträge	.16	.12	.15	.09	.01		.00	
Veranstaltungshinweise	-.02		.02		.05		-.02	
Verbrechen und Unfälle	.08		.01		-.01		.16	
Verkehrsmeldungen	.16		.15	.09	.03		.06	
Jingles	.04		.09		-.05		.14	.07
Trailer	.03		-.04		-.08		.16	
Musikrichtungen								
Traditionell Mainstream	.01		.16	.16	-.16		.57	.32
Traditionell f. Minderheit	-.01		.13	.12	-.02		.22	
Aktuell Mainstream	.30	.28	.18	.18	.09		-.30	-.11
Aktuell f. Minderheit	.09		.00		.26	.24	-.39	
R^2 =		.10		.10		.08		.46
n =		529		520		514		516

Daten innerhalb der einzelnen Länder gewichtet.
Zur Erläuterung der Koeffizienten und statistischen Kennwerte siehe Anhang 3.
Nur signifikante betas werden ausgewiesen.

Abbildung 100   Erklärungsmodelle für die Nutzungshäufigkeit der Sender in Sachsen-Anhalt durch Erwartungen an die Berücksichtigung von Programmelementen und Musikrichtungen sowie Kontrollvariablen

Korrelationen und Regressionen	MDR 1 Radio S.-A.		SAW		Brocken		Rockland		Project 89.0	
	r	beta	r	beta	r	beta	r	beta	r	beta
Kognitive Leistungsbewertung	.24		.06		.10		-.07		-.19	
Rekreative Leistungsbewertungen	.18	.07	.15		.09		-.05		-.03	
Habitualisierung	.12		.16	.14	.14	.12	.03		-.02	
Soziale Restriktion	-.11		-.02		.01		-.01		.19	
Arbeitsbed. Restriktion	-.16		.00		-.03		.08		.10	
Geschlecht 1=M; 2=W	.06		.03		.00		-.14	-.11	-.09	
Alter	.56	.24	-.17		.05		-.04		-.46	
Schulbildung	-.31		.10		.03		.08		.14	
Arbeitszeit	-.30	-.08	.25		.15	.13	.14	.12	.02	
Programmelemente										
Musik	-.05		.10		.04		.03		.06	
Info: Sänger/Musikgrupp.	-.07		.08		.01		.02		.16	.11
Nachrichten und polit. Berichte u. Kommentare	.20		.09		.04		-.01		-.27	-.12
Spiele/Hörerbeteiligung	.09		.03		.00		-.08		-.08	
Moderatorenteam	-.05		.23	.12	-.01		.05		.00	
Verbrauchertipps	.25		.05		.07		.01		-.30	
Humorvolle Beiträge	.07		.11		.11		.07		-.01	
Veranstaltungshinweise	-.03		.14		.04		.06		.10	
Verbrechen und Unfälle	.05		.14	.08	.02		-.03		-.01	
Verkehrsmeldungen	.00		.15		.06		-.06		-.05	
Jingles	.12		.08		.01		-.07		-.09	
Trailer	.07		.04		.06		-.04		-.12	
Musikrichtungen										
Traditionell Mainstream	.56	.30	-.06		.15	.20	-.03		-.46	-.34
Traditionell f. Minderheit	.22		-.10		.07		.01		-.23	
Aktuell Mainstream	-.40	-.16	.42	.40	.13	.13	.06		.05	-.15
Aktuell f. Minderheit	-.43		.11		-.08		.07	*	.39	.22
$R^2 =$		.41		.23		.08		.03		.29
n =		513		530		511		509		544

Daten innerhalb der einzelnen Länder gewichtet.
Zur Erläuterung der Koeffizienten und statistischen Kennwerte siehe Anhang 3.
* Wenn statt des Index „Aktuell f. Minderheiten" die Musikrichtung Hardrock berücksichtigt wird, findet man einen geringen, signifikanten Effekt (beta = .12). Die erkläre Varianz erhöht sich auf 5 Prozent.
Nur signifikante betas werden ausgewiesen.

Abbildung 101 Erklärungsmodelle für die Nutzungshäufigkeit der Sender in Hessen durch Erwartungen an die Berücksichtigung von Programmelementen und Musikrichtungen sowie Kontrollvariablen

Korrelationen und Regressionen	FFH		Planet		hr1 Info		hr2 Kultur		hr3 junge Welle		hr4 Service	
	r	beta	r	beta	r	beta	r	beta	r	beta	r	beta
Kognitive Leistungsbewertung	.03		-.05		.20	.21	.06		-.01		.26	.10
Rekreative Leistungsbewertungen	.12		.07	.16	-.05		-.04		.04		.22	.11
Habitualisierung	.21	.16	.05		.08		.06		.12	.11	.15	
Soziale Restriktion	.02		.05		.00		-.06		.02		-.04	
Arbeitsbed. Restriktion	-.02		-.04		.01		.00		-.02		-.13	
Geschlecht 1=M; 2=W	-.06		-.06		-.02		.07		-.06		.00	
Alter	-.36	-.20	-.47	-.38	.35	.18	.33	.27	-.15		.42	.17
Schulbildung	-.06		.10		-.03		.10	.14	.05		-.27	
Arbeitszeit	.22		.08		-.06		-.13		.15		-.19	
Programmelemente												
Musik	.08		.11		-.26	-.21	-.13		.11		-.02	
Info: Sänger/Musikgrup.	.11		.13		-.02		.02	.10	.08		.01	
Nachrichten und polit. Berichte u. Kommentare	-.03		-.17		.15		.14		.00		.13	
Spiele/Hörerbeteiligung	.06		.06		-.05		.00		-.03	-.12	.07	
Moderatorenteam	.12		.10		-.09		-.13	-.10	.13		.07	
Verbrauchertipps	-.04		-.10		.10		.06		.03		.26	
Humorvolle Beiträge	.05		.03		-.03		-.12		.14	.11	.00	
Veranstaltungshinweise	.07		.04		-.03		.02		.04		-.02	
Verbrechen und Unfälle	.14		.12		.01		-.05		.07		.09	
Verkehrsmeldungen	.21	.10	.04		-.14	-.12	-.16	-.10	.11		.10	.09
Jingles	.08		.01		-.05		-.08		-.01		.06	
Trailer	-.04		-.06		.17	.12	.14	.10	-.05		.03	
Musikrichtungen												
Traditionell Mainstream	-.09		-.34	-.17	.17		-.01		-.07		.45	.25
Traditionell f. Minderheit	-.26	-.12	-.19		.25	.13	.30	.17	-.15		.11	
Aktuell Mainstream	.39	.21	.20	-.15	-.20		-.24		.26	.17	-.28	-.20
Aktuell f. Minderheit	.21		.37	.18	-.17		-.16		.22	.15	-.29	
R² =	.24		.29		.23		.20		.11		.30	
n =	522		512		514		468		527		515	

Daten innerhalb der einzelnen Länder gewichtet.
Zur Erläuterung der Koeffizienten und statistischen Kennwerte siehe Anhang 3.
Nur signifikante betas werden ausgewiesen.

Abbildung 102 Erklärungsmodelle für die Nutzungshäufigkeit von JUMP, MDR Kultur, DeutschlandRadio, Deutschlandfunk durch Erwartungen an die Berücksichtigung von Programmelementen und Musikrichtungen sowie Kontrollvariablen

Korrelationen und Regressionen	JUMP		MDR Kultur		Deutschland-Radio		Deutschlandfunk	
	r	beta	r	beta	r	beta	r	beta
Kognitive Leistungsbewertung	-.12		-.03		.04		.09	.06
Rekreative Leistungsbewertungen	.09	.11	-.06		.01		.01	
Habitualisierung	.06	.07	.05		.02		.04	
Soziale Restriktion	.11		.04		.00		.00	.05
Arbeitsbed. Restriktion	.04		.01		.00		-.01	
Geschlecht 1=M; 2=W	-.07		-.03		-.01		-.01	
Alter	-.49	-.22	.16		.15	.11	.25	.13
Schulbildung	.16		.13	.10	.00		.00	
Arbeitszeit	.29	.12	-.04		-.08		-.14	
Programmelemente								
Musik	.13		-.08		-.04		-.11	-.07
Info: Sänger/Musikgrup.	.12		-.01		.01		-.09	
Nachrichten und polit. Berichte u. Kommentare	-.17		.11		.07		.10	
Spiele/Hörerbeteiligung	-.01		-.07		.04		.02	
Moderatorenteam	.13		-.18	-.11	-.05		-.10	-.07
Verbrauchertipps	-.14		-.06	-.09	.01		.05	
Humorvolle Beiträge	.07		-.02		.00		-.05	
Veranstaltungshinweise	.07		.02		-.01		-.07	-.06
Verbrechen und Unfälle	.02		-.07		-.02		-.01	
Verkehrsmeldungen	.08		-.01		-.02		-.02	
Jingles	-.02		-.07		.01		-.01	
Trailer	-.10		.06		.08	.06	.13	.11
Musikrichtungen								
Traditionell Mainstream	-.38	-.14	.00		.08		.10	
Traditionell f. Minderheit	-.16		.31	.28	.13	.11	.19	.11
Aktuell Mainstream	.39	.13	-.13	-.10	-.05		-.19	-.08
Aktuell f. Minderheit	.42	.14	-.11		-.04		-.15	
R^2 =		.31		.14		.03		.11
n =		716		630		1531		1478

Daten mit dem bundeslandübergreifenden Faktor für die Gesamtstichprobe gewichtet.
Zur Erläuterung der Koeffizienten und statistischen Kennwerte siehe Anhang 3.
Nur signifikante betas werden ausgewiesen.

9.1.8   Die Effekte der Spannungsbögen

Die Ergebnisse der in Kapitel 4 vorgestellten explorativen Studie legen die Vermutung nahe, dass nicht nur die Erwartungen an die Berücksichtigung von bestimmten Programmelementen und Musikrichtungen einen Einfluss auf die Auswahl und Nutzung bestimmter Programme haben, sondern dass auch die unterschiedlichen individuellen Präferenzen auf den dort ermittelten Spannungsbögen (im Folgenden: Spannungspräferenzen) und das Ausmaß der Spannungen (im Folgenden: Spannungsstärken), die mit diesen Präferenzen verbunden sind, einen Einfluss auf die Nutzung der Programme haben. Diese These wird im nächsten Abschnitt geprüft. Zunächst werden dazu die Effekte der Spannungspräferenzen und der Spannungsstärken separat betrachtet. Die Ergebnisse dieser Analysen werden in den Abbildungen 103 bis 106 dargestellt. Im nächsten Schritt wird dann geprüft, ob diese zunächst isoliert ermittelten Effekte auch im ausformulierten Modell zu einer erhöhten Varianzaufklärung beitragen können. Ein Blick auf die neunzehn Modelle, die in den vier Abbildungen präsentiert werden, zeigt, dass die Spannungspräferenzen und die Spannungsstärken einen Einfluss auf die Nutzung fast aller Sender haben. Die erklärte Varianz erreicht bis zu fünfzehn Prozent. Sie variiert allerdings beträchtlich zwischen den Modellen. Zudem differiert von Sender zu Sender, welche Variable Einfluss ausübt. Die Effektstärken der einzelnen Variablen sind insgesamt eher gering. Wie schon im vorhergehenden Abschnitt wird nun auch hier ein Faktor nach dem anderen daraufhin geprüft, ob er einen signifikanten Einfluss hat. So kann herausgefunden werden, ob sich bei den Spannungspräferenzen und den Spannungsstärken ebenfalls Hinweise auf die Rationalität der Auswahlentscheidungen finden lassen.

Der Spannungsbogen zwischen *Nebenbeiradio vs. Zuhörradio* hat bei acht Sendern einen signifikanten Einfluss auf die Nutzung. Bei zwei dieser acht Sender hat sowohl die Spannungspräferenz als auch die Spannungsstärke einen Effekt, bei fünf Sendern wirkt allein die Präferenz, und bei einem Sender ist nur die Spannungsstärke von Bedeutung. Der doppelte Effekt von Spannung und Präferenz ist bei MDR Kultur und bei hr1 - das Informationsradio festzustellen. Diejenigen Hörer nutzen hr1 - das Informationsradio und MDR Kultur häufiger, die eine Präferenz für das Radio als Zuhörmedium haben und bei denen die Spannung zwischen diesen beiden Polen gering ist, die sich also relativ problemlos für diesen Pol entscheiden können,. Ein Blick auf die Ergebnisse der Inhaltsanalyse verdeutlicht die Rationalität der Entscheidung. Beide Sender haben in ihrem jeweiligen Sendegebiet den höchsten Wortanteil und auch den höchsten Anteil gesellschaftsbezogener Informationen. Der Anteil der Hintergrundmusik ist verschwindend gering. Der Anteil an Redundanz bei den Wortbeiträgen spricht allerdings nur bei MDR Kultur eindeutig für den Charakter eines Zuhörmediums. Dort wird tatsächlich sehr wenig wiederholt, bei hr1 - das Informationsradio ist der Anteil ähnlicher Wiederholungen jedoch relativ hoch. Nicht gegen, aber auch nicht unbedingt für ein Zuhörradio spricht der Anteil deutschsprachiger Musik. Mit vier bzw. acht Prozent liegt der Anteil nicht am unteren Ende, erreicht jedoch bei weitem nicht die Werte der Regionalprogramme. Nicht alle der fünf Indikatoren sprechen aber dafür, die beiden Sender eindeutig als Zuhörmedien zu klassifizieren. Die bei den einzelnen Spannungsbögen diskutierten Indikatoren dürfen jedoch nicht so verstanden werden, dass sie unbedingt alle zutreffen müssen, damit davon gesprochen werden kann, dass ein Medium einem bestimmten Pol zuzurechnen ist. Es ist eher davon auszugehen, dass die verschiedenen Eigenschaften sich ergänzen und – zumindest teilweise – auch substituieren können.

Die Präferenz für ein Zuhörradio begünstigt aber nicht nur die Nutzung der beiden zuvor genannten Programme, sondern auch die Nutzung von hr2 - die Kulturwelle, Deutschlandfunk und DeutschlandRadio wird durch diese Präferenz positiv beeinflusst. hr2 - die Kulturwelle entspricht in seiner Struktur hinsichtlich der hier relevanten Merkmale weitgehend dem Angebot von MDR Kultur. Für Deutschlandfunk und DeutschlandRadio liegen keine Inhaltsanalysedaten vor, so dass bei diesen beiden Programmen der Zusammenhang nicht systematisch geprüft werden kann, der unsystematische Eindruck aus der persönlichen Kenntnisse der Programme, spricht aber dafür, dass die Programmeigenschaften ähnlich sein dürften wie bei den anderen drei Programmen.

Auch die Präferenz für ein Nebenbeiradio wirkt sich auf die Nutzung von zwei Sendern aus. Dabei handelt es sich um hr3 - die junge Welle und Antenne Thüringen. Die Struktur der beiden Programme ist ähnlich. Beide haben einen relativ geringen Anteil an Wortbeiträgen, und auch der Anteil gesellschaftsbezogener Informationen ist nicht besonders hoch. Ein beträchtlicher Teil des Programms ist mit Musik hinterlegt, der Anteil deutschsprachiger Musik ist mit fünf Prozent relativ gering, und der Anteil der Wortwiederholungen ist relativ hoch. Allerdings gibt es im jeweiligen Sendegebiet durchaus Sender, die diese Kriterien noch besser erfüllen als hr3 - die junge Welle und Antenne Thüringen. Die Zusammenhänge, die sich bei der Auswertung der Befragungsdaten zeigen, lassen sich durch die empirischen Befunde der Inhaltsanalysedaten nur begrenzt begründen.

Die Spannungsstärke zwischen Nebenbeiradio vs. Zuhörradio hat einen positiven Einfluss auf die Nutzung von Hit-Radio FFH. Das bedeutet, dass diejenigen, denen es besonders wichtig ist, beides gleichzeitig zu bekommen, sich besonders häufig für Hit-Radio FFH entscheiden. Tatsächlich sprechen die Charakteristika von Hit-Radio FFH aber vor allem für ein Nebenbeiradio: moderater Wortanteil, nur durchschnittliche Bedeutung gesellschaftlich relevanter Informationen, relativ hoher Anteil an Musikhinterlegung und Wiederholungen beim gesprochenen Wort sowie ein geringer Anteil deutschsprachiger Musik zeichnen das Programm aus. Diese Befunde lassen nur begrenzt erkennen, durch welche

Eigenschaften es dem Programm gelingt, die widerstrebenden Anforderungen der Hörer zu befriedigen.

Auch der Spannungsbogen *Regionalität vs. Globalität* hat bei acht Sendern einen Einfluss. Bei drei Sendern hat die Präferenz für Globalität einen positiven Effekt auf die Nutzung bei einem die Präferenz für Regionalität. Bei zwei Sendern führt eine geringe Spannung und bei zwei Sendern eine hohe Spannung zu einer erhöhten Nutzung. Dass diejenigen, die vor allem überregionale Informationen wünschen, häufiger die beiden überregionalen Sender einschalten, ist nachvollziehbar, auch wenn die Ausrichtung der Programme nicht durch Inhaltsanalysedaten belegt werden kann. Dass die Präferenz für Überregionales sich auch auf die Nutzung von MDR Kultur auswirkt, lässt sich anhand der Inhaltsanalysedaten plausibilisieren, denn bei MDR Kultur findet man fast keine Informationen aus der Region. Dass die Vorliebe für Regionales zu einer häufigeren Nutzung der Landeswelle Thüringen führt, wird ebenfalls verständlich, wenn man sich die Inhaltsanalysedaten ansieht, denn das Programm hat einen großen Regionalanteil. Allerdings ist anzumerken, dass es in der Region mit MDR 1 Radio Thüringen und Antenne Thüringen zwei Sender gibt, die ähnlich hohe Anteile regionaler Informationen aufweisen.

Eine hohe Spannung zwischen Regionalität und Globalität führt zu einer erhöhten Nutzung von MDR 1 Radio Sachsen-Anhalt und hr4 - das Serviceradio. Bei hr4 werden diese widersprüchlichen Anforderungen durch das Programm recht gut bedient. Die Informationsbeiträge verteilen sich recht gleichmäßig auf die beiden Bereiche. Bei MDR 1 Radio Sachsen-Anhalt ist hingegen ein Übergewicht der regionalen Information festzustellen. Dieses Programm des MDR ist von allen untersuchten Sendern am stärksten regional ausgerichtet. Genau andersherum sind die Effekte bei Rockland Sachsen-Anhalt und Project 89.0. Personen, denen die Ausrichtung auf diesem Spannungsbogen nicht so wichtig ist, hören die beiden Sender häufiger.

Auch beim Spannungsbogen von *Überraschung vs. Erwartbarkeit* sind bei acht Sendern Effekte festzustellen. Bei drei Sendern hat die Präferenz für Erwartbarkeit, bei drei hingegen die Vorliebe für Überraschung einen Einfluss. Des weiteren finden sich zwei Sender, bei denen eine hohe Spannung zwischen diesen Anforderungen eine Effekt auf die Nutzungshäufigkeit hat. Der Wunsch nach einer erwartbaren Musikauswahl führt zu einer häufigeren Nutzung von DeutschlandRadio, hr2 - die Kulturwelle und MDR 1 Radio Sachsen-Anhalt. Bei hr2 ist die Musikauswahl tatsächlich fast zu 100 Prozent auf den Bereich traditioneller Stile für Minderheiten ausgerichtet und in diesem Bereich fast vollständig auf den Bereich Klassik konzentriert. Von daher ist das Musikprogramm dieses Senders im hohen Maße erwartbar. Bei MDR 1 Radio Sachsen-Anhalt ist die Musikauswahl relativ stark auf den traditionellen Mainstream ausgerichtet. Somit kann die Musikauswahl dieses Programms ebenfalls als relativ vorhersehbar bezeichnet werden. Schaut man sich jedoch im Vergleich dazu das Regionalprogramm des MDR für Thüringen an, dann zeigt sich, dass das Programm aus einer ganz ähnlichen Mischung an Musikstilen besteht. Im Unterschied zu MDR 1 Radio Sachsen-Anhalt wird dieser Sender aber von denjenigen bevorzugt, die lieber etwas mehr Abwechslung und Überraschung in der Musikauswahl haben. Dass die beiden Sender diese unterschiedlichen Präferenzen zwar nicht auf der Ebene der Musikstilauswahl, aber bei der Auswahl innerhalb des Stils berücksichtigen, zeigt sich, wenn man sich die Standardabweichungen der Musikeigenschaften ansieht. Hier erweist sich die Musikauswahl bei MDR 1 Radio Thüringen auf allen fünf Dimensionen als vielfältiger als die von MDR 1 Radio Sachsen-Anhalt. Im Vergleich zu den anderen Sendern aus der Region ist die musikalische Vielfalt bei den Musikeigenschaften aber bei beiden Regionalprogrammen des MDR eher gering.

Die Präferenz für Überraschung bei der Musikauswahl hat nicht nur einen positiven Effekt auf die Zuwendung zu MDR 1 Radio Thüringen, sondern auch auf die Nutzungshäufigkeit von Hit-Radio FFH und JUMP. Die Inhaltsanalysedaten lassen jedoch – vor allem bei Hit-Radio FFH – Zweifel daran aufkommen, ob die Erwartungen der Hörer tatsächlich hinreichend durch die Programme befriedigt werden. Bei beiden Sendern besteht das Programm vorwiegend aus Musiktiteln des aktuellen Mainstreams. Insbesondere Hit-Radio FFH konzentriert sich auf diesen Bereich, während man bei JUMP in Ergänzung dazu einen etwas größeren Anteil aus dem Bereich der aktuellen Stilrichtungen für Minderheiten findet. Zudem ist bei JUMP auch die interne Vielfalt im aktuellen Mainstream etwas höher. Vor allem die Befunde zur Varianz bei den fünf Musikdimensionen sprechen bei JUMP für eine relativ hohe Vielfalt innerhalb des Mainstreams. Der Sender hat bei diesem Aspekt von allen 17 untersuchten Sendern die höchste durchschnittliche Varianz, Hit-Radio FFH bewegt sich auch hier eher im Mittelfeld. Hingegen sprechen der Anteil an Wiederholungen (Rotation) und die Zahl der TOP 50 Charthits bei beiden Sendern gegen eine abwechslungsreiche Musikgebung. Man findet bei diesen Indikatoren sowohl bei JUMP als auch bei Hit-Radio FFH recht hohe Werte, d.h. Musiktitel werden im Laufe eines Tages häufig wiederholt, und dabei spielen die Top 50 Charts eine besonders große Rolle.

Personen, die sowohl Überraschendes als auch Erwartbares bei der Musikauswahl wünschen, entscheiden sich häufiger für hr4 - das Serviceradio als auch für Deutschlandfunk. hr4 entspricht diesem Wunsch zum einen mit einem klaren Schwerpunkt auf der Schlagermusik, daneben bietet der Sender aber eine relativ breite Palette an weiteren Stilrichtungen aus unterschiedlichen Bereichen, die zusätzlich im Programm Beachtung finden. Relativ überraschend ist die Musikauswahl auch durch den geringen Anteil an Wiederholungen und durch den weitgehenden Verzicht auf Top 50 Charthits. Wenn man sich jedoch die Varianz auf den fünf Musikdimensionen anschaut, dann stellt man fest, dass hr4 derjenige Sender ist, der von allen hier analysierten Programmen die geringste Vielfalt innerhalb des Mainstreams aufweist.

Der Spannungsbogen von *Intellektualität vs. Emotionalität* erweist sich bei 13 von 19 Sendern als bedeutsamer Gegensatz. Bei fünf Sendern führt die Präferenz für Intellektualität und bei zwei die Präferenz für Emotionalität zu einer erhöhten Nutzung. Auch die Spannungsstärke wirkt unterschiedlich. Bei sechs Sendern hat eine hohe Spannung einen positiven Effekt auf die Nutzung, drei Sender, werden hingegen von denjenigen häufiger genutzt, die in dieser Beziehung eine niedrigere Spannung erleben.

Bei zwei Sendern findet man eine starke Spannung, verbunden mit einer Präferenz für Intellektualität. Dabei handelt es sich um hr1 - das Informationsradio und hr2 - die Kulturwelle. Die Präferenz für Intellektualität führt darüber hinaus auch bei Deutschlandfunk, Antenne Thüringen und Landeswelle Thüringen zu einer erhöhten Nutzung. Im Gegensatz dazu wird die Nutzung von Radio TOP 40 und Planet Radio durch den Wunsch nach Emotionalität befördert. Starke Spannungen zwischen den beiden Polen führen nicht nur zu einer höheren Nutzung von hr1 - das Informationsradio und hr2 - die Kulturwelle, sondern auch zu einer erhöhten Nutzung der beiden MDR Regionalprogramme sowie von MDR Kultur und DeutschlandRadio. Genau entgegengesetzt sind die Effekte bei den Jugendwellen Planet Radio und Project 89.0 sowie bei JUMP. Diese Programme werden von denjenigen häufiger genutzt, bei denen zwischen den Erwartungen hinsichtlich Emotionalität und Intellektualität keine besonders große Spannung besteht. Dass die Präferenz für Intellektualität zu einer erhöhten Nutzung des Deutschlandfunks führt, erscheint plausibel, die Rationalität des Zusammenhangs kann hier aber aufgrund der fehlenden Inhaltsanalysedaten nicht nachgewiesen werden.

Schaut man sich nun die verschiedenen Indikatoren in der Inhaltsanalyse an, die als Merkmale von Intellektualität oder Emotionalität gewertet werden können, dann findet man, dass bei hr1 - das Informationsradio und hr2 - die Kulturwelle und mit Einschränkungen auch bei Antenne Thüringen ein hoher Anteil von Hintergrundberichterstattung festzustellen ist, während dieser Anteil bei Planet Radio und vor allem aber bei Radio TOP 40 äußerst gering ist. Diese Befunde sprechen für eine wohlbegründete Auswahl. Anders hingegen bei der Landeswelle Thüringen. Auch hier ist der Anteil an Hintergrundberichterstattung besonders gering, obwohl die Nutzung durch eine Präferenz für Intellektualität gefördert wird. Ähnliche Befunde ergeben sich, wenn man den Anteil an eigenständigen Beiträgen außerhalb des Nachrichtenblocks betrachtet. Bei den beiden öffentlich-rechtlichen Sendern aus Hessen ist er sehr groß, bei Antenne Thüringen und Planet Radio groß und bei Radio TOP 40 und Landeswelle Thüringen sehr klein. Für eine stärker an den Intellekt appellierende Ausrichtung der Landeswelle Thüringen sprechen hingegen die Daten der Hörerbeteiligung und der Spiele. Bei der Landeswelle Thüringen findet man einen relativ hohen Anteil von ausführlichen Statements, die zu einem beträchtlichen Teil anspruchsvollere Themen aus Politik und Gesellschaft behandeln. Dies trifft auch auf Antenne Thüringen zu – allerdings in etwas abgeschwächter Form. Zudem findet man einen recht hohen Anteil wissensbasierter Spiele bei der Landeswelle Thüringen. Dieser Anteil ist bei Antenne Thüringen deutlich geringer. Recht hohe Anteile wissensbasierter Spiele und ausführlicher Statements findet man auch bei den beiden hessischen Sendern. Für eine nicht so emotionale Ausrichtung der Landeswelle Thüringen spricht auch der relativ geringe Anteil an Verbrechensmeldungen und Softnews sowie die recht niedrigen Werte bei der Konflikthaltigkeit und der Berücksichtigung von Positivem im Programm.

Nur bei diesen beiden letzten Indikatoren sind bei hr1 - das Informationsradio und hr2 - die Kulturwelle etwas höhere Werte festzustellen. Nur dort findet man Anzeichen für Emotionalität. Alle andern Indikatoren sprechen nicht für eine hohe Emotionalität: Der Anteil von Verbrechen und Softnews ist minimal, mit den Hörern wird auch nicht geplaudert, und wenn überhaupt gespielt wird, dann nicht unbedingt spaßorientiert. Der positive Effekt der Spannung auf die Nutzung ist bei diesen beiden Sendern vermutlich eher ein Anzeichen für Defizite als für Leistungen, denn es finden sich wenig Hinweise darauf, dass diese Seite des Spannungsbogens hinreichend berücksichtigt wird.

Ähnliches gilt für MDR Kultur und die beiden Regionalprogramme des MDR. Auch diese Programme werden von Personen häufiger genutzt, die einen starken Wunsch sowohl nach Intellektualität als auch nach Emotionalität haben. Für die Intellektualität der Programmausrichtung gibt es bei allen drei Sendern mehrere Anzeichen. Zu nennen sind ein recht hoher Anteil an Hintergrundberichterstattung und ein hoher bis sehr hoher Anteil eigenständiger Beiträge. Aber auch die wissensbasierte Ausrichtung der Spiele und der hohe Anteil hochkultureller Angebote sprechen stark für Intellektualität. Hinweise darauf, dass die drei Sender auch die emotionale Seite im gleichen Maße berücksichtigen, gibt es eher wenige. Der Anteil von Verbrechen und Softnews ist eher unterdurchschnittlich, spaßbasierte Spiele mit hohen Gewinnen sucht man ebenfalls vergeblich und der Prozentsatz der Hörerbeteiligung, bei der unverbindlich geplaudert wird oder Anekdoten erzählt werden, ist nur bei MDR Kultur nennenswert. Auch hier ist die Spannung wohl eher ein Hinweis auf spezifische Defizite.

Die Nutzung von JUMP und Project 89.0 wird durch eine geringe Spannung zwischen Intellektualität und Emotionalität befördert. Diese geringe Spannung, verbunden mit dem Fehlen einer eindeutigen Präferenz für einen der beiden Pole, schafft den Sendern viel Freiraum bei der Gestaltung ihrer Programme im Hinblick auf diesen Spannungsbogen. Die beiden Sender nutzen diesen Freiraum, in dem sie auf jedes Anzeichen von Intellektualität verzichten und die emotionale Seite des Programms betonen.

Der Spannungsbogen von *Wahrheit vs. Rücksichtnahme* erweist sich für die Nutzung der Programme als weitgehend bedeutungslos. Das Ausmaß der Spannung hat bei keinem Sender einen Effekt auf die Nutzung, und die Präferenzen haben nur bei zwei Programmen eine geringe Wirkung. Befragte mit einer etwas stärkeren Präferenz für die Wahrheit hören etwas häufiger hr4 - das Serviceradio, während Personen mit leichter Präferenz für Rücksichtnahme etwas häufiger DeutschlandRadio hören.

Nicht sehr ausgeprägt sind auch die Effekte des Spannungsbogens *Konflikt vs. Harmonie*. Bei vier Sendern hat eine hohe Spannung zwischen den beiden Dimensionen einen positiven Einfluss auf die Nutzung und bei einem – hr4 – die Präferenz für Harmonie. Eine hohe Spannung zwischen den beiden Polen führt zu einer häufigeren Nutzung von Deutschlandfunk, Rockland Sachsen-Anhalt sowie den beiden Regionalwellen des MDR. Ein Blick auf die Ergebnisse der Inhaltsanalyse zeigt, dass die drei Sender, von denen entsprechende Daten vorliegen, die widersprüchlichen Ansprüche durch eine eher unterdurchschnittliche bis durchschnittliche Berücksichtigung von beiden Polen zu befriedigen suchen: Weder Konflikte noch Positives werden in den Programmen besonders herausgestellt. Eine Ausnahme bildet hier allerdings MDR 1 Radio Sachsen-Anhalt; dieser Sender berichtet besonders häufig über Positives. Bei diesem Spannungsbogen haben es die Hörer in Thüringen und Sachsen-Anhalt, die beides wollen, relativ schwer. Es gibt keinen Sender, der beide Aspekte stark betont. Allerdings findet man im Sendegebiet mit Antenne Thüringen und MDR Kultur zwei Programme, die diesem Ideal durchaus etwas näher kommen als diese drei Sender. Der Widerspruch klärt sich zumindest ansatzweise auf, wenn man sich die Inhaltsanalyseergebnisse von hr4 - das Serviceradio ansieht. Personen mit einer Präferenz für Harmonie nutzen diesen Sender häufiger. Dieser Befund ist auf den ersten Blick völlig unverständlich, denn hr4 berichtet von allen 17 untersuchten Sendern am wenigsten über das Positive in der Welt. Schaut man sich jedoch die Daten zur Konflikthaltigkeit an, dann wird der Befund verständlich: Im Unterschied zu allen anderen hessischen Sendern hat hr4 nur einen sehr geringen Beachtungsgrad von Konflikten. Der Wunsch nach Harmonie wird demnach nicht so sehr durch die Thematisierung von Positivem, sondern vielmehr durch die Nicht-Berücksichtigung von Negativem befriedigt. Von daher erscheint es nachvollziehbar, dass sich die Hörer in Thüringen und Sachsen-Anhalt nicht für die Programme entscheiden, die beide Aspekte stark berücksichtigen, sondern für die Programme, die eine geringe bis mittlere Intensität der Konflikthaltigkeit aufweisen.

Nur schwache Wirkung auf die Nutzungshäufigkeit der Sender hat der Spannungsbogen von *Aktualität vs. Sorgfalt*. Nur bei zwei Sendern finden sich entsprechende Effekte. Personen mit einer Präferenz für Sorgfalt hören häufiger hr2 - die Kulturwelle und Deutschlandfunk. Die Hörer von hr2 werden in dieser Hinsicht von ihrem Sender auf keinen Fall enttäuscht. hr2 legt von allen untersuchten Sendern den geringsten Wert auf Aktualität, berücksichtigt am intensivsten die Hintergründe, benennt im Gegensatz zu allen anderen Sendern fast immer klar die Quellen der Information und beantwortet eine hohe Anzahl der W-Fragen.

Der letzte Spannungsbogen, der nun noch behandelt werden soll, ist der von *Nähe vs. Distanz*. Von diesem Spannungsbogen gehen wiederum erhebliche Effekte auf die Nutzung der Sender aus. Bei insgesamt zwölf Sendern sind Zusammenhänge feststellbar, wobei sich vor allem die Präferenzen und weniger die Spannungsstärke auf die Nutzungshäufigkeit auswirken. Personen mit einer Präferenz für Nähe im Präsentationsstil und in der Publikumsansprache hören häufiger Hit-Radio FFH, Planet Radio, hr3 - die junge Welle, JUMP, Landeswelle Thüringen, Radio SAW und Project 89.0. Befragte hingegen, die eine distanziertere Ansprache vorziehen, hören häufiger hr1 - das Informationsradio, MDR Kultur und Deutschlandfunk. Eine geringe Spannung auf diesem Spannungsbogen wirkt sich positiv auf die Nutzung von Radio TOP 40 und MDR Kultur aus, eine hohe Spannung hingegen auf die Nutzung von hr4 - das Serviceradio.

Die Ergebnisse der Inhaltsanalyse belegen, dass sich diese Befunde insgesamt als Beleg für die Rationalität der Auswahlentscheidungen interpretieren lassen. Die Programme von Hit-Radio FFH, Planet Radio, hr3 - die junge Welle, JUMP, Radio SAW und Project 89.0 weisen alle einen hohen – zum Teil sogar einen sehr hohen – Anteil an lockerer, cooler und freundlicher Präsentation auf. Einzig und allein bei der Landeswelle Thüringen ist der Anteil nicht so hoch, gerade auch im direkten Vergleich zum Hauptkonkurrenten Antenne Thüringen. Die Landeswelle Thüringen kompensiert diesen Nachteil jedoch durch eine etwas persönlichere Art der Publikumsansprache. Genau entgegengesetzt ist der Präsentationsstil bei hr1 - das Informationsradio und MDR Kultur. Bei beiden Sendern dominieren eindeutig die sachlichen und analysierenden Stile, während die anderen Stilrichtungen praktisch keine Rolle spielen. Andererseits ist die Publikumsansprache jedoch nur bei hr1 - das Informationsradio besonders distanziert, während sie bei MDR Kultur eher persönlich ausfällt. Da jedoch die Hörer von MDR Kultur die Präferenz für einen sachlichen Präsentationsstil mit einer geringen Spannung auf dieser Dimension verbinden, dürfte dies von ihnen vermutlich nicht als störend empfunden werden. Anders hingegen bei hr4 - das Serviceradio. Die Nutzung dieses Senders wird durch eine hohe Spannung zwischen diesen konkurrierenden Anforderungen begünstigt. Tatsächlich setzt der Sender relativ stark auf distanziertere Stile, und auch die Publikumsansprache ist nicht sehr persönlich. Die Daten unterstützen in diesem Fall eher die These, dass die Hörer mit ihrem Sender in dieser Hinsicht nicht vollständig zufrieden sein dürften.

Abbildung 103 Erklärungsmodelle für die Nutzungshäufigkeit der Sender in Thüringen durch Spannungspräferenzen und Spannungsstärke

Korrelationen und Regressionen	Antenne Th. r	beta	Landeswelle Th. r	beta	TOP 40 r	beta	MDR 1 Radio Th. r	beta
Präferenzen								
Nebenbei- vs. Zuhörradio	-.11	-.12	-.07		-.04		.08	
Regionalität vs. Globalität	-.01		-.16	-.15	.04		-.13	
Überraschung vs. Erwartung	-.10		-.06		-.04		.05	-.16
Intellekt vs. Emotion	-.08	-.09	-.13	-.14	.11	.11	-.05	
Wahrheit vs. Rücksicht	.02		-.05		-.05		.04	
Konflikt vs. Harmonie	.00		-.01		-.02		.13	
Aktualität vs. Sorgfalt	-.05		-.01		.01		-.11	
Nähe vs. Distanz	-.04		-.10	-.10	-.09		.12	
Spannungsstärke								
Nebenbei- vs. Zuhörradio	.03		.00		.01		.10	
Regionalität vs. Globalität	-.04		.07		-.01		.23	
Überraschung vs. Erwartung	.01		.02		-.06		.12	
Intellekt vs. Emotion	-.07		-.03		-.08		.26	.16
Wahrheit vs. Rücksicht	-.02		-.02		-.06		.10	
Konflikt vs. Harmonie	-.01		.01		-.09		.32	.28
Aktualität vs. Sorgfalt	-.01		.02		-.03		.11	
Nähe vs. Distanz	.05		-.03		-.14	-.15	.11	
$R^2 =$	.02		.05		.03		.15	
n =	523		510		507		528	

Daten innerhalb der einzelnen Länder gewichtet.
Erläuterungen und Lesebeispiel: In der ersten Spalte sind jeweils die bivariaten Korrelationskoeffizienten (r) zwischen der Nutzungshäufigkeit des oben genannten Senders und den Spannungspräferenzen / der Spannungsstärke dargestellt. In der zweiten Spalte finden sich die signifikanten Regressionskoeffizienten (beta). Nur signifikante betas werden ausgewiesen.
Beta-Koeffizienten mit *negativem* Vorzeichen bei der *Spannungspräferenz* zeigen an, dass die Präferenz zum jeweils erstgenannten Pol mit einer häufigeren Nutzung des Senders einhergeht (Bsp.: die Präferenz für Nebenbeiradio geht einher mit einer erhöhten Nutzung von Antenne Thüringen).
Beta-Koeffizienten mit *positivem* Vorzeichen bei der *Spannungspräferenz* zeigen an, dass die Präferenz zum jeweils zuletzt genannten Pol mit einer häufigeren Nutzung des Senders einhergeht (Bsp.: die Präferenz für Emotion geht einher mit einer erhöhten Nutzung von Radio Top 40).
Beta-Koeffizienten mit *negativem* Vorzeichen bei der *Spannungsstärke* zeigen an, dass eine geringe Spannung zwischen den beiden Polen mit einer häufigeren Nutzung des Senders einhergeht (Bsp.: die geringe Spannung zwischen Nähe vs. Distanz führt zu einer erhöhten Nutzung von Radio Top 40).
Beta-Koeffizienten mit *positivem* Vorzeichen bei der *Spannungsstärke* zeigen an, dass eine hohe Spannung zwischen den beiden Polen mit einer häufigeren Nutzung des Senders einhergeht (Bsp.: die hohe Spannung zwischen Konflikt vs. Harmonie geht einher mit einer erhöhten Nutzung von MDR 1 Radio Thüringen). Weitere Erläuterungen zu Koeffizienten und Kennwerten siehe Anhang 3.

Abbildung 104   Erklärungsmodelle für die Nutzungshäufigkeit der Sender in Sachsen-Anhalt durch Spannungspräferenzen und Spannungsstärke

Korrelationen und Regressionen	MDR 1 Radio S.-A.		SAW		Brocken		Rockland		Project 89.0	
	r	beta	r	beta	r	beta	r	beta	r	beta
Spannungspräferenzen										
Nebenbei- vs. Zuhörradio	-.02		-.08		-.08		.04		.03	
Regionalität vs. Globalität	-.04		-.03		-.03		.00		.10	.09
Überraschung vs. Erwartung	.08	.10	-.10		.01		.06		.05	
Intellekt vs. Emotion	-.06		.08		-.01		-.04		.05	
Wahrheit vs. Rücksicht	.01		.05		.03		.03		-.01	
Konflikt vs. Harmonie	.07		-.03		-.06		.05		-.01	
Aktualität vs. Sorgfalt	-.04		-.05		-.02		-.02		.00	
Nähe vs. Distanz	.12		-.11	-.11	.03		-.05		-.19	-.14
Spannungsstärke										
Nebenbei- vs. Zuhörradio	.07		.03		.02		-.03		-.02	
Regionalität vs. Globalität	.26	.15	.00		-.02		-.09	-.13	-.29	-.22
Überraschung vs. Erwartung	.11		.04		-.06		.07		-.14	
Intellekt vs. Emotion	.30	.20	.00		.04		-.05		-.23	-.12
Wahrheit vs. Rücksicht	.14		.03		.05		.01		-.12	
Konflikt vs. Harmonie	.26	.11	.01		.00		.05	.11	-.19	
Aktualität vs. Sorgfalt	.11		-.04		.02		-.07		-.08	
Nähe vs. Distanz	.15		.01		.01		-.04		-.13	
R^2 =	.14		.01		.00		.02		.13	
n =	511		540		517		509		544	

Daten innerhalb der einzelnen Länder gewichtet.
Erläuterungen und Lesebeispiele zu der Abbildung finden sich bei Abbildung 103.
Weitere Erläuterungen zu Koeffizienten u. statistischen Kennwerten siehe Anhang 3.
Nur signifikante betas werden ausgewiesen.

Abbildung 105 Erklärungsmodelle für die Nutzungshäufigkeit der Sender in Hessen durch Spannungspräferenzen und Spannungsstärke

Korrelationen und Regressionen	FFH		Planet		hr1 Info		hr2 Kultur		hr3 junge Welle		hr4 Service	
	r	beta	r	beta	r	beta	r	beta	r	beta	r	beta
Spannungspräferenzen												
Nebenbei- vs. Zuhörradio	-.15		-.10		.18	.11	.24	.15	-.17	-.13	.00	
Regionalität vs. Globalität	-.05		-.01		.05		.13		-.07		-.10	
Überraschung vs. Erwartung	-.17	-.14	-.16	-.16	.09		.19	.16	-.11		-.06	
Intellekt vs. Emotion	.11		.12	.09	-.18	-.14	-.12	-.11	.09		-.05	
Wahrheit vs. Rücksicht	-.04		.03		.01		.05		-.05		-.04	-.09
Konflikt vs. Harmonie	-.06		.01		-.08		-.01		-.03		.12	.11
Aktualität vs. Sorgfalt	-.03		-.05		-.02		.16	.14	-.07		.00	
Nähe vs. Distanz	-.20	-.18	-.19	-.12	.16	.11	.07		-.23	-.21	.08	
Spannungsstärke												
Nebenbei- vs. Zuhörradio	.15	.11	.08		-.09	-.10	-.12		.00		.01	
Regionalität vs. Globalität	.03		-.11		.03		-.05		-.02		.21	.15
Überraschung vs. Erwartung	-.02		-.08		.10		.03		.00		.16	.12
Intellekt vs. Emotion	-.08		-.14	-.12	.15	.11	.14	.10	-.07		.13	
Wahrheit vs. Rücksicht	-.08		-.05		.06		.08		-.09		.03	
Konflikt vs. Harmonie	-.06		-.09		.08		.00		-.05		.22	
Aktualität vs. Sorgfalt	.04		-.09		.08		-.07		-.03		.14	
Nähe vs. Distanz	.01		-.03		.03		.03		-.07		.18	.11
R^2 =		.07		.08		.09		.11		.07		.09
n =		508		498		509		494		529		490

Daten innerhalb der einzelnen Länder gewichtet.

Erläuterungen und Lesebeispiele zu der Abbildung finden sich bei Abbildung 103.
Weitere Erläuterungen zu Koeffizienten u. statistischen Kennwerten siehe Anhang 3.
Nur signifikante betas werden ausgewiesen.

Abbildung 106 Erklärungsmodelle für die Nutzungshäufigkeit von JUMP und MDR Kultur sowie DeutschlandRadio und Deutschlandfunk durch Spannungspräferenzen und Spannungsstärke

Korrelationen und Regressionen	JUMP		MDR Kultur		Deutschland-Radio		Deutschland-funk	
	r	beta	r	beta	r	beta	r	beta
Spannungspräferenzen								
Nebenbei- vs. Zuhörradio	-.10		.11	.08	.11	.08	.12	.09
Regionalität vs. Globalität	.02		.12	.10	.09	.07	.12	.08
Überraschung vs. Erwartung	-.09	-.10	.07		.06	.06	.02	
Intellekt vs. Emotion	.05		-.06		-.03		-.12	-.11
Wahrheit vs. Rücksicht	.00		-.01		.03	.05	.03	
Konflikt vs. Harmonie	-.06		-.04		.02		.02	
Aktualität vs. Sorgfalt	.01		.06		.00		.09	.08
Nähe vs. Distanz	-.15	-.11	.13	.14	.08		.14	.09
Spannungsstärke								
Nebenbei- vs. Zuhörradio	-.02		-.12	-.14	.00		-.01	
Regionalität vs. Globalität	-.13		-.06		-.02		-.01	
Überraschung vs. Erwartung	-.04		-.01		.04		.07	.06
Intellekt vs. Emotion	-.17	-.15	.08	.10	.14	.13	.13	
Wahrheit vs. Rücksicht	-.07		.02		.06		.03	
Konflikt vs. Harmonie	-.14		-.01		.09		.10	.09
Aktualität vs. Sorgfalt	-.01		-.03		.03		-.04	
Nähe vs. Distanz	-.05		-.03	-.09	.04		.04	
$R^2 =$	.05		.07		.04		.07	
n =	704		701		1459		1468	

Daten mit dem bundeslandübergreifenden Faktor für die Gesamtstichprobe gewichtet.

Erläuterungen und Lesebeispiele zu der Abbildung finden sich bei Abbildung 103.
Weitere Erläuterungen zu Koeffizienten u. statistischen Kennwerten siehe Anhang 3.
Nur signifikante betas werden ausgewiesen.

Die Befunde, die mit den Spannungsbögen erzielt worden sind, zeigen, dass die Zuwendung und Nutzungsintensität der verschiedenen Programme durchaus mit den Erwartungen an die Berücksichtigung verschiedenen Qualitätsmerkmale in Beziehung stehen. Die Diskussion der einzelnen Befunde hat einerseits gezeigt, dass sich hinter den statistischen Zusammenhängen Hinweise auf eine intersubjektiv nachvollziehbare Rationalität des Radiopublikums bei der Programmwahl entdecken lassen. Andererseits wurde aber auch deutlich, dass manche Erwartungen an die Programme mit der Programmrealität weniger gut kompatibel sind und dass hier möglicherweise Ansatzpunkte für eine Programmoptimierung bestehen.

9.1.9 Die integrierten Modelle

Im letzten Analyseschritt werden nun die Variablen der Spannungsbögen, die sich in den zuvor präsentierten Regressionsmodellen als signifikant erwiesen hatten, in jene Modelle integriert, die in den Abschnitten 9.1.4 bis 9.1.6 entwickelt worden waren. Die Erklärungskraft der Spannungsbögen wird also unter äußerst restriktiven Bedingungen getestet. Schaut man zunächst auf die erklärte Varianz in den Modellen, dann stellt man fest, dass durch die Integration der Spannungspräferenzen und Spannungsstärke bei einer Reihe von Modellen die Varianzaufklärung etwas – wenn auch nicht dramatisch – verbessert werden konnte. In zahlreichen Modellen erwiesen sich die einzelnen Spannungsbögen als erklärungskräftige Variablen. Zum Teil traten sie als weitere Erklärungsfaktoren hinzu, zum Teil zeigte sich aber auch, dass sie besser geeignet waren, die Nutzungsunterschiede zu erklären als andere Variablen, die zuvor im Modell enthalten waren und nun, nach der Integration der Spannungsbögen, keinen signifikanten Beitrag mehr zur Erklärung der Nutzung leisten konnten.

Bei Antenne Thüringen konnte durch die Berücksichtigung der Präferenz für Intellektualität die Varianzaufklärung auf 11 Prozent erhöht werden. Ansonsten blieb das Modell unverändert. Bei der Landeswelle Thüringen erwiesen sich die Präferenzen für Regionalität, Intellektualität und Nähe als signifikante Prädiktoren der Nutzung. Nach der Berücksichtigung dieser drei Variablen zeigte sich jedoch, dass die Erwartung, Verkehrsmeldungen und Humor im Programm vorzufinden, nun nicht mehr zur Erklärung der Nutzung beitragen kann (Abbildung 107). Die Varianzaufklärung wird durch die Integration der drei neuen Variablen bei gleichzeitiger Eliminierung der anderen beiden Faktoren um drei Prozentpunkte auf 13 Prozent gesteigert. Auch bei Radio TOP 40 wird die Varianzaufklärung durch die Spannungsbögen etwas verbessert. Eine geringe Spannung auf dem Spannungsbogen von Nähe vs. Präferenz trägt dazu bei.

Bei den beiden Regionalwellen des MDR, bei Radio SAW und bei Hit-Radio Brocken können weder die Spannungspräferenzen noch die Spannungsstärke zu einer Verbesserung der Erklärungskraft der Modelle beitragen. Anders hingegen bei Rockland Sachsen-Anhalt und Project 89.0. Befragte, die geringe Spannungen zwischen Regionalität und Globalität erleben, nutzen diese beiden Sender häufiger. Genau andersherum wirkt die Spannung zwischen Konflikt und Harmonie. Personen, die bei dieser Dimension starke Spannungen in ihren Erwartungen haben, nutzen Rockland Sachsen-Anhalt häufiger. Durch die Berücksichtigung dieser Variablen wird die Varianzaufklärung um zwei bzw. drei Prozent verbessert. Alle anderen Variablen erweisen sich auch im erweiterten Modell als signifikant (Abbildung 108).

Abbildung 107 Erklärungsmodelle für die Nutzungshäufigkeit der Sender in Thüringen unter Berücksichtigung aller Indikatoren für Qualität sowie der Kontrollvariablen

Korrelationen und Regressionen	Antenne Th.		Landeswelle Th.		TOP 40		MDR 1 Radio Th.	
	r	beta	r	beta	r	beta	r	beta
Arbeitsbedingte Restriktion	-.01		-.04		-.02		-.27	-.12
Alter	-.06		.07		-.22		.57	.29
Programmelemente								
Nachrichten und politische Berichte und Kommentare	.01		.13		-.16	-.10	.27	.07
Humorvolle Beiträge	.16	.11	.15		.01		.00	
Jingles	.04		.09		-.05		.14	.07
Musikrichtungen								
Traditionell Mainstream	.01		.16	.17	-.16		.57	.32
Traditionell f. Minderheiten	-.01		.13	.14	-.02		.22	
Aktuell Mainstream	.30	.28	.18	.20	.09		-.30	-.11
Aktuell f. Minderheiten	.09		.00		.26	.23	-.39	
Spannungspräferenzen								
Regionalität vs. Globalität	-.01		-.16	-.13	.04		-.13	
Intellekt vs. Emotion	-.08	-.10	-.13	-.13	.11		-.05	
Nähe vs. Distanz	-.04		-.10	-.13	-.09		.12	
Spannungsstärke								
Nähe vs. Distanz	-.04		-.10		-.09	-.11	.12	
R^2 =		.11		.13		.09		.46
n =		524		509		507		509

Daten innerhalb der einzelnen Länder gewichtet. Nur signifikante betas werden ausgewiesen.
Erläuterungen und Lesebeispiele zu der Abbildung finden sich bei Abbildung 103.
Weitere Erläuterungen zu Koeffizienten u. statistischen Kennwerten siehe Anhang 3.

Abbildung 108 Erklärungsmodelle für die Nutzungshäufigkeit der Sender in Sachsen-Anhalt unter Berücksichtigung aller Indikatoren für Qualität sowie der Kontrollvariablen

Korrelationen und Regressionen	MDR 1 Radio S.-A.		SAW		Brocken		Rockland		Project 89.0	
	r	beta	r	beta	r	beta	r	beta	r	beta
Rekreative Leistungsbewertungen	.18	.07	.15		.09		-.05		-.03	
Habitualisierung	.12		.16	.14	.14	.12	.03		-.02	
Geschlecht 1=M; 2=W	.06		.03		.00		-.14	-.10	-.09	
Alter	.56	.24	-.17		.05		-.04		-.46	
Erwerbsdauer	-.30	-.08	.25		.15	.13	.14	.15	.02	
Programmelemente										
Informationen über Sänger und Musikgruppen	-.07		.08		.01		.02		.16	.10
Nachrichten und politische Berichte und Kommentare	.20		.09		.04		-.01		-.27	-.08
Moderatorenteam	-.05		.23	.12	-.01		.05		.00	
Berichte über Verbrechen und Unfälle	.05		.14	.08	.02		-.03		-.01	
Musikrichtungen										
Traditionell Mainstream	.56	.30	-.06		.15	.20	-.03		-.46	-.32
Aktuell Mainstream	-.40	-.16	.42	.40	.13	.13	.06		.05	-.16
Aktuell f. Minderheiten	-.43		.11		-.08		.07		.39	.21
Spannungsstärke										
Regionalität vs. Globalität	.26	.00	-.02		-.09	-.13	-.29	-.09		
Konflikt vs. Harmonie	.26		-.01		.00		.05	.15	-.19	
$R^2 =$		.41		.23		.08		.06		.31
n =		513		530		511		508		539

Daten innerhalb der einzelnen Länder gewichtet.

Erläuterungen und Lesebeispiele zu der Abbildung finden sich bei Abbildung 103.
Weitere Erläuterungen zu Koeffizienten u. statistischen Kennwerten siehe Anhang 3.
Nur signifikante betas werden ausgewiesen.

Bei den hessischen Sendern zeigen sich bei vier Sendern Effekte der Spannungsbögen, nur bei Planet Radio und hr4 - das Serviceradio sind keine Wirkungen feststellbar. Die Präferenz für Nähe und eine hohe Spannung zwischen Nebenbei- und Zuhörradio führen bei Hit-Radio FFH zu einer höheren Nutzung des Senders. Die Varianzaufklärung kann durch die Integration der Variablen geringfügig auf 25 Prozent verbessert werden, alle andern Variablen behalten einen signifikanten Effekt. Bei hr1 - das Informationsradio wirken sich die Präferenz für Intellektualität und eine geringe Spannung zwischen Nebenbeiradio vs. Zuhörradio auf die Nutzungshäufigkeit aus. Auch hier bleibt das Modell ansonsten unverändert, und die erklärte Varianz wird um ein Prozent gesteigert. Zur Erklärung der Nutzung von hr3 - die junge Welle trägt nur ein Faktor bei. Durch diesen einen Faktor wird aber die Varianzerklärung gleich um zwei Prozentpunkte verbessert. Personen mit einer Präferenz für Nähe im Moderationsstil hören häufiger hr3.

Gleich vier Faktoren der Spannungsdimensionen erweisen sich als bedeutsam für die Erklärung der Nutzungshäufigkeit von hr2 - die Kulturwelle. Trotzdem wird die Varianzaufklärung durch diese Variablen um weniger als einen Prozentpunkt verbessert. Die Ursache hierfür liegt darin begründet, dass nach der Berücksichtigung der Spannungsbögen zwei Variablen so stark an Erklärungskraft verloren, dass sie ganz aus dem Modell entfernt werden mussten. Im erweiterten Modell hat die Schulbildung und die Ablehnung von Moderatorenteams nun keinen Effekt mehr, und vor allem das Alter hat deutlich an Erklärungskraft verloren. Stattdessen zeigt sich nun, dass die Präferenz für ein Zuhörradio, die Vorliebe für eine hohe Erwartbarkeit in der Musikauswahl und die Präferenz für Sorgfalt einen signifikanten Effekt auf die Hörfrequenz haben. Darüber hinaus zeigt sich auch, dass diejenigen, die eine stärkere Spannung zwischen Intellekt und Emotionalität empfinden, sich häufiger hr2 zuwenden. Ein ähnliches Bild ist auch beim zweiten Kultursender festzustellen, der in dieser Untersuchung berücksichtigt wurde. Hier erweisen sich zwei Spannungsbögen als signifikant: Auch für die Nutzung von MDR Kultur ist die Präferenz für den Pol Zuhörradio von Bedeutung, darüber hinaus hat aber auch die Präferenz für eine globale Ausrichtung des Programms eine positiven Effekt auf die Nutzung des Senders. Genau wie beim Kulturradio hr2 verliert im erweiterten Modell nun jedoch die Ablehnung eines Moderatorenteams an Erklärungskraft und wird aus dem Modell entfernt. In der Summe bleibt damit die Erklärungskraft des Modells fast gleich. Die Varianzaufklärung steigt um weniger als einen Prozentpunkt. Für die Erklärung der Nutzungsunterschiede bei JUMP spielen die Spannungsbögen keine Rolle.

Bei den beiden überregionalen Hörfunkprogrammen DeutschlandRadio und Deutschlandfunk erweisen sich eine Vielzahl von Spannungsbögen als signifikant. Personen mit einer Vorliebe fürs Zuhörradio und einer globalen Ausrichtung ihres Radios hören diese beiden Sender häufiger. DeutschlandRadio wird zudem von jenen Personen öfter eingeschaltet, die vom Radio eher Rücksichtnahme als Wahrheit erwarten. Einen positiven Effekt auf die Nutzung von DeutschlandRadio hat zudem eine starke Spannung zwischen Intellektualität und Emotionalität. Durch die Einbeziehung der Spannungsbögen ins Modell verliert auch hier wieder eine Variable so sehr an Einfluss, dass sie keinen signifikanten Beitrag mehr zur Erklärung leisten kann. In diesem Fall ist es der Wunsch nach häufiger Berücksichtigung von Trailern, der sich im erweiterten Modell nicht mehr als relevant erweist. Mit dem kompletten Modell kann die Varianzerklärung auf nunmehr fünf Prozent gesteigert werden.

Etwas besser gelingt es die Zuwendung zum Deutschlandfunk zu prognostizieren. Zwölf Prozent der Nutzungsvarianz können mit dem vollständigen Modell erklärt werden – ein Prozent mehr als im Ausgangsmodell. Neben den beiden bereits genannten Präferenzen erweisen sich auch die Vorliebe für Intellektualität und für Sorgfalt bedeutsam für die Nutzungshäufigkeit des Deutschlandfunks. Darüber hinaus hat auch eine hohe Spannung zwischen Überraschung und Erwartbarkeit einen kleinen Effekt auf die Nutzung des Programms. Auch in diesem Modell müssen wieder andere Erklärungsfaktoren entnommen werden, weil die Spannungsbögen sich als bedeutsamer herausgestellt haben. Im differenzierten Modell zeigt sich nun, dass soziale Restriktionen und ein geringes Interesse an Veranstaltungshinweisen keinen signifikanten Beitrag zur Erklärung der Nutzung des Deutschlandfunks leisten können.

Abbildung 109 Erklärungsmodelle für die Nutzungshäufigkeit der Sender in Hessen unter Berücksichtigung aller Indikatoren für Qualität sowie der Kontrollvariablen

Korrelationen und Regressionen	FFH		Planet		hr1 Info		hr2 Kultur		hr3 junge Welle		hr4 Service	
	r	beta	r	beta	r	beta	r	beta	r	beta	r	beta
Kognitive Leistungsbewertungen	.03		-.05		.20	.19	.06		-.01		.26	.10
Rekreative Leistungsbewertungen	.12		.07	.16	-.05		-.04		.04		.22	.11
Habitualisierung	.21	.16	.05		.08		.06		.12	.10	.15	
Alter	-.36	-.19	-.47	-.38	.35	.16	.33	.20	-.15		.42	.17
Programmelemente												
Musik	.08		.11		-.26	-.20	-.13		.11		-.02	
Spiele und Hörerbeteiligung	.06		.06		-.05		.00		-.03	-.12	.07	
Humorvolle Beiträge	.05		.03		-.03		-.12		.14	.10	.00	
Verkehrsmeldungen	.21	.10	.04		-.14	-.12	-.16	-.10	.11		.10	.09
Trailer	-.04		-.06		.17	.12	.14	.10	-.05		.03	
Musikrichtungen												
Traditionell Mainstream	-.09		-.34	-.17	.17		-.01		-.07		.45	.25
Traditionell f. Minderheiten	-.26	-.10	-.19		.25	.13	.30	.17	.15		.11	
Aktuell Mainstream	.39	.19	.20	-.15	-.20		-.24		.26	.15	-.28	-.20
Aktuell f. Minderheiten	.21		.37	.18	-.17		-.16		.22	.11	-.29	
Spannungspräferenzen												
Nebenbei- vs. Zuhörradio	-.15		-.10		.18		.24	.11	-.17		.00	
Überraschung vs. Erwartung	-.17		-.16		.09		.19	.10	-.11		-.06	
Intellekt vs. Emotion	.11		.12		-.18	-.08	-.12		.09		-.05	
Aktualität vs. Sorgfalt	-.03		-.05		-.02		.16	.12	-.07		.00	
Nähe vs. Distanz	-.20	-.09	-.19		.16		.07		-.23	-.16	.08	
Spannungsstärke												
Nebenbei- vs. Zuhörradio	.15	.08	.08		-.09	-.08	-.12		.00		.01	
Intellekt vs. Emotion	-.08		-.14		.15		.14	.10	-.07		.13	
$R^2 =$		.25		.29		.24		.20		.13		.30
n =		514		512		506		496		523		515

Daten innerhalb der einzelnen Länder gewichtet.

Erläuterungen und Lesebeispiele zu der Abbildung finden sich bei Abbildung 103.
Weitere Erläuterungen zu Koeffizienten u. statistischen Kennwerten siehe Anhang 3.
Nur signifikante betas werden ausgewiesen.

Abbildung 110　Erklärungsmodelle für die Nutzungshäufigkeit von JUMP und MDR Kultur sowie DeutschlandRadio und Deutschlandfunk unter Berücksichtigung aller Indikatoren für Qualität sowie der Kontrollvariablen

Korrelationen und Regressionen	JUMP		MDR Kultur		Deutschland-Radio		Deutschland-funk	
	r	beta	r	beta	r	beta	r	beta
Kognitive Leistungsbewertungen	-.12		-.03		.04		.09	.08
Rekreative Leistungsbewertungen	.09	.11	-.06		.01		.01	
Habitualisierung	.06	.07	.05		.02		.04	
Alter	-.49	-.22	.16		.15	.11	.25	.11
Schulbildung	.16		.13	.10	.00		.00	
Erwerbsdauer	.29	.12	-.04		-.08		-.14	
Programmelemente								
Musik	.13		-.08		-.04		-.11	-.07
Moderatorenteam	.13		-.18		-.05		-.10	-.06
Verbrauchertipps und Ratschläge für den Alltag	-.14		-.06	-.09	.01		.05	
Trailer	-.10		.06		.08		.13	.08
Musikrichtungen								
Traditionell Mainstream	-.38	-.14	.00		.08		.10	
Traditionell f. Minderheiten	-.16		.31	.28	.13	.06	.19	.08
Aktuell Mainstream	.39	.13	-.13	-.11	-.05		-.19	-.07
Aktuell f. Minderheiten	.42	.14	-.11		-.04		-.15	
Spannungspräferenzen								
Nebenbei- vs. Zuhörradio	-.10		.11	.08	.11	.06	.12	.05
Regionalität vs. Globalität	.02		.12	.09	.09	.07	.12	.06
Intellekt vs. Emotion	.05		-.06		-.03		-.12	-.07
Wahrheit vs. Rücksicht	.00		-.01		.03	.05	.03	
Aktualität vs. Sorgfalt	.01		.06		.00		.09	.08
Spannungsstärke								
Überraschung vs. Erwartung	-.04		-.01		.04		.07	.05
Intellekt vs. Emotion	-.17		.08		.14		.08	.13
$R^2 =$	.31		.14		.05		.12	
n =	716		642		1481		1442	

Daten mit dem bundeslandübergreifenden Faktor für die Gesamtstichprobe gewichtet.

Erläuterungen und Lesebeispiele zu der Abbildung finden sich bei Abbildung 103.
Weitere Erläuterungen zu Koeffizienten u. statistischen Kennwerten siehe Anhang 3.
Nur signifikante betas werden ausgewiesen.

Die nun vollständigen Modelle verdeutlichen, dass es mit den zur Verfügung stehenden Variablen in höchst unterschiedlichem Maße gelungen ist, die Nutzung der

19 Programme zu erklären. Zwischen fünf und 46 Prozent der Varianz konnten aufgeklärt werden. Besonders geeignet erweisen sich die Modelle, um die Nutzungsunterschiede bei den zwei Regionalwellen zu erklären. Die Befunde verdeutlichen, dass es erst durch die Berücksichtigung unterschiedlicher Erklärungsansätze gelingt, substantielle Anteile der Varianz zu erklären. Im Rahmen dieses Forschungsvorhabens sind vor allem die Qualitätserwartungen von Interesse. Sie tragen in allen Modellen zur Erklärung der Nutzungshäufigkeit bei. Nicht nur die Erwartungen an die Berücksichtigung bestimmter Programmelemente erweisen sich als bedeutsam, stärker noch zeigen die Vorlieben für bestimmte Musikrichtungen signifikante Effekte, aber auch die Spannungsbögen tragen zu einer besseren Erklärung und damit zu einem tieferen Verständnis der Radionutzung bei.

9.1.10 Der Einfluss des Qualitätsurteils auf die Nutzungsdauer des meistgehörten Senders

Nachdem in den vorhergehenden Untersuchungsphasen die unterschiedlichen Qualitäts*erwartungen* an das Radio Schritt für Schritt in den verschiedenen Modellen berücksichtigt wurden, soll nun geprüft werden, ob auch das Qualitäts*urteil* einen Beitrag zur Erklärung der Radionutzung leisten kann. Das Qualitäts*urteil* wurde in zwei Varianten nach den im fünften Kapitel vorgestellten Modellen berechnet. Im ersten Berechnungsmodell wird der Aspekt der Spannungsstärke zwischen den beiden Polen *nicht* berücksichtigt, im zweiten Modell hingegen geht die Spannungsstärke in die Berechnung mit ein. Mit dem Qualitätsurteil ist also das aus der Verknüpfung von *Qualitätserwartung an das Idealradio* und *Qualitätswahrnehmung beim Realradio* gebildete Konstrukt gemeint, nicht etwa die Globalbewertung oder ein anderes direkt abgefragtes Urteil. Das Qualitätsurteil wurde zunächst für jeden Spannungsbogen separat berechnet, dann aber auch zu einem Gesamturteil zusammengefasst. Die so gebildeten Qualitätsurteile werden für die Erklärung der Nutzungsdauer des meistgehörten Senders verwendet. Im ersten Schritt wird dabei nicht unterschieden, um welchen Sender es sich dabei handelt.

Die Korrelationen zwischen den verschiedenen Qualitätsurteilen und der Nutzung des meistgehörten Senders fallen nur schwach aus (Abbildung 111). Bei vier der acht Spannungsbögen finden sich signifikante positive Korrelationen zwischen dem Urteil und der Nutzungsdauer. Inhaltlich bedeutet dies: Je größer die Übereinstimmung ist zwischen den Erwartungen an das Idealradio und den Wahrnehmungen des Realradios auf den Spannungsbögen *Nebenbei- vs. Zuhörradio, Regionalität vs. Globalität, Intellektualität vs. Emotionalität* und *Konflikt vs. Harmonie*, desto mehr Zeit wird auf das Realradio verwendet. Anders ausgedrückt: Personen, die die Qualität ihres Realradios auf diesen Dimensionen als hochwertig bewerten, nutzen ihr Radio länger als Personen, die die Qualität ihres Radios nicht so positiv bewerten. Die Qualitätsurteile, die nach jenem Modell errechnet wurden, in denen die Spannungsstärke berücksichtigt wird, erweisen sich als geringfügig besser geeignet, die Nutzungsdauer zu erklären, als die einfachen Modelle. Das integrierte Gesamturteil, das alle acht Einzeldimensionen der Qualitätsurteile zusammenfasst, kann die Nutzungsdauer des Lieblingsradios besser erklären als die Qualitätsurteile hinsichtlich der verschiedenen Einzeldimensionen.

Abbildung 111 Effekt der Dimensionen des Qualitätsurteils auf die Nutzungsdauer des meistgehörten Senders

Korrelationen	Qualitätsurteil ohne Berücksichtigung der Spannung berechnet (Modell 1)		Qualitätsurteil mit Berücksichtigung der Spannung berechnet (Modell 2)	
	r	p	r	p
Nebenbei- vs. Zuhörradio	.09	< .01	.10	< .01
Regionalität vs. Globalität	.08	< .01	.09	< .01
Überraschung vs. Erwartung	-.04		-.01	
Intellekt vs. Emotion	.08	< .01	.09	< .01
Wahrheit vs. Rücksicht	.03		.03	
Konflikt vs. Harmonie	.10	< .01	.10	< .01
Aktualität vs. Sorgfalt	-.02		-.02	
Nähe vs. Distanz	.03		.04	
Gesamturteil	.10	< .01	.12	< .01

Daten mit dem bundeslandübergreifenden Faktor für die Gesamtstichprobe gewichtet.
Zur Erläuterung der Koeffizienten und statistischen Kennwerte siehe Anhang 3.

Die Zusammenhänge zwischen Qualitätsurteil und Nutzungsdauer sind zwar nicht sehr stark, aber sie erweisen sich auch im oben entwickelten multivariaten Modell A als robust. Durch die Integration des zusammengefassten Gesamtqualitätsurteils in das Modell kann die Nutzungsdauer (Modell B) des meistgehörten Senders etwas besser erklärt werden (Abbildung 112).

Im letzten Analyseschritt wurde der Zusammenhang zwischen dem Qualitätsurteil und der Nutzungsdauer des meistgehörten Senders für jedes Programm separat berechnet. Mit Ausnahme der Landeswelle Thüringen konnten bei allen Sendern hypothesenkonforme positive Zusammenhänge ermittelt werden. In einigen Fällen erreichen die Korrelationen – trotz relativ kleiner Fallzahlen, die diesen Berechnungen zu Grunde liegen – statistische Signifikanz. Bei den drei öffentlich-rechtlichen Regionalwellen und beim Deutschlandfunk, aber auch bei Antenne Thüringen und FFH konnten signifikante Beziehungen zwischen dem Qualitätsurteil und der Nutzungsdauer des jeweiligen Senders ermittelt werden (Abbildung 113).

Abbildung 112   Effekt des Qualitätsurteils auf die Nutzungsdauer des meistgehörten Senders unter Kontrolle aller anderen signifikanten
Einflussgrößen

Korrelationen und Regressionen	Hördauer des meistgehörten Senders		
		Modell A	Modell B
	r	beta	beta
Kognitive Leistungsbewertungen	.22	.08	.07
Rekreative Leistungsbewertungen	.28	.15	.16
Habitualisierung	.26	.17	.17
Soziale Restriktion	-.01		
Arbeitsbedingte Restriktion	-.15	-.06	-.06
Geschlecht (1=M) (2=W)	.02		
Alter	.02	-.09	-.09
Schulbildung	-.17	-.09	-.09
Arbeitszeit	.04		
Qualitätsurteil (Variante 2)	.12		.09
R^2 =		.13	.14
n =		1268	1268

Daten mit dem bundeslandübergreifenden Faktor für die Gesamtstichprobe gewichtet.
Zur Erläuterung der Koeffizienten und statistischen Kennwerte siehe Anhang 3.
Nur signifikante betas werden ausgewiesen.

Die relativ schwachen Effekte – die zudem weder bei allen Dimensionen noch
bei allen Sendern auftreten – sind auf den ersten Blick enttäuschend. Man muss
sich aber verdeutlichen, was diese Zusammenhänge zum Ausdruck bringen: Sie
sagen aus, dass eine Person A den Sender X (den sie von allen Sendern am
häufigsten hört) nur deswegen noch etwas häufiger hört als Person B (die ja genau den gleichen Sender X am häufigsten hört), weil der Person A die Qualität
des Senders auf den acht Spannungsbögen besser zusagt als der Person B.
Wenn man sich diese Bedeutung der Zusammenhänge klar macht, ist nicht die
Schwäche der Zusammenhänge enttäuschend, vielmehr erscheint dann die Tatsache, dass überhaupt Effekte gefunden wurden, bemerkenswert. Hervorgehoben werden muss in diesem Zusammenhang vor allem, dass es sich bei den
Qualitätsurteilen nicht um direkt erhobene Urteile handelt, bei denen es sich
möglicherweise um nachträgliche Rationalisierungen handelt, sondern um die
aus Erwartungen und Wahrnehmungen errechneten Qualitätsurteile, bei denen
diese Gefahr wohl eher nicht gegeben ist.

Abbildung 113   Effekt des Qualitätsurteils auf die Nutzungshäufigkeit der Sender

Korrelationen	Qualitätsurteil ohne Berücksichtigung der Spannung berechnet (Modell 1)		Qualitätsurteil mit Berücksichtigung der Spannung berechnet (Modell 2)		
	r	p	r	p	n
Antenne Th.	.17	< .05	.14	< .10	140
Landeswelle Th.	-.04		-.01		65
MDR 1 Radio Th.	.23	< .01	.23	< .01	132
JUMP*	.05		.05		124
MDR Kultur*	.11		.09		14
MDR 1 Radio S.-A.	.15	< .10	.15	< .10	130
SAW	.11		.12		174
Brocken	.20		.10		40
Project 89.0	.07		.09		40
FFH	.17	< .05	.19	< .05	189
Planet	.17		.20		30
hr1 Info	.15		.18		47
hr2 Kultur	.33		.38		18
hr3 junge Welle	.12		.08		104
hr4 Service	.25	< .05	.27	< .05	70
Deutschlandfunk*	.28		.31	< .10	33

Daten innerhalb der einzelnen Länder gewichtet.
* Daten mit dem bundeslandübergreifenden Faktor für die Gesamtstichprobe gewichtet.
Zur Erläuterung der Koeffizienten und statistischen Kennwerte siehe Anhang 3.

9.2   Wahrnehmungsadäquanz

Bei der Wahrnehmung von Qualität handelt es sich um einen subjektiven Konstruktionsprozess. Dass dieser Konstruktionsprozess aber offenbar nicht unabhängig von den intersubjektiv messbaren Eigenschaften der Radioprogramme verläuft, darauf deuten die zuvor präsentierten Untersuchungsergebnisse hin. Im letzten Abschnitt dieser Arbeit soll diese These nun systematisch überprüft werden. Bislang konnte gezeigt werden, dass bestimmte Erwartungen an die Radioprogramme, die sich als selektionsrelevant erwiesen haben, offenbar mit bestimmten Eigenschaften der Programme in Verbindung stehen. Die daraus ableitbare Rationalität der jeweiligen Entscheidung wurde am Einzelfall erläutert.

Um diese Argumentation weiter zu plausibilisieren, soll nun geprüft werden, in wie weit es eine Übereinstimmung zwischen den subjektiv wahrgenommenen und den objektiv gemessenen Eigenschaften gibt. Eine solche Übereinstimmung wird im Folgenden als *Wahrnehmungsadäquanz* bezeichnet. Nur dann, wenn sich ein systematischer Zusammenhang zwischen den subjektiven Wahrnehmungen und den mit der Inhaltsanalyse festgestellten Eigenschaften feststellen lässt, wäre dies ein Beleg dafür, dass die oben behauptete und für die Interpretation der Befunde herangezogene intersubjektive Rationalität eine empirische Grundlage hat.

Überprüft wird die Wahrnehmungsadäquanz, indem die subjektiven – durch Befragung gemessenen – Qualitätswahrnehmungen der Radiohörer mit den objektiven – durch Inhaltsanalyse gemessenen – Qualitätsmerkmalen verglichen werden. Dieser Vergleich kann nicht auf Individualdatenniveau, sondern nur auf Aggregatdatenniveau stattfinden. Die aus den Befragungsdaten ermittelten Kennwerte der Wahrnehmung bestimmter Qualitätsmerkmale eines Programms werden dafür mit den entsprechenden inhaltsanalytisch festgestellten Qualitätseigenschaften dieses Programms korreliert. Da insgesamt 17 Programme untersucht wurden, können diese Analysen auf maximal 17 Fällen beruhen. Da aber bei zwei Programmen (Radio TOP 40 und Rockland Sachsen-Anhalt) die Anzahl der vorliegenden Wahrnehmungsdaten doch sehr klein war (es gab nur wenige Personen, die die Sender als den meistgehörten Sender nannten) wurden die Analysen nur mit den Daten der verbleibenden 15 Programme durchgeführt. Die Ergebnisse dieser Analysen sind in den nachfolgenden Abbildungen (114 bis 133) dargestellt. Um zu verdeutlichen, welche Variablen aus der Befragung und der Inhaltsanalyse in Verbindung gesetzt werden, sind bei jedem der acht Spannungsbögen die aggregierten Umfrageergebnisse und die Befunde der entsprechenden Kategorien der Inhaltsanalyse zunächst deskriptiv in den Abbildungen gegenübergestellt. Die Befragungsdaten im linken Teil dieser Abbildungen entsprechen den Ergebnissen, die bereits früher in den Abbildungen 42 bis 49 präsentiert worden sind. Dort sind auch die genauen Fallzahlen angegeben, auf denen die aggregierten Wahrnehmungsdaten beruhen. Die Inhaltsanalysedaten im rechten Teil dieser Abbildungen wurden jeweils aus verschiedenen Ergebnistabellen zusammengestellt; teilweise mussten auch Neuberechnungen durchgeführt werden. Die Indikatoren der Inhaltsanalyse in Abbildung 114 entstammen beispielsweise der Abbildung 56 (Wortanteil), der Abbildung 69 (Anteil gesellschaftlicher relevanter Informationen am Programm) und der Abbildung 57 (Anteil deutschsprachiger Musik).

Jeweils im Anschluss daran werden dann die Ergebnisse der Korrelationsanalysen präsentiert. Die Korrelationen wurden auf unterschiedliche Weise berechnet. Zum einen wurde bei den Befragungsdaten die Prozentverteilung für die Wahrnehmung von jedem der beiden Pole verwendet. Zum anderen wurde aus den Wahrnehmungsdaten für jeden der acht Spannungsbögen der Mittelwert berechnet und dann mit den Inhaltsanalysedaten in Beziehung gesetzt. Es wurden also mit jedem Indikator der Inhaltsanalyse drei Korrelationen berechnet: einmal mit der Häufigkeitsverteilung der Zustimmung zu dem einen, einmal mit der Häufigkeitsverteilungen der Zustimmung zu dem anderen Pol und einmal mit dem Mittelwert. Diese Korrelationen wurden einmal nach Pearson und einmal mit der Rangkorrelation nach Spearman berechnet. Da sich die Ergebnisse der Berechnung aber nur graduell und nicht grundsätzlich unterscheiden, wurde

darauf verzichtet, alle Kennwerte zu präsentieren. In den Abbildungen wiedergegeben sind die Pearson-Korrelationskoeffizienten mit den Mittelwerten der
Wahrnehmungs-Items.

9.2.1 Wahrnehmungsadäquanz: Nebenbeiradio vs. Zuhörradio

Wie in den Abbildungen 114 und 115 dargestellt, wurden für die Operationalisierung des Spannungsbogens Nebenbeiradio vs. Zuhörradio fünf Inhaltsanalysekategorien herangezogen. Als Indikator für die Ausrichtung eines Programms
als Nebenbeiradio wurde ein geringer Wortanteil, ein hoher Anteil an Musikhinterlegung bei den Wortbeiträgen, sowie ein hoher Anteil an Redundanz bei den
Wortbeiträgen gewählt. Als Indikator für den Gegenpol werden ein hoher Anteil
gesellschaftsbezogener Informationen am Programm und ein hoher Anteil
deutschsprachiger Musik angesehen.

Abbildung 114   Wahrnehmung der Sender und Programmeigenschaften im
Vergleich: Nebenbeiradio vs. Zuhörradio (I)

	Wahrnehmung durch die Hörer			Indikatoren der Inhaltsanalyse		
	Neben-beiradio	unent-schieden	Zuhör-radio	Wortanteil (keine Musik)	Anteil gesell-schaftlich relevanter Info am Programm	Anteil deutsch-sprachiger Musik
	%	%	%	%	%	%
Antenne Th.	73	18	10	32	8	5
Landeswelle Th.	79	15	6	35	9	8
TOP 40	.	.	.	10	2	11
MDR 1 Radio Th.	54	24	22	30	14	64
JUMP*	76	16	8	28	6	8
MDR Kultur*	14	43	43	42	17	8
MDR 1 Radio S.-A.	61	25	14	30	13	60
SAW	69	23	8	35	6	4
Brocken	72	23	8	30	7	7
Rockland	.	.	.	21	4	0
Project 89.0	80	10	10	11	1	1
FFH	74	17	9	34	8	4
Planet	77	17	7	20	3	7
hr1 Info	28	28	44	59	43	4
hr2 Kultur	17	22	61	44	23	0
hr3 junge Welle	66	24	10	33	11	5
hr4 Service	57	30	13	37	19	77

* Daten mit dem bundeslandübergreifenden Faktor für die Gesamtstichprobe gewichtet - alle anderen
Befragungsdaten innerhalb der einzelnen Länder gewichtet.
Inhaltsanalysedaten mit der Beitragslänge gewichtet.

Abbildung 115   Wahrnehmung der Sender und Programmeigenschaften im Vergleich: Nebenbeiradio vs. Zuhörradio (II)

	Wahrnehmung durch die Hörer			Indikatoren der Inhaltsanalyse	
	Nebenbei-radio	unent-schieden	Zuhör-radio	Anteil Sendezeit mit Hintergrund-musik an Gesamtsendezeit	Redundanz bei den Wortbei-trägen: Anteil Wiederholungen
	%	%	%	%	%
Antenne Th.	73	18	10	75	49
Landeswelle Th.	79	15	6	64	69
TOP 40	.	.	.	96	50
MDR 1 Radio Th.	54	24	22	33	40
JUMP*	76	16	8	96	58
MDR Kultur*	14	43	43	8	23
MDR 1 Radio S.-A.	61	25	14	20	43
SAW	69	23	8	75	59
Brocken	72	23	8	66	63
Rockland	.	.	.	99	71
Project 89.0	80	10	10	99	67
FFH	74	17	9	81	44
Planet	77	17	7	99	50
hr1 Info	28	28	44	9	36
hr2 Kultur	17	22	61	8	19
hr3 junge Welle	66	24	10	63	48
hr4 Service	57	30	13	4	39

* Daten mit dem bundeslandübergreifenden Faktor für die Gesamtstichprobe gewichtet - alle anderen Befragungsdaten innerhalb der einzelnen Länder gewichtet.
Inhaltsanalysedaten mit der Beitragslänge gewichtet.

In Abbildung 116 sind die Ergebnisse der Korrelationen dargestellt. Um die Abbildungen leichter lesbar zu machen, wurde in der Zeile „Hypothese" bei jeder Korrelation angeben, ob ein positiver oder ein negativer Zusammenhang zwischen den Variablen zu erwarten ist, wenn die These der Wahrnehmungsadäquanz zutrifft. Die Korrelationsergebnisse bestätigen für den Spannungsbogen Nebenbeiradio vs. Zuhörradio klar die Hypothese der Wahrnehmungsadäquanz. Vier der fünf Korrelationen entsprechen der These. Nur die Vermutung, dass Programme, die einen hohen Anteil deutscher Musik aufweisen, eher als Zuhörradio wahrgenommen werden, konnte nicht bestätigt werden.

Abbildung 116 Zusammenhang zwischen Wahrnehmung und Programmeigenschaften: Nebenbeiradio vs. Zuhörradio

	Wortanteil (keine Musik)	Anteil gesellschaftlich relevanter Info am Programm	Anteil deutschsprachiger Musik	Anteil Sendezeit mit Hintergrundmusik an Gesamtsendezeit	Redundanz bei den Wortbeiträgen Anteil Wiederholungen
Hypothese	positiv	positiv	positiv	negativ	negativ
r	.71	.77	-.03	-.79	-.87
p	< .01	< .01	n.s.	< .001	< .001

Zur Erläuterung der Koeffizienten und statistischen Kennwerte siehe Anhang 3.

9.2.2 Wahrnehmungsadäquanz: Globalität vs. Regionalität

Der Spannungsbogen Regionalität vs. Globalität bezieht sich – im Unterschied zum vorherigen Spannungsbogen – primär auf das Programmelement der gesellschaftsbezogenen Informationen. Von daher wurde die Regionalität auch nur bei diesem Programmelement gemessen (Abbildung 117). Drei Indikatoren wurden

Abbildung 117 Wahrnehmung der Sender und Programmeigenschaften im Vergleich: Globalität vs. Regionalität

	Wahrnehmung durch die Hörer			Indikatoren der Inhaltsanalyse		
	Regionalität	unentschieden	Globalität	lokale und regionale Beiträge	internationale Beiträge	Regionalitätsskala
	%	%	%	%	%	M
Antenne Th.	43	51	6	44	19	3,33
Landeswelle Th.	45	49	6	37	22	3,51
TOP 40	.	.	.	12	44	4,54
MDR 1 Radio Th.	47	45	8	40	18	3,28
JUMP*	20	53	27	4	41	4,72
MDR Kultur*	31	39	31	6	32	4,48
MDR 1 Radio S.-A.	39	55	6	54	15	2,91
SAW	39	49	13	37	17	3,43
Brocken	38	58	5	59	12	2,84
Rockland	.	.	.	21	27	4,03
Project 89.0	13	34	53	0	41	4,77
FFH	37	46	17	27	24	3,79
Planet	48	26	26	11	30	4,25
hr1 Info	18	62	20	18	38	4,31
hr2 Kultur	18	65	18	12	49	4,74
hr3 junge Welle	25	59	17	17	34	4,39
hr4 Service	52	30	17	22	35	4,02

* Daten mit dem bundeslandübergreifenden Faktor für die Gesamtstichprobe gewichtet - alle anderen Befragungsdaten innerhalb der einzelnen Länder gewichtet.
Inhaltsanalysedaten mit der Beitragslänge gewichtet.
M = Mittelwert

gebildet: Zum einen wurde der Anteil der regionalen Beiträge errechnet, zum anderen der Anteil der internationalen Beiträge ermittelt und schließlich auch noch der Mittelwert auf der siebenstufigen Regionalitätsskala gebildet.

Die in Abbildung 118 dargestellten Befunde belegen, dass ein klarer Zusammenhang zwischen der geografischen Ausrichtung der Radioprogramme und ihrer Wahrnehmung als regional oder überregional bestehet. Alle drei Indikatoren bestätigen klar die Wahrnehmungsadäquanz auf diesem Spannungsbogen.

Abbildung 118   Zusammenhang zwischen Wahrnehmung und Programmeigenschaften

	lokale und regionale Beiträge	internationale Beiträge	Regionalskala
Hypothese	negativ	positiv	positiv
r	-.79	.75	.81
p	< .001	< .001	< .001

Zur Erläuterung der Koeffizienten und statistischen Kennwerte siehe Anhang 3.

9.2.3   Wahrnehmungsadäquanz: Überraschung vs. Erwartbarkeit

Überraschung vs. Erwartbarkeit bezieht sich in dieser Untersuchung nur auf die Musik. Mit vier Indikatoren aus den Inhaltsanalysedaten wurde dieser Spannungsbogen operationalisiert (Abbildung 119). Es wird erwartet, dass Musik vor allem dann als überraschend wahrgenommen wird, wenn ein Sender bei der Musikauswahl auf ganz unterschiedliche Musikstile zurückgreift, oder wenn er innerhalb der von ihm hauptsächlich gespielten Musikhauptrichtung viel Abwechslung bietet. Die Erwartbarkeit ist hoch, wenn das Spektrum der ausgewählten Stile gering und innerhalb dieses Spektrums nur einseitig ausgewählt wurde. Der erste Aspekt der Vielfalt wird anhand des Anteils der unterschiedlichen Musikstile am Programm operationalisiert, dazu wurde der sogenannte Diversity-Index errechnet (vgl. Franzmann & Wagner 1999). Der zweite Aspekt wurde anhand der Unterschiedlichkeit der ausgewählten Musik im Hinblick auf die Dimensionen Tempo, Klangvolumen, Intensität, Stimmung und Tanzbarkeit operationalisiert. Hierzu wurde die durchschnittliche Standardabweichung auf diesen fünf Dimensionen ermittelt. Je stärker die verschiedenen Lieder sich auf diesen Dimensionen unterscheiden, desto größer ist das Überraschungsmoment. Zwei weitere Indikatoren für Erwartbarkeit sind die Anzahl von Top 50 Charthits sowie der Anteil der Musikwiederholungen, also des Prozentsatzes an Liedern, die im Laufe eines Tages wiederholt werden. Je höher der Anteil der Top 50 Chart-Hits und je größer der Anteil an Wiederholungen, desto größer ist bzw. sollte die Erwartbarkeit eines Musikprogramms sein.

Abbildung 119   Wahrnehmung der Sender und Programmeigenschaften im Vergleich: Überraschung vs. Erwartbarkeit

	Wahrnehmung durch die Hörer			Indikatoren der Inhaltsanalyse			
	überra-schende Musik	unent-schieden	erwart-bare Musik	Vielfalt der Musik-rich-tungen	Standard-abwei-chung über alle fünf Musik-dimen-sionen	Anzahl der Top 50 Chart-Hits	Rotation: Anteil der Musik-wieder-holungen
	%	%	%	Diversity-Index**	M	n	%
Antenne Th.	58	16	26	62	0,730	12	11
Landeswelle Th.	38	6	56	55	0,728	6	19
TOP 40	.	.	.	75	0,762	6	13
MDR 1 Radio Th.	51	11	38	63	0,692	0	2
JUMP*	67	7	26	68	0,794	13	16
MDR Kultur*	29	14	57	54	0,758	0	0
MDR 1 Radio S.-A.	49	18	33	67	0,650	1	1
SAW	52	11	37	47	0,716	19	14
Brocken	41	23	36	50	0,738	6	1
Rockland	.	.	.	57	0,748	1	2
Project 89.0	33	13	54	73	0,758	6	15
FFH	45	10	45	58	0,734	18	13
Planet	53	3	43	72	0,694	21	28
hr1 Info	40	14	47	62	0,668	2	1
hr2 Kultur	19	0	81	19	.	1	0
hr3 junge Welle	52	18	31	66	0,764	12	6
hr4 Service	50	14	36	68	0,594	1	1

* Daten mit dem bundeslandübergreifenden Faktor für die Gesamtstichprobe gewichtet - alle anderen Befragungsdaten innerhalb der einzelnen Länder gewichtet.
Inhaltsanalysedaten mit der Beitragslänge gewichtet.
** Diversity-Index: Maß für die Vielfalt. Je höher der Wert, desto größer die Vielfalt.
M = Mittelwert der Standardabweichungen

Beim Spannungsbogen Überraschung vs. Erwartbarkeit sind die Befunde zur Wahrnehmungsadäquanz weniger eindeutig (Abbildung 120). Nur bei einem Indikator finden sich hypothesenkonforme Zusammenhänge. Programme, die eine größere Vielfalt an Stilen im Programm berücksichtigen, werden als überraschender wahrgenommen. Die Vielfalt der Musikdimensionen und eine hohe Musikrotation wirken sich hingegen gar nicht auf die Wahrnehmung aus. Eher gegen die These von der Wahrnehmungsadäquanz spricht der Befund, dass Sender, die viele Top 50 Chart-Hits spielen, eher als überraschend wahrgenommen werden. Eine Erklärung für diesen auf den ersten Blick überraschenden

Befund ist möglicherweise, dass es sich bei den Top 50 Chart-Hits um besonders neue Titel handelt, die erst seit relativ kurzer Zeit auf dem Markt sind und von daher zumindest am Anfang auch ein gewisses Überraschungsmoment beinhalten, auch wenn sie dann immer wieder in relativ kurzen Abständen wiederholt werden und damit eigentlich längerfristig zu einer erhöhten Erwartbarkeit beitragen sollten.

Abbildung 120   Zusammenhang zwischen Wahrnehmung und Programmeigenschaften: Überraschung vs. Erwartbarkeit

	Vielfalt der Musikrichtungen	Standardabweichung über alle fünf Musikdimensionen	Anzahl der Top 50 Chart-Hits	Rotation: Anteil der Musikwiederholungen
Hypothese	negativ	Negativ	positiv	positiv
r	-.65	.04	-.44	-.26
p	< .001	n.s.	< .10	n.s.

Zur Erläuterung der Koeffizienten und statistischen Kennwerte siehe Anhang 3.

9.2.4   Wahrnehmungsadäquanz: Intellektualität vs. Emotionalität

Als Indikatoren für die Pole des Spannungsbogens Intellektualität vs. Emotionalität kommen ganz unterschiedliche Kategorien bei verschiedenen Programmelementen in Betracht. Im Bereich der gesellschaftsbezogenen Informationen wird ein hoher Anteil an Hintergrundberichterstattung als Indikator für Intellektualität angesehen, im Angebotssegment Spiele ist dies ein hoher Anteil an wissensbasierten Spielen, bei der Hörerbeteiligung ein großer Anteil von anspruchsvolleren Themen aus den Bereichen Politik, Gesellschaft und Kultur sowie ein hoher Anteil an ausführlichen Statements der Anrufer. Ein Indikator für Intellektualität ist auch der Umfang, den die eigenständigen Informationsbeiträge einnehmen, also jener Beiträge, die nicht im Rahmen eines Nachrichtenblocks gesendet werden. Stärker für die Intellektualität eines Programms spricht ebenfalls, wenn sich die humorvollen Beiträge vor allem auf Politik und Gesellschaftskritik beziehen und weniger auf unpolitische Comedy, und schließlich wird auch ein hoher Anteil von Hörspielen, Buchlesungen, Dokumentationen und Schulfunk als Indikator für die Intellektualität eines Programms verwendet. Als Indikatoren für die Emotionalität eines Programms werden ein hoher Anteil an Informationsbeiträgen aus den Bereichen Verbrechen und Softnews sowie ein großer Anteil an Beiträgen, in denen entweder über große Konflikte und/oder sehr positive Entwicklungen berichtet wird, verwendet. Weitere Indikatoren für Emotionalität, die in die Auswertung mit einbezogen wurden, sind ein großer Anteil von Hörerbeteiligung, die als Geplauder, Erzählen von Anekdoten oder als Kummerkasten klassifiziert worden sind, und eine hohe durchschnittliche Gewinnhöhe bei den von den Sendern veranstalteten Spielen, sowie eine spaßorientierte Konzeption der Spiele. Insgesamt sind also elf Indikatoren der Inhaltsanalyse für diesen Spannungsbogen identifiziert worden (Abbildung 121, 122, 123).

Abbildung 121 Wahrnehmung der Sender und Programmeigenschaften im Vergleich: Intellektualität vs. Emotionalität (I)

	Wahrnehmung durch die Hörer			Indikatoren der Inhaltsanalyse			
	Intellektualität: Stoff zum Nachdenken	unentschieden	Emotionalität: Bewegende Gefühle	Hintergrundberichterstattung	eigenständige Infobeiträge	explizite Konflikte und/oder explizit Positives	Softnews und Verbrechen
	%	%	%	M	%	%	%
Antenne Th.	15	53	32	2,67	22	43	31
Landeswelle Th.	21	46	33	2,11	3	32	19
TOP 40	.	.	.	1,64	1	36	46
MDR 1 Radio Th.	11	62	27	2,72	30	29	27
JUMP*	24	42	35	2,07	12	40	26
MDR Kultur*	43	50	7	3,25	52	53	22
MDR 1 Radio S.-A.	17	53	30	2,52	38	32	16
SAW	16	48	36	2,44	6	21	21
Brocken	11	50	40	2,06	3	35	28
Rockland	.	.	.	2,32	5	29	30
Project 89.0	17	38	45	1,96	4	41	38
FFH	11	39	50	3,00	25	51	34
Planet	26	30	44	2,29	23	51	47
hr1 Info	51	42	7	2,98	70	56	16
hr2 Kultur	57	36	7	3,37	75	48	11
hr3 junge Welle	23	42	35	2,40	26	44	43
hr4 Service	13	62	25	2,89	47	26	32

* Daten mit dem bundeslandübergreifenden Faktor für die Gesamtstichprobe gewichtet - alle anderen Befragungsdaten innerhalb der einzelnen Länder gewichtet.
Inhaltsanalysedaten mit der Beitragslänge gewichtet.
M = Mittelwert

Abbildung 122 Wahrnehmung der Sender und Programmeigenschaften im Vergleich: Intellektualität vs. Emotionalität (II)

	Wahrnehmung durch die Hörer			Indikatoren der Inhaltsanalyse		
	Intellek-tualität: Stoff zum Nach-denken	unent-schieden	Emotio-nalität: Bewe-gende Gefühle	ausführ-liche Hörer-statements	Hörerstate-ments über Politik, Gesellschaft und Kultur	Anekdoten, Geplauder Kummer-kasten bei der Hörer-beteiligung
	%	%	%	%	%	%
Antenne Th.	15	53	32	0,11	55	30
Landeswelle Th.	21	46	33	0,21	55	35
TOP 40	.	.	.	0,03	15	85
MDR 1 Radio Th.	11	62	27	0,08	10	20
JUMP*	24	42	35	0,21	5	70
MDR Kultur*	43	50	7	0,03	0	100
MDR 1 Radio S.-A.	17	53	30	0,55	0	20
SAW	16	48	36	0,00	0	0
Brocken	11	50	40	0,03	0	100
Rockland	.	.	.	0,03	0	0
Project 89.0	17	38	45	0,10	0	85
FFH	11	39	50	0,92	0	75
Planet	26	30	44	0,17	10	90
hr1 Info	51	42	7	0,20	25	0
hr2 Kultur	57	36	7	0,15	0	0
hr3 junge Welle	23	42	35	0,32	25	55
hr4 Service	13	62	25	0,00	0	0

* Daten mit dem bundeslandübergreifenden Faktor für die Gesamtstichprobe gewichtet - alle anderen Befragungsdaten innerhalb der einzelnen Länder gewichtet.
Inhaltsanalysedaten mit der Beitragslänge gewichtet.

Abbildung 123 Wahrnehmung der Sender und Programmeigenschaften im Vergleich: Intellektualität vs. Emotionalität (III)

	Wahrnehmung durch die Hörer			Indikatoren der Inhaltsanalyse			
	Intellektualität: Stoff zum Nachdenken	unentschieden	Emotionalität: Bewegende Gefühle	Hochkultur	wissensbasierte Spiele	spaßbasierte Spiele	Gewinnhöhe
	%	%	%	%	%	%	M
Antenne Th.	15	53	32	0,06	15	45	2,0
Landeswelle Th.	21	46	33	0,00	45	5	1,5
TOP 40	.	.	.	0,00	20	15	0,8
MDR 1 Radio Th.	11	62	27	0,43	40	20	1,0
JUMP*	24	42	35	0,00	30	70	1,4
MDR Kultur*	43	50	7	7,67	80	0	1,0
MDR 1 Radio S.-A.	17	53	30	0,48	95	5	1,0
SAW	16	48	36	0,00	0	45	1,7
Brocken	11	50	40	0,03	40	50	1,3
Rockland	.	.	.	0,00	0	35	1,3
Project 89.0	17	38	45	0,00	0	100	0,6
FFH	11	39	50	0,06	55	35	1,9
Planet	26	30	44	0,00	50	10	1,7
hr1 Info	51	42	7	1,38	55	15	1,5
hr2 Kultur	57	36	7	9,24	75	0	1,0
hr3 junge Welle	23	42	35	0,05	25	85	0,5
hr4 Service	13	62	25	0,34	0	65	1,0

* Daten mit dem bundeslandübergreifenden Faktor für die Gesamtstichprobe gewichtet - alle anderen Befragungsdaten innerhalb der einzelnen Länder gewichtet.
Inhaltsanalysedaten mit der Beitragslänge gewichtet.
M = Mittelwert

Bei sechs von elf Indikatoren sprechen die Befunde ganz klar für die Richtigkeit der Annahme der Wahrnehmungsadäquanz (Abbildung 124 und 125). Keine Bestätigung für die These konnte im Bereich der Hörerbeteiligung festgestellt werden. Die Merkmale der Hörerbeteiligung tragen offenbar nicht entscheidend dazu bei, ob ein Programm eher als intellektuell oder eher als emotional wahrgenommen wird. Von den drei Indikatoren zum Programmelement Spiele erweisen sich zwei als signifikant: Ein hoher Anteil wissensbasierter Spiele lässt ein Programm intellektueller erscheinen, ein hoher Anteil spaßorientierter Spiele hingegen stärker als emotional. Die Höhe der zu gewinnenden Preise wirkt sich hingegen nicht auf die Wahrnehmung eines Programms als besonders emotional aus.

Anders als vermutet ist der Zusammenhang zwischen der expliziten Betonung von Konflikten und/oder Positivem und der Wahrnehmung der Programme als

Abbildung 124   Zusammenhang zwischen Wahrnehmung und Programmeigenschaften: Intellektualität vs. Emotionalität (I)

	ausführliche Hörer-Statements	Hörer-statements über Politik, Gesellschaft und Kultur	Anekdoten, Geplauder Kummer-kasten bei der Hörer-beteiligung	wissens-basierte Spiele	Spaß-basierte Spiele	Gewinn-höhe
Hypothese	negativ	negativ	positiv	negativ	positiv	positiv
r	.26	-.01	.33	-.49	.51	.19
p	n.s.	n.s.	n.s.	< .10	< .05	n.s.

Zur Erläuterung der Koeffizienten und statistischen Kennwerte siehe Anhang 3.

emotional vs. intellektuell: Programme, in denen diese Themenaspekte in der
Berichterstattung stark betont werden, werden eher als intellektuell und nicht als
emotional wahrgenommen.

Abbildung 125   Zusammenhang zwischen Wahrnehmung und Programmeigenschaften: Intellektualität vs. Emotionalität (II)

	Hintergrund-bericht-erstattung	eigenständige Infobeiträge	Hochkultur	Softnews und Verbrechen	explizite Konflikte und/oder explizit Positives
Hypothese	negativ	negativ	negativ	positiv	positiv
r	-.67	-.84	-.81	.60	-.47
p	< .01	< .001	< .001	< .05	< .10

Zur Erläuterung der Koeffizienten und statistischen Kennwerte siehe Anhang 3.

9.2.5   Wahrnehmungsadäquanz: Aktualität vs. Sorgfalt

Der Spannungsbogen von Aktualität vs. Sorgfalt wurde durch vier Indikatoren
operationalisiert (Abbildung 126). Zum einen wurde die Aktualität der Berichterstattung gemessen, indem geprüft wurde, welche Zeitangabe in den Beiträgen
hinsichtlich des berichteten Geschehens gemacht wurden. Die Sorgfalt wird
durch drei Indikatoren operationalisiert: Zum einen durch die Nennung von
Quellen. Wenn in den Informationsbeiträgen die Informationsquellen deutlich
gemacht werden, dann ist dies ein Anzeichen von Sorgfalt. Ein weiterer Indikator
für Sorgfalt ist die Beantwortung der sogenannten W-Fragen (wer? wann? was?
wo? wie?). Je mehr dieser Fragen in einem Beitrag beantwortet werden, desto
größer ist die Sorgfalt, mit der er erstellt wurde. Schließlich kann auch hier wieder die Intensität der Hintergrundberichterstattung herangezogen werden. Eine
intensive Thematisierung von Hintergründen kann nicht nur als Indikator für Intellektualität, sondern auch für Sorgfalt angesehen werden.

Abbildung 126   Wahrnehmung der Sender und Programmeigenschaften im Vergleich: Aktualität vs. Sorgfalt

	Wahrnehmung durch die Hörer			Indikatoren der Inhaltsanalyse			
	Aktualität	unent-schieden	Sorgfalt	Aktualität	W-Fragen	Quelle benannt	Hinter-grund-bericht-erstattung
	%	%	%	M	M	%	M
Antenne Th.	47	20	33	2,14	4,11	53	2,67
Landeswelle Th.	49	33	18	2,30	4,16	33	2,11
TOP 40	.	.	.	1,85	4,28	14	1,64
MDR 1 Radio Th.	54	23	24	2,04	4,42	39	2,72
JUMP*	56	20	25	1,92	4,10	42	2,07
MDR Kultur*	8	23	69	1,78	4,83	46	3,25
MDR 1 Radio S.-A.	49	17	34	1,93	4,71	47	2,52
SAW	54	18	28	2,09	4,67	26	2,44
Brocken	29	27	44	1,88	4,31	33	2,06
Rockland	.	.	.	2,13	4,77	66	2,32
Project 89.0	31	28	41	1,41	4,38	36	1,96
FFH	59	19	22	2,25	4,58	51	3,00
Planet	67	21	13	2,21	4,34	50	2,29
hr1 Info	15	23	62	1,74	4,69	50	2,98
hr2 Kultur	14	0	86	1,38	4,66	88	3,37
hr3 junge Welle	47	20	33	1,95	4,42	22	2,40
hr4 Service	46	23	30	1,67	4,44	48	2,89

* Daten mit dem bundesländübergreifenden Faktor für die Gesamtstichprobe gewichtet - alle anderen Befragungsdaten innerhalb der einzelnen Länder gewichtet.
Inhaltsanalysedaten mit der Beitragslänge gewichtet. M = Mittelwert

Auch die Ergebnisse beim Spannungsbogen Aktualität vs. Sorgfalt sprechen eindeutig für die Wahrnehmungsadäquanz (Abbildung 127). Wenn in der Berichterstattung deutlich wird, dass die Ereignisse, über die berichtet wird, sich zeitnah zum Zeitpunkt der Berichterstattung ereignet haben, dann wird der Sender als aktueller wahrgenommen. Wenn hingegen die W-Fragen besonders komplett beantwortet, die Informationsquellen präzise benannt und die Hintergründe der Ereignisse ausgeleuchtet werden, dann wird der Sender eher als sorgfaltsorientiert wahrgenommen.

Abbildung 127   Zusammenhang zwischen Wahrnehmung und Programmeigenschaften: Aktualität vs. Sorgfalt

	Aktualität	W-Fragen	Quelle benannt	Hintergrund-berichterstattung
Hypothese	negativ	positiv	positiv	positiv
r	-.74	.53	.48	.55
p	< .01	< .05	< .10	< .05

Zur Erläuterung der Koeffizienten und statistischen Kennwerte siehe Anhang 3.

9.2.6 Wahrnehmungsadäquanz: Konflikt vs. Harmonie

Die Dimension Konflikt vs. Harmonie wurde durch zwei Kategorien der Inhaltsanalyse abgebildet (Abbildung 128). Zum einen wurde gemessen, ob in den gesellschaftsbezogenen Beiträgen über Konflikte berichtet wird, und wenn dies der Fall ist, wie ausgeprägt diese Konflikte sind. Zum anderen wurde erhoben, ob in den Beiträgen positive Ereignisse und Entwicklungen implizit oder explizit thematisiert werden oder über Schönes und Angenehmes berichtet wird. Die Thematisierung solcher positiven Themenaspekte wird als Indikator für eine harmonieorientierte Berichterstattung interpretiert.

Abbildung 128 Wahrnehmung der Sender und Programmeigenschaften im Vergleich: Konflikt vs. Harmonie

	Wahrnehmung durch die Hörer			Indikatoren der Inhaltsanalyse	
	Konflikt	unent-schieden	Harmonie	Konflikt-haltigkeit	Positives
	%	%	%	M	M
Antenne Th.	34	55	11	2,06	1,45
Landeswelle Th.	39	48	13	1,88	1,30
TOP 40	.	.	.	2,02	1,26
MDR 1 Radio Th.	31	63	7	1,91	1,32
JUMP*	35	42	23	2,22	1,18
MDR Kultur*	29	21	50	2,09	1,55
MDR 1 Radio S.-A.	38	57	5	1,63	1,54
SAW	42	43	15	1,78	1,24
Brocken	35	54	11	1,94	1,23
Rockland	.	.	.	1,92	1,25
Project 89.0	22	38	41	1,98	1,34
FFH	23	49	28	2,30	1,49
Planet	18	21	61	2,32	1,58
hr1 Info	61	39	0	2,31	1,64
hr2 Kultur	24	53	24	2,11	1,86
hr3 junge Welle	35	42	23	2,35	1,19
hr4 Service	24	53	24	1,76	1,15

* Daten mit dem bundeslandübergreifenden Faktor für die Gesamtstichprobe gewichtet - alle anderen Befragungsdaten innerhalb der einzelnen Länder gewichtet.
Inhaltsanalysedaten mit der Beitragslänge gewichtet.
M = Mittelwert

Beim Spannungsbogen Konflikt vs. Harmonie sprechen die Befunde gegen die These der Wahrnehmungsadäquanz. Zwischen den hier erhobenen Inhaltsanalysekategorien, die als Indikatoren für Konflikt und Harmonie fungieren sollten, und der Wahrnehmung der Sender durch die Rezipienten besteht kein signifikanter Zusammenhang (Abbildung 129). Offenbar orientieren sich die Hörer an anderen Merkmalen der Berichterstattung. Möglicherweise wurden mit diesen Kategorien Merkmale erhoben, die für die Hörer in dieser Hinsicht nicht von Relevanz sind. Eine andere Möglichkeit, die Befunde zu erklären, besteht darin, dass die Rezipienten diese Eigenschaften ihres Programms nicht bewusst wahrnehmen. Die in der Befragung ermittelten Aussagen zu den Programmen wären dann eher Ausdruck einer ad hoc gebildeten Einschätzung und nicht Ausdruck einer erfahrungsbasierten Wahrnehmung.

Abbildung 129 Zusammenhang zwischen Wahrnehmung und Programmeigenschaften: Konflikt vs. Harmonie

Hypothese	Konflikthaltigkeit negativ	Positives positiv
r	.25	.12
p	n.s.	n.s.

Zur Erläuterung der Koeffizienten und statistischen Kennwerte siehe Anhang 3.

9.2.7 Wahrnehmungsadäquanz: Nähe vs. Distanz

Der Spannungsbogen von Nähe vs. Distanz bezieht sich ganz explizit auf die Moderation. Der wichtigste Indikator für Nähe vs. Distanz ist der Präsentationsstil. Als Indikatoren für Nähe wird ein lockerer, cooler oder freundlicher Stil interpretiert, als Indikator für Distanz hingegen ein sachlicher oder analysierender Stil. Für diese beiden Stilgruppen wurde jeweils der Anteil an der Moderation berechnet (Abbildung 130). Als weitere Kategorie, um Nähe und Distanz zu messen, wurde die Publikumsansprache berücksichtigt. Hierfür ist eine vierstufige Skala gebildet und dann bei jedem Sender der Mittelwert berechnet worden. Der höchste Wert auf der Skala wird vergeben, wenn die Moderatoren ihr Publikum mit Du ansprechen, der zweithöchste, wenn sie es mit Sie ansprechen, der dritthöchste, wenn sie es indirekt ansprechen, und der niedrigste, wenn sie es gar nicht ansprechen. Das wäre das stärkste Anzeichen für Distanz.

Zumindest tendenziell wird die These der Wahrnehmungsadäquanz auch beim Spannungsbogen von Nähe vs. Distanz durch die ermittelten Befunde unterstützt. Alle drei Korrelationen weisen in die erwartete Richtung, allerdings erreicht lediglich eine das Kriterium statistischer Signifikanz, die anderen beiden sind jedoch nur knapp an der Signifikanzgrenze gescheitert (Abbildung 131). Ein hoher Anteil eines lockeren, coolen und freundlichen Präsentationsstils verstärkt den Eindruck von Nähe. Im Gegensatz dazu wird der Eindruck von Distanz durch einen hohen Anteil sachlicher und analysierender Präsentation nicht so stark befördert. Auch eine persönliche Ansprache führt nicht in dem Maße zur Wahrnehmung von Nähe wie ein großer Anteil eines lockeren, coolen und/oder freundlichen Präsentationsstils.

300 Radioqualität - was die Hörer wollen und was die Sender bieten

Abbildung 130   Wahrnehmung der Sender und Programmeigenschaften im Vergleich: Nähe vs. Distanz

	Wahrnehmung durch die Hörer			Indikatoren der Inhaltsanalyse		
	Nähe: lockere Moderatoren	unent- schieden	Distanz: seriöse Moderatoren	locker, cool und freundlich	sachlich und analy- sierend	persönliche Hörer- ansprache
	%	%	%	%	%	M
Antenne Th.	81	13	6	48	51	2,3
Landeswelle Th.	73	15	12	32	68	2,5
TOP 40	.	.	.	63	37	2,6
MDR 1 Radio Th.	71	20	10	28	68	2,1
JUMP*	87	7	7	46	54	2,5
MDR Kultur*	15	31	54	7	64	1,8
MDR 1 Radio S.-A.	73	8	19	22	72	2,3
SAW	89	7	5	40	56	2,0
Brocken	83	15	3	41	59	2,3
Rockland	.	.	.	32	66	3,2
Project 89.0	95	5	0	70	30	2,4
FFH	87	11	2	48	48	2,3
Planet	90	7	3	83	16	3,4
hr1 Info	40	19	42	10	80	1,8
hr2 Kultur	8	46	46	35	52	2,3
hr3 junge Welle	81	16	4	38	57	1,7
hr4 Service	72	13	15	25	69	2,1

* Daten mit dem bundeslandübergreifenden Faktor für die Gesamtstichprobe gewichtet - alle anderen Befragungsdaten innerhalb der einzelnen Länder gewichtet. Inhaltsanalysedaten mit der Beitragslänge gewichtet.
M = Mittelwert

Abbildung 131   Zusammenhang zwischen Wahrnehmung und Programm- eigenschaften: Nähe vs. Distanz

	locker, cool und freundlich	sachlich und analysierend	persönliche Höreransprache
Hypothese	negativ	positiv	negativ
r	-.67	.42	-.40
p	< .01	n.s.	n.s.

Zur Erläuterung der Koeffizienten und statistischen Kennwerte siehe Anhang 3.

9.2.8   Wahrnehmungsadäquanz: Wahrheit vs. Rücksichtnahme

Wie bereits an anderer Stelle erläutert, müssten für die angemessene Operationalisierung von Wahrheit vs. Rücksichtnahme Außenkriterien herangezogen werden. Da die Berücksichtigung solcher Kriterien im Rahmen dieser Arbeit nicht möglich war, kann eine inhaltsanalytische Erfassung dieses Spannungsbogen nur indirekt und annäherungsweise erfolgen. Als Anzeichen für Rücksichtnahme könnte beispielsweise ein geringer Anteil von Konfliktberichterstattung gewertet werden (Abbildung 132). Als Anzeichen für den Versuch, möglichst wahrheitsgemäß zu berichten, könnten hingegen der sorgfältige Nachweis von Quellen, die Beantwortung der W-Fragen oder – im Sinne eines Indikators für Authentizität und damit Wahrheit – der Einsatz von O-Ton, Reporterschaltungen und Interviews interpretiert werden.

Abbildung 132   Wahrnehmung der Sender und Programmeigenschaften im Vergleich: Wahrheit vs. Rücksichtnahme

	Wahrnehmung durch die Hörer			Indikatoren der Inhaltsanalyse			
	Wahr-heit	unent-schieden	Rück-sicht-nahme	W-Fragen	Quelle genannt	Beiträge mit O-Ton, Inter-views, Reportern	Konflikt-haltig-keit
	%	%	%	M	%	%	M
Antenne Th.	54	25	21	4,11	53	71	2,06
Landeswelle Th.	40	36	24	4,16	33	36	1,88
TOP 40	.	.	.	4,28	14	0	2,02
MDR 1 Radio Th.	65	28	7	4,42	39	58	1,91
JUMP*	53	19	28	4,10	42	19	2,22
MDR Kultur*	55	18	27	4,83	46	62	2,09
MDR 1 Radio S.-A.	65	21	14	4,71	47	55	1,63
SAW	66	20	14	4,67	26	50	1,78
Brocken	50	39	11	4,31	33	33	1,94
Rockland	.	.	.	4,77	66	53	1,92
Project 89.0	65	8	27	4,38	36	5	1,98
FFH	45	25	31	4,58	51	76	2,30
Planet	36	20	44	4,34	50	29	2,32
hr1 Info	66	9	26	4,69	50	88	2,31
hr2 Kultur	62	7	31	4,66	88	76	2,11
hr3 junge Welle	45	27	29	4,42	22	61	2,35
hr4 Service	40	40	20	4,44	48	51	1,76

* Daten mit dem bundeslandübergreifenden Faktor für die Gesamtstichprobe gewichtet - alle anderen Befragungsdaten innerhalb der einzelnen Länder gewichtet.
Inhaltsanalysedaten mit der Beitragslänge gewichtet. M = Mittelwert

Der Spannungsbogen von *Wahrheit* vs. *Rücksichtnahme* entzieht sich weitgehend der Wahrnehmung der Rezipienten, ebenso wie er sich der direkten Wahrnehmung der wissenschaftlichen Beobachtung entzieht. Im gleichen Maße, wie es bei diesem Spannungsbogen für die Prüfung der Wahrnehmungsadäquanz eines Außenkriteriums bedarf, brauchen auch die Rezipienten, wenn sie denn über ein Programm eine fundierte Aussage machen wollen, weitere Informationen (über die sie in der Regel nicht verfügen). Ein beträchtlicher Teil der Rezipienten war sich darüber im Klaren und hat sich geweigert, zu diesem Spannungsbogen Aussagen zu machen. Bei keinem der Spannungsbögen gab es annähernd so viele Antwortverweigerungen wie bei diesem. Da diese Spannungsdimension der direkten Wahrnehmung kaum zugänglich ist, haben die meisten anderen Befragten bei dieser Frage vermutlich nichts anderes gemacht als das Image zu formulieren, das sie vom jeweiligen Sender haben.

Schaut man sich nun an, ob dieses Image mit den Merkmalen der Inhaltsanalyse zusammenhängt, die als Indikatoren angenommen werden könnten, dann stellt man fest, dass dies in drei von vier Fällen nicht der Fall ist. In einem Fall stellt sich der Zusammenhang sogar genau andersherum dar als ursprünglich vermutet (Abbildung 133). Eine geringes Maß an Konflikthaltigkeit wird nicht als Anzeichen von Rücksichtnahme interpretiert, sondern eher als Zeichen von Wahrheit. Hier zeigt sich zum ersten und einzigen Mal ein eindeutig signifikanter Zusammenhang, der der Ausgangsthese widerspricht.

Abbildung 133   Zusammenhang zwischen Wahrnehmung und Programmeigenschaften: Wahrheit vs. Rücksichtnahme

	W-Fragen	Quelle genannt	Beiträge mit O-Ton, Interviews, Reportern	Konflikthaltigkeit
Hypothese	negativ	negativ	negativ	negativ
r	-.29	.11	-.12	.60
p	n.s.	n.s.	n.s.	< .05

Zur Erläuterung der Koeffizienten und statistischen Kennwerte siehe Anhang 3.

9.2.9   Zusammenfassung zur Wahrnehmungsadäquanz

Zusammenfassend lässt sich sagen, dass die präsentierten Befunde im Großen und Ganzen die These von der Wahrnehmungsadäquanz eindrucksvoll bestätigen. Bei einem Großteil der Programmmerkmale, von denen vermutet wurde, dass sie einen Einfluss auf die Wahrnehmung eines Programms haben, zeigte sich dieser vermutete Effekt. Allerdings konnte bei zwei der acht Spannungsbögen kein signifikanter Zusammenhang ermittelt werden. Dabei handelt es sich – nicht überraschend – um den Spannungsbogen Wahrheit vs. Rücksichtnahme und – was nicht zu erwarten war – um den Bogen Konflikt vs. Harmonie. Insgesamt können sich die Programmmacher aber darauf verlassen, dass die Hörer sehr genau wahrnehmen, wie die Programme gemacht werden, und dies bei ihren Programmentscheidungen berücksichtigen. Diese Wahrnehmung ist zweifellos ein subjektiver Konstruktionsprozess, aber er weist doch so viele intersubjektive Gemeinsamkeiten auf, dass die These der Wahrnehmungsadäquanz bestätigt werden konnte.

10. Resümee

10.1 Zentrales Ergebnis: Hörer orientieren sich an ihren Erwartungen und sie wissen, was sie hören!

Im Mittelpunkt der Untersuchung stand die Beantwortung von zwei Forschungsfragen, die unter den Überschriften „Subjektive Qualitätsauswahl" und „Wahrnehmungsadäquanz" behandelt wurden.

❒ *Subjektive Qualitätsauswahl:* Welchen Einfluss haben subjektive Qualtätserwartungen und Qualitätsurteile auf die Auswahl und die Nutzungsintensität von Radioprogrammen? Welche Qualitätskriterien sind dabei von besonderer Bedeutung?

❒ *Wahrnehmungsadäquanz:* Inwieweit entsprechen die subjektiven – durch Befragung gemessenen – Qualitätswahrnehmungen der Radiosender durch die Radiohörer den objektiven – durch Inhaltsanalyse gemessenen – Qualitätsmerkmalen der Radiosender?

Damit wurden aus dem Geflecht der Zusammenhänge zwischen Programmangeboten, Qualitätserwartungen und -wahrnehmungen der Hörer sowie ihren Nutzungsaktivitäten drei Beziehungen herausgegriffen und analysiert (in Abbildung 134 die hervorgehobenen Pfeile). Die Untersuchung dieser drei Beziehungen hat eine Fülle von empirischen Befunden hervorgebracht, die eine komplexe Antwort auf die beiden Fragen ermöglicht. Unter dem Strich lassen sich die Ergebnisse folgendermaßen zusammenfassen, wobei auf alle eigentlich erforderlichen Differenzierungen zwischen den verschiedenen Sendern und Qualitätsdimensionen verzichtet wird.

❒ Zur *subjektiven Qualitätsauswahl:* Die Qualitätserwartungen haben einen erheblichen Einfluss auf die Nutzung der verschiedenen Programme. Drei Momente dieser Erwartungen tragen zur Erklärung der Nutzung bei: Erwartungsgemäß sind die Erwartungen an die Berücksichtigung bestimmter *Musikrichtungen* in den meisten Modellen zur Erklärung der Nutzungshäufigkeit der verschiedenen Sender besonders erklärungskräftig. Aber auch der Wunsch nach der Integration oder dem Vermeiden *anderer Programmelemente* wie Nachrichten, Verkehrsservicemeldungen, humorvoller Beiträge kann die Nutzungshäufigkeit bestimmter Programme mit erklären. Darüber hinaus erweisen sich die *Spannungspräferenzen* und die *Spannungsstärken* auf mehreren Spannungsdimensionen als bedeutsam. Dabei handelt es sich vor allem um die Dimensionen, die sich in der explorativen Vorstudie als wichtig herausgestellt haben. Die Kriterien, die sich eher an einem publizistikwissenschaftlichen Verständnis von Qualität orientieren, sind insgesamt weniger erklärungsrelevant.

Abbildung 134   Die Beziehungen zwischen den Variablen

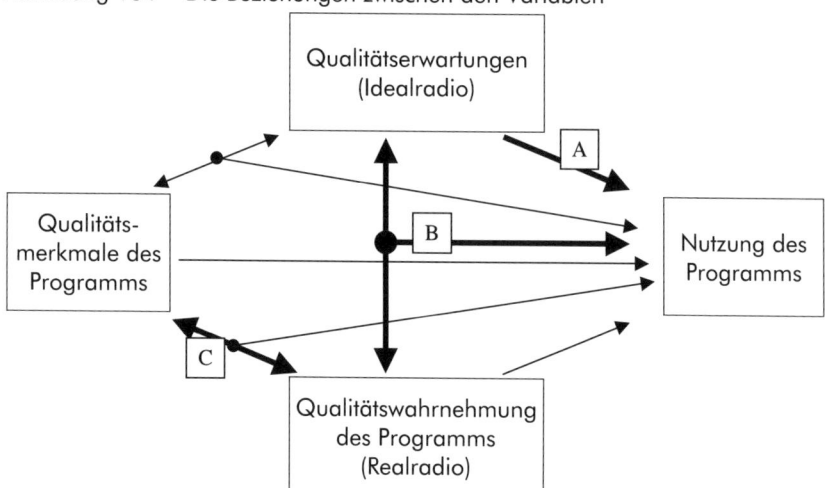

Subjektive Qualitätsauswahl:
A = Effekt der Erwartungen an das Idealradio auf die Nutzung des Realradios.
B = Effekt des Qualitätsurteils auf die Nutzung des Realradios.
Wahrnehmungsadäquanz:
C = Zusammenhang zwischen Wahrnehmung von Qualität und den Programmeigenschaften.

Das aus der Kombination von Qualitätserwartungen und Qualitätswahrnehmung gebildete Qualitätsurteil hat einen signifikanten, aber keinen überragenden Effekt auf die Nutzung des Lieblingsprogramms. Die eher schwache Wirkung dürfte vor allem auf methodische Probleme zurückzuführen sein.

❏ Zur *Wahrnehmungsadäquanz:* Bei den meisten Spannungsbögen besteht ein recht enger Zusammenhang zwischen den Qualitätsmerkmalen der Programme und den Wahrnehmungen der Hörer. Das bedeutet, dass die Hörer sehr genau und differenziert beobachten, was die Sender ihnen präsentieren. Das geht weit über die Musikfarbe hinaus. Diese Kongruenz zwischen Programmmerkmalen und Wahrnehmung ist Voraussetzung für eine an der subjektiven Qualität orientierte Programmplanung.

So weit in aller Kürze die Fragen, die diese Untersuchung geleitet haben, und die Antworten, zu denen diese Untersuchung gekommen ist. Darüber hinaus wurde in den verschiedenen Phasen und Teilprojekten der Untersuchung eine Vielzahl von empirischen Ergebnissen erzielt, die wichtige Bausteine für ein qualitätsbasiertes Modell der Radionutzung darstellen.

10.2 Profil des Forschungsprojekts

Die Ergebnisse der Untersuchung sind auf dem Hintergrund der theoretischen, konzeptionellen und methodischen Entscheidungen zu sehen, die das Profil der Untersuchung ausmachen. Das Profil des Projekts lässt sich zusammenfassend mit sieben Merkmalen beschreiben. Die ersten drei betreffen theoretische Vorannahmen, die anderen vier beziehen sich auf die zentralen empirischen Ergebnisse der einzelnen Schritte der Untersuchung - die Befragung, die Inhaltsanalyse und deren Verknüpfung.

10.2.1 Handlungstheoretische Fundierung des Radiohörens: Gewohnheit und Rationalität

Theoretisch basiert die Untersuchung auf einem handlungstheoretischen Modell, in dessen Mittelpunkt ein Rezipient steht, der sich in seinen medienbezogenen Entscheidungen vor allem zweckrational verhält. In Anlehnung an das Wert-Erwartungsmodell wird diese Zweckrationalität zu rekonstruieren versucht. Aus theoretischen und methodischen Gründen wurden dazu jedoch nicht die probabilistischen Erwartungen[37] an die Programmeigenschaften und deren Bewertungen erhoben. Stattdessen wurden idealistische Erwartungen an die Programmeigenschaften ermittelt („Idealradio") und die Wahrnehmungen dieser Eigenschaften bei den realen Programmen untersucht. Qualität wird auf diese Weise als Qualitäts*urteil* konzipiert und durch die Kombination von Qualitätserwartungen und Qualitätswahrnehmungen rekonstruiert.

10.2.2 Rezipientenorientierter Qualitätsbegriff

Qualitätskriterien – also Gesichtspunkte, unter denen sich entscheiden lässt, ob etwas über Qualität verfügt - lassen sich aus kodifizierten Normensystemen ableiten, sie können aber auch empirisch ermittelt werden. Da es im Rahmen dieser Untersuchung vor allem um die Entwicklung und Prüfung eines Ansatzes zur Erklärung von Radio*nutzung* ging, wurde die Rezipientenperspektive in den Mittelpunkt der Betrachtung gestellt. Die relevanten Qualitätskriterien wurden in einer explorativen Studie, und zwar vor allem in Gruppengesprächen mit Radiohörern ermittelt. Anschließend wurden sie in einer quantitativen Repräsentativbefragung auf ihre Bedeutsamkeit und Erklärungskraft hin geprüft. Dass die Orientierung an den Qualitätskriterien der Rezipienten eine sinnvolle Entscheidung war, hat sich auch bei den Leitfadeninterviews gezeigt, die mit insgesamt sechs Verantwortlichen von privatwirtschaftlichen und öffentlich-rechtlichen Programmen geführt worden sind. Dabei zeigte sich, dass deren Qualitätskriterien sich vornehmlich an den vermuteten Qualitätserwartungen der Rezipienten orientieren und weniger an etablierten publizistischen Kriterien.

---

37 Probabilistische Erwartungen würden angeben, für wie wahrscheinlich es jemand hält, dass ein bestimmtes Programm bestimmte Eigenschaften hat.

10.2.3 Qualität als Ausgleich divergierender Erwartungen: Spannungsbögen

Nicht nur bei der inhaltlichen Dimensionierung von Qualität, auch bei der Konzeptionalisierung der Struktur von Qualitätsurteilen geht die Studie neue Wege. Eines der wesentlichen Ergebnisse der explorativen Voruntersuchung bestand in der Erkenntnis, dass man hohe Qualität nicht dadurch erreichen kann, indem man bestimmte Eigenschaften eines Programms immer mehr steigert. Vielmehr scheint es so zu sein, dass hohe Qualität einem bestimmten Idealpunkt auf einem Spannungsbogen zwischen unterschiedlichen – tendenziell widersprüchlichen – Anforderungsprofilen entspricht. Hohe Qualität wäre demnach der gelungene Ausgleich zwischen divergierenden Erwartungen, die an ein Programm gestellt werden. Dabei handelt es sich nicht allein um einen Ausgleich zwischen den unterschiedlichen Erwartungen verschiedener Rezipienten, sondern vor allem um den Idealpunkt zwischen konfligierenden Ansprüchen von ein und derselben Person.

Im Lichte dieser empirischen Ergebnisse wird deutlich, dass auch in der klassischen normativen Qualitätsdebatte Kriterien formuliert werden, die schwer miteinander vereinbare Anforderungen darstellen, ohne dass diese Widersprüchlichkeit jemals in der notwendigen Deutlichkeit aufgezeigt worden wäre. Besonders einsichtig wird dies – auch empirisch – an dem Spannungsbogen zwischen Aktualität und Sorgfalt.[38] Die Einhaltung beider Kriterien wird nicht nur aus publizistisch-normativer Perspektive vom Radio verlangt, sondern beide Anforderungen werden auch im hohen Maße von Rezipientenseite gestellt. Für die Radioprogramme ist die gleichzeitige Erfüllung beider Anforderungen aber nicht unproblematisch. Es gibt eine nicht – oder nur schwer – auflösbare Spannung zwischen den beiden Polen des Spannungsbogens.

Um empirisch prüfen zu können, ob diese theoretisch vermuteten Spannungen zwischen den unterschiedlichen Erwartungen an das Idealradio tatsächlich auftreten, wurde eine Operationalisierung gewählt, die sowohl die Präferenzen der Befragten als auch das Ausmaß der Spannung zwischen den beiden Polen deutlich macht. Die Ergebnisse dieser Vorgehensweise zeigen klar, dass bei den meisten Dimensionen erhebliche Spannungen zwischen den beiden Polen festzustellen sind, während die Präferenzen zum größten Teil in der Nähe der Mitte – genau zwischen den beiden Extremen – zu verorten sind. Schaut man sich zudem an, wie sich die Hörerschaften der verschiedenen Sender im Bezug auf die Erwartungen an das Idealradio unterscheiden, dann stellt man fest, dass es teilweise deutliche Unterschiede zwischen den Nutzern der verschiedenen Sender gibt und dies sowohl hinsichtlich der Präferenzen als auch hinsichtlich der Spannungsstärke auf den verschiedenen Spannungsbögen. Schon dies deutet darauf

---

38 Eine mögliche Auflösung dieser Spannung wird in der journalistischen Maxime deutlich: „Get it first, but first get it right!"

hin, dass die unterschiedlichen Qualitätserwartungen auf den Spannungsbögen für die Auswahl der Sender von Relevanz sein dürften.

10.2.4 Messung der Wahrnehmung von Qualität: Konsens und Dissens

Eine weitere theoretische Annahme, die der Studie zugrunde liegt, bezieht sich auf die Wahrnehmung von Qualität. Es wurde davon ausgegangen, dass die Wahrnehmung einerseits als subjektiver Konstruktionsprozess anzusehen ist, dass sie aber andererseits auch durch die Eigenschaften des Programms geprägt wird und von daher auch objektiv-realistische Züge trägt. Die empirischen Befunde sprechen für beide Annahmen. Zum einen belegen die Resultate zur These der Wahrnehmungsadäquanz, dass es – zumindest im Aggregat – durchaus einen beachtlichen Konsens bei der Wahrnehmung der unterschiedlichen Programme gibt. Andererseits zeigen die Ergebnisse aber auch, dass unterschiedliche Menschen das gleiche Programme teilweise ganz verschieden wahrnehmen. So bezeichnen beispielsweise 45 Prozent derjenigen, die Hit-Radio FFH als ihr meistgenutztes Programm angeben, die Musikauswahl des Senders als überraschend; exakt die gleiche Prozentzahl von Hörern findet die Auswahl erwartbar, und jeder zehnte ist unentschieden. Derart große, stark polarisierte Wahrnehmungsunterschiede bilden allerdings die Ausnahme. Bei anderen Sendern und auch bei anderen Qualitätsdimensionen ist die Wahrnehmung deutlich homogener. Die Tatsache aber, dass es durchgehend bei allen Programmen und bei allen Merkmalen Unterschiede in der Wahrnehmung gibt und diese im Einzelfall durchaus gravierend ausfallen, rechtfertigt die gewählte Vorgehensweise und belegt die theoretischen Annahmen.

10.2.5 Erklärung der Nutzung durch Qualitätserwartungen und Qualitätsurteil: Subjektive Qualitätsauswahl – rationale Programmwahl

Die These der subjektiven Qualitätsauswahl bezieht sich allein auf Merkmale und Handlungsweisen der Radiohörer; die Programmangebote selbst spielen in diesem Zusammenhang keine Rolle (vgl. Abbildung 91). Von daher erfolgte die Prüfung der These auch allein anhand der Umfragedaten. Die wichtigsten Befunde, die dabei erzielt wurden, sind bereits am Anfang des Resümees genannt worden. Sie sind die zentralen Ergebnisse des Forschungsprojekts. Bei der Interpretation der Befunde wurde jedoch auf die Ergebnisse der Inhaltsanalyse Bezug genommen. Dabei ließ sich eine Vielzahl von Hinweisen entdecken, die zeigen, dass zwischen den Erwartungen der Rezipienten und den Programmeigenschaften systematische Beziehungen bestehen, die sich in den Auswahlentscheidungen der Hörer manifestieren und auf eine rationale Programmwahl hindeuten. Dieser Zusammenhang ist ein weiterer Beleg dafür, wie sehr es sich lohnt, die subjektiven Qualitätserwartungen und -wahrnehmungen der Rezipienten zu untersuchen, da diese sowohl für ein tieferes Verständnis der Radionutzung als auch für eine stärker auf Rezipienten zugeschnittene Programmplanung von entscheidender Bedeutung sind. Die an verschiedenen Stellen herausgearbeiteten Unterschiede zwischen Erwartungen und Programmrealität zeigen aber auch, dass die bestehenden Radioangebote die Erwartungen der Hörer nicht vollständig erfüllen können, also durchaus Optimierungspotential vorhanden ist.

10.2.6 Differenzierte Inhaltsanalyse: Vielfalt im Format

Die Verknüpfung von Befragung und Inhaltsanalyse ist ein herausragendes Merkmal der Untersuchungsanlage. Die Inhaltsanalyse hat dabei vor allem eine dienende Funktion für die Interpretation der Umfrageergebnisse. Aber die Inhaltsanalyse hat sich nicht nur in Verbindung mit der Befragung als ertragreich erwiesen. Einige der bemerkenswerten deskriptiven Befunde der Inhaltsanalyse sollen an dieser Stelle noch einmal hervorgehoben werden. Darunter sind auch Ergebnisse, die im Rahmen der Modellbildung und -prüfung noch gar nicht berücksichtigt werden konnten. Sie verdeutlichen aber auch in dieser Form bereits, welche Funktion einzelne Programmelemente für die Programmkonzeption eines Senders haben.

Hinzuweisen ist in diesem Zusammenhang beispielsweise auf die Befunde zum *Musikprogramm* der Sender, das für die Selektionsentscheidungen der Hörer von besonderer Bedeutung ist. Vergleicht man beispielsweise die drei mit dem Label „Hot AC" versehenen Programme in der Stichprobe (Antenne Thüringen, Radio SAW und Hit-Radio FFH), dann stellt man bereits auf der Ebene der Musikrichtungen fest, dass sich hinter dem gemeinsamen Label mehr Vielfalt verbirgt, als zunächst zu vermuten gewesen wäre. So schwankt beispielsweise der Anteil der aktuellen Pop-Charts im Programm zwischen 52 und 71 Prozent, der Anteil der Oldies beläuft sich auf 3 bis 7 Prozent und Techno variiert zwischen 2 und 8 Prozent. Bemerkenswerte Unterschiede zeigen sich auch z.B. im Verhältnis von männlichen und weiblichen Gesangsstimmen. Hier beträgt die Abweichung zwischen den drei Sendern fast 10 Prozentpunkte. Unterschiedliche Profile der Sender lassen sich auch beim Tempo, dem Klangvolumen, der Stimmung und der Tanzbarkeit feststellen. Allerdings sind hier die Abweichungen sowohl zwischen den Mittelwerten als auch im Bezug auf die Standardabweichungen nicht so ausgeprägt.

Aber nicht nur bei der Musik erlauben die Inhaltsanalysedaten einen genaueren Einblick in die Kompositionsstrategien der Sender, dies gilt auch für andere Programmelemente. Zu nennen ist hier beispielsweise die Verwendung und Bedeutung von *Veranstaltungshinweisen*: Bei der Konzeption der Inhaltsanalyse ist erwartet worden, dass die Veranstaltungshinweise in erster Linie eine Servicefunktion für die Hörer bieten sollen. Die Ergebnisse zeigen dann jedoch, dass sie von sehr vielen Sendern in erheblichen Umfang dazu genutzt werden, um auf solche Veranstaltungen aufmerksam zu machen, die von den Sendern gesponsert oder organisiert werden. Die Veranstaltungshinweise haben damit in der Strategie dieser Sender weniger den Charakter einer Serviceleistung, sondern dienen vor allem der Programmbindung.

Die Herstellung von Nähe zwischen Sender und Hörer ist für die Anbieter zweifellos ein hohes Gut, ein so hohes Gut, dass sie bemüht sind, dieses möglichst genau zu kontrollieren. Das zeigt sich zum Beispiel beim Programmelement *Hörerdialog*. Zum einen findet man, dass die Sender – fast durchgängig – diesem Programmelement nur wenig Sendezeit einräumen, obwohl sich gerade hier doch die Möglichkeit bieten würde, Nähe zum Publikum zu demonstrieren. Hinzu kommt, dass ein beträchtlicher Anteil der Hörerbeteiligungen aus Kurzstatements besteht, die zum Teil vorproduziert und bei Bedarf eingespielt werden. Auf diese Weise wird das Risiko einer ungefilterten Hörerbeteiligung zwar eliminiert, gleichzeitig aber auch der mögliche positive Effekt minimiert. Schließlich zeigt sich die Vorsicht auch bei der Auswahl der Themen. Beim Hörerdialog wird vor allem geplaudert, und es werden Anekdoten erzählt. Politik und andere gesellschaftlich relevante Themen – bei denen es möglicherweise Konflikte geben könnte – werden von den meisten Programmen fast völlig vermieden.

Neben einer solchen auf die Programmelemente bezogenen Betrachtungsweise ist aber auch eine *senderbezogene Perspektive* denkbar und gerade für die Programmplanung instruktiv. Fasst man die zahlreichen Einzelbefunde der Inhaltsanalyse zusammen, dann entsteht aus der Zusammenschau ein facettenreiches Bild vom Profil der unterschiedlichen Programmangebote. Die Identifikation und Darstellung solcher Programmprofile war nicht das Ziel dieses Projekts, dennoch soll an dieser Stelle darauf hingewiesen werden, welche Möglichkeiten die Inhaltsanalysedaten bieten und welche Chancen sich damit eröffnen. Erst im Zusammenhang der verschiedenen Merkmale entsteht ein schlüssiges Bild eines Senders. Dieses Bild kann dann in seiner Gesamtheit mit dem eines anderen Angebots kontrastiert werden, sei es mit dem eines Konkurrenten im Sendegebiet oder auch mit dem eines Pendants jenseits der jeweiligen Konkurrenzsituation. Dadurch können alternative Möglichkeiten der Programmgestaltung studiert werden. Um dies zu illustrieren, soll an dieser Stelle eine solche mehrdimensionale Betrachtung durch eine Gegenüberstellung von Antenne Thüringen und Landeswelle Thüringen skizziert werden. Bei den beiden Sendern findet man nicht nur spezifische Muster bei der Auswahl der Musikrichtungen – dies war aufgrund der unterschiedlichen Formate der Sender zu erwarten; vielmehr variieren auch die Eigenschaften der Musik im Hinblick auf Tempo und Stimmung zwischen den Programmen. Deutliche Unterschiede zeigen sich auch beim Moderationsstil, der bei Antenne Thüringen lockerer und bei der Landeswelle Thüringen sachlicher ist. Bemerkenswert ist ebenfalls der größere Anteil von Verkehrsmeldungen mit Blitzern bei der Landeswelle Thüringen, während Antenne Thüringen der Sportberichterstattung einen deutlich höheren Stellenwert einräumt. Unterschiede zwischen den beiden Sendern findet man zudem bei den Spielen. Die Landeswelle Thüringen setzt deutlich weniger auf reine Glücksspiele als Antenne Thüringen. Die Liste der Unterschiede ließe sich erweitern und ergänzen durch eine Liste der Gemeinsamkeiten. Auf diese Weise können die Profile der Programme beschrieben werden, zwischen denen die Hörer ihre Auswahl treffen.

10.2.7 Integration von Befragung und Inhaltsanalyse: Wahrnehmungsadäquanz

Eine besondere Herausforderung, die in der Untersuchung zu bewältigen war, bestand in der Integration von Inhaltsanalyse und Befragung. Zum einen musste dies auf der Ebene der Programmelemente und Musikrichtungen erfolgen; zum anderen sollten aber auch Indikatoren gefunden werden, mit denen es möglich ist zu prüfen, wie sich die Sender auf den verschiedenen Spannungsbögen positionieren. Dies war insbesondere notwendig, um die These der Wahrnehmungsadäquanz prüfen zu können. Diese Zielsetzung hatte Konsequenzen für die Auswahl der Kategorien, vor allem aber auch für die Entscheidung, welche Programmelemente einer genaueren Analyse unterzogen werden müssen. Im Gegensatz zu den meisten Radiostudien, wurde in der vorliegenden Studie fast das gesamte Programm einer genaueren Auswertung unterzogen. Normaler Weise beschränken sich Programmanalysen darauf, die Struktur des Gesamtprogramms zu erfassen, und konzentrieren sich dann bei der Feinanalyse auf die informierenden Programmbestandteile. Eine solche Vorgehensweise wäre in diesem Falle unangemessen gewesen, zumal dann eines der wichtigsten Programmelemente – die Musik – überhaupt keine weitere Beachtung erfahren hätte. Aber auch andere Programmelemente wie Trailer, Spiele, Hörerbeteiligungen, Moderationen oder Veranstaltungshinweise mussten einer differenzierten Betrachtung unterzogen werden. Die zu diesem Zweck entwickelten Kategorien der Inhaltsanalyse sind in zweierlei Hinsicht ungewöhnlich: Einerseits entsprechen sie vielfach nicht dem, worauf üblicher Weise bei Radioanalysen geachtet wird, und andererseits wurden Kriterien erhoben, die aus der Perspektive einer publizistisch-normativen Qualitätsperspektive völlig irrelevant sind, die aber für das hier entwickelte und untersuchte Verständnis von Qualität durchaus von Bedeutung sind.

So ist beispielsweise die Frage, ob die Hörer eines Senders von den Moderatoren mit „Du" oder „Sie" angesprochen werden oder ob die Spiele im Programm eher spaß- oder eher wettbewerborientiert konzipiert sind, aus publizistischer Perspektive völlig unwichtig. Aus der Perspektive der subjektiven Qualitätsauswahl können sich solche Unterschiede jedoch auf die Wahrnehmung von Nähe oder Distanz zum Hörer auswirken und sind dann für die Rezeptionsentscheidungen durchaus von Bedeutung und verdienen somit Beachtung. Die Ergebnisse zur These der Wahrnehmungsadäquanz zeigen, dass diese Programmmerkmale von den Rezipienten durchaus wahrgenommen werden.

10.3. Anschlussmöglichkeiten für weitere Forschung

An drei Momenten soll exemplarisch deutlich gemacht werden, an welchen Punkten die weitere Forschung anschließen kann.

10.3.1 Weitere Auswertungsmöglichkeiten: Entwicklung von Hörertypologien

Der Vorschlag, die verschiedenen Merkmale und Eigenschaften aus der Inhaltsanalyse nicht isoliert zu betrachten, sondern in zusammenhängenden Programmprofilen darzustellen, kommt einer Betrachtungsweise des Radios als „holistisches Medium" (Bucher) entgegen, das von den Hörern ganzheitlich wahrgenommen und rezipiert wird. Folgt man dieser Argumentation, dann sollten auch beim Rezipienten nicht einzelne isolierte Erwartungen analysiert werden, sondern es wäre notwendig, Erwartungsmuster zu identifizieren und auf diese Weise Hörertypen zu unterscheiden. Anschließend könnte dann untersucht werden, ob sich bestimmte Hörertypen (mit einem spezifischen Muster an Qualitätserwartungen) bestimmten Programmen (mit einem spezifischen Muster von Qualitätsmerkmalen) verstärkt zuwenden oder sie meiden. Methodisch wäre eine Clusteranalyse das Verfahren der Wahl, um die Hörertypen zu identifizieren. Inhaltlich würde auf diese Weise eine Typologie entstehen, die auf Merkmalen beruht, die in einer unmittelbaren Beziehung zu den Programmeigenschaften stehen. Aus einer Konfrontation dieser Hörertypen mit der jeweiligen Programmrealität wären Schlussfolgerungen mit unmittelbarer Handlungsrelevanz möglich. Gleichzeitig könnten aber auch die theoretischen Annahmen der Untersuchung unter einer methodisch anderen Prämisse geprüft werden.

10.3.2 Forschungsbedarf: Konfrontation der subjektiven Qualitätsauswahl mit einem Modell der objektiven Qualitätsauswahl

Dass die Rezipienten die Programmqualität nicht nur sorgfältig beobachten, sondern offenbar auch in ähnlicher Weise wahrnehmen, wie es durch die Inhaltsanalysedaten zum Ausdruck kommt, haben die Befunde zur These der Wahrnehmungsadäquanz gezeigt. Auch die Ergebnisse der Regressionsanalysen, mit denen die These der subjektiven Qualitätsauswahl geprüft wurde, lassen sich in diese Richtung interpretieren. Zumindest sprechen die Schlussfolgerungen, die aus der argumentativen Verknüpfung der Befunde mit den Inhaltsanalysedaten gezogen wurden, für die Behauptung, dass zwischen den subjektiven Wahrnehmungen und den inhaltsanalytisch gemessenen Merkmalen des Programms eine erhebliche Übereinstimmung besteht. Zusammen genommen lassen sich die Resultate als Beleg für eine zweckrationale Wahl interpretieren, und dies nicht nur aus subjektiver Sicht, sondern auch aus einer „objektiven" Perspektive. Allerdings stellt sich die Frage, ob dieser Zusammenhang auch systematisch nachweisbar ist: Gibt es einen positiven Effekt auf die Nutzung eines Programms, wenn die objektiven – durch Inhaltsanalyse gemessenen – Qualitätsmerkmale und Programmeigenschaften - den subjektiven – durch Befragung gemessenen Erwartungen – entsprechen?

Methodisch geht es darum, die Diskrepanz zwischen den inhaltsanalytisch ermittelten Eigenschaften von Programm A und den Erwartungen der Hörerschaft, wie ein Idealprogramm gestaltet sein sollte, mit der Diskrepanz zwischen diesen Erwartungen und den inhaltsanalytisch ermittelten Eigenschaften von Programm B zu vergleichen. Prognostiziert wird dann, dass die Hörer das Programm auswählen und häufiger nutzen, bei dem die Diskrepanz zwischen Qualitätserwartung und der entsprechenden Programmeigenschaft geringer ist (Abbildung 135). Dieser Zusammenhang soll im Anschluss an die These der subjektiven Qualitätsauswahl als *objektive Qualitätsauswahl* bezeichnet werden.

Abbildung 135   Analysemodell für die Objektive Qualitätsauswahl: Auswahlentscheidung eines Hörers (K) zwischen zwei Programmen (A, B) anhand einer Eigenschaft (X)

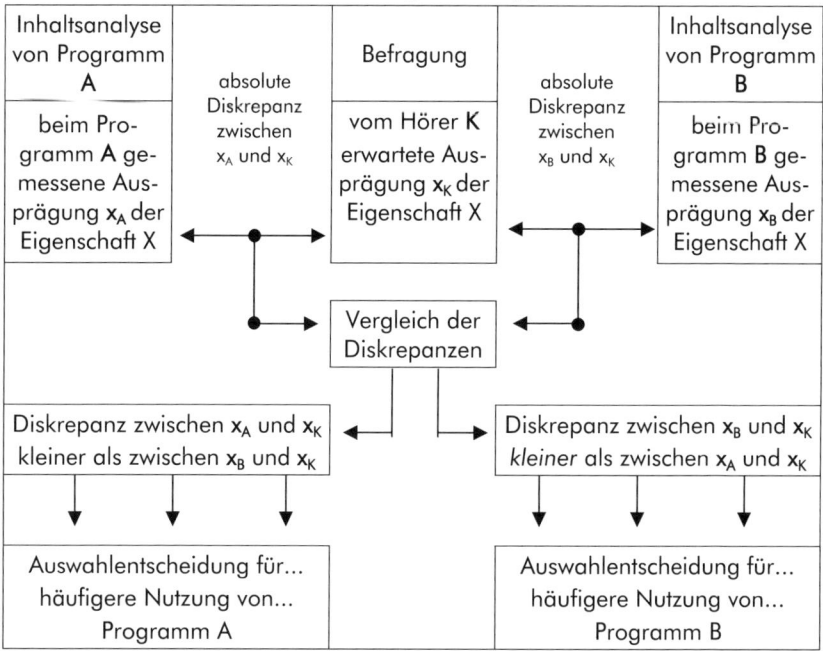

Überprüfen lässt sich die These in Anlehnung an das Diskrepanzmodell des Uses and Gratifications-Ansatzes (vgl. Palmgreen, Wenner & Rayburn 1981). Die gesuchten Gratifikationen (GS) werden in der Formel durch die Qualitätserwartungen (QE) ersetzt, während die erhaltenen Gratifikationen (GO) durch die entsprechenden inhaltsanalytisch gemessenen Qualitätsmerkmale (QM) ausgetauscht werden (Abbildung 136). Der wesentliche Unterschied besteht darin, dass hier die absoluten Werte der Diskrepanz als Entscheidungskriterium gewählt werden und nicht das Vorzeichen der Diskrepanz.[39]

Abbildung 136   Formel in Anlehnung an das Diskrepanzmodell

$$C = \sum_{i=1}^{n} \frac{|(QE_i - QM(A)_i)| - |(QE_i - QM(B)_i)|}{n}$$

C   = Auswahlentscheidung
n   = Anzahl der untersuchten Qualitätsdimensionen
QE_i = Erwartungen an die Qualität des Idealradios
$QM(A)_i$ = Eigenschaft des Realradios A hinsichtlich des i-ten Qualitätsmerkmals
$QM(B)_i$ = Eigenschaft des Realradios B hinsichtlich des i-ten Qualitätsmerkmals

Durch diese Vorgehensweise ließe sich auch ein Problem dieser Studie zumindest teilweise kompensieren, das im Zusammenhang mit der Operationalisierung des Qualitätsurteils aufgetreten ist. Ursprünglich war geplant, bei den Befragten nicht nur die Qualitätswahrnehmung des meistgehörten Senders zu erfragen, sondern auch die Wahrnehmung eines weiteren Programms. Im Rahmen des Pretests der Untersuchung hatte sich jedoch gezeigt, dass die Befragten mit der Länge des Fragebogens überfordert waren und dass vor allem das zweimalige Abfragen mit den gleichen Wahrnehmungs-Items zur Ermüdung und damit zu unzuverlässigen Antworten führte. Aus diesem Grund wurde auf die Erhebung der Wahrnehmung eines zweiten Programms verzichtet. Diese Entscheidung hatte allerdings zur Folge, dass in den Analysen nur interpersonale Nutzungsunterschiede betrachtet werden können, während intrapersonale Auswahlentscheidungen nicht untersucht werden können. Wie die in Abschnitt 9.1.1. präsentierten Ergebnisse mit der Globalbewertung zeigen, wirken sich Qualitätseinschätzungen aber deutlich stärker auf die intrapersonalen Auswahlentscheidungen aus als auf die interpersonalen Nutzungsunterschiede.[40]

Um das Erklärungspotential des Ansatzes ausschöpfen zu können, ist es deswegen notwendig, in zukünftigen Studien bei jedem Befragten die Wahrnehmung von mindestens zwei Medienangeboten zu ermitteln, denn dies ist die Voraussetzung dafür, dass die qualitätsbasierten Selektionsentscheidungen rekonstruiert werden können. Um zu verhindern, dass die Befragung dadurch zu eintönig

---

39 Wird hingegen nicht die absolute Diskrepanz, sondern das mathematische Vorzeichen des Ergebnisses als Entscheidungskriterium gewählt, dann lässt sich anhand der verwendeten Formel zeigen, dass dann allein die Wahrnehmungsmessungen für die Erklärung der Auswahlentscheidung von Bedeutung sind, weil sich die Erwartungen aus der Formel herauskürzen lassen.

40 Die gleichen Ergebnisse zeigten sich auch in zwei anderen Studien, in denen die Möglichkeit bestand, durch die Datenanalyse die Auswahlentscheidungen zu rekonstruieren (Wolling 2002 und Wolling 2003).

wird, ist viel Kreativität bei der Itemkonstruktion erforderlich, und es bedarf erheblicher Anstrengungen, um eine möglichst abwechslungsreiche Fragebogendramaturgie zu entwickeln.

10.3.3 Bezug zum dynamisch-transaktionalen Ansatz

Die dieser Studie zu Grunde liegenden Überlegungen weisen Anknüpfungspunkte zur Forschung auf, die im Zusammenhang mit dem dynamisch-transaktionalen Ansatz geleistet wurde. Die Grundidee des dynamisch-transaktionalen Modells, dass sich das Handeln von Rezipienten und Kommunikatoren vermittelt über die Medienbotschaft als Inter-Transaktion beschreiben lässt (Früh & Schönbach 1982) und durch Prozesse ergänzt wird, die sowohl im Rezipienten als auch im Kommunikator ablaufen (Intra-Transaktionen), liegt auch dieser Studie zugrunde. Früh und Schönbach haben bei der Konzeption ihres Modells zunächst vor allem die Untersuchung von Medienwirkungen im Blick gehabt. Mittlerweile liegen aber auch Ausarbeitungen vor, die zeigen, dass das Modell auch auf andere Bereiche der Medien- und Kommunikationsforschung übertragbar ist, wie beispielsweise die Fernsehunterhaltung (Früh 2002). Auf die Möglichkeit, den dynamisch-transaktionalen-Ansatz für die Qualitätsforschung nutzbar zu machen, hat bereits Rössler (2004) hingewiesen und im Rahmen einer Untersuchung im Bereich der Onlineforschung erprobt.

Auch wenn eine gedankliche Nähe dieser Untersuchung zum dynamisch-transaktionalen Ansatz vorhanden ist, so kann die vorliegende Studie den methodischen Anforderungen, die an eine Untersuchung im Rahmen des dynamisch-transaktionalen Modells zu stellen wäre, bei weitem nicht gerecht werden (vgl. Schönbach & Früh 1984: 324ff.). Der entscheidende Schwachpunkt – aus dymamisch-transaktionaler Perspektive – ist die Vernachlässigung der zeitlichen Dimension in dieser Studie. Dieses Problem wäre auch dann nicht behoben, wenn die Befragung durch ein Paneldesign ergänzt und die Inhaltsanalyse in kurzen Abständen wiederholt würde. Um die von Früh und Schönbach beschriebenen Prozesse rekonstruieren zu können, bedarf es in zeitlicher Hinsicht einer viel feineren Messung. Schönbach und Früh nennen in diesem Zusammenhang teilnehmende Beobachtungen, Tagebuchverfahren oder sehr schnell aufeinander folgende Befragungen als mögliche Methoden. Für eine komplette Umsetzung des Modells müssten zudem auch die Kommunikatoren systematisch berücksichtigt werden. Die Inhaltsanalyse – darauf haben Schönbach und Früh zu Recht hingewiesen – kann nur unter Hinzuziehung weitreichender Inferenztheorien als Indikator für Kommunikatorabsichten dienen.

10.4. Nutzen für Theorie, Methode und Praxis

Was erbringt diese Studie unter dem Strich in kommunikationstheoretischer Hinsicht, was in methodischer und was in medienpraktischer Hinsicht?

10.4.1 Theoretischer Stellenwert: die Rationalität des Gewohnheitshandelns

Eine der Grundannahmen dieser Untersuchung besteht in der These, dass sich Radiohören im starken Maße habitualisiert vollzieht, dass sich jedoch hinter dieser *Habitualisierung* durchaus eine *individuelle Rationalität* verbirgt. Die These kann nunmehr in mehrfacher Hinsicht differenziert werden. Zum einen zeigt sich, dass sich bei den allgemeinen, situations- und senderunspezifischen Indikatoren der Radionutzung tatsächlich starke oder sogar sehr starke Effekte der Habitualisierung auf das Nutzungsverhalten nachweisen lassen. Aber bereits dann, wenn man die Radionutzung situativ differenziert, stellt man fest, dass Habitualisierung sich nur in bestimmten Situationen merklich auf die Häufigkeit der Radionutzung auswirkt. Gleichzeitig erweisen sich zudem andere Faktoren als genauso bedeutsam, teilweise sogar als erklärungskräftiger - beispielsweise die motivorientierten Leistungsbewertungen, die im Rahmen des Uses and Gratifications-Ansatzes als Beleg für einen aktiven, gezielt auswählenden Rezipienten gelten, also das genaue Gegenteil eines Gewohnheitsnutzers.

Betrachtet man dann die Erklärungsmodelle für die Nutzung der einzelnen Sender, so stellt man fest, dass Habitualisierung bei vielen Programmen gar keinen Effekt auf die Nutzungshäufigkeit hat, und bei anderen nur einen bescheidenen Beitrag zur Varianzaufklärung leistet. Generell lässt sich sagen, dass die Zuwendung zu bestimmten Programmen in weitaus geringerem Maße habitualisiert erfolgt als die Nutzung des Radios generell. Bei der Zuwendung zu den verschiedenen Sendern erweisen sich die Qualitätserwartungen – vor allem hinsichtlich des Musikprogramms – als wesentlich bedeutsamer. Insgesamt sprechen die Befunde also für die Richtigkeit der These: An der Oberfläche scheint Radiohören nichts weiter zu sein als Gewohnheit. Je genauer man jedoch hinsieht, umso deutlicher erkennt man den zweckrationalen Nutzer, der sich genau anhört, was die Programme zu bieten haben, und sich dann entsprechend entscheidet.

Auch wenn einige Operationalisierungen und methodische Entscheidungen im Nachhinein verbesserungswürdig erscheinen, konnte das Potential des Erklärungsansatzes dennoch verdeutlicht werden. Mit dem vorgelegten Instrument ist es gelungen in Konkurrenz zu etablierten Ansätzen der Mediennutzungsforschung (Uses and Gratifications, Habitualisierung, soziodemographische Indikatoren) einen eigenständigen, substantiellen Beitrag zur Erklärung der Nutzung der unterschiedlichen Radioprogramme zu leisten. Durch die Berücksichtigung der subjektiven und objektiven Programmeigenschaften besteht die Chance, die

318 **Radioqualität – was die Hörer wollen und was die Sender bieten**

„Inhaltsvergessenheit", die insbesondere dem Uses and Gratifications-Ansatz vorgeworfen wird (vgl. Vorderer 1992; Wolling 2004) zu überwinden. Der Ansatz der subjektiven Qualitätsauswahl bietet somit eine Ergänzung zu bestehenden Ansätzen und kann deren Schwächen kompensieren. Auch hochgradig habitualisierte Nutzungsentscheidungen, wie sie beim Radiohören eine Rolle spielen, konnten über die Verfahren, wie sie für die Studie entwickelt und im Rahmen der Untersuchung angewandt wurden, rekonstruiert werden. Daran kann man anknüpfen. Die Studie bildet somit einen Beitrag zu einem allgemeinen Mediennutzungsmodell.

10.4.2 Methodischer Stellenwert: Integration von Befragung und Inhaltsanalyse

Ein wichtiger Beitrag der Untersuchung in methodischer Hinsicht ist die Integration von Befragung und Inhaltsanalyse im Rahmen der Mediennutzungsforschung. Die sich dadurch bietenden Möglichkeiten wurden zwar weiter entwickelt, aber – wie bereits angedeutet – bei weitem noch nicht ausgeschöpft.

Von großer methodischer Bedeutung ist die Operationalisierung der Konstrukte, die mit Spannungsbögen tituliert wurden. Hier ist sowohl im Hinblick auf die Rezipienten als auch im Hinblick auf die Programme Neuland betreten worden, das erst noch systematisch erkundet werden muss. Forschungsbedarf gibt es vor allem bei der Ermittlung von Indikatoren für die Spannungsbögen in den Programmen. Zum einen haben sich einige als nicht aussagekräftig erwiesen, zum anderen wurden manche Zusammenhänge erst während des Forschungsprozesses deutlich und konnten nicht von Anfang an bedacht werden. An einigen Stellen können die Indikatoren für Spannungsbögen auf der Rezipienten- und auf der Programmseite noch besser aufeinander abgestimmt werden. Hier bedarf es auch überschaubarer methodisch ausgerichteter Experimente.

Aber das Grundmuster einer integrierten Nutzungs- und Programmanalyse ist nunmehr gelegt. Damit verliert die Inhaltsanalyse ihr rein deskriptives Moment und gewinnt explanative Bedeutung.

10.4.3 Anwendungsorientierter Stellenwert

Die vorgelegte Untersuchung ist eine Grundlagenstudie. Eine solche Studie braucht Zeit. Der damit verbundene Nachteil besteht darin, dass zum Zeitpunkt der Veröffentlichung die Daten schon zwei Jahre alt sind. Damit kann man sie für eine Programmkontrolle, die nicht nur observieren, sondern gegebenenfalls auch intervenieren will, nicht mehr verwenden. Aber auch für die operative Programmjustierung der Sender sind die Ergebnisse bereits zu alt. Für diese Zwecke war die Studie jedoch auch nicht konzipiert. Im Mittelpunkt stand und steht – dass ist sicherlich deutlich geworden – das wissenschaftliche Interesse: die Suche nach einem tragfähigen Erklärungsmodell für Radionutzung und die Prüfung eines Ansatzes, der dazu einen Beitrag leisten soll. Allerdings – und dies ist der ausdrückliche Anspruch dieses Ansatzes – sollen die Ergebnisse aber nicht nur theoretisch interessant, sondern auch praktisch relevant sein und auch den Radioanbietern Nutzen bringen. Wie kann das geschehen?

Zunächst zeigt die Untersuchung den analysierten Programmanbietern ein Porträt ihrer Programme, in dem sie erkennen können, wie sie aus der Perspektive einer sozialwissenschaftlich orientierten Kommunikationswissenschaft gesehen werden. Dieses Porträt ist nicht tagesaktuell, es ist dafür aber um einiges tiefenschärfer als das, was an Programmforschung bislang zur Verfügung stand. Man kann den Daten nicht nur grobe Anhaltspunkte über die Programmstruktur entnehmen, sondern detaillierte Angaben über die Merkmale und Eigenschaften der verschiedenen Programmelemente, den Moderationsstil, die Hörerdialoge, die Musikinformationen, die Musikmischung. Und auf diesem Porträt sieht man nicht nur das Programm selbst, sondern man erkennt auch, wie die Hörer das Programm nutzen, was sie erwarten und wie sie das Programm wahrnehmen. Die Analyse erweitert die Perspektive, weil sie weder wie die kommerzielle Radioforschung den Blick einseitig auf den „Musik-Research" verengt, noch wie gebannt nur auf die publizistische Leistung des Radios starrt – wozu eine normativ ausgerichtete Programmkontrolle neigt. Vielmehr wird hier versucht, das Radio und seine Hörer in der ganzen Vielfalt zu erfassen.

Entscheidender aber noch ist: Das Porträt steht nicht nur dem jeweiligen Sender selbst zur Verfügung, sondern, da es sich um öffentliche Forschung handelt, auch den anderen Anbietern. Die Porträts zeigen also nicht nur detailliert und tiefenscharf das eigene Bild, sondern auch das der anderen Sender – der unmittelbaren Konkurrenten und der Pendants in anderen Bundesländern. Es ist möglich, die Kulturwellen zu vergleichen, die AC-Formate zu vergleichen usw. Der Blick über den eigenen Tellerrand, den die Studie den Anbietern ermöglicht, kann möglicherweise dazu führen, dass sie ihre eigenen Programmentscheidungen in einem anderen Licht sehen. Wenn die Untersuchungsergebnisse dazu anregen, dann kann die Studie vielleicht auch Hinweise und Ideen für die Programmveranstalter bieten, wie sie ihr Programm optimieren können, also besser auf die Qualitätserwartungen der Hörer ausrichten können, ohne dabei die konkurrierenden Angebote aus dem Blick zu verlieren.

Wenn dies der Effekt der Studie sein sollte, dann haben zum Schluss auch die Hörer einen Nutzen von dieser Untersuchung. Sollten die Programmanbieter diese Schlussfolgerungen ziehen, dann würden die Erwartungen der Hörer stärker berücksichtigt werden und die Hörer würden etwas zu hören bekommen was ihnen (noch) besser gefällt. Das wäre dann Radioqualität – wenn die Sender bieten, was die Hörer schätzen.

11. Literatur

Ahrens, Eva/Sievers, Petra (1995): Klassische Musik im Hörfunk. Eine Fallstudie zur Nutzung von Klassik Radio im dualen Rundfunksystem. In: Media Perspektiven (7): 340 - 347.

Aigner, Wolfgang (1995): News Channel made in Germany. Zur Programmkonzeption von B-5-Aktuell. In: Bucher, Hans-Jürgen/Klingler, Walter/Schröter, Christian (Hrsg.). Radiotrends. Formate, Konzepte und Analysen. Baden-Baden: Nomos, 191 -198.

Altmeppen, Klaus-Dieter (1999): Redaktionen als Koordinationszentren. Beobachtungen journalistischen Handelns. Opladen [u.a.]: Westdeutscher Verlag.

Altrogge, Michael/Schabedoth, Eva (2001): Formatierte Programme und unformatierte Hörer. Zur Diskrepanz von Musik- und Hörerforschung. In: Rössler, Patrick/Vowe, Gerhard/Henle, Victor (Hrsg.). Das Geräusch der Provinz – Radio in der Region. Festschrift 10 Jahre TLM. München: KoPäd Verlag, 353 - 375.

Arnheim, Rudolf (1978): Kunst und Sehen: eine Psychologie des schöpferischen Auges. Berlin, New York: de Gruyter.

Arnheim, Rudolf (1979 zuerst 1932): Film als Kunst. Frankfurt/Main: Fischer Taschenbuch Verlag.

Arnheim, Rudolf (1979 zuerst 1936): Rundfunk als Hörkunst. München/Wien: Carl Hanser.

Arnold, Bernd-Peter/Quandt, Siegfried (Hrsg.) (1991): Radio heute. Die neuen Trends im Hörfunkjournalismus. Frankfurt am Main: F.A.Z.

Atkinson, John W. (1975 zuerst 1964): Einführung in die Motivationsforschung. Stuttgart: Klett.

Ballstaedt, Steffen-Peter (1980): Nachrichtensprache und Verstehen. In: Kreuzer, Helmut (Hrsg.). Fernsehforschung - Fernsehkritik. Göttingen: Vandenhoeck und Ruprecht, 226 - 241.

Behne, Klaus-Ernst (2001): Musik-Erleben: Abnutzung durch Überangebot? Eine Analyse empirischer Studien zum Musikhören Jugendlicher. In: Media Perspektiven (3): 142-148.

Bentele, Günter/Hesse, Kurt R. (Hrsg.) (1994): Publizistik in der Gesellschaft. Festschrift für Manfred Rühl. Konstanz: UVK Medien.

Berelson, Bernard/Lazarsfeld, Paul F. /McPhee, William N. (1954): Voting. A Study of Opinion Formation in a Presidential Campaign. Chicago: University of Chicago Press.

Berens, Harald/Kiefer, Marie-Luise/Meder, Arne (1997): Spezialisierung der Mediennutzung im dualen Rundfunksystem. In: Media Perspektiven (2): 80 - 91.

Berger, Roland (1988): Grundlagenstudie zu Image und Akzeptanz des Hörfunks in Bayern. München: Bayerische Landeszentrale für Neue Medien (BLM).

Blasche, Siegfried/Hübener, Wolfgang/Urban, Wolfgang (1989): Qualität. In: Ritter, Joachim/Gründer, Karlfried (Hrsg.). Historisches Wörterbuch der Philosophie. Band 7. Basel: Schwabe, 1747 - 1779.

BLM, Bayerische Landeszentrale für neue Medien (1991): 6 Jahre Privatrundfunk in Deutschland. München: Verlag Reinhard Fischer.

Bosshart, Louis (1994): Überlegungen zu einer Theorie der Unterhaltung. In: Bosshart, Louis/Hoffmann-Riem, Wolfgang (Hrsg.). Medienlust und Mediennutz. Unterhaltung als öffentliche Kommunikation. München: Ölschläger, 28 - 40.

Bosshart, Louis/Hoffmann-Riem, Wolfgang (Hrsg.) (1994): Medienlust und Mediennutz. Unterhaltung als öffentliche Kommunikation. München: Ölschläger.

Breunig, Christian (1994): Programmforschung - Kontrolle ohne Konsequenzen. Projekte der Landesmedienanstalten 1988-1994. In: Media Perspektiven (12): 574-594.

Brosius, Hans Bernd/Weiler, Stefan (2000): Programmanalyse nichtkommerzieller Lokalradios in Hessen. Eine Inhaltsanalyse im Auftrag der Hessischen Landesanstalt für privaten Rundfunk (LPR Hessen). München: KoPäd Verlag.

Brosius, Hans-Bernd/Rössler, Patrick/Schulte zur Hausen, Claudia (2000): Zur Qualität der Medienkontrolle: Ergebnisse einer Befragung deutscher Rundfunk- und Medienräte. In: Publizistik 45 (4): 417 - 441.

Bucher, Hans-Jürgen/Altmeppen, Klaus-Dieter (Hrsg.) (2003): Qualität im Journalismus. Grundlagen - Dimensionen - Praxismodelle. Wiesbaden: Westdeutscher Verlag.

Bucher, Hans-Jürgen/Barth, Christof (1999): Programmqualität im Hörfunk. Grundlagen einer funktionalen Evaluierung. Medienwissenschaft. Tübingen/Karlsruhe: Universität Trier.

Bucher, Hans-Jürgen/Barth, Christof (2003): Qualität im Hörfunk - Grundlagen einer funktionalen und rezipientenorientierten Evaluierung. In: Bucher, Hans-Jürgen/Altmeppen, Klaus-Dieter (Hrsg.). Qualität im Journalismus. Grundlagen - Dimensionen - Praxismodelle. Wiesbaden: Westdeutscher Verlag, 223 - 245.

Bucher, Hans-Jürgen/Klingler, Walter/Schröter, Christian (Hrsg.) (1995): Radiotrends. Formate, Konzepte und Analysen. Baden-Baden: Nomos.

Bucher, Hans-Jürgen/Schröter, Christian (1990): Privat-rechtliche Hörfunkprogramme zwischen Kommerzialisierung und publizistischem Anspruch. Eine Programm- und Informationsanalyse für Baden-Württemberg und Rheinland-Pfalz. In: Media Perspektiven (8): 517 - 540.

Cantril, Hadley (1947): The Invasion from Mars. A Study in the Psychology of Panic. With the complete Script of the famous Orson Welles Broadcast. Princeton: Princeton University Press.

Carnap, Rudolf (1966): Physikalische Begriffsbildung. Darmstadt: Wissenschaftliche Buchgesellschaft.

Carnap, Rudolf (1969): Einführung in die Philosophie der Naturwissenschaft. München: Nymphenburger.

Donsbach, Wolfgang/Jandura, Olaf (Hrsg.) (2003): Chancen und Gefahren der Mediendemokratie. Konstanz: UVK Medien.

Drengberg, Joachim (1993): Formatanalyse für Radioprogramme. Der Kompositionstechnik des Radios auf der Spur. In: Media Perspektiven (4): 183 - 190.

Dussel, Konrad (1999): Deutsche Rundfunkgeschichte. Eine Einführung. Konstanz: UVK Medien.

Ecke, Jörg-Oliver (1991): Motive der Hörfunknutzung. Eine empirische Untersuchung in der Tradition des "Uses-and-Gratifications-Ansatzes". Nürnberg: Verlag der kommunikationswissenschaftlichen Forschungsvereinigung.

Ecke, Jörg-Oliver/Stuiber, Heinz-Werner (1995): Nachrichten im Hörfunk. Hinweise auf ihre Bedeutung und Bewertung. In: Bucher, Hans-Jürgen/Klingler, Walter/Schröter, Christian (Hrsg.). Radiotrends. Formate, Konzepte und Analysen. Baden-Baden: Nomos, 163 - 178.

Eckhardt, Josef (1991): Hörerschaften von Programmsparten. Ein Methodenexperiment des WDR. In: Media Perspektiven (9): 616-624.

Ehlers, Renate (1989): Musik im Alltagsleben. Ergebnisse einer Studie im Auftrag des Süddeutschen Rundfunks. In: Kaase, Max /Schulz, Winfried (Hrsg.). Massenkommunikation. Theorien, Methoden, Befunde. Opladen: Westdeutscher Verlag, 379 - 391.

Eimeren, Birgit van /Maier-Lesch, Brigitte (1997): Mediennutzung und Freizeitgestaltung von Jugendlichen. Ergebnisse einer Repräsentativbefragung von rund 1.000 Jugendlichen zwischen zwölf und 19 Jahren. In: Media Perspektiven (11): 590 - 603.

Eimeren, Birgit van/Gerhard, Heinz/Frees, Beate (2003): ARD/ZDF-Online-Studie 2003: Internetverbreitung in Deutschland: Unerwartet hoher Zuwachs. In: Media Perspektiven (8): 338 - 358.

Eimeren, Birgit van/Oehmichen, Ekkehardt (1999): Mediennutzung von Frauen und Männern. Daten zur geschlechtsspezifischen Nutzung von Hörfunk, Fernsehen und Internet/Online 1998. In: Media Perspektiven (4): 187 - 201.

Eimeren, Birgit van/Ridder, Christa-Maria (2001): Trends in der Nutzung und Bewertung der Medien 1970 bis 2000. In: Media Perspektiven (11): 538 - 553.

Emmer, Martin/Kuhlmann, Christoph/Vowe, Gerhard/Wolling, Jens (2002): Der 11. September - Informationsverbreitung, Medienwahl, Anschlusskommunikation. Ergebnisse einer Repräsentativbefragung zu einem Ereignis mit extremem Nachrichtenwert. In: Media Perspektiven (4): 166 - 177.

Esser, Hartmut (1991): Die Rationalität des Alltagshandelns. Alfred Schütz und "Rational Choice". In: Esser, Hartmut /Troitzsch, Klaus G. (Hrsg.). Modellierung sozialer Prozesse. Bonn: IZ Sozialwissenschaften, 235-285.

Esser, Hartmut (1999): Soziologie: Spezielle Grundlagen. Band 1: Situationslogik und Handeln. Frankfurt/Main: Campus

Fishbein, Martin (1963): Investigation of the Relationships between Beliefs about an Object and the Attitude toward that Object. In: Human Relations 16: 233 - 240.

Franzmann, Gabriele/Wagner, Michael (1999): Heterogenitätsindizes zur Messung der Pluralität von Lebensformen und ihre Berechnung in SPSS. In: ZA-Information - Zeitschrift des Zentralarchivs für empirische Sozialforschung Köln (44): 75 - 95.

Fritz, Irina/Klingler, Walter (2003): Zeitbudgets und Tagesablaufverhalten in Deutschland: Die Position der Massenmedien. In: Media Perspektiven (1): 12 - 23.

Früh, Werner (1989): Inhaltsanalyse. Theorie und Praxis. München: Ölschläger.

Früh, Werner (2002): Unterhaltung durch das Fernsehen. Eine molare Theorie. Konstanz: UVK.

Früh, Werner/Schönbach, Klaus (1982): Der dynamisch-transaktionale Ansatz: Ein neues Paradigma der Medienwirkungen. In: Publizistik 27 (1): 74-88.

Gabler, Siegfried/Häder, Sabine/Hoffmeyer-Zlotnik, Jürgen H.P. (Hrsg.) (1998): Telefonstichproben in Deutschland. Opladen/Wiesbaden: Westdeutscher Verlag.

Gerhards, Maria/Klingler, Walter (2003): Mediennutzung in der Zukunft. Eine Prognose auf der Basis aktueller Daten. In: Media Perspektiven (3): 115-130.

Gleich, Uli (1995): Hörfunkforschung in der Bundesrepublik. Methodischer Überblick, Defizite und Perspektiven. In: Media Perspektiven (11): 554 - 561.

Gleich, Uli (2000): ARD-Forschungsdienst: Nutzungsmotive und Funktionen des Radios. In: Media Perspektiven (9): 427 - 432.

Goldhammer, Klaus (1995): Formatradio in Deutschland. Konzept, Techniken und Hintergründe der Programmgestaltung von Hörfunkstationen. Berlin: Verlag Volker Spiess.

Grice, Herbert Paul (1975): Logic and Conversation. In: Cole, Peter/Morgan, Jerry L. (Hrsg.). Speech Acts. New York, 41-58.

Gushurst, Wolfgang (2000): Popmusik im Radio. Musik-Programmgestaltung und Analysen des Tagesprogramms der deutschen Servicewellen 1975 - 1995. Baden-Baden: Nomos.

Haaß, Christoph (1994): Radionachrichten - Öffentlich-Rechtlich versus Privat. Ein Vergleich zwischen Hessischem Rundfunk und Radio FFH. München: Verlag Reinhard Fischer.

Häder, Sabine/Gabler, Siegfried (1998): Ein neues Stichprobendesign für telefonische Umfragen in Deutschland. In: Gabler, Siegfried/Häder, Sabine/Hoffmeyer-Zlotnik, Jürgen H.P. (Hrsg.). Telefonstichproben in Deutschland. Opladen/Wiesbaden: Westdeutscher Verlag, 69 - 88.

Hagen, Lutz M. (1995): Informationsqualität von Nachrichten. Messmethoden und ihre Anwendung auf die Dienste von Nachrichtenagenturen. Opladen: Westdeutscher Verlag.

Hartmann, Peter H./Tebert, Miriam (2003): Wie funktioniert die MedienNutzerTypologie? Zur Entwicklung der Typologie in theoretischer und methodischer Sicht. In: Oehmichen, Ekkehardt /Ridder, Christa-Maria (Hrsg.). Die Medien-NutzerTypologie. Ein neuer Ansatz der Publikumsanalyse. Baden-Baden: Nomos, 17-31.

Hasebrink, Uwe (1994): Hörfunk - ein politisches Informationsmedium? Ein Überblick über Forschungsergebnisse zur Hörfunknutzung. In: Jarren, Otfried (Hrsg.). Politische Kommunikation in Hörfunk und Fernsehen. Gegenwartskunde SH 1993. Opladen: Leske+Budrich, 157 - 172.

Häusermann, Jörg (1998): Radio. Tübingen: Niemeyer.

Heim, Heinz/Heyn, Jürgen (1989): Image und Akzeptanz privater Radios in Bayern. In: Media Perspektiven (1): 38 - 48.

Herzog, Herta (1944): What do We Really Know about Daytime Serial Listeners. In: Lazarsfeld, Paul F./Stanton, Frank N. (Hrsg.). Radio Research 1942 -1943. New York: Duell, Sloan and Pearce, 3 - 33.

Hesse, Kurt R. (1994): Das politische Informationsangebot im Hörfunk. Ergebnisse von Programm-Inhaltsanalysen. In: Jarren, Otfried (Hrsg.). Politische Kommunikation in Hörfunk und Fernsehen. Gegenwartskunde SH 1993. Opladen: Leske+Budrich, 149 - 156.

Heyen, Angelika (2001): Programmstrukturen und Informationsangebote im Radio. Ergebnisse und Erfahrungen aus sechs Jahren Programmforschung der TLM. In: Rössler, Patrick/Vowe, Gerhard/Henle, Victor (Hrsg.). Das Geräusch der Provinz - Radio in der Region. Festschrift 10 Jahre TLM. München: KoPäd Verlag, S.135 - 157.

Holtz-Bacha, Christina (1997): Hörfunk-Wahlkampagnen: einflußreich - auch einfallsreich? In: Zeitschrift für Parlamentsfragen 28 (2): 294 - 310.

Holtz-Bacha, Christina (Hrsg.) (2003): Die Massenmedien im Wahlkampf. Bundestagswahl 2002. Wiesbaden: Westdeutscher Verlag.

Jarren, Otfried (Hrsg.) (1994): Politische Kommunikation in Hörfunk und Fernsehen. Elektronische Medien in der Bundesrepublik Deutschland. Gegenwartskunde SH 1993. Opladen: Leske+Budrich.

Jarren, Otfried/Donges, Patrick (1996): Keine Zeit für Politik? Landespolitische Berichterstattung im Rundfunk: Journalisten, Öffentlichkeitsarbeiter und Politiker in der Interaktion; das Beispiel Hamburg. Berlin: VISTAS.

Kaase, Max/Schulz, Winfried (Hrsg.) (1989): Massenkommunikation. Theorien, Methoden, Befunde. Opladen: Westdeutscher Verlag.

Keller, Michael (1992): Affektive Dimensionen der Hörfunknutzung. Eine empirische Studie zur Nutzung und Bewertung von Hörfunkprogrammen. Nürnberg: Alber.

Keller, Michael/Ecke, Jörg-Oliver (1988): Privater und öffentlich-rechtlicher Hörfunk im Großraum Nürnberg: Daten zur Akzeptanz und Bewertung. In: Rundfunk und Fernsehen 36 (3): 360-376.

Kepplinger, Hans Mathias (Hrsg.) (1985): Die aktuelle Berichterstattung des Hörfunks. Eine Inhaltsanalyse der Abendnachrichten und politischen Magazine. Freiburg/München: Alber.

Kiefer, Marie-Luise (1987): Massenkommunikation III. Eine Langzeitstudie zur Mediennutzung und Medienbewertung 1964-1985. Frankfurt/Main: Alfred Metzner.

Kiefer, Marie-Luise (1996): Massenkommunikation V. Eine Langzeitstudie zur Mediennutzung und Medienbewertung 1964 - 1995. Baden-Baden: Nomos.

Klingler, Walter (1999): Hörfunk und Hörfunknutzung seit 1945. In: Klingler, Walter/Roters, Gunnar/Gerhards, Maria (Hrsg.). Medienrezeption seit 1945. Forschungsbilanz und Forschungsperspektiven. Baden-Baden: Nomos, 117 - 128.

Klingler, Walter/Müller, Dieter K. (2000): MA 2000 Radio: Erstmals mit Telefonin-terviews erhoben. Hörfunknutzung und -präferenzen in Deutschland. In: Media Perspektiven (9): 414 - 426.

Klingler, Walter/Müller, Dieter K. (2003): MA 2003 Radio II: Radio behauptet zent-ralen Platz in der Mediennutzung. Zum aktuellen Stand der Hörfunknutzung in Deutschland. In: Media Perspektiven (9): 414 - 424.

Klingler, Walter/Roters, Gunnar/Gerhards, Maria (Hrsg.) (1999): Medienrezeption seit 1945. Forschungsbilanz und Forschungsperspektiven. Baden-Baden: Nomos.

Klingler, Walter/Schröter, Christian (1993): Strukturanalysen von Radioprogram-men 1985 bis 1990. Eine Zwischenbilanz der Hörfunkforschung im dualen System. In: Media Perspektiven (10): 479 - 490.

Klingler, Walther/Windgasse, Thomas (1994): Der Stellenwert des Hörfunks als Informationsquelle in den 90er Jahren. In: Jäckel, Michael/Winterhoff-Spurk, Peter (Hrsg.). Politische Kommunikation in Hörfunk und Fernsehen. Gegen-wartskunde SH 1993. Berlin: VISTAS.

Koch, Achim/Wasmer, Martina/Schmidt, Peter (Hrsg.) (2001): Politische Partizipati-on in der Bundesrepublik Deutschland. Empirische Befunde und theoretische Erklärungen. Blickpunkt Gesellschaft 6. Opladen: Westdeutscher Verlag.

Krug, Hans-Jürgen (2002): Radiolandschaften. Beiträge zur Geschichte und Ent-wicklung des Hörfunks. Frankfurt am Main: Peter Lang - Europäischer Verlag der Wissenschaften.

Krug, Hans-Jürgen (2002): Radiolandschaften. Beiträge zur Geschichte und Ent-wicklung des Hörfunks. Frankfurt am Main: Peter Lang.

Krüger, Udo Michael/Zapf-Schramm, Thomas (2002): Wahlberichterstattung im öffentlich-rechtlichen und privaten Fernsehen. In: Media Perspektiven (12): 610 - 622.

Krzeminski, Michael (1987): Thematisierung im Hörfunk. Eine empirische Untersu-chung der Redaktionsarbeit für die aktuelle Berichterstattung in den Hörfunk-programmen des Westdeutschen Rundfunks. Frankfurt am Main: Peter Lang - Europäischer Verlag der Wissenschaften.

Kuhlmann, Christoph/Wolling, Jens (2004): Fernsehen als Nebenbeimedium. Be-fragungsdaten und Tagebuchdaten im Vergleich. In: Medien & Kommunikati-onswissenschaft 52 (3).

Labs, Axel (1999): Die Determinanten der Informationsrezeption im Hörfunk. Theo-retische Ansätze und empirische Befunde am Beispiel von hr1. Pfaffenweiler: Centaurus-Verlagsgesellschaft.

Lazarsfeld, Paul F./Stanton, Frank N. (Hrsg.) (1944): Radio Research 1942 -1943. New York: Duell, Sloan and Pearce.

Lersch, Edgar (1994): "Wir sollen nicht spielen, was der Hörer will. Der Hörer will im Endeffekt das, was wir spielen". Leichte Musik im Hörfunk der 50er Jahre;

eine Diskussion in Stuttgart 1955. In: Studienkreis Rundfunk und Geschichte - Mitteilungen 20 (4): 204 - 210.

Liepelt, Klaus/Neuber, Wolfgang/Schenk, Michael (1993): Lokalradio in Nordrhein-Westfalen. Analysen zur Mediennutzung. Opladen: Leske+Budrich.

Lindner-Braun, Christa (1998): Radio ist lebendig, präzise und persönlich - Ansatz zu einer Radiotheorie. Das Radio - Ein unterschätztes Medium. In: Lindner-Braun, Christa (Hrsg.). Radioforschung. Konzepte, Instrumente und Ergebnisse aus der Praxis. Opladen: Westdeutscher Verlag, 25 - 76.

Lindner-Braun, Christa (1998): Radioforschung. Konzepte, Instrumente und Ergebnisse aus der Praxis. Opladen: Westdeutscher Verlag.

Mahle, Walter A. (Hrsg.) (1989): Medienangebot und Mediennutzung. Entwicklungstendenzen im entstehenden dualen Rundfunksystem. Berlin: Verlag Volker Spiess.

Marcinkowski, Frank (1998): Politikvermittlung durch Fernsehen und Hörfunk. In: Sarcinelli, Ulrich (Hrsg.). Politikvermittlung und Demokratie in der Mediengesellschaft. Opladen: Westdeutscher Verlag, 165 - 183.

Mast, Claudia (1989): Lokales und Regionales unter den Musikteppich gekehrt? Die Radiolandschaft in Baden-Württemberg nimmt Gestalt an. In: Mahle, Walter A. (Hrsg.). Medienangebot und Mediennutzung. Entwicklungstendenzen im entstehenden dualen Rundfunksystem. Berlin: Verlag Volker Spiess, 49 - 62.

Mast, Claudia (Hrsg.) (1996): Markt – Macht – Medien. Publizistik im Spannungsfeld zwischen gesellschaftlicher Verantwortung und ökonomischen Zielen. Konstanz: UVK Medien.

McQuail, Denis (1992): Media Performance. Mass Communication and the Public Interest. London/Newbury Park/New Delhi: Sage.

Merten, Klaus/Gansen, Petra/Götz, Markus (1995): Veränderungen im dualen Hörfunksystem. Vergleichende Inhaltsanalyse öffentlich-rechtlicher und privater Hörfunkprogramme in Norddeutschland. Münster [u.a.]: Literatur Verlag Hopf.

Merton, Robert K. (1946): Mass Persuasion. The Social Psychology of a War Bond Drive. New York: Harper & Row.

Meyer, Bernd/Port, Jirina (1994): Politik und Kommunikation/Politik in den Medien. Schwerpunkt: Hörfunk und Fernsehen (Inhalte, Rezeption, Wirkung). Eine Auswahlbibliografie. In: Jarren, Otfried (Hrsg.). Politische Kommunikation in Hörfunk und Fernsehen. Elektronische Medien in der Bundesrepublik Deutschland. Gegenwartskunde SH 1993. Opladen: Leske+Budrich, 209 - 239.

Müller, Dieter K. (2002): Nutzungsmessung des Radios: Uhr oder Ohr? Erfüllen Radiometersysteme die Anforderungen an die Erhebung der Hörfunknutzung? In: Media Perspektiven (1): 2 - 8.

Müller-Doohm, Stefan/Neumann-Braun, Klaus (Hrsg.) (1991): Öffentlichkeit, Kultur, Massenkommunikation. Beiträge zur Medien- und Kommunikationssoziologie. Oldenburg: Bibliotheks- und Informationssystem der Universität.

Münch, Thomas (1991): Pop-Fit – Musikdramaturgie in Servicewellen. Pfaffenweiler: Centaurus-Verlagsgesellschaft.

Neuwöhner, Ulrich (1998): Kampagnenevaluation. Wie der Süden wild wurde. In: Lindner-Braun, Christa (Hrsg.). Radioforschung. Konzepte, Instrumente und Ergebnisse aus der Praxis. Opladen: Westdeutscher Verlag, 125 - 137.

Neuwöhner, Ulrich (1998): Musikstudie oder Titeltest: Methoden der Musikforschung. In: Lindner-Braun, Christa (Hrsg.). Radioforschung. Konzepte, Instrumente und Ergebnisse aus der Praxis. Opladen: Westdeutscher Verlag, 153 - 173.

Oehmichen, Ekkehardt (1999): Die MedienNutzerTypologie als Beratungsinstrument im Hörfunk. Zur Umsetzung der Publikumstypologie von ARD und ZDF für Planungsprozesse. In: Media Perspektiven (10): 549 - 556.

Oehmichen, Ekkehardt (2001): Aufmerksamkeit und Zuwendung beim Radio hören. Ergebnisse einer Repräsentativbefragung in Hessen. In: Media Perspektiven (3): 133 - 141.

Oehmichen, Ekkehardt /Ridder, Christa-Maria (Hrsg.) (2003): Die MedienNutzer-Typologie. Ein neuer Ansatz der Publikumsanalyse. Baden-Baden: Nomos.

Ohr, Dieter/Schrott, Peter R. (2001): Campaigns and Information Seeking. Evidence from a German State Election. In: European Journal of Communication 16 (4): 419 - 449.

Palmgreen, Philip/Rayburn, J.D. II (1982): Gratifications Sought and Media Exposure. An Expectancy Value Model. In: Communication Research 9 (4): 561-580.

Palmgreen, Philip/Wenner, Lawrence A./Rayburn, J.D. II (1980): Relations between Gratifications Sought and Obtained. A Study of Television News. In: Communication Research 7 (2): 161 - 192.

Palmgreen, Philip/Wenner, Lawrence A./Rayburn, J.D. II (1981): Gratification Discrepancies and News Program Choice. In: Communication Research 8 (4): 451-478.

Pöttker, Horst (1991): Dualer Rundfunk und Politikverdrossenheit. Zur fortschreitenden Ausdifferenzierung von Öffentlichkeit in modernen Gesellschaften. In: Müller-Doohm, Stefan/Neumann-Braun, Klaus (Hrsg.). Öffentlichkeit, Kultur, Massenkommunikation. Beiträge zur Medien- und Kommunikationssoziologie. Oldenburg: Bibliotheks- und Informationssystem der Universität, 91 - 109.

Rager, Günter (1994): Dimensionen der Qualität. Weg aus den allseitig offenen Richter-Skalen? In: Bentele, Günter/Hesse, Kurt R.: (Hrsg.). Publizistik in der Gesellschaft. Festschrift für Manfred Rühl. Konstanz: UVK Medien, 189 - 209.

Rayburn, J.D. II/Palmgreen, Philip (1984): Merging Uses and Gratifications and Expectancy-Value Theory. In: Communication Research 11 (4): 537-562.

Reigber, Dieter (Hrsg.) (1993): Frauen-Welten. Marketing in der postmodernen Gesellschaft. Düsseldorf u.a.: Econ.

Ridder, Christa-Maria/Eimeren, Birgit van/Engel, Bernhard/Klingler, Walter/Best, Stefanie/Krist, Renate/Windgasse, Thomas (2002): Massenkommunikation VI. Baden-Baden: Nomos.

Ridder, Christa-Maria/Engel, Bernhard (2001): Massenkommunikation 2000. Images und Funktionen der Massenmedien im Vergleich. Ergebnisse der 8. Welle der ARD/ZDF-Langzeitstudie zur Mediennutzung und -bewertung. In: Media Perspektiven (3): 102 - 125.

Ritter, Joachim/Gründer, Karlfried (Hrsg.) (1989): Historisches Wörterbuch der Philosophie. Band 7. Basel: Schwabe.

Rössler, Patrick (2001): Vielfalt und Fokussierung im regionalen Hörfunk. Eine vergleichende Inhaltsanalyse von Nachrichtensendungen auf der Mikroebene. In: Rössler, Patrick/Vowe, Gerhard/Henle, Victor (Hrsg.). Das Geräusch der Provinz - Radio in der Region. Festschrift 10 Jahre TLM. München: KoPäd Verlag, 159 - 183.

Rössler, Patrick (2004): Qualität aus transaktionaler Perspektive. Zur gemeinsamen Modellierung von "User Quality" und "Sender Quality": Kriterien für Onlinezeitungen. In: Beck, Klaus/Schweiger, Wolfgang/Wirth, Werner (Hrsg.). Gute Seiten - schlechte Seiten. Qualität in der Onlinekommunikation. München: Reinhard Fischer.

Rössler, Patrick/Vowe, Gerhard/Henle, Victor (Hrsg.) (2001): Das Geräusch der Provinz – Radio in der Region. Festschrift 10 Jahre TLM. München: KoPäd Verlag.

Roters, Gunnar/Klingler, Walter/Gerhards, Maria (Hrsg.) (2000): Unterhaltung und Unterhaltungsrezeption. Baden-Baden: Nomos.

Ruß-Mohl, Stephan (1992): Am eigenen Schopfe... Qualitätssicherung im Journalismus – Grundlagen, Ansätze, Näherungsversuche. In: Publizistik 37 (1): 83 - 96.

Ruß-Mohl, Stephan (2001): Von der Qualitätssicherung zur Qualitätskultur? Journalistische Qualität im Radio – ein Näherungsversuch. In: Rössler, Patrick/Vowe, Gerhard/Henle, Victor (Hrsg.). Das Geräusch der Provinz - Radio in der Region. Festschrift 10 Jahre TLM. München: KoPäd Verlag, 197 - 213.

Sarcinelli, Ulrich (Hrsg.) (1998): Politikvermittlung und Demokratie in der Mediengesellschaft. Beiträge zur politischen Kommunikationskultur. Opladen: Westdeutscher Verlag.

Schatz, Heribert/Schulz, Winfried (1992): Qualität von Fernsehprogrammen. Kriterien und Methoden zur Beurteilung von Programmqualität im dualen Fernsehsystem. In: Media Perspektiven (11): 690 - 712.

Schenk, Michael (2002): Medienwirkungsforschung 2., vollständig überarbeitete Auflage. Tübingen: J. C. B. Mohr (Paul Siebeck).

Scheuch, Erwin K./Scheuch, Ute (1990): Veränderungen in der Stellung des Hörfunks unter den Medien. Der heutige Forschungsbedarf. In: Communications 15 (3): 231 - 241.

Schnell, Rainer/Hill, Paul B./Esser, Elke (1999): Methoden der empirischen Sozialforschung (6. Auflage). München/Wien: Oldenbourg.

Schönbach, Klaus/Früh, Werner (1984): Der dynamisch-transaktionale Ansatz II: Konsequenzen. In: Rundfunk und Fernsehen 32 (3): 314-329.

Schönbach, Klaus/Goertz, Lutz (1995): Radio-Nachrichten: Bunt und flüchtig? Eine Untersuchung zu Präsentationsformen von Hörfunknachrichten und ihren Leistungen. Berlin: Vistas.

Schramm, Holger/Petersen, Sven/Rütter, Karoline/Vorderer, Peter (2002): Wie kommt die Musik ins Radio. In: Medien & Kommunikationswissenschaft 50 (2): 227 - 246.

Schröter, Detlef (1994): Die Rolle der Moderation bei Morgensendungen im Radio. Eine explorative Fallstudie mit Programmanalysen und Hörer-Gesprächen. München: Verlag Reinhard Fischer.

Schulz von Thun, Friedemann (1981): Miteinander Reden. Störungen und Klärungen. Band 1. Reinbek bei Hamburg: Rowohlt.

Schulz, Winfried (1976): Die Konstruktion von Realität in den Nachrichtenmedien. Freiburg/München: Alber.

Schulz, Winfried (2001): Politische Mobilisierung durch Mediennutzung? Beziehungen zwischen Kommunikationsverhalten, politischer Kompetenz und Partizipationsbereitschaft. In: Koch, Achim/Wasmer, Martina/Schmidt, Peter (Hrsg.). Politische Partizipation in der Bundesrepublik Deutschland. Empirische Befunde und theoretische Erklärungen. Blickpunkt Gesellschaft 6. Opladen/Wiesbaden: Westdeutscher Verlag, 169 - 194.

Simon, Erk (1998): Die Hörfunklandschaft Baden-Württembergs im Wandel. In: Lindner-Braun, Christa (Hrsg.). Radioforschung. Konzepte, Instrumente und Ergebnisse aus der Praxis. Opladen: Westdeutscher Verlag, 99 - 124.

Simon, Erk (1998): Informationsmedium Radio. Befunde zur Bedeutung, Nutzung und Bewertung von Nachrichten und aktuellen Informationen. In: Lindner-Braun, Christa (Hrsg.). Radioforschung. Konzepte, Instrumente und Ergebnisse aus der Praxis. Opladen: Westdeutscher Verlag, 191 - 208.

Six, Ulrike/Roters, Gunnar (1997): Hingehört. Das Radio als Informationsmedium für Jugendliche. Gütersloh: Bertelsmann Stiftung.

Staab, Joachim Friedrich (1990): Nachrichtenwert-Theorie: Formale Struktur und empirischer Gehalt. Freiburg / München: Alber.

Stockmann, Brigitte (1996): Der Hörfunk im Milieu. Qualitative Zielgruppenforschung mit Lifestyle-Typen und Sinus-Milieus. In: Media Spectrum 34 (4): 20 - 23.

Stuiber, Heinz-Werner/Eckert, Werner/Eichhorn, Wolfgang/Keller, Michael (1990): Landesweiter Hörfunk in Bayern. Programm, Publikumswünsche und Bewertungen. Inhaltsanalyse, Image- und Akzeptanzstudie zu den Hörfunkprogrammen Antenne Bayern, Bayern 1 und Bayern 3. München: Verlag Reinhard Fischer.

Teichert, Will (1991): Hörerbedürfnisse. In: Arnold, Bernd-Peter/Quandt, Siegfried (Hrsg.). Radio heute. Die neuen Trends im Hörfunkjournalismus. Frankfurt am Main: F.A.Z., 275 - 283.

Trebbe, Joachim (1996): Der Beitrag privater Lokalradio- und Lokalfernsehprogramme zur publizistischen Vielfalt. Eine Pilotstudie am bayerischen Senderstandort Augsburg. München: Bayerische Landeszentrale für Neue Medien (BLM).

Trebbe, Joachim (1998): Lokale Medienleistungen im Vergleich. Untersuchungen zur publizistischen Vielfalt an den bayerischen Senderstandorten Augsburg, Landshut und Schweinfurt. München: Verlag Reinhard Fischer.

Trebbe, Joachim /Maurer, Torsten (1999): Hörfunklandschaft Niedersachsen 1998. Eine vergleichende Analyse der öffentlich-rechtlichen und privaten Radiosender. Berlin: VISTAS.

Volpers, Helmut/Schnier, Detlef (1995): Hörfunklandschaft Niedersachsen. Eine vergleichende Analyse der öffentlich-rechtlichen und privaten Radiosender. Berlin: VISTAS.

Volpers, Helmut/Schnier, Detlef (1996): Das WDR-Hörfunkprogramm Eins Live. Ergebnisse einer empirischen Programmanalyse. In: Media Perspektiven (5): S.249-258.

Volpers, Helmut/Schnier, Detlef/Salwiczek, Christian (2000): Programme der nichtkommerziellen Lokalradios in Niedersachsen. Eine Programm- und Akzeptanzanalyse. Berlin: Vistas Verlag.

Vorderer, Peter (1992): Fernsehen als Handlung. Fernsehfilmrezeption aus motivationspsychologischer Perspektive. Berlin: edition sigma.

Vowe, Gerhard/Wolling, Jens (2001): Die Kunst der Balance. Ergebnisse einer explorativen Studie zu Qualitätskriterien für das Regionalradio. In: Rössler, Patrick/Vowe, Gerhard/Henle, Victor (Hrsg.). Das Geräusch der Provinz - Radio in der Region. Festschrift 10 Jahre TLM. München: KoPäd Verlag, 215 - 239.

Vowe, Gerhard/Wolling, Jens (2003): Ein Tag wie jeder andere? - Die Bundestagswahl 2002 im Radio. In: Holtz-Bacha, Christina (Hrsg.). Die Massenmedien im Wahlkampf. Bundestagswahl 2002. Wiesbaden: Westdeutscher Verlag, 98 - 115.

Weber, Max (1964): Wirtschaft und Gesellschaft. Grundriss der verstehenden Soziologie. Köln/Berlin: Kiepenheuer.

Weiß, Hans-Jürgen (1991): Programmbindung in der lokalen Hörfunkkonkurrenz. In: (BLM), Bayerische Landeszentrale für neue Medien (Hrsg.). 6 Jahre Privatrundfunk in Deutschland. München: Verlag Reinhard Fischer, 225 - 249.

Weiß, Hans-Jürgen/Büning, Wolfgang/Demski, Walter (1996): Das Programm von Radio FFH. Eine empirische Programmanalyse. Göttingen (unveröffentlichter Forschungsbericht).

Weiß, Hans-Jürgen/Trebbe, Joachim/Maurer, Thorsten (1998): Die Programmleistung von Hit Radio FFH. Forschungsbericht zur Analyse der Programmleistung von Hit Radio FFH. München: KoPäd Verlag.

Weiß, Ralph/Hasebrink, Uwe (1997): Hörertypen und ihr Medienalltag. Plädoyer für eine hörerzentrierte Nutzungsanalyse. In: Publizistik 42 (2): 164 - 180.

Weiß, Ralph/Rudolph, Werner/Classen, Christoph (1993): Lokalradios in Nordrhein-Westfalen und lokale Information als Beiträge zur kommunalen Kommunikation. In: Media Perspektiven (2): 75 - 84.

Widlok, Peter (1994): Hörfunkanbieter und Hörfunkprogramme in Deutschland. In: Jarren, Otfried (Hrsg.). Politische Kommunikation in Hörfunk und Fernsehen. Elektronische Medien in der Bundesrepublik Deutschland. Gegenwartskunde SH 1993. Opladen: Leske+Budrich, 135 - 148.

Winterhoff-Spurk, Peter (2000): Der Ekel vor dem Leichten. Unterhaltungsrezeption aus medienpsychologischer Perspektive. In: Roters, Gunnar/Klingler, Walter/Gerhards, Maria (Hrsg.). Unterhaltung und Unterhaltungsrezeption. Baden-Baden: Nomos.

Wolling, Jens (1996): Wunsch versus Wirklichkeit. Normative und realistische Erwartungen an journalistisches Entscheidungsverhalten. In: Mast, Claudia (Hrsg.). Markt - Macht - Medien. Publizistik im Spannungsfeld zwischen gesellschaftlicher Verantwortung und ökonomischen Zielen. Konstanz: UVK Medien, 231 - 247.

Wolling, Jens (1999): Politikverdrossenheit durch Massenmedien? Der Einfluss der Medien auf die Einstellungen der Bürger zur Politik. Opladen/Wiesbaden: Westdeutscher Verlag.

Wolling, Jens (2002): Aufmerksamkeit durch Qualität? Empirische Befunde zum Verhältnis von Nachrichtenqualität und Nachrichtennutzung. In: Baum, Achim/Schmidt, Siegfried J. (Hrsg.). Fakten und Fiktionen: über den Umgang mit Medienwirklichkeiten. Konstanz: UVK, 202-216.

Wolling, Jens (2002): Methodenkombination in der Medienwirkungsforschung. Der Entscheidungsprozess bei der Verknüpfung von Umfrage- und Inhaltsanalysedaten. In: Zuma-Nachrichten 50: 54-85.

Wolling, Jens (2003): Medienqualität, Glaubwürdigkeit und politisches Vertrauen. In: Donsbach, Wolfgang/Jandura, Olaf (Hrsg.). Chancen und Gefahren der Mediendemokratie. Konstanz: UVK Medien, 333 - 349.

Wolling, Jens (2004): Qualitätserwartungen, Qualitätswahrnehmungen und die Nutzung von Fernsehserien. Ein Beitrag zur Theorie und Empirie der subjektiven Qualitätsauswahl von Medienangeboten. In: Publizistik 49 (2): 171-193.

C. Anhang

Anhang 1: Fragebogen

1. Zunächst einmal würde ich gerne wissen, in welchem Bundesland Sie leben.

| Thüringen | 1 | Sachsen-Anhalt | 2 | Hessen | 3 |

[bei anderen Ländern bedanken, entschuldigen und Interview beenden]

2. So, dann beginnen wir jetzt gleich mit den Fragen zum Radio.
Zunächst einmal möchten wir etwas über Ihre Wünsche erfahren.
Wie ein richtig gutes Radio sein sollte, darüber gehen ja die Meinungen auseinander.
Ich nenne Ihnen jetzt einige Aussagen zum Radio. Sagen Sie mir bitte Ihre Meinung dazu.
Es gibt fünf Antwortmöglichkeiten: Sagen Sie bitte bei jeder Aussage, ob Sie völlig zustimmen,
teilweise zustimmen, unentschieden sind, teilweise ablehnen oder völlig ablehnen.
Ganz wichtig ist: Es geht hier um Ihre Wünsche! Es geht nicht darum, wie die Radioprogramme, die Sie hören, tatsächlich sind!
[Items rotieren]

	völlig zu-stimmen	teilweise zu-stimmen	unent-schieden	teilweise ablehnen	völlig ablehnen	w.n.
Gutes Radio sollte so sein, dass es nicht stört und die ganze Zeit im Hintergrund laufen kann.	5	4	3	2	1	9
Ein gutes Radio sollte vor allem über das Geschehen in der Region be-richten.	5	4	3	2	1	9
Bei einem guten Radioprogramm sollte man nie wissen, welche Musik-richtung als nächstes kommt.	5	4	3	2	1	9
Ein gutes Radioprogramm muss vor allem Stoff zum Nachdenken bieten.	5	4	3	2	1	9
Ein gutes Radioprogramm sollte auf jeden Fall die ungeschminkte Wahr-heit bringen.	5	4	3	2	1	9
Bei einem guten Radioprogramm sollte man vor allem etwas über Probleme und Konflikte in der Welt erfahren.	5	4	3	2	1	9
Bei einem guten Radioprogramm muss man sofort erfahren, wenn es etwas Neues in der Welt gibt.	5	4	3	2	1	9
Bei einem guten Radioprogramm sollten die Moderatoren ganz locker und unverkrampft sein.	5	4	3	2	1	9

3. Auch in der nächsten Frage geht es um Ihre Vorstellungen vom idealen Radio. Ich nenne Ihnen jetzt einiges, was man im Radio hören kann. Bitte sagen Sie mir jeweils, ob Sie gerne möchten, dass so etwas in Ihrem Idealradio häufig, ab und zu, selten oder, nie gebracht wird. [Programmelemente rotieren]

	häufig	ab und zu	selten	nie	w.n.
Musik	4	3	2	1	9
Informationen über Sänger und Musikgruppen	4	3	2	1	9
Nachrichten	4	3	2	1	9
Ein Moderatorenteam, das gemeinsam durch das Programm führt	4	3	2	1	9
Spiele, Sendungen zum Mitraten und Mitmachen	4	3	2	1	9
Sendungen, bei denen die Hörer auch selbst zu Wort kommen	4	3	2	1	9
Verbrauchertipps und Ratschläge für den Alltag	4	3	2	1	9
Humorvolle Beiträge: Satire, Comedy, Sketche	4	3	2	1	9
Hinweise auf Veranstaltungen	4	3	2	1	9
Berichte über Verbrechen und Unfälle	4	3	2	1	9
Berichte und Kommentare zur aktuellen Politik	4	3	2	1	9
Verkehrsmeldungen	4	3	2	1	9
Melodien und Slogans, die helfen, den Sender zu erkennen	4	3	2	1	9
Programmhinweise auf Beiträge, die später gesendet werden sollen.	4	3	2	1	9

4. [wenn Musik nie gewünscht wird, dann diesen Fragenblock überspringen]
Ich nenne Ihnen jetzt einige Musikrichtungen. Bitte sagen Sie mir jeweils, ob Sie möchten, dass solche Musik in Ihrem Idealradio häufig, ab und zu, selten oder nie gespielt wird.
Auch hier geht es um Ihre Wünsche, wie Radio sein sollte!
[Musikstile rotieren]

	häufig	ab und zu	selten	nie	k.n.
Aktuelle Popmusik	4	3	2	1	9
Popmusik aus den letzten Jahren	4	3	2	1	9
Hard Rock / Heavy Metal	4	3	2	1	9
Punk / Grunge / Independent	4	3	2	1	9
Deutsche Schlagermusik	4	3	2	1	9
Volksmusik	4	3	2	1	9
Klassik	4	3	2	1	9
Jazz	4	3	2	1	9
Hip Hop	4	3	2	1	9
Oldies	4	3	2	1	9
Techno	4	3	2	1	9

4b. Gibt es eine Musikrichtung, die ich jetzt nicht genannt habe,
von der Sie gerne möchten, dass solche Musik häufig gespielt wird? _____

5. Bei den nachfolgenden Fragen gibt es wieder fünf Antwortmöglichkeiten: Man kann völlig
zustimmen, teilweise zustimmen, unentschieden sein, teilweise ablehnen oder völlig ablehnen.
Es geht auch hier noch einmal um Ihre Wünsche und nicht darum, wie das Radio tatsächlich
ist!!!!
[Items rotieren]

	völlig zu-stimmen	teilweise zu-stimmen	unent-schieden	teilweise ab-lehnen	völlig ab-lehnen	w.n.
Gutes Radio sollte so sein, dass man am liebsten die ganz Zeit aufmerksam zuhören möchte.	5	4	3	2	1	9
Ein gutes Radio sollte über den regionalen Tellerrand schauen und vor allem darüber berichten, was draußen in der Welt geschieht.	5	4	3	2	1	9
Ein gutes Radioprogramm sollte verlässlich eine Musikrichtung spielen und nicht mal dieses und mal jenes.	5	4	3	2	1	9
Ein gutes Radio sollte Dinge bringen, die die Gefühle der Menschen bewegen.	5	4	3	2	1	9
Wahrheit ist nicht alles! Ein gutes Radioprogramm nimmt Rücksicht darauf, dass es manchmal besser ist, die Dinge auf sich beruhen zu lassen.	5	4	3	2	1	9
Ein gutes Radioprogramm sollte besonders über die schönen Dinge auf dieser Welt berichten.	5	4	3	2	1	9
Ein gutes Radioprogramm muss erst die Informationen sorgfältig prüfen, bevor etwas gesendet wird.	5	4	3	2	1	9
Bei einem guten Radioprogramm sollten die Moderatoren einen seriösen Eindruck machen.	5	4	3	2	1	9

Das waren jetzt alle Fragen zum Idealradio.

6. Jetzt möchte wir gerne etwas über Ihre Hörgewohnheiten erfahren.
An ungefähr wie viel Tagen pro Woche einschließlich Samstag und Sonntag,
hören Sie normalerweise Radio?
[wenn weniger als einmal pro Woche dann nächste Frage, sonst gleich zur übernächsten]
   0   weniger als einmal pro Woche
   1   an einem Tag pro Woche
   2   an zwei Tagen pro Woche
   3   ...
   9   keine Antwort

6b. Hören Sie überhaupt nie Radio, oder hören Sie nur sehr selten Radio?
  1 sehr selten
  2 nie
[wenn nie dann keine weiteren Fragen zur Nutzung]

[Auswahl Thüringen]
7a. Ich nenne Ihnen jetzt einige Radiosender.
Bitte sagen Sie mir bei jedem Sender, ob Sie ihn schon einmal gehört haben oder nicht. Es geht nicht darum, ob Sie ihn oft oder gerne hören, sondern ich möchte nur wissen, ob Sie den Sender überhaupt schon einmal gehört haben.
[Sender rotieren]

	ja	nein
Antenne Thüringen	1	2
Landeswelle Thüringen	1	2
Radio TOP 40	1	2
MDR 1 Radio Thüringen	1	2
JUMP	1	2
MDR Kultur	1	2
Deutschlandfunk	1	2
DeutschlandRadio Berlin	1	2

8a. Und welchen der folgenden Sender haben Sie innerhalb der letzten 14 Tage gehört?
[Sender rotieren und nachfragen nur bei denen, die schon einmal gehört]

	ja	nein
Antenne Thüringen	1	2
Landeswelle Thüringen	1	2
Radio TOP 40	1	2
MDR 1 Radio Thüringen	1	2
JUMP	1	2
MDR Kultur	1	2
Deutschlandfunk	1	2
DeutschlandRadio Berlin	1	2

9a. Und an wie viel Tagen einer normalen Woche, einschließlich Samstag und Sonntag, hören Sie die folgenden Radiosender? Nennen Sie mir bitte die Zahl der Wochentage: [Sender rotieren und nachfragen nur bei denen, die in letzten 14 Tagen genutzt]

	Anzahl der Tage eintragen
Antenne Thüringen	
Landeswelle Thüringen	
Radio TOP 40	
MDR 1 Radio Thüringen	
JUMP	
MDR Kultur	
Deutschlandfunk	
DeutschlandRadio Berlin	

10a. Gibt es neben den genannten Sendern einen and eren, den Sie mindestens einmal pro
Woche hören? [wenn nein, dann 0 eintragen und weitermachen, wenn ja, dann nachfragen:]
Wie heißt der Sender?   [Name] _____
Und an wie viel Tagen hören Sie ihn?   [Zahl der Nutzungstage] _____ _

[Auswahl Sachsen-Anhalt]
7b. Ich nenne Ihnen jetzt einige Radiosender. Bitte sagen Sie mir bei jedem Sender, ob Sie ihn
schon einmal gehört haben oder nicht. Es geht nicht darum, ob Sie ihn oft oder gerne hören,
sondern ich möchte nur wissen, ob Sie de n Sender überhaupt schon einmal gehört haben.
[Sender rotieren]

	ja	nein
Hit-Radio Brocken	1	2
Radio SAW	1	2
Rockland Sachsen-Anhalt	1	2
Project 89.0	1	2
MDR 1 Radio Sachsen-Anhalt	1	2
JUMP	1	2
MDR Kultur	1	2
Deutschlandfunk	1	2
DeutschlandRadio Berlin	1	2

8b. Und welchen der nachfolgenden Sender haben Sie innerhalb der letzten 14 Tage gehört?
[Sender rotieren und nachfragen nur bei denen, die schon einmal gehört]

	ja	nein
Hit-Radio Brocken	1	2
Radio SAW	1	2
Rockland Sachsen-Anhalt	1	2
Project 89.0	1	2
MDR 1 Radio Sachsen-Anhalt	1	2
JUMP	1	2
MDR Kultur	1	2
Deutschlandfunk	1	2
DeutschlandRadio Berlin	1	2

9b. Und an wie viel Tagen einer normalen Woche, einschließlich Samstag und Sonntag, hören
Sie die nachfolgenden Radiosender? Nennen S ie mir bitte die Zahl der Wochentage: [Sender
rotieren und nachfragen nur bei denen, die in letzten 14 Tagen genutzt]

	Anzahl der Tage eintragen
Hit-Radio Brocken	
Radio SAW	
Rockland Sachsen-Anhalt	
Project 89.0	
MDR 1 Radio Sachsen-Anhalt	
JUMP	
MDR Kultur	
Deutschlandfunk	
DeutschlandRadio Berlin	

10b. Gibt es neben den genannten Sendern einen anderen, den Sie mindestens einmal pro Woche hören? [wenn nein, dann 0 eintragen und weitermachen, wenn ja, dann nachfragen:] Wie heißt der Sender?   [Name] _____
Und an wie viel Tagen hören Sie ihn?   [Zahl der Nutzungstage] _____

[Auswahl Hessen]
7c. Ich nenne Ihnen jetzt einige Radiosender.
Bitte sagen Sie mir bei jedem Sender, ob Sie ihn schon einmal gehört haben oder n icht. Es geht nicht darum, ob Sie ihn oft oder gerne hören, sondern ich möchte nur wissen, ob Sie den Sender überhaupt schon einmal gehört haben. [Sender rotieren]

	ja	nein
Hit-Radio FFH	1	2
Planet Radio	1	2
hr1 das Informationsradio	1	2
hr2 die Kulturwelle	1	2
hr3 die junge Welle	1	2
hr4 das Serviceradio	1	2
Deutschlandfunk	1	2
DeutschlandRadio Berlin	1	2

8c. Und welchen der nachfolgenden Sender haben Sie innerhalb der letzten 14 Tage gehört? [Sender rotieren und nachfragen nur bei denen, die sch on einmal gehört]

	ja	nein
Hit-Radio FFH	1	2
Planet Radio	1	2
hr1 das Informationsradio	1	2
hr2 die Kulturwelle	1	2
hr3 die junge Welle	1	2
hr4 das Serviceradio	1	2
Deutschlandfunk	1	2
DeutschlandRadio Berlin	1	2

9c. Und an wie viel Tagen einer normalen Woche, einschließlich Samstag und Sonntag, hören Sie die nachfolgenden Radiosender? Nennen Sie mir bitte die Zahl der Wochentage: [Sender rotieren und nachfragen nur bei denen, die in letzten 14 Tagen genutzt]

	Anzahl der Tage eintragen
Hit-Radio FFH	
Planet Radio	
hr1 das Informationsradio	
hr2 die Kulturwelle	
hr3 die junge Welle	
hr4 das Serviceradio	
Deutschlandfunk	
DeutschlandRadio Berlin	

10c. Gibt es neben den genannten Sendern einen anderen, den Sie mindestens einmal pro Woche hören? [wenn nein, dann 0 eintragen und weitermachen, wenn ja, dann nachfragen:]
Wie heißt der Sender?   [Name] _____
Und an wie viel Tagen hören Sie ihn?   [Zahl der Nutzungstage] _____

11. Ich nenne Ihnen jetzt einige Situationen und Gelegenheiten, bei denen manche Leute R a-
dio hören. Sagen Sie mir bitte jeweils, ob Sie bei dieser Gelegenheit häufig, ab und zu, selten,
oder nie Radio hören! [Situationen rotieren]

	häufig	ab und zu	selten	nie	k.A.
Beim Aufstehen und Frühstücken	4	3	2	1	9
Beim Autofahren	4	3	2	1	9
Bei der Arbeit in der Firma	4	3	2	1	9
Bei der Arbeit zu Hause	4	3	2	1	9
Beim Mittagessen	4	3	2	1	9
Nachmittags oder abends zu Hause	4	3	2	1	9

12. Wenn Sie jetzt bitte versuchen alle diese Zeiten zusammen zu zähl en. Was schätzen Sie:
Wie lange hören Sie an einem ganz normalen Tag Radio?
Wie viel Stunden und Minuten? _____

13. Und mit welchem Sender verbringen Sie normaler Weise die meiste Zeit?
[Antwortvorgaben nicht vorlesen!]
  1 Antenne Thüringen
  2 Landeswelle Thüringen
  3 Radio TOP 40
  4 Project 89.0
  5 MDR 1 Radio Thüringen
  6 JUMP
  7 MDR Kultur
  8 MDR 1 Radio Sachsen-Anhalt
  9 Hit-Radio Brocken
10 Radio SAW
11 Rockland Sachsen-Anhalt
12 HIT-Radio FFH
13 Planet Radio
14 hr1 - das Informationsradio
15 hr2 - die Kulturwelle
16 hr3 - die junge Welle
17 hr4 - das Serviceradio
18 DeutschlandRadio Berlin
19 Deutschlandfunk
20 Anderer Sender

14. Und ungefähr wie viel Zeit pro Tag verbringen Sie mit diesem Sen der, den Sie am meisten
hören? Wie viele Stunden und Minuten? _____

[Frage nach zweitmeisten nur dann stellen, wenn beim ersten Sender „20 - Anderer Sender"
gewählt wurde]

15. Und welcher Sender steht bei Ihnen an zweiter Stelle?
Welchen Sender hören Sie am zweitmeisten?
[nicht vorlesen!!]
   1   Antenne Thüringen
   2   Landeswelle Thüringen
   3   Radio TOP 40
   4   Project 89.0
   5   MDR 1 Radio Thüringen
   6   JUMP
   7   MDR Kultur
   8   MDR 1 Radio Sachsen-Anhalt
   9   Hit-Radio Brocken
   10 Radio SAW
   11 Rockland Sachsen-Anhalt
   12 HIT-Radio FFH
   13 Planet Radio
   14 hr1 - das Informationsradio
   15 hr2 - die Kulturwelle
   16 hr3 - die junge Welle
   17 hr4 - das Serviceradio
   18 DeutschlandRadio Berlin
   19 Deutschlandfunk
   20 Anderer Sender
   21 keiner

16. Und ungefähr wie viel Zeit pro Tag verbringen Sie mit diesem Sender, den Sie am zweit-meisten hören?

Wie viel Stunden und Minuten? _____

[Bewertung Thüringen]
17a. Wenn Sie bitte die Sender, die ich Ihnen jetzt nenne, bewerten würden, so ähnlich wie in der Schule. Geben Sie eine "1", wenn Ihnen der Sender sehr gut gefällt und eine "5", wenn er Ihnen gar nicht gefällt. Mit den Noten dazwischen können Sie Ihr Urteil abstufen. [Sender rotieren und nur die Sender abfragen, die gekannt]

	Note 1	Note 2	Note 3	Note 4	Note 5	weiß nicht
Antenne Thüringen	1	2	3	4	5	9
Landeswelle Thüringen	1	2	3	4	5	9
Radio TOP 40	1	2	3	4	5	9
MDR 1 Radio Thüringen	1	2	3	4	5	9
JUMP	1	2	3	4	5	9
MDR Kultur	1	2	3	4	5	9
Deutschlandfunk	1	2	3	4	5	9
DeutschlandRadio Berlin	1	2	3	4	5	9

[Bewertung Sachsen-Anhalt]
17b. Wenn Sie bitte die Sender, die ich Ihnen jetzt nenne, bewerten würden, so ähnlich wie in
der Schule. Geben Sie eine "1", wenn Ihnen der Sender sehr gut gefällt und eine "5", wenn er
Ihnen gar nicht gefällt. Mit den Noten dazwischen können Sie Ihr Urteil abstufen.
[Sender rotieren und nur die Sender abfragen, die gekannt]

	Note 1	Note 2	Note 3	Note 4	Note 5	weiß nicht
Hit-Radio Brocken	1	2	3	4	5	9
Radio SAW	1	2	3	4	5	9
Rockland Sachsen-Anhalt	1	2	3	4	5	9
Project 89.0	1	2	3	4	5	9
MDR 1 Radio Sachsen-Anhalt	1	2	3	4	5	9
JUMP	1	2	3	4	5	9
MDR Kultur	1	2	3	4	5	9
Deutschlandfunk	1	2	3	4	5	9
DeutschlandRadio Berlin	1	2	3	4	5	9

[Bewertung Hessen]
17c. Wenn Sie bitte die Sender, die ich Ihnen jetzt nenne, bewerten würden, so ähnlich wie in
der Schule. Geben Sie eine "1", wenn Ihnen der Sender sehr gut gefällt und eine "5", wenn
Ihnen gar nicht gefällt. Mit den Noten dazwischen können Sie Ihr Urte il abstufen.
[Sender rotieren und nur die Sender abfragen, die gekannt]

	Note 1	Note 2	Note 3	Note 4	Note 5	weiß nicht
Hit-Radio FFH	1	2	3	4	5	9
Planet Radio	1	2	3	4	5	9
hr1 das Informationsradio	1	2	3	4	5	9
hr2 die Kulturwelle	1	2	3	4	5	9
hr3 die junge Welle	1	2	3	4	5	9
hr4 das Serviceradio	1	2	3	4	5	9
Deutschlandfunk	1	2	3	4	5	9
DeutschlandRadio Berlin	1	2	3	4	5	9

18. Ich würde jetzt gerne noch etwas mehr über [Name des meistgehörten Senders oder ggf. zweitmeistgehörten nennen, falls der meistgehörte nicht in der Liste namentlich aufgeführt ist (XY)] wissen, vor allem, wie Sie den Sender beurteilen.

Ich lese Ihnen jetzt einige Fragen dazu vor: Bitte sagen Sie jeweils, was davon auf [Name des meistgehörten Senders (XY)] zutrifft!
[Items rotieren]

	3	2	1	9
Ist XY ein Radio, bei dem man die ganze Zeit aufmerksam zuhören möchte, oder ein Radio, das man gut nebenbei laufen lassen kann?	eher zum aufmerksam Zuhören	[unentschieden, sowohl als auch, weiß nicht]	eher zum Nebenbeihören	[keine Antwort]
Berichtet XY vor allem über das Geschehen in der Region oder vor allem darüber, was draußen in der Welt geschieht?	über die Region	[unentschieden, sowohl als auch, weiß nicht]	über die Welt	[keine Antwort]
Spielt XY verlässlich eine Musikrichtung, oder weiß man nie genau, welche Musikrichtung als nächstes kommt?	spielt verlässlich eine Musikrichtung	[unentschieden, sowohl als auch, weiß nicht]	man weiß nie genau, welche Musikrichtung kommt	[keine Antwort]
Bringt XY vor allem Dinge, die die Gefühle der Menschen bewegen oder vor allem Stoff zum Nachdenken?	bringt Dinge, die bewegen	[unentschieden, sowohl als auch, weiß nicht]	bringt Stoff zum Nachdenken	[keine Antwort]
Bringt XY immer die ungeschminkte Wahrheit, oder nimmt der Sender manchmal Rücksicht und lässt die Dinge auf sich beruhen?	bringt ungeschminkte Wahrheit	[unentschieden, sowohl als auch, weiß nicht]	lässt Dinge auf sich beruhen	[keine Antwort]
Berichtet XY vor allem über Probleme und Konflikte oder mehr über die schönen Dinge auf dieser Welt?	berichtet über Probleme und Konflikte	[unentschieden, sowohl als auch, weiß nicht]	berichtet über schöne Dinge	[keine Antwort]
Ist es typisch für XY, dass man alle Neuigkeiten möglichst schnell erfährt oder dass alle Informationen erst sorgfältig geprüft werden?	Schnelligkeit ist typisch	[unentschieden, sowohl als auch, weiß nicht]	sorgfältiges Prüfen ist typisch	[keine Antwort]
Sind die Moderatoren bei XY ganz locker und unverkrampft, oder machen sie eher einen seriösen Eindruck?	sind locker und unverkrampft	[unentschieden, sowohl als auch, weiß nicht]	sind seriös	[keine Antwort]

19. Nun kommen wir zu einem ganz anderen Thema:
Können Sie sich noch an den Amoklauf am Gutenberg Gymnasium in Erfurt am
26. April dieses Jahres erinnern?
    1 ja
    2 nein
    9 [weiß nicht, keine Antwort]

20. Wissen Sie noch, wie Sie von diesem Ereignis zuerst erfahren haben? [Antwortvorgaben nicht vorlesen]
    1 jemand ist zu mir gekommen und hat es mir erzählt
    2 jemand hat mich angerufen
    3 haben es gehört, wie andere davon gesprochen haben
    4 im Radio gehört
    5 im Fernsehen gesehen
    6 in der Zeitung gelesen
    7 im Internet (Chat, WWW, Newsgroup) erfahren
    8 eine Email bekommen
    9 eine SMS bekommen
    10 anderes
    11 weiß nicht mehr, keine Antwort

21. Der Amoklauf begann am 26. April ungefähr um 11 Uhr morgens.
Haben Sie davon noch am gleichen Tag erfahren oder erst später?
    1 am gleichen Tag
    2 später
    9 [weiß nicht]

22. Wissen Sie noch ungefähr, um wie viel Uhr Sie zuerst davon erfahren haben?
    _____ : _____ Uhr

23. Wo waren Sie zu dem Zeitpunkt, als Sie davon erfahren haben? Waren Sie da...
    1 am Arbeitsplatz
    2 zu Hause
    3 bei Freunden oder Bekannten
    4 oder waren Sie unterwegs
    5 [Anderer Ort]
    6 [weiß nicht mehr]

24. Nachdem Sie davon erfahren hatten:
Haben Sie dann weitere Informationen dazu gesucht? [Antwortvorgaben nicht vorlesen]   1 ja
    2 ja, aber später
    3 nein
    9 weiß nicht

25. Und was haben Sie gemacht, um zusätzliche Informationen zu bekommen?
[Antwortvorgaben nicht vorlesen]
  1 Fernsehen angeschaltet
  2 Fernsehen angeschaltet gelassen
  3 auf anderes Fernsehprogramm umgeschaltet
  4 Radio angeschaltet
  5 Radio angeschaltet gelassen
  6 auf anderes Radioprogramm umgeschaltet
  7 zu jemanden gegangen, um zu fragen
  8 jemanden angerufen, um zu fragen
  9 per SMS jemanden gefragt
  10 im Internet gesucht
  11 in der Zeitung
  12 andere Aktion
  13 weiß nicht mehr

26. Haben Sie danach auch selbst andere Personen über das Geschehen informiert?
[Antwortvorgaben nicht vorlesen]
  1 ja
  2 ja, aber später
  3 nein
  9 weiß nicht

Das war dann schon alles zu dem Thema.

27. Jetzt habe ich noch ein paar allgemeine Fragen zur Situation beim Radio hören!

	häufig	ab und zu	selten	nie	keine Antwort
Wie oft kommt es vor, dass Sie nur dem Radio zuhören und nichts nebenbei machen? Kommt das häufig, ab und zu, selten oder nie vor	4	3	2	1	9
Wie oft kommt es vor, dass Sie jemand bittet, das Radio auszumachen oder umzuschalten, weil er sich gestört fühlt oder ihm das Programm nicht gefällt?	4	3	2	1	9
Wie oft kommt es vor, dass Sie sich so sehr auf Ihre eigentliche Arbeit konzentrieren müssen, dass Sie deswegen nebenbei kein Radio hören können?	4	3	2	1	9

28. Ich nenne Ihnen jetzt einige Aussagen, die andere Leute über das Radio gemacht haben. Dazu möchte Ihre Meinung wissen! Bitte sagen Sie mir jeweils, ob Sie der Aussage völlig z u-stimmen, teilweise zustimmen oder gar nicht zustimmen. [Items rotieren]

	völlig zu-stimmen	teilweise zustimmen	gar nicht zustimmen	weiß nicht
Wenn man Radio hört, fällt die Arbeit viel leichter	3	2	1	9
Wenn man Radio hört, weiß man über alles Wichtige Bescheid.	3	2	1	9
Beim Radiohören vergisst man oft alles um sich herum	3	2	1	9
Wenn man Radio hört, kann man so richtig entspannen.	3	2	1	9
Radiohören gehört ganz selbstverständlich zum Tagesablauf dazu.	3	2	1	9
Beim Radiohören erfährt man Dinge, über die man sich mit anderen unterhalten kann.	3	2	1	9
Das Radio bringt einen oft erst so richtig in Schwung.	3	2	1	9
Im Radio erfährt man vieles, was einem hilft, im Alltag zurechtzukommen.	3	2	1	9

Jetzt noch einige wenige Fragen zu den anderen Medien, die Sie nutzen.

29. Lesen Sie eine Tageszeitung?
[Antwortvorgaben nicht vorlesen]
  1 ja
  2 nein
  9 keine Antwort

30. Und an wie viel Tagen pro Woche lesen Sie ungefähr i n der Tageszeitung?
[wenn weniger als einmal die Woche, dann 0 eingeben, [0 - 7 sind gültige Werte]
[9 keine Antwort]
_____ Tage

31. Wie lange schauen Sie im Durchschnitt pro Tag fern?
[kleinster Wert "0" bei Leuten, die nicht fernsehen]
_____Stunden _____Minuten

32. Und an wie viel Tagen pro Woche sehen Sie sich Nachrichten im Fernsehen an?
[wenn weniger als einmal die Woche, dann 0 eingeben, 0 - 7 sind gültige Werte]
[9 keine Antwort, weiß nicht]
_____ Tage

33. Wie oft kommt es vor, dass Sie Zeitschriften oder Anzeigenblätter lesen?
  4 häufig
  3 ab und zu
  2 selten oder
  1 nie

34. Haben Sie zu Hause oder bei Ihrer Arbeitstelle einen Zugang zum Internet?
[Antwortvorgaben nicht vorlesen]
   1 ja
   2 nein
   9 keine Antwort

35. Und wie lange, grob gerechnet, nutzen Sie durchschnittlich pro Woche das Internet?
      _____Stunden _____Minuten

36. Nun sind wir fast fertig, es fehlen nur noch ein paar kurze Fragen zu Ihrer Ausbildung, zu Ihrem Beruf und zu Ihrem Familienstand.

37. Sind Sie zur Zeit Schüler[in] einer allgemeinbildenden Schule?
[Antwortvorgaben nicht vorlesen]
   1 ja
   2 nein
   9 keine Antwort

38. Welchen höchsten allgemeinbildenden Schulabschluss haben Sie?
[Antwortvorgaben nicht vorlesen]
[nur bei Unklarheiten nachfragen]
   1 Ohne Schulabschluss
   2 Hauptschule oder POS 8./9. Klasse oder Volksschule
   3 Realschulabschluss (Mittlere Reife)
     oder POS (Polytechn. Oberschule) 10. Klasse
   4 Fachoberschule (FOS)
   5 Fachhochschulreife
   6 Abitur
   7 anderen Abschluss
   9 keine Antwort

39. Haben Sie an einer Fachhochschule oder Universität studiert?
[Antwortvorgaben nicht vorlesen]
   1 ja
   2 nein
   9 keine Antwort

40. Und haben Sie das Studium abgeschlossen?
[Antwortvorgaben nicht vorlesen]
   1 ja
   2 nein
   9 keine Antwort

41. Kommen wir zu Ihrer Erwerbstätigkeit.
Damit meinen wir jede bezahlte bzw. mit einem Einkommen verbundene Tätigkeit, egal wie viel Zeit Sie damit verbringen. Was von dem Folgenden trifft auf Sie zu: Sind Sie...
   1 vollzeit-erwerbstätig mit 35 Stunden und mehr?
   2 teilzeit oder stundenweise erwerbstätig mit 15-34 Stunden?
   3 teilzeit oder stundenweise erwerbstätig mit weniger als 15 Stunden?
   4 z.Zt. im Mutterschafts-, Erziehungsurlaub oder sonstiger Beurlaubung?
   5 z.Zt. nicht erwerbstätig?(Student, Rentner, Arbeitslos, 0-Kurzarb.)
   9 [keine Antwort]

[Frage nur an Personen, die nicht erwerbstätig sind]
42. Wenn Sie nicht berufstätig sind, sind Sie...
    1 Student?
    2 Rentner/in oder Pensionär?
    3 zur Zeit arbeitslos?
    4 Hausfrau/Hausmann?
    5 Wehr-/Zivildienst?
    6 Aus anderen Gründen nicht berufstätig?
    9 [keine Antwort]

43. In welchem Jahr sind Sie geboren?
[Geburtsjahr zweistellig eingeben, wenn keine Antwort 0 eingeben]
                    19 __

44. Welchen Familienstand haben Sie?
[Antwortvorgaben nicht vorlesen]
[nur bei Unklarheiten nachfragen]
    1 verheiratet, mit Partner zusammenlebend
    2 getrennt lebend
    3 ledig
    4 geschieden
    5 verwitwet
    9 keine Antwort

45. Leben Sie mit einem Partner zusammen?
[Antwortvorgaben nicht vorlesen]
    1 ja
    2 nein
    9 keine Antwort

46. Welche Staatsangehörigkeit besitzen Sie?
[Antwortvorgaben nicht vorlesen]
    1 deutsch
    2 andere
    9 keine Antwort

Eintragung durch den Interviewer:

47. Geschlecht des Befragten eintragen:
    1 männlich
    2 weiblich

48. Wie schätzen Sie den Interviewten ein?
    1 Befragter war sehr interessiert
    2 Befragter war bereitwillig
    3 Befragter war teilweise genervt
    4 Befragter war insgesamt schwierig

Anhang 2: Codebuch

1. Struktur des Codebuchs

Das Codebuch ist modular aufgebaut. Jedes Programmangebot wird einem Modul zugewiesen und dann anhand der dort definierten Variablen codiert. Programmangebote, bei denen ke ine weiteren Codierungen vorgenommen werden, werden im Modul „Rest" erfasst. Die Varia blen der einzelnen Module werden mit den jeweiligen Variablencodes (MU für Musik, HU für Humor usw.) und einer Nummer gekennzeichnet.

Modulübergreifende Kategorien	
Strukturcodes	3
Identifikationscodes	5

Modul/Variablencode		Erläuterungen zum Modul	Seite
Kulturelle Programmelemente			
Musik	MU	Musik (auch Konzertübertragung)	6
Musikinfo	MI	Informationen über Sänger und Musikgruppen	12
Humor	HU	Humorvoller Beitrag: Satire, Comedy, Sketche	13
Rest	R	Hörspiel / Lesung	30
Rest	R	Kirchliche Sendungen (Morgenandacht)	30
Rest	R	Kinderprogramm	30
Strukturierende Programmelemente			
Moderation	MO	Moderation (Moderator / Moderatorenteam)	14
Trailer	TR	Programmhinweis (auf Beiträge, die später gesendet werden sollen)	16
Rest	R	Jingles-Melodien und Slogans, die helfen, den Sender zu erkennen, Testimonials von Hörern	29
Rest	R	Sendepause	29
Programmelemente mit gesellschaftsbezogenen Informationen			
Info	IN	Nachrichtenbeitrag	17
Info	IN	Bericht / Kommentar / gebaute Beiträge	17
Rest	R	Dokumentation / Ansprache / Schulfunk /	29
Programmelemente mit alltagsbezogenen In formationen			
Service	SE	Verbrauchertipps / Ratschläge für den Alltag	25
Service	SE	Servicemeldungen (Verkehr, Wetter, Biowetter, Preise, Börsenkurse, Horoskop)	25
Veranstaltung	VE	Veranstaltungshinweise (auch auf andere Medienangeb ote)	26
Rest	R	Zeitansage	29
Programmelemente der Hörerbeteiligung			
Hoerer	HO	Hörerbeteiligung (Sendungen, bei denen die Hörer zu Wort kommen)	27
Spiel	SP	Spiele, Sendungen zum Mitraten und Mitmachen	28
Programmelemente zur Programmfinanzierung			
Rest	R	Werbung / Sponsorhinweise	29

2. Strukturcodes

Die Codierungen werden für jeden Aufnahmetag und jedes der 17 Programme separat in e i-ner eigenen Datei abgespeichert. Der Name der Datei setzt sich aus dem Namen des jeweil i-gen Senders und dem Datum des Aufnahmetags zusammen :
Beispiel: Die Datei für die Codierungen von MDR 1 Radio Thüringen vom 16.9. 2002 b e-kommt den Namen: MDR1RT_ 16_9

Die Strukturcodes TAG, MONAT, WTAG, SENDER und CODIERER werden nur einmal pro Se n-der/Aufnahmetag im Tabellenblatt STRUKTUR codiert.

TAG	16	19	22	25	28	1	4	7	10	13	16
MONAT	9	9	9	9	9	10	10	10	10	10	10
WTAG	Mo	Do	So	Mi	Sa	Di	Fr	Mo	Do	So	Mi

SENDER		
Kürzel für die Dateien-Beschriftung und Code für die Variable		
Antenne Thüringen	AT	1
Landeswelle Thüringen	LWT	2
Radio TOP 40	TOP	3
Project 89.0	PROJECT 89.0	4
MDR 1 Radio Thüringen	MDR1RT	5
JUMP	JUMP	6
MDR Kultur	MDRKULTUR	7
MDR 1 Radio Sachsen-Anhalt	MDR1SA	8
Hit-Radio Brocken	BROCKEN	9
Radio SAW	SAW	10
Rockland Sachsen-Anhalt	ROCKLAND	11
HIT-Radio FFH	FFH	12
Planet Radio	PLANET	13
hr1 - das Informationsradio	HR1INFO	14
hr2 - die Kulturwelle	HR2KULTUR	15
hr3 - die junge Welle	HR3JUNGE	16
hr4 - das Serviceradio	HR4SERVICE	17

REFERA / REFERB / REFERC Referenzcodierung		
Für jeden MP3-File muss festgelegt werden, wann eine volle S tunde beginnt		
Name des Files	Zeitcode des Files	tatsächliche Uhrzeit

!!Wichtig: Wenn die Codierung eines neuen MP3 -Files beginnt, muss bei <u>allen Modulen</u> bei der Variable Beginn eine „00" eingetragen werden. Die Codierung des ersten Beitrags des nächsten Files beginnt dann in der darauf folgenden Zeile. Wenn in einem File überhaupt kein Beitrag eines bestimmten Moduls codiert wurde, dann muss trotzdem beim Beginn des näch s-ten Files eine weiteres Mal „00" eingetragen werden. Nur so ist nachher eind eutig rekon-struierbar, welche Codierung zu welchem MP3 -File gehört!!

MWECHSA / MWECHSB / MWECHSC Moderatorenwechsel

Wann findet Moderatorenwechsel statt? (hier den Zeitcode der Echtzeit, nicht den Code des MP3-Files eingeben).

Name der Moderatoren / wenn nicht zu ermitteln, dann Anzahl der Moderatoren	Uhrzeit Anfang	Uhrzeit Ende

UEBERNA / UEBERNB / UEBERNC Programmübernahme

Wird das Programm von einem anderen Sender übernommen? (hier den Zeitcode der Echtzeit, nicht den Code des MP3-Files eingeben).

!!Wichtig: wenn Übernahme von einem anderen Programm das analysiert wird, dann keine Codierung durchführen!!

Name des Programms	Uhrzeit Anfang	Uhrzeit Ende

PIEPSER Ari-Piepser

Hörbarer Ari-Piepser bei Verkehrsmeldungen.

hörbar	1
nicht hörbar	2

CODIERER

Berner	Jörg	1	Linke	Katharina	21
Bock	Michael	2	Lohse	Manja	22
Bonchor	Alexandra	3	Makaveeva	Marieta	23
Branzke	Saskia	4	Morczinek	Mandy	24
Bräuer	Marco	5	Paul	Michael	25
Derowski	Anja	6	Redlefsen	Jan	26
Dogruel	Leyla	7	Reger	Nadine	27
Fischer	Helge	8	Roßbauer	Andrea	28
Friedewald	Christian	9	Rühling	Grit	29
Geidel	Claudia	10	Rumpelt	Marko	30
Glocke	Brit	11	Schlehahn	Diana	31
Hahmann	Janine	12	Schmidt	Nils	32
Heine	Mandy	13	Scobel	Manuela	33
Heinze	Antje	14	Tümmler	Björn	34
Kaufmann	Sabine	15	Wendeborn	Mike	35
Kehr	Sebastian	16	Yordanova	Lyuba-Emilova	36
Lawin	Andrea	17			
Lehmann	André	18			
Lenzendorf	Christian	19			
Liebold	Frank	20			

---

3. Identifikationscodes

Die Identifikationscodes NUMMER und BEGINN werden bei jedem Beitrag codiert, gleichgültig zu welchem Modul er gehört.

NUMMER
Die Beiträge werden für jeden Sender, jeden Sendetag und jedes Modul separat durchnum-meriert. Bsp.: Die erste Moderation bei Planet Radio am 22.9. bekommt die Beitragsnummer 1, die zweite Moderation die Nummer 2 usw. Entsprechend wird für die anderen Programm-elemente verfahren (Autonummerierung).

BEGINN
Bei jedem Beitrag wird der Beginn notiert, wie er von WINAMP (Zeitzähler) angezeigt wird.

WIEDER
Handelt es sich um eine Wiederholung oder um eine Erstsendung?
Die Variable ist mit 1 vorcodiert. Nur wenn es sich um eine Wiederholung handelt, muss der Code geändert werden.
!!Die Codes zur Identifikation von Wiederholungen, werden bei den Modulen TRAILER , MODERATION; SERVICE und REST nicht codiert!!

Erstsendung	Beitrag wird zum ersten Mal am Tag gesendet	1
Wiederholung ähnlich	Beitrag zum gleichen Thema, aber nicht identisch. Bei Wortbeiträgen ist ein Sprecherwechsel unerheblich. Solange der Inhalt gleich ist, egal ob Formulierungen variieren, ist der Beitrag als identisch (Code 3) zu codieren. Bei Musikstücken Code 2, wenn gleicher Titel von anderem Interpreten oder wenn andere Version eines Titels.	2
Wiederholung identisch	Beitrag identisch wie vorher gesendeter Beitrag, oder nur ge-kürzt (wenn identisch, dann Wiederholungs-nummer codieren, alle anderen inhaltlichen Codierungen wer-den in der Regel von der erstmaligen Codierung übernommen, Merkmale wie angejingelt oder Hintergründe können bei gekürz-ten Beiträgen variieren)	3

WIEDERNR
Nummer des Beitrags der Erstausstrahlung eintragen

NOTIZ
Um die Codierung für die Wiederholung zu erleichtern, hier mit einem Stichwort erläutern, worum es in dem Beitrag geht. Bei Musikstücken hier z.B. Interpret und Titel eintragen (soweit bekannt).

4. Musik

MU0 TOP 50 Alle Songs der Top 50 nur mit dieser Zahl codieren, evtl. die Kategorien MU11 und MU12, sonst keine weiteren Kategorien codieren.

Anastacia	Paid My Dues	1
Avril Lavigne	Complicated	2
B3	I.O.I.O.	3
Ben feat. Gim	Engel	4
Böhse Onkelz	Keine Amnestie für MTV	5
Bro'Sis	I Believe	6
Bro'Sis	Do You	7
Celine Dion	I'm Alive	8
Celine Dion	A New Day Has Come	9
Chad Kröger	Hero	10
Christina Aguilera	Dirrty	11
Die Gerd Show	Der Steuersong	12
Elvis Presley vs. JXL	A Little Les Conversation	13
Eminem	Without Me	14
Enrique Iglesias	Escape	15
Enya	May It Be	16
Groove Coverage	Moonlight Shadow	17
Herbert Grönemeyer	Mensch	18
Jan Wayne	Because The Night	19
Jeanette	Rock My Life	20
Kate Winslet	What If	21
Las Ketchup	The Ketchup Song (Asereje)	22
Mad'House	Like A Prayer	23
Marilyn Manson	Tainted Love	24
Mark 'Oh	Let This Party Never End	25
Marlon & Freunde	Lieber Gott	26
Massive Töne	Cruisen	27
Melanie Thornton	Wonderful Dreams (Holydays Are Coming)	28
Nelly	Hot In Herre	29
Nelly feat. Kelly Rowland	Dilemma	30
Nickelback	How You Remind Me	31
No Angels	Something About Us	32
No Angels	Still In Love With You	33
Ozzy Osbourne	Dreamer	34
P.Diddy feat. Usher & Loon	I Need A Girl (Part One)	35
Pink	Get The Party Started	36
R. Kelly	The World's Greatest	37
Robbie Williams & Nicole Kidman	Somethin' Stupid	38
Ronan Keating	If Tomorrow Never Comes	39
Sarah Connor	From Sarah With Love	40
Scooter	Nessaja	41
Scooter	The Logical Song	42
Shakira	Whenever Wherever	43
Shakira	Underneath Your Clothes	44
Stefan Raab	Wir kiffen	45
Tiziano Ferro	Perdono	46
Will Smith Feat. TRA-Knox	Black Suits Comin' (Nod Ya Head)	47
Wonderwall	Just More	48
Xavier Naidoo	Wo willst Du hin?	49
Xavier Naidoo	Bevor Du gehst	50

MU1 Musikstil A
MU2 Musikstil B

Bei der Codierung der Musikstile wird ein hierarchisches System verwendet. D.h. der Codierer muss vor allem entscheiden, welch er Hauptstilrichtung (Spalte Hauptstil / Code HC) das
Musikstück zuzuordnen ist, wenn zusätzlich eine der Unterstile identif iziert werden kann,
dann werden die differenzierten Codes der Unterstile (Spalte UC) verwendet, soweit vorha n-
den. Darüber hinaus wir d eine Doppelcodierung zugelassen: Wenn es sich um ein Musi k-
stück handelt, das aus einer Mischung/Kombination von zwei Stilrichtungen besteht, dann
wird zunächst bei der Variable „Musikstil A" die dominante Stilrichtung codiert. Bei der Var i-
able „Musikstil B" wird dann die nachrangige Stilrichtung codiert, und zwar anhand der gle i-
chen Kategorieneinteilung.

Hauptstil	Unterstil	Beispiel	UC	HC
aktuelle Popmusik	!!aktuelle!! Charts Mainstream Popmusik	Britney Spears, Shakira, Sasha, No Angels, Bro'sis		1
Popmusik aus den letzten Jahren	Englischsprachige Popmusik der 80er, 90er	Wet, Wet, Wet Phil Collins, Tina Turner	21	2
	Brit Pop	Blur, Oasis, Pulp, Travis	22	
	Neue Deutsche Welle	Nena, Fehlfarben	23	
	Deutscher Pop	Grönemeyer, Kunze, Pur	24	
Oldies 50er bis 70er		The Beatles, The Kinks, Beach Boys,...		3
Rockmusik	Mainstreamrock, Kuschelrock, Emotional Rock	Bon Jovi, Maffay	41	4
	Hard Rock, Heavy Metal, Glamrock	AC/DC, Manowar, Kiss	42	
	New Metal, Speed Metal, Crossover, Gothic, Trash, Death Metal	Sepultura, LimpBizkit, La c-rimosa, Goethes Erben	43	
	Art Rock Klassik Rock, Sym-phonic Rock, Celtic Rock	Can, Neu!, Tangerine Dream	44	
	Rock 'n Roll	Buddy Holly, Chuck Berry	45	
Deutsche Schlagermusik		Michèlle, Wolfgang Petry, Drafi Deutscher, Cindy & Bert, Dschingis Khan		5
Punk/ Grunge/ Independent	Punk	Sex Pistols, Green Day	61	6
	Grunge	Nirvana, Pearl Jam	62	
	New Wave	Human League	63	
	Dark Wave	Deine Lakeien	64	
HipHop	Deutscher HipHop	Afrob, Curse, Fanta4, Fettes Brot	71	7
	Amerikanischer und sonstiger HipHop	Cypress Hill, J5, (The Streets)	72	

Hauptstil	Unterstil	Beispiel	UC	HC
Soul/ Funk	Soul, R'n'B, Black Music	R. Kelly, Mariah Carrey	81	8
	Funk	Bootsy Collins	82	
Techno/ elektronische Musik	Techno/ Rave/ Dance/ Dance-floor	Mark'Oh, Sven Väth, Ellen Alien	91	9
	House	Cassius, Steve Bug	92	
	Trance	Robert Miles, Paul Van Dyk	93	
	Elektropop	Depeche Mode, Paula, Ming	94	
	elektronische Musik (Elektronika)	Mouse On Mars	95	
	TripHop	Portishead, Tricky, Massive Attack	96	
	Jungle/ Drum'n Bass	Storm, Grooverider, Phoneheads	97	
Reggae	Reggae	Bob Marley	101	10
	Ragga/ Dancehall/ Dub	Seed	102	
	Ska	Madness	103	
Blues	klassischer Blues	John Lee Hooker, BB King	111	11
	Blues-Rock		112	
Country/ Western		Johnny Cash, Truck Stopp, Tom Astor, Linda Feller		12
Jazz	klassicher Jazz: Swing, Modern Jazz Dixieland, CoolJazz,	Miles Davis, Louis Armstrong	131	13
	New Jazz, Acid Jazz, JazzRock	Jazzanova, Les Gammas	132	
Weltmusik/ Folk Chanson	Chanson	Jacques Brèl, France Gall	141	14
	Liedermacher	Biermann, May, Degenhardt	142	
	Folk/ Folkrock	Bob Dylan, Donavan	143	
	Weltmusik, ethnische Musik, Ethno	Enya,…	144	
	New Age, Entspannungsmusik Meditationsmusik	Vangelis, Enigma…	145	
	Lateinamerika/ Südamerika	Buena Vista Social Club, Manu Chao	146	
	Folklore aus anderen Ländern	z.B. Indien	147	
Volksmusik	volkstümlicher Schlager	Stefanie Hertel, Nabtaal Duo	151	15
	Deutsche Volkslieder		152	
Blasmusik	Blasmusik		161	16
	Marschmusik		162	
Klassik	Klassik (alte Musik, Barock, Klassik, Romantik…)	Haydn, Beethoven, Mahler	171	17
	zeitgenössische Klassik/ Avantgarde/ klassische Moderne	Stockhausen, John Cage, Schönberg, Strawinski	172	

Hauptstil	Unterstil	Beispiel	UC	HC
Oper	Operette	Die Fledermaus	181	18
	Oper	Pucchini, Mozart	182	
	Musical	Rocky Horror Show, Andrew Lloyd, Webber	183	
Kirchenmusik	kirchliche, christliche, religiöse Musik	Kirchenlieder, Messen, Vesper Gregorianische Musik	191	19
	Gospel	Mahelia Jackson	192	

!!!! Die nachfolgenden Kategorien – MU3 bis MU11 – werden nur codiert, wenn bei der Variable MU1 die Musikhauptstile 1-5 (bzw. deren Unterstile) codiert wurden !!!!

MU3 Instrumental vs. Gesang		
Instrumente und Gesang		1
Instrumental	(falls Instrumental, dann bei MU6 weiter codieren)	2
Nur Gesang	(a capella)	3

MU4 Stimme (Geschlecht des Sängers/Chors)	
Die Codierung orientiert sich am Eindruck der Stimme, auch ein Mann kann eine feminine Stimme haben und umgekehrt. Es wird nicht das tatsächliche Geschlech t des Sängers codiert, sondern der Eindruck. Auch wenn man weiß, dass es ein Mann (bzw. eine Frau) ist, der Eindruck aber anders ist, dann muss nach dem Eindruck codiert werden. Wenn bei mehreren Stimmen eine unbestimmbar ist, dann wird diese ignoriert. En tscheidend ist die Stimme im Vordergrund (Leadsänger), gemischt nur codieren, wenn ein Paar sich abwechselt oder g emeinsam singt. Backgroundchor nicht berücksichtigen!	
Weiblich	1
Männlich	2
Gemischt (männlich u. weiblich)	3
Unbestimmbar (z.B. auch Com puterstimme)	4

MU5 Sprache	
Die Sprache, in der das Musikstück gesungen wird, wird codiert. Werden zwei Sprachen ve rwendet, dann zweistelligen Code vergeben (Spanisch und Englisch) = 42. Werden nur einzelne Wort in einer anderen Sprache verwendet, dann g ilt dies nicht als zweisprachig.	
Deutsch	1
Englisch	2
Französisch	3
Spanisch	4
Italienisch	5
sonstige Sprachen (Fantasiesprachen / Sprache nicht klar zu erkennen)	6
Deutscher Dialekt Mundart: BAP, Nicki	7

!!!! Die nachfolgenden Kategorien sollen <u>nicht</u> für die einzelnen Stilrichtungen unterschiedlich angewendet werden. Also <u>nicht</u>: „Für ein Rockstück ist es ziemlich langsam." „Für ein Popstück ist es ziemlich hart." Sondern alle Stücke sollen anhand des gleichen Maßstabes cod iert werden !!!!

MU6 Tempo	
Wenn ein Lied mit ruhigen Tanzbewegungen tanzbar ist, dann ist es als mittel (3) zu codi e-ren, wenn es so langsam ist, dass es kaum noch tanzbar ist, dann ist es als sehr langsam (1) zu codieren, ein sehr schnelles Lied (5) verl angt nach wilden Bewegungen beim Tanzen. Sol l-te ein Lied starke Tempovariationen aufweisen (was sehr selten ist), dann mittel (3) codieren.	
sehr langsam (Ballade)	1
langsam	2
mittel	3
schnell	4
sehr schnell	5

MU7 Klangvolumen	
Das Klangvolumen bezieht sich auf Instrumentierung und Stimmen. Ein karges Volumen b e-deutet wenige Instrumente (Gitarrenzupfen) und eine dünne Stimme. Orchesterklang, viele Instrumente, ein durchgängiger Chor sind Beispiel für volles Klangvolumen. Eher sparsam, wenn die Instrumentierung gegenüber der Stimme stark zurücktritt. Wenn in Teilen des Stücks das Volumen „eher sparsam" oder „sparsam" ist und in anderen Teilen „eher voll" oder „voll", dann als „stark variierend" (6) codieren. Sind die abweichenden Passagen jedoch nur sehr kurz (weniger als 10 %), dann dies nicht berücksichtigen. Klassische Besetzung einer Pop-Rock-Band (Leadsänger, 2 Gitarren, Baß, Schlagzeug = mittel).	
sparsam / karg	1
eher sparsam	2
mittel	3
eher voll	4
voll	5
stark variierend	6

MU8 Intensität	
„Soft" sind Lieder bei denen die Sänger weiche Stimmen haben, Streicher und akustische Gitarren eingesetzt werden. „Hart" sind Lieder mit wilden Gitarrensoli, verzerrten Gitarren; krächzenden, heiseren Stimmen.	
besonders soft	1
eher soft	2
mittel	3
eher hart	4
hart	5

MU9 Stimmung		
So weit möglich soll die Stimmung auch anhand des Textes codiert werden. Wenn nicht möglich, dann nur anhand des musikalischen Gesamteindrucks. Wenn Text und Musik unterschiedliche Stimmungen verbreiten, dann wird d ie Mittelkategorie (3) gewählt.		
fröhliche Musik	(Stimmungsmusik, Sommerhits, Partymusik, Mallorca - Hits) Las Ketchup, Jürgen Drews, Gottlieb Wendehals	1
eher fröhliche Musik		2
mittel / weder noch	auch codieren, wenn weder fröhlich noch sentimental	3
eher sentimentale Musik	(zum Träumen geeignet, aber nicht schwermütig)	4
sentimentale, schwermütige Musik	(Musik wirkt sehr traurig oder geradezu deprimierend) Goethes Erben	5

MU10 Rhythmusbetonung vs. Melodiebetonung	
Rhythmusbetont ist ein Lied, wenn insbesondere das Schlagzeug durchgängig den Rhythmus stark im Vordergrund spielt. Melodiös ist ein Lied, wenn die Rhythmusbegleitung im Hinte r-grund spielt oder gar nicht vorkommt oder immer wieder unterbrochen wird. Rhythmusbetontes dient eher zum <u>Tanzen</u>, Melodiöses eher zum <u>Zuhören</u>.	
rhythmusbetont	1
eher rhythmusbetont	2
beides	3
eher melodiös	4
melodiös	5

!!Die Variablen MU11 und MU12 müssen nur bei jedem zwanzigstem Lied codiert werden, d.h. beim Musikstück 1, 21, 41 usw.!!

MU11 Einblenden		
kein Einblenden	Musik beginnt, nachdem vorheriger Beitrag (Musik/Wort) abgeschlossen	1
Einblenden	Fade in: Musik beginnt, bevor vorheriger Beitrag abgeschlo s-sen (im Hintergrund)	2

MU12 Abbruch (Ausgespielt vs. unterbrochen)		
kein Abbruch	Ausgespielt / Fade Out / langsames Herausblenden (niemand redet rein, kein neuer Beitrag beginnt vor dem Ende der Musik)	1
Abbruch	Unterbrechung durch andere Musik / Moderation/ Jingle / Werbung/ Nachrichten (auch wenn das Lied im Hintergrund noch weiter zu hören)	2

5. Musikinfo

Im Gegensatz zu einer Musikmoderation werden beim Modul „Musikinfo" solche Beiträge codiert, bei denen <u>nicht nur grundlegende Infos</u> (Titel, Name und Herkunft der Musiker) zum vo rhergehenden und/oder nachfolgenden Musikstück genan nt werden. Eine Beitrag soll nur dann als Musikinfo codiert werden, wenn die Informationen deutlich umfangreicher sind und zumi ndest <u>bei einer der Variablen MI3 bis MI8 der Code 2</u> vergeben werden kann. Im Zweifel als Moderation codieren.

Für die Codierung als Musikinfo ist es gleichgültig, ob in dem Beitrag auch ein Titel an - oder abmoderiert wird. Dies wird trotzdem als Teil der Musikinfo codiert!

Ein Musikinformationsbeitrag gilt als eine Einheit, solange er nicht von einem mindestens 30 Sekunden langen Musikstück unterbrochen wird. Wenn aber im Rahmen eines Specials immer wieder Wortbeiträge und längere Musikstücke (>30 Sekunden) sich abwechseln, gilt jeder Be itrag zwischen den Musikstücken als eigenständiger Beitrag.

MI1 Angejinglet (durch einen Jingle eingeleitet, evtl. auch beendet)	
kommt nicht vor	1
kommt vor	2

MI2 Musikhinterlegung (auch zu codieren, wenn wiederkehrendes Musikbett)	
kommt nicht vor (oder nur sehr kurz)	1
kommt vor (mehr als 50 % der Zeit)	2

MI3 Biographie (Würdigung des Leb enswerkes oder Phase des Lebens)	
kommt nicht vor	1
kommt vor	2

MI4 Tourneedaten	
kommt nicht vor	1
kommt vor	2

MI5 Infos zu aktuellen CDs	
kommt nicht vor	1
kommt vor	2

MI6 Klatsch und Tratsch über Musiker / Sänger	
kommt nicht vor	1
kommt vor	2

MI7 Interviews (mit Musikern / Produzenten etc.)	
kommt nicht vor	1
kommt vor	2

MI8 0-Töne (Einzelne Statements von Musikern etc. werden eingespielt)	
kommt nicht vor	1
kommt vor	2

	6. Humor

HU1 Art des humorvollen Beitrags	
Politische Satire (ohne Imitation)	1
Politische Satire mit <u>Wahlbezug</u> (ohne Imitation)	2
Gesellschaftskritische Satire (ohne Imitation)	3
Comedy / Gaudi (auf Kosten einzelner Personen) z.b. durch Anrufe	4
Comedy / Gaudi (auf Kosten größerer Personengruppen) z.b. Bayern, Ausländer	5
Stimmenimitation (Politiker, Prominente)	6
Stimmenimitation mit <u>Wahlbezug</u> (Politiker, Prominente)	7
vom Moderator erzählter Witz (unpolitisch)	8
vom Moderator erzählter politischer Witz	9
Sonstiges	10

HU2 Angejinglet (durch einen Jingle eingeleitet, evtl. auch beendet)	
kommt nicht vor	1
kommt vor	2

HU3 Musikhinterlegung (auch zu codieren, wenn wiederkehrendes Musikbett)	
kommt nicht vor (oder nur sehr kurz)	1
kommt vor (mehr als 50 % der Zeit)	2

7. Moderation

Als Moderation werden die Wortbeiträge des Moderators im Studio codiert. Inhaltliche Moderationen zu einem bestimmten Thema werden im Modul „Info" codiert, Serviceansagen im Modul Service. Wenn der „Inhalt" aus wenigen Sätzen besteht (Bsp: „ Freuen Sie sich auf´s Wochenende, aber vergessen Sie nicht am Sonntag zur Wahl zur gehen"), dann wird dies als Mischkategorie II codiert. Wenn eine Moderation jedoch ganz überwiegend (mehr als 75% der Zeit) eindeutig einer der Unterkategorien 1-6 zugeordnet werden kann, dann wird sie nicht als Mischkategorie codiert, sondern der entsprechenden Unterkategorie 1 - 8 zugeordnet. Wird eine Moderation von Musik (weniger als 30 Sekunden) unterbrochen, dann dieses kurze Musikstück als Musikmoderation werten.
!!Zeitansage!! Wird in der Moderation auch die Zeit angesagt, dann wird eine 10 vor den jeweiligen Code gesetzt (Bsp.: Musikmoderation mit Zeitansage, dann Code 11; Mischmoderation I mit Zeitansage, dann Code 18.
!!Jingle-Integration!! Wird innerhalb einer Moderation auch ein Jingle gespielt, dann wird eine 100 vor den jeweiligen Code gesetzt (Bsp.: Musikmoderation mit Jingle, dann Code 101; Mischmoderation I mit Zeitansage und Jingle, dann Code 118.

MO1 Inhalt der Moderation		
Musikmoderation	Hinweise zur Musik vorher und/oder zur nachfolgenden Musik (z.B. Interpret / Titel / Komponist / Jahr / Herkunft etc.)	1
Wortbeitrag An- und Abmoderation	Überleitung zum vorhergehenden und/oder zum nachfolgenden Wortbeitrag (beide keine Musik)	2
Verknüpfung Musik + Wortbeitrag	Überleitung zum vorhergehenden oder zum nachfolgenden Wortbeitrag (einer von beiden keine Musik)	3
Situation	Moderation über das, was gerade im Studio geschieht / über persönliche Erlebnisse / Ansichten / Befindlichkeit des Moder a-tors / Aufforderung ans Publikum anzurufen, sich etwas zu merken / Begrüßung der Zuschauer	4
Plauderei	Gespräch zwischen den Moderatoren, Reportern, anderen Le u-ten im Studio über Befindlichkeit, über das, was gerade g e-schieht (aber kein Thema), Scherze zwischen den Mo deratoren...	5
Promotion I	Hinweis auf Produkte CDs, T-Shirts des Senders, WWW-Angebot des Senders, auf Gewinnspiel des Senders	6
Promotion II	Hinweise auf Produkte und Dienstleistungen anderer Unterne h-men (Schleichwerbung)	7
Mischmoderation I	Musik / Wortbeitrag / Situation / Plauderei / Promotion	8
Mischmoderation II	Musik / Wortbeitrag / Situation / Plauderei / Promotion und kurzer Inhalt (Info, Service, Humor...)	9

MO2 Höreransprache	
Sie (wenn Sie uns Ihre Meinung dazu sagen wollen, können Sie ...)	1
Du (ruf an, und sag Deinen Wunschtitel...)	2
Du und Sie gemischt / unbestimmte Ansprache ohne Du und Sie „Guten Morgen"	3
keine Höreransprache / indirekte Höreransprache (wir glauben, dass das für unsere Hörer interessant sein könnte)	

MO3 Moderationsstil

Moderationsstile können als Kombinationen verschiedener Merkmale beschrieben werden. Die Dimensionen, die unterschieden werden, sind Tempo (T), Emotionalität (E), Wertigkeit (W) und Kognitiver Anspruch (K). Für bestimmte Stile sind dabei be stimmte Dimensionen besonderes prägend, andere sind hingegen eher unwichtig und können in gewissem Umfang variieren. Prägende Dimensionen werden mit „+" und „–" gekennzeichnet. Mit „0" geken nzeichnete Dimensionen sind nicht prägend. „+" bedeutet: Bei Tempo = hohes Tempo, bei Emotionalität = starke Emotionen, bei Wertigkeit = positive Bewertungen überwiegen, bei kognitivem Anspruch = hoher Anspruch.

	T	E	W	K		
Cooler Stil Action Stil	+	0	0	0	hohes Sprechtempo, auf Spannung orientiert, Action, Hektik, Dynamik, betont cool, evtl. Szenensprache. Kurze, teilweise unvollständige Sätze, Atemlosigkeit	1
Aggressiver Stil	+	+	-	0	Spannung, Erregung, Rücksichtslosigkeit gegenüber allen Beteiligten, hohe Dynamik	2
Empörter Stil	0	+	-	0	Mitleid, Wut, Zorn erregend: Probleme werden so beschrieben, dass negative Emotionen kombiniert mit starker Erregung hervorgerufen werden können. Etwas wird als skandalös, furchtbar bezeichnet. O pferperspektive wird eingenommen.	3
Lobpreisender Stil	0	+	+	-	unkritischer, unreflektierter, übertrieben positiv, Heile - Welt-Stil	4
Lockerer Stil	0	+	0	-	witzig, albern, humoristisch, locker plaudernd, auch anzügliche Scherze, Geschwätz	5
Kommen- tierender Stil	0	+	0	0	meinungsbetont und emotional; es wird nicht nur beschrieben, sondern viel bewertet; Standpunkt wird deutlich, auch zu codieren wenn Meinung nur „z itiert"	6
Freundlich- herzlicher Stil	0	0	+	0	Sprecher zeigt, dass er das Publikum mag, vermeidet Konflikt mit Gästen, Publikum, Objekten der Bericht - erstattung, Vertrauen erweckend, persönlicher Bezug	7
Analysierend- kritischer Stil	0	0	0	+	argumentative Auseinandersetzung, engagiert, aber nicht sehr emotional, evtl. mit expliziter begründeter Stellungnahme, kenntnisreich	8
Sachlicher Stil	0	-	0	0	nüchterner Sprachstil, Faktenvermittlung steht im Mit- telpunkt, emotionale Ausdrücke werden vermieden, keine umgangssprachlichen Ausdrücke, distanzierte Haltung, Verlautbarungsstil, formell	9
Betulicher Stil	-	-	0	0	wenig Emotionen, langsame Redeweise, relativ viele Pausen, Ausdrucksweise umständlich, keine moderne Sprache, lahm, langweilig, harmlos, vorsichtig	10
Depressiver Stil	-	+	-	0	Sprecher erweckt den Eindruck von Niedergeschl a- genheit, Trostlosigkeit. Bringt zum Ausdruck, dass Ereignisse verheerend sind oder die Lage hoff nungs- los ist.	11
Anderer Stil					nicht entscheidbar / anderer Stil	12

MO4 Musikhinterlegung (auch zu codieren, wenn wiederkehrendes Musikbett)	
kommt nicht vor (oder nur sehr kurz)	1
kommt vor (mehr als 50 % der Zeit)	2

8. Trailer

Trailer sind Hinweise auf Musikstücke, Beiträge oder Sendestrecken, die zu einem späteren Zeitpunkt gesendet werden. Dies bezieht sich nur auf solche Hinweise, die Musikstücke, Beiträge etc. des gleichen Senders ankündigen. Wenn der angekündigte Beitrag unmittelbar (oder weniger als 5 Minuten) nach der Ankündigung folgt, dann handelt es sich um Moderation und nicht um einen Trailer.

TR1 Inhalt des Programmhinweises	
Die Codes 1-3 sind den höheren Codes (4-11) vorzuziehen. Wenn also Ankündigung eines Prominentengesprächs zu einem kulturellen Thema, dann Code 1 wählen.	
prominente Gäste oder Interview mit einem Prominenten (Kultur, Sport)	1
einflussreiche Gäste oder Interview mit einflussreicher Person (Politik, Wirtschaft)	2
wissenschaftliche Experten als Gast oder Interview mit Experten (auch Praktiker)	3
einzelne Musikstücke / Musik-Special	4
kulturelle Programmelemente (Humor; Hörspiel…)	5
Hörerbeteiligung (Spiele, Anrufmöglichkeiten, Musikwunschsendungen)	6
politisch-gesellschaftsbezogene Informationen	7
politisch-gesellschaftsbezogene Informationen mit Wahlbezug	8
unpolitische gesellschaftsbezogene Informationen	9
alltagsbezogene Informationen (Service)	10
Sonstiges	11

TR2 Zeitpunkt der geplanten Ausstrahlung des angekündigten Beitrags	
innerhalb der nächsten 1-2 Stunden (z.B. Ansage: „gleich")	1
später, aber noch am gleichen Tag	2
am nächsten Tag	3
später	4
unklar: ist dem Hinweis nicht zu entnehmen	5

TR3 Angejinglet (durch einen Jingle eingeleitet, evtl. auch beendet)	
kommt nicht vor	1
kommt vor	2

TR4 Musikhinterlegung (auch zu codieren, wenn wiederkehrendes Musikbett)	
kommt nicht vor (oder nur sehr kurz)	1
kommt vor (mehr als 50 % der Zeit)	2

9. Info

Unter Info werden nur gesellschaftsbezogene Informationen codiert, die nicht in erster Linie für den Alltag des einzelnen Hörers, sondern für die Gesellschaft insgesamt oder in Teilen von Bedeutung sind. Wenn im Rahmen eines Beitrags <u>Hörer</u> zu Wort kommen, so wird der Beitrag als Hörerbeteiligung codiert und nicht als Info.

IN1 Beitragsform		
Nachrichten-überblick	Jedes Thema nur kurz genannt > <u>keine</u> Einzelcodierung der Themen, nur <u>Angejinglet (IN5)</u> und <u>Musikhinterlegung (IN6)</u> codieren.	1
Nachrichten-beitrag	Wenn als Nachrichtenblock / Nachrichtensendung angekündigt, gleichgültig ob vom Moderator oder speziellen Sprecher gelesen	2
Eigen-ständiger Beitrag	Es kann sich um kurze Meldungen, Berichte oder Reportagen handeln. Hier auch Beiträge codieren, die hauptsächlich vom Moderator g e-sprochen werden, die aber ausführlichere Aussagen zu einem inhaltli-chen Thema (Variable IN3/IN4) machen. Wenn es um Musikinfos geht, dann Modul Musikinfo codieren.	3
Presseschau	Verlesung von Berichten, Beiträgen anderer Medien > <u>keine</u> Einzelco-dierung der Themen, nur <u>(IN5)</u> und <u>(IN6)</u> codieren.	4
Diskussion	Gespräch zwischen mehreren Personen (evtl. unter Einbeziehung von Journalisten, Moderatoren) im Studio oder als Übertragung	5

IN2 Regionalbezug		
Indikatoren, die für die regionale Einordnung berücksichtigt werden <u>können</u>, sind: a) für wen ist der Anlass der Berichterstattung unmittelbar relevant, wer ist betroffen? b) wo ist der Ort des Geschehens? c) von wo stammen die Akteure, die in dem Beitrag thematisiert werden? Es wird immer die Bezugsebene codiert, die den <u>Inhalt des Beitrags prägt</u>. Werden mehrere Gebiete auf der gleichen Ebene angesprochen, werden die Codes kombiniert. Bspw.: ganzes Bundesland Thüringen und Hessen (Code 46). Bsp: Wenn über eine Irak-Sitzung im Sicherheitsrat berichtet wird, dann Code (40); wenn über UN-Inspektionen im Irak berichtet wird, dann Code (30); wenn über einen Treffen der EU-Außenminister zur Irak-Frage berichtet wird, dann Code (20); wenn über eine Presseko n-ferenz der Bundesregierung zur Entsendung von deutschen Soldaten an den Golf berichtet wird, dann Code (10); wenn über eine Friedensdemo gegen einen Irak-Krieg in Weimar be-richtet wird, dann Code (3).		
lokal Hessen	Stadt/Ort/Region in Hessen	1
lokal Sachsen-Anhalt	Stadt/Ort/Region in Sachsen-Anhalt	2
lokal Thüringen	Stadt/Ort/Region in Thüringen	3
regional Hessen	ganzes Bundesland Hessen	4
regional Sachsen-Anhalt	ganzes Bundesland Sachsen-Anhalt	5
regional Thüringen	ganzes Bundesland Thüringen	6
überregional Hessen	ganzes Bundesland Hessen und darüber hinaus	7
überregional Sachsen-An.	ganzes Bundesland Sachsen-Anhalt und darüber hin-aus	8
überregional Thüringen	ganzes Bundesland Thüringen und darüber hinaus	9

national	Deutschland insgesamt oder Teile Deutschlands (aber nicht Hessen, Thüringen, Sachsen-Anhalt)	10
europäisch	Europa (auch einzelne Länder)	20
transkontinental	andere Kontinente	30
global	Welt	40

IN3 Thema A
IN4 Thema B

Bei der Themencodierung ist eine Doppelcodierung vorgesehen. Wenn es sich um einen Beitrag handelt, der aus einer Mischung/Kombination von zwei Themen besteht, dann wird zunächst bei der Variable „Thema A" der dominante Inhalt codiert. Bei der Variable „Thema B" wird dann das nachrangige, zweitwichtigste Thema codiert, und zwar anhand der gleichen Subkategorien. Es werden nur die Themen codiert, die in der Berichterstattung tatsächlich im Vordergrund stehen. Themen, die zwar theoretisch mit dem Gegenstand eng verbunden sind, aber nicht hervorgehoben werden, werden nicht codiert.

Wenn es in einem Beitrag Hinweise darauf gibt, dass einer der Codes 1-10 angesprochen wird, dann werden diese Codes auf jeden Fall zumindest bei „Thema B" codiert.

Die Codes 1 bis 8 werden vergeben, wenn durch die Nennung von Politikern, politischen Institutionen (Parteien, Parlamenten, Ministerien, Regierungen etc.) oder politischen Prozessen (Wahlen, Debatten, Anhörungen, Abstimmungen) ein Politikbezug hergestellt wird. Spezifische Codes (5-9) sind den allgemeinen Codes (1-4) vorzuziehen.

Die Codes 1 und 2 sowie 5 und 6 werden nur vergeben, wenn explizit die Bundestagswahl thematisiert wurde.

Steht die Politik im Mittelpunkt des Beitrags, dann wird mit „Thema B" das Politikfeld (z.B. Wirtschaft, Umwelt etc.) gekennzeichnet. Wenn es nicht um Politik geht, werden mit den gleichen Codes „unpolitische" Themen gekennzeichnet. Z.B. Eröffnung eines neuen Werkes (Wirtschaft), Bericht über ein Fischsterben (Umwelt/Landwirtschaft).

Bsp.: Beitrag über Krise bei Mobilcom behandelt ein Wirtschaftsthema. Durch die Einbeziehung politischer Akteure handelt es sich aber auch um ein politisches Thema.

Thema A: Wirtschaft (15), Thema B: Code 3 oder 4

Wahlbeitrag	Politikbeitrag mit Bezug zur Bundestagswahl (nur wenn explizit Wahl genannt)	1
Wahlkommentar	Kommentar über die aktuelle Politik mit Bezug zur Bundestagswahl (nur wenn explizit Wahl genannt)	2
Politikbeitrag	Politikbeitrag ohne Bezug zur Bundestagswahl	3
Politikkommentar	Kommentar über die aktuelle Politik ohne Bezug zur Bundestagswahl	4
Wahlkampf	Es geht um den Wahlkampf selbst („Wer macht was?", „Wer wird was?", „Wer hat welche Chancen?"), Wahltaktik, es geht nicht um Sachthemen, sondern eher um Personalfragen	5
Wahlprognose	Ergebnisse demoskopischer Befragungen	6
Parteipolitik	Zustände in den Parteien / Parteifinanzen / innerparteiliche Konflikte (ohne dass Wahl thematisiert wird)	7
Politik-verdrossenheit	Es geht um Unzufriedenheit der Bürger mit der Politik, fehlende Kompetenz, Gleichgültigkeit der Politiker...	8

Skandal	politischer Skandal, Wirtschaftsskandale, persönliche Skandale Prominenter (Drogenmissbrauch, sexuell abweichendes Verhalten). Ein Verhalten wird als unmoralisch / skandalös dargestellt oder bezeichnet	9
Gesellschafts-skandal	Zustände in der Gesellschaft, in der Bevölkerung (auch in Teilen) werden als skandalös bezeichnet. Nicht die Mächtigen, Reichen, Prominenten sind das Problem, die „einfachen Leute" sind das Problem	10
Krieg	Militär / Bürgerkrieg / Verteidigungspolitik / Rüstung	11
Außen-beziehungen	Beziehungen zwischen verschiedenen Ländern / EU / Außenpolitik / Städtepartnerschaften / Kriegsgräberfürsorge	12
Umwelt	Umweltverschmutzung / Ökologie / Natur / Abfallwirtschaft	13
Landwirtschaft	Ackerbau / Tierzucht / Tierhaltung / Fischerei	14
Wirtschaft	Handel / Industrie / Steuern / Abgaben / Finanzen / Haushalt / Konjunktur / Konsum / Lohnnebenkosten	15
Arbeit	Arbeitsmarkt / Arbeitslosigkeit / Arbeitsbeschaffung / Beschäftigung / Arbeitszeit / Gewerkschaften	16
Bau	Bautätigkeiten / Infrastruktur / Hochbau / Tiefbau / Wohnungsbauförderung / Verkehr / Energieversorgung	17
Rente	Alterssicherung / Pensionen / Rentenversicherung	18
Gesundheit	Medizin / Krankheiten / Epidemie / Krankenkasse und -versicherung / Ernährung / Bäder / Gesundheitseinrichtungen (keine Gesundheitsberatung > Service)	19
Soziales	Obdachlosigkeit, Pflegekinder, Pflegeversicherung, Kinderschutz, Gleichberechtigung von Mann und Frau, Familienpolitik, Arbeit von Sozialverbänden	20
Ausländer	Asylanten / Spätaussiedler z.B. Integrationsfrage, Ausländer sind eigentliches Thema der Berichterstattung, es genügt nicht, dass sie als Akteure erwähnt werden	21
Wissenschaft	Technologie / Forschung / auch Sozialwissenschaft	22
Schule	Bildung / Schule (keine Hochschule > Wissenschaft)	23
Kultur	Kulturpolitik / Kulturförderung, auch Medienthemen, aber keine Veranstaltungshinweise	24
Transzendenz	Religion / Philosophie / Weltanschauung / Psychologie / Kirche / Esoterik (keine Predigten, Gottesdienste > Rest)	25
Heimat / Geschichte	Geschichte vor 1945 / regionale Traditionen / Alltagsgeschichte / Landesgeschichte / Archäologie	26
Jüngere Geschichte	DDR-Vergangenheit / Probleme der Wiedervereinigung	27
Schwerverbrechen	Gewaltverbrechen / Überfälle / Terrorismus / Innere Sicherheit / Entführung / Kriminalpolizei	28
Kriminalität	Kleinkriminalität und mittelschwere Verbrechen / Polizei	29
Justiz	Justiz / Bericht aus dem Gericht	30
Verkehrsunfälle	nur Straßenverkehr	31
Sonstige Unfälle	Unglücke / Feuer / Explosionen / Bergrutsch / Katastrophen /	32

	andere Verkehrsunfälle (Flugzeug, Schiff...)	
Sport	Sport generell / Spitzensport (Breitensport als Freizei t codieren)	33
Freizeit	Tourismus / Reiseberichte / Urlaubsziele / Hobbys / Garten	34
Sexualität	Erotik / Partnerschaft	35
Human Touch	Verhalten, Erlebnisse, persönliches Schicksal nicht prominenter Personen (kein Skandal)	36
Prominente	Persönliches Schicksal prominenter Personen (kein Skandal)	37
Sonstiges		38

IN5 Angejinglet (durch einen Jingle eingeleitet, evtl. auch beendet)	
kommt nicht vor	1
kommt vor	2

IN6 Musikhinterlegung (auch zu codieren, wenn wiederkehrendes Musikbett)	
kommt nicht vor (oder nur sehr kurz)	1
kommt vor (mehr als 50 % der Zeit)	2

IN7 Interview (gleichgültig, ob Studio, Telefon, live oder aufgezeichnet)	
Kommt nicht vor	1
Kommt vor	2

IN8 0-Töne (Einzelne Statements von Politikern etc. werden eingespielt)	
Kommt nicht vor	1
Kommt vor	2

IN9 Reporter (vor Ort, meistens per Telefon zugeschaltet)	
Kommt nicht vor	1
Kommt vor	2

IN10 Präsentationsstil

!!Wenn mehrere Moderatoren/Sprecher/Reporter in einem Beitrag vorkommen, dann den Gesamteindruck wiedergeben, evtl. nur den Hauptsprecher berücksichtigen, wenn dominant. Interviewpartner, O-Töne <u>nicht</u> berücksichtigen!!

Präsentationsstile können als Kombinationen verschiedener Merkmale beschrieben werden. Die Dimensionen, die hier unterschieden werden, sind Tempo (T), Emotionalität (E), Wertigkeit (W) und Kognitiver Anspruch (K). Für bestimmte Stile sind dabei bestimmte Dimensionen besonders prägend, andere sind hingegen eher unwichtig und können in gewissem Umfang variieren. Prägende Dimensionen werden mit „ +" und „–" gekennzeichnet. Mit „0" gekennzeichnete Dimensionen sind nicht prägend. „+" bedeutet: Bei Tempo = hohes Tempo, bei Emotionalität = starke Emotionen, bei Wertigkeit = positive Bewertungen überwiegen, bei kognitivem Anspruch = hoher Anspruch.

	T	E	W	K		
Cooler Stil Action Stil	+	0	0	0	hohes Sprechtempo, auf Spannung orientiert, Action, Hektik, Dynamik, betont cool, evtl. Szenensprache. Kurze, teilweise unvollständige Sätze, Atemlosigkeit	1
Aggressiver Stil	+	+	-	0	Spannung, Erregung, Rücksichtslosigkeit gegenüber allen Beteiligten, hohe Dynamik	2
Empörter Stil	0	+	-	0	Mitleid, Wut, Zorn erregend: Probleme werden so beschrieben, dass negative Emotionen kombiniert mit starker Erregung hervorgerufen werden können. Etwas wird als skandalös, furchtbar bezeichnet. Opferperspektive wird eingenommen.	3
Lobpreisender Stil	0	+	+	-	unkritischer, unreflektierter, übertrieben positiv, Heile-Welt-Stil	4
Lockerer Stil	0	+	0	-	witzig, albern, humoristisch, locker plaudernd, auch anzügliche Scherze, Geschwätz	5
Kommentierender Stil	0	+	0	0	meinungsbetont und emotional; es wird <u>nicht</u> nur beschrieben, sondern viel bewertet; Standpunkt wird deutlich, auch zu codieren wenn Meinung nur „zitiert"	6
Freundlich-herzlicher Stil	0	0	+	0	Sprecher zeigt, dass er das Publikum mag, vermeidet Konflikt mit Gästen, Publikum, Objekten der Berichterstattung, Vertrauen erweckend, persönlicher Bezug	7
Analysierend-kritischer Stil	0	0	0	+	argumentative Auseinandersetzung, engagiert, aber nicht sehr emotional, evtl. mit expliziter begründeter Stellungnahme, kenntnisreich	8
Sachlicher Stil	0	-	0	0	nüchterner Sprachstil, Faktenvermittlung steht im Mittelpunkt, emotionale Ausdrücke werden vermieden, keine umgangssprachlichen Ausdrücke, distanzierte Haltung, Verlautbarungsstil, formell	9
Betulicher Stil	-	-	0	0	wenig Emotionen, langsame Redeweise, relativ viele Pausen, Ausdrucksweise umständlich, keine moderne Sprache, lahm, langweilig, harmlos, vorsichtig	10
Depressiver Stil	-	+	-	0	Sprecher erweckt den Eindruck von Niedergeschlagenheit, Trostlosigkeit. Bringt zum Ausdruck, dass Ereignisse verheerend sind oder die Lage hoffnungslos ist.	11

Anderer Stil				nicht entscheidbar / anderer Stil	12
Unterschiedlich				Wenn die verschiedenen Moderatoren/Reporter extrem unterschiedlich wirken, diesen Code verwenden	13

IN11 Konflikthaltigkeit		
kein Konflikt	Keine Auseinandersetzung, übereinstimmende Meinungen. Wenn über die Beilegung eines Konflikts berichtet wird, dann handelt es sich nicht um einen Konflikt, es wird Code 1 verschlüsselt. Wenn keine oder nur eine Bewertung eines Vorfalls /einer Situation vorgetragen wird, oder mehrere Urheber die gleichen oder ähnliche Bewertungen vornehmen, dann Code 1 zuweisen.	1
impliziter Konflikt	Um einen impliziten Konflikt handelt es sich, wenn verschiedene Urheber unterschiedliche Ansichten zu einem Thema, einem Ereignis/Vorgang, einer Person etc. formulieren. Es ist nicht notwendig, dass diese Ansichten ausdrücklich als gegensätzlich oder unterschiedlich bezeichnet werden.	2
expliziter kleiner Konflikt	Ein expliziter Konflikt ist gegeben, wenn ausdrücklich in einem Beitrag von einem Streit, einem Konflikt, einer Auseinandersetzung etc. gesprochen wird. Um einen expliziten Streit handelt es sich auch, wenn eine Person eine andere negativ bewertet, oder wenn eine solche negative Bewertung wörtlich oder sinngemäß im Beitrag zitiert wird. Die Nennung unterschiedlicher Forderungen, die Erwähnung von „Drohungen", „Boykott", „Streik", „Widerstand leisten" etc. sind Indikatoren für expliziten Streit. Ein gradueller Unterschied, der von einem Akteur oder durch Formulierungen des Journalisten als bedeutsamer Unterschied bezeichnet wird, ist als expliziter Konflikt zu codieren. Durch Worte wie „hingegen", „aber", „im Gegensatz hierzu" wird Dissens zwischen zwei Positionen oder Ansichten angezeigt. Beispiel: „Die Regierung geht davon aus, dass eine Steuererhöhung voraussichtlich nicht notwendig ist. Die Oppositionsparteien hingegen erteilen von vornherein allen Steuererhöhungsplänen eine klare Absage." Ein inhaltlich bedeutsamer Dissens zwischen Regierung und Opposition liegt in diesem Fall zwar nicht vor, durch die Formulierung wird ein solcher Konflikt jedoch suggeriert, deswegen ist hier „expliziter Streit" Code 3 zu verschlüsseln.	3
expliziter großer Konflikt	Um einen großen Konflikt handelt es sich, wenn über die Androhung oder Anwendung von Gewalt berichtet wird.	4

IN12 Positives		
Es wird codiert, ob ein Ereignis, eine Entwicklung, eine Entscheidung etc. implizit als posi tiv dargestellt wird oder explizit als positiv bezeichnet wird. Wenn etwas als explizit positiv da r-gestellt wird, wird zusätzlich codiert, ob es als „sehr positiv" bezeichnet wird.		
nicht als positiv dargestellt / bezeichnet	Es wird in dem Beitrag nichts Positives, Schönes, Erfolgreiches usw. erwähnt.	1
implizit als po-sitiv dargestellt	Es wird über tatsächliche oder potenzielle Erfolge, Fortschritt auf politischem, wirtschaftlichem, kulturellem, wissenschaftlichem etc. Gebiet berichtet. Positiv sind auch ein Gewinn, Schönheit, Glück, lustiges Geschehen (aber keine Schadenfreude), schöne Erlebnisse, Urlaub, Liebe, Hilfsbereitschaft, wenn über „Glück im Unglück" berichtet wird: (Beispiel: Rettung eines Verschütteten).	2
explizit als posi-tiv bezeichnet	Werden Erfolge/Fortschritt usw. nicht nur beschrieben, sondern ex-plizit als Erfolge bezeichnet, dann Code 3 vergeben.	3
explizit als sehr positiv bezeich-net	Die Betonung als sehr positiv kann z.B. dadurch erreicht werden, dass etwas als Durchbruch, Wende zum Guten, ungewöhnlich, au-ßergewöhnlich, unglaublich, bezeichnet wird.	4

IN13 Quelle der Information		
Wenn nur das eigene Medium als Quelle genannt wird („wir berichteten") dann als „keine Quelle" (Code 1) codieren. Auch das Zuschalten eines Reporters, ein O-Ton/Interview gelten nicht als Quelle. Wenn es nicht um Informationen geht, sondern um die Darstellung von Meinungen, dann ist die Nennung des Urhebers der Meinung keine Quellennennung.		
keine	Es wird nichts über Quellen mitgeteilt	1
Quelle angedeutet	Quellen der Informationen werden nur angedeutet und nicht präzise benannt (aus wohlunterrichteten Kreisen)	2
Problemquelle	Quellen der Informationen werden genannt und problematisiert (Bsp.: Die Informationen stammen von der Pressestelle des Verte i-digungsministeriums, das aber nicht alle vorhandenen Informati o-nen zum Thema veröffentlicht")	3
Unseriöse Quelle	Es wird explizit gesagt, dass die Quellen unklar, dubios oder u m-stritten sind (Bsp.: „Die Informationen stammen von einem meh r-fach vorbestraften ehemaligen Mitglied...")	4
Verlässliche Quelle	Quelle wird genannt und explizit als verlässlich, glaubwürdig bezeichnet	5
mindestens eine Quelle klar ge-nannt	Quellen der Informationen werden klar, nachvollziehbar genannt. (z.B. Name einer bekannten Person, Namen und Funktion einer unbekannten Person, ein anderes Medium), eine Institution (z.B. Polizei), aber keine Aussage zur Verlässlichkeit	6

IN13B Medium als Quelle (!!!nur wenn Quelle genannt!!!)	
Wenn eine oder mehrere Quelle genannt werden und es sich dabei um ein Medium handelt, dann hier den Namen des Mediums (auch Nachrichtenagenturen) notieren.	

IN14 Aktualität		
Um die Aktualität eines Beitrags festzustellen, ist zunächst der Anlass der Berichterstattung zu ermitteln. (Beispiel: „Wie erst heute bekannt wurde, ist XY letzten Donnerstag im Alter von…" Der Anlass der Berichterstattung ist hier das Bekanntwerden, nicht das Ereignis selbst). Der konkrete Anlass entscheidet über die Aktualität, nicht ob ein Thema bereits eingeführt ist oder ob es eine Vorgeschichte hat. Ergeben sich neue Entwicklungen bei einem eingeführten Thema, so ist ein Bericht über die neuen Entwicklungen als aktuell, tagesaktuell… zu codieren.		
Nicht aktuell	„nicht aktuell" wird codiert, wenn die neuen Ereignisse länger als einen Tag zurückliegen oder sich später als am nächsten Tag ereignen werden, oder eine zeitlich Zuordnung überhaupt nicht möglichst ist, weil ein Anlass der Berichterstattung nicht deutlich wird. (weiter mit Frage IN16)	1
Aktuell	Die Ereignisse haben sich am Vortag ereignet oder werden sich voraussichtlich am kommenden Tag ereignen („Morgen werden sich die Außenminister…")	2
Tagesaktuell	Die Ereignisse haben sich am Tag der Berichterstattung ereignet oder werden sich am gleichen Tag ereignen.	3
Sehr aktuell	In dem Beitrag wird erwähnt, dass soeben neue Informationen eingetroffen sind. Sehr aktuell wird nur dann codiert, wenn die Neuigkeit einer Meldung explizit thematisiert wurde, oder konkrete Zeitangaben gemacht werden, die zeigen, dass der Anlass der Berichterstattung nicht länger als 2-3 Stunden zurückliegt. (Unterbrechungen von Musik für Sondermeldungen sind ein starker Hinweis auf sehr hohe Aktualität)	4

IN15 W-Fragen

!!Nur zu codieren, wenn bei der Variable Aktual ität <u>Code 2-4</u> gewählt wurde!!

Welche Informationen werden über das Ereignis vermittelt? Auf wie viele der 5 faktenbez o-genen W-Fragen werden zumindest knappe Antworten gegeben? Wer? Wann? Was? Wo? Wie?

1/5	auf eine von fünf	1
2/5	auf zwei von fünf	2
3/5	auf drei von fünf	3
4/5	auf vier von fünf	4
5/5	auf alle	5

IN16 Hintergrund

Um festzustellen, ob ein Beitrag über Hintergründe berichtet, ist zunächst der Anlass der B e-richterstattung zu ermitteln. Wird nur über Ereignisse, Aussagen etc. berich tet, die im direkten Zusammenhang mit dem Anlass der Berichterstattung stehen, dann werden keine Hinte r-gründe thematisiert und dem Beitrag wird der Code 1 zugewiesen. Auch wenn sehr viele Informationen zu diesem Anlass vermittelt werden, bedeutet das nicht , dass Hintergründe vermittelt werden. Wenn beispielsweise sehr ausführlich über den Inhalt einer Pressekonf e-renz berichtet wird, in der ein Minister über die Erfolge und Misserfolge seiner Politik in den letzten Jahren berichtet, dann handelt es sich dabe i nicht um Hintergründe. Erst wenn z.B. darüber berichtet wird, wieso die Pressekonferenz stattgefunden hat (Vorgeschichte), was mit der Pressekonferenz angestrebt wird (Ziele) oder sie mit anderen Ereignissen z.B. Wahlen in Beziehung gesetzt wird oder die Reaktionen von anderen Personen (Folgen) auf die Press e-konferenz thematisiert werden, handelt es sich um Hintergründe, die codiert werden sollen. Es spielt keine Rolle, ob der Journalist die Informationen selbst recherchiert hat oder ob sie von einem der Akteure des Beitrags stammen. Als Hintergrundinformationen sind zu ve r-schlüsseln:

a) Informationen zur Vorgeschichte des Anlasses

b) Bezugnahme auf andere Ereignisse, Zusammenhänge werden erläutert

c) mögliche Folgen von Ereignissen

d) Ursachenbenennungen, Zielbeschreibungen (kausale oder finale Erklärungen)

e) Alternativen

f) Begründungen für Entwicklungen, Entscheidungen, Geschehnisse

kein Hintergrund thematisiert	1
Hintergründe mit einigen Worten thematisiert	2
Hintergründe ausführlich thematisiert (> 25%)	3
Hintergründe sehr ausführlich thematisiert (> 50%)	4

INW17A bis INW17L Akteur

!!nur Codieren wenn bei IN3 und/oder IN4 <u>Wahlbezug</u> (Code 1,2,5,6) codiert wurde!!

Akteure können sowohl Subjekt der Berichterstattung sein (es wird über d as, was sie tun oder sagen berichtet) als auch Objekt der Berichterstattung (es wird etwas über sie gesagt). Für jeden Akteur wird einzeln codiert, in welcher Form er im Beitrag erwähnt wird. Immer den höchstmöglichen Code wählen. Bsp.: Schröder tut und sa gt etwas. > Code 4. Politiker nur dann als Spitzenpolitiker codieren, wenn entsprechende Funktion explizit genannt.

		nicht erwähnt	erwähnt	sagt etwas	tut etwas
A	Schröder	1	2	3	4
B	Stoiber	1	2	3	4
C	SPD-Spitzenpolitiker (Minister, Ministerpräsidenten, Fraktionsvorsitzende, Parteivorsitzende in den Ländern)	1	2	3	4
D	Grüne Spitzenpolitiker (Minister, Parteivorsitzende, Fra k-tionsvorsitzende Parteivorsitzende in Ländern)	1	2	3	4
E	CDU/CSU-Spitzenpolitiker (Ministerpräsidenten, Parte i-vorsitzende, Fraktionsvorsitzende, Parteivorsitzende in Ländern)	1	2	3	4
F	FDP (Parteivorsitzende, Fraktionsvorsitzende, Parteivo r-sitzende in Ländern)	1	2	3	4
G	SPD (Partei bzw. keine Spitzenpolitiker)	1	2	3	4
H	Grüne (Partei bzw. keine Spitzenpolitiker)	1	2	3	4
J	CDU/CSU (Partei bzw. keine Spitzenpolitiker)	1	2	3	4
K	FDP (Partei bzw. keine Spitzenpolitiker)	1	2	3	4
L	andere Parteien / Politiker anderer Parteien	1	2	3	4

10. Service

Servicemeldungen enthalten <u>alltagsrelevante</u> Informationen im Gegensatz zu Infobeiträgen, (die gesellschaftlich relevante Informationen enthalten). Beim Sport werden hier nur Ergebnisse ohne weiteren Infos vermitteltet, bei anderen Themen (Gesundheit, Verbraucher etc.) ist en t- scheidend, dass es beim Service primär um Ra tschläge / Beratung geht. Werden in einem Se r- viceblock mehrere Inhalte (Codes von SE 1) behandelt, wird jede Meldung einzeln codiert.

SE1 Inhalt der Servicemeldung	
Wetter allgemein / Deutschlandwetter	11
Wetter aus der Region – Angaben ausschließlich z um Wetter im Sendegebiet	12
Reisewetter / Europawetter etc. (nur wenn so angekündigt /so bezeichnet)	13
Biowetter (Pollen, Ozon...) (nur wenn so angekündigt /so bezeichnet)	14
Verbrauchertipps (günstige Kaufangebote, wichtige Versicherungen, Ergebnisse von Stiftung Warentest, Preise bestimmter Produkte: Heizöl, Gemüse...)	21
Haushaltstipps (Flecken weg, Küche, Rezepte, Tierhaltung, Garten)	22
Auto-Tipps (Gebrauchtwagen, Besprechung neuer Modelle, Versicherungen)	23
Tipps in Lebensfragen (z.B. Rechtsfr agen, Partnerschaft, Scheidung, Reklamationen)	24
Gesundheitsratschläge (Hausapotheke)	25
Gewinnzahlen (Lotto etc.)	26
Sportergebnisse, nur Resultate (keine Infos zum Verlauf etc..)	27
Horoskop	28
Börsenmeldungen / Wechselkurse	31
Tipps zur Geldanlage / Hinweise, wo man Informationen bekommt	32
Stellenangebote und Stellensuche	33
Verschenk- oder Tauschangebote (anderer Hörer) / Flohmarkt	34
Verkehr allgemein, verschiedenes (<u>ohne</u> Blitzer)	41
Verkehr allgemein, verschiedenes (<u>mit</u> Blitzer)	42
nur Staumeldungen (egal ob durch Baustellen, Unfälle, Wochenende, Ferien...)	43
nur Baustellenhinweise	44
nur Unfallhinweise	45
nur Gefahren (Geisterfahrer, Gegenstände oder Tiere auf der Fahrbahn...)	46
nur Blitzer	47
nur Personensuchmeldungen / Fahndung	48
nur Entwarnung im Straßenverkehr (Ende der Gefahr / Strecke wieder frei)	49
Sonstiges	51

SE2 Angejinglet (durch einen Jingle eingeleitet, evtl. auch beendet)	
kommt nicht vor	1
kommt vor	2

SE3 Musikhinterlegung (auch zu codieren, wenn wiederkehre ndes Musikbett)	
kommt nicht vor (oder nur sehr kurz)	1
kommt vor (mehr als 50 % der Zeit)	2

11. Veranstaltungen

Hier geht es nur um Veranstaltungshinweise und Hinweise auf <u>andere</u> Medienangebote.
Es kann sein, dass die Veranstaltung bereits stattgefunden hat, dann wird es sich aber vermut-
lich meistens um eine Kritik handeln (bei VE1 der Code 3).
Aber: Hinweise auf <u>Beiträge des gleichen Senders</u> werden im Modul Trailer codiert.
Allerdings ist es durchaus möglich, dass die Veranstaltung vom jeweilige n Sender organisiert
oder gesponsert wird (bei VE3 codieren).

VE1 Art des Veranstaltungshinweises	
Veranstaltungskalender (nur die W Fragen: Wer, wo, was, wann)	1
Ausführliche Hinweise (z.B. Hintergründe, Vorgeschichte, Details zum Angebot...), aber keine Kritik	2
Kritik eines Angebots (vor allem wertend, weniger beschreibend)	3

VE2 Art der Veranstaltung / des Angebots	
Sendung im TV	1
Sendung in anderen Radioprogrammen	2
Hinweise auf Internetseiten / Domains im Internet (<u>nicht</u> des eigenen Senders)	3
Hinweise auf Kinofilme / Kinoprogramm	4
Angebote in anderen Medien (z.B. Print)	5
Konzerte Populärmusik	6
Konzerte Klassik	7
Theateraufführungen	8
Ausstellungen / Museen	9
Lesungen / Vorträge	10
Straßenfeste / öffentliche Feiern / Zirkus / Vereinsleben	11
Sportveranstaltungen (zum Zuschauen / zum Mitmachen)	12
Kirchliche Veranstaltungen (Gottesdienste...)	13
Politische Veranstaltungen (Reden, Versammlungen)	14
Wahlkampfveranstaltungen (Reden, Versammlungen)	15
Ausflugstipps / Reisetipps	16
Unterschiedliches (nur codieren, wenn bei VE1 Veranstaltungskalender Code 1)	17
Sonstiges	18

VE3 Veranstalter	
Veranstaltungen / Events, die vom Sender organisiert werden	1
Veranstaltungen / Events, die vom Sender präsentiert (gesponsert) werden	2
Kein Hinweis auf Beteiligung des Senders	3

VE4 Angejinglet (durch einen Jingle eingeleitet, evtl. auch beendet)	
kommt nicht vor	1
kommt vor	2

VE5 Musikhinterlegung (auch zu codieren, wenn wiederkehrendes Musikbett)	
kommt nicht vor (oder nur sehr kurz)	1
kommt vor (mehr als 50 % der Zeit)	2

12. Hörerbeteiligung

Wenn mehrere Hörer nacheinander zu Wort kommen oder wenn eine Gruppe von Hörern im Studio oder per Übertragung von einem anderen Ort oder per Konferenzschaltung sich im Gespräch austauscht, dann wird dies nur als ein Beitrag codiert.
Hörerbeteiligung im Rahmen eines Spiels ist als Spiel zu codieren.

HO1 Art der Hörerbeteiligung	
!! Codes 3 und 4 sind Sonderformen von 1 und 2 und sind bei der Codierung vorzuziehen !!	
Inhaltliche Kurzstatements (einzelne Sätze, kein Gespräch, keine Möglichkeit zur Reaktion oder Erläuterung auf Seiten des anrufenden Hörers)	1
Ausführliche Hörerbeteiligung (Eindruck eines wirklichen Gesprächs. Hörer führt Gespräch mit Moderator, einem Experten oder anderen Hörern), kann komplexere Argumentation vorbringen, kann auf Moderator reagieren, Live - Charakter). Wenn zumindest einer von mehreren Hörern ausführlicher argumentieren darf/kann, dann ist Code 2 zu wählen.	2
Grußsendungen/Musikwunschsendungen mit O-Ton (Kurzansage des gewünschten Titels + evtl. kurzer Gruß) (in der Regel vom Band)	3
Grußsendungen/Musikwunschsendungen: Wünsche/Grüße vom Moderator vorgelesen	4
Kontaktsendungen (Personen stellen sich vor, suchen Partner, Bekannten)	5

HO2 Inhalt der Hörerbeteiligung (!! nur wenn bei HO1 der Code 1 oder 2 vergeben !!)	
Politik	1
Politik mit Wahlbezug	2
gesellschaftlich relevantes Thema (keine Politik)	3
alltagsrelevantes Thema (Gesundheit, Sport...)	4
Kultur	5
Spaß / witziges Erlebnis / Anekdote	6
Geplauder (z.B. über aktuelle Befindlichkeit, was am Wochenende gemacht)	7
Big-Brother-Format (Hörer längerfristig auf Sendung oder immer wieder)	8
Kummerkasten / Beratungssendung für persönliche Probleme	9
Sonstiges	10

HO3 Angejinglet (durch einen Jingle eingeleitet, evtl. auch beendet)	
kommt nicht vor	1
kommt vor	2

HO4 Musikhinterlegung (auch zu codieren, wenn wiederkehrendes Musikbett)	
kommt nicht vor (oder nur sehr kurz)	1
kommt vor (mehr als 50 % der Zeit)	2

13. Spiel	

SP1 Gewinnmöglichkeiten	
nein	1
ja, nur für Zuhörer, die anrufen oder sich vorher angemeldet/beworben haben	2
ja, nur für Zuhörer, die etwas zusenden (Rätsellösung etc.)	3
ja, für Zuhörer, die angerufen werden	4
ja, für mehrere Gruppen	5

SP2 Gewinnhöhe	
kleinerer Gewinn (CD, Buchpreis) bis ca. 200 Euro	1
mittlerer Gewinn (kleine Reise, Haushaltsgerät) bis ca. 2.000 Euro	2
großer Gewinn (Auto, Fernreise) bis ca. 20.000 Euro	3
sehr großer Gewinn (Haus, hohe Geldpreise...) über 20.000 Euro	4

SP3 Prinzip des Gewinns	
Glück / Zufall	1
Geschick (z.B. Vermeiden bestimmter Wörter)	2
Wissen	3

SP4 Art der Präsentation	
Spaß / Gaudi	1
weder noch / beides	2
Wettbewerbsorientiert / leistungsorientiert	3

SP5 Angejinglet (durch einen Jingle eingeleitet, evtl. auch beendet)	
kommt nicht vor	1
kommt vor	2

SP6 Musikhinterlegung (auch zu codieren, wenn wiederkehrendes Musikbett)	
kommt nicht vor (oder nur sehr kurz)	1
kommt vor (mehr als 50 % der Zeit)	2

14. Rest	

R Sonstige Programmelemente	
Literaturlesung	11
Hörspiel für Erwachsene	12
Hörspiel für Kinder (als solches angekündigt oder im Rahmen einer Sendestrecke extra für Kinder)	13
Kinderprogramm (als solches angekündigt – nur Kinderhörspiel wird extra codiert)	14
Übertragung eines Gottesdienstes	21
religiöse Gedanken zum Morgen / Morgenandacht / Wort zum Tage / kurze Predigt	22
Sendepause mit Pausenzeichen (nur codieren, wenn länger als 5 Sekunden, kürzere Sendepausen werden dem vorhergehenden Beitrag zugerechnet)	31
Sendepause kein Signal / kein Ton / Ausfall / technische Panne (nur codieren, wenn länger als 5 Sekunden, kürzere Sendepausen werden dem vorhergehenden Beitrag zugerechnet)	32
Dokumentation (z.B. einer Landtagssitzung – O-Ton ohne Kommentare)	41
Ansprache (z.B. des Ministerpräsident zu einer bestimmten Gegebenheit – O-Ton ohne Kommentare)	42
Schulfunk (Sprachunterricht / klassische Bildungsangebote)	43
Einzelne Zeitansage, nicht eingebettet in Moderation	51
Werbung für Produkt und Dienstleistungen (mehrere Werbungen hintereinander werden als Einheit codiert)	61
Wahlwerbung der Parteien	62
Jingles !!!Hier nur alleinstehende Jingles codieren, d.h. solche, die nicht in eine Moderation integriert sind und auch nicht solche, die andere Programmelemente anjin glen!!!!	
Jingle / Erkennungsmelodie des Senders oder einer Programmstrecke (mit oder ohne Text), auch wenn nur Sendername / Frequenz / Slogan (und Moderatore n-name) durch Moderator genannt. Wenn vor dem Jingle noch ein/zwei einleitende Sätze vom Moderator gesprochen werden, dann werden diese Sätze nicht extra codiert, sondern als Teil des Jingles angesehen. Wenn in den Jingle kurze Musikausschnitte (< 30 Sekunden) einge-blendet werden, dann werden diese als Teil des Jingles codiert, auch wenn im Hintergrund bereits/noch ein längeres Musikstück beginnt/endet, wird die Zeit, in der der Jingle noch/schon zu hören ist, dem Jingle zugerechnet. Wenn mehrere Jingles unmittelbar hintereinander gespielt werden, dann werden sie als ein Jingle codiert.	71
Jingle mit Testimonial (Kurzstatement eines Hörers zur Eigenwerbung des Senders) verwendet (muss nicht wörtlich Senderslogan sein)	72
Jingle mit Zeitansage	73
Jingle mit Zeitansage und Testimonial	74
Sonstiges	81

Codiereinheit

Die Codiereinheit ist der einzelne Beitrag.

Ein Beitrag endet, wenn für die Codierung ein Modulwechsel vorgenommen werden muss.

Beim Modul Info findet ein Beitragswechsel statt, wenn ein neues Thema A (IN3) oder Thema B (IN4) codiert werden muss, oder wenn durch ein akustisches Signal angezeigt wird, dass ein Beitrag zu Ende ist. Beim Modul Service, beginnt ein neuer Beitrag, wenn der Inhalt der Servicemeldung (SE1) wechselt, oder wenn durch ein akustisches Signal angezeigt wird, dass ein Beitrag zu Ende ist.

Bei der Musik wird jedes Musikstück das länger als 30 Sekunden gespielt wird, einzeln codiert. Kürzere Musikstücke werden anderen Beiträgen zugerechnet (in der Regel Musikmoderation, Musikinfo).

Wenn es Überschneidungen zwischen Wortbeiträgen und Musik gibt, z.B. wenn die Musik beginnt, bevor der Wortbeitrag zu Ende ist, oder der Wortbeitrag beginnt, bevor die Musik zu Ende ist, dann wird die Zeit, in der sowohl Wort als auch Musik zu hören ist, dem Wortbeitrag zugerechnet. Das gleiche gilt für Überschneidungen zwischen Musik und Jingles usw. Musik tritt hinter die anderen Beiträge zurück.

Anhang 3: Statistische Kennwerte

Im folgenden werden zum besseren Verständnis der empirischen Befunde die in der Untersuchung verwendeten Kennwerte erläutert, und zwar möglichst einfach am Beispiel von Befragungsdaten. Deswegen wird immer von Personen die Rede sein, die auf bestimmte Fragen antworten, wobei die Antworten mit einer Skala gemessen werden. Man hätte die Kennwerte natürlich genauso gut auch anhand von Inhaltsanalysedaten erläutern können.

M **Mittelwert**, arithmetisches Mittel, *Beispiel:* Wenn 5 Personen auf die Frage nach dem Alter mit den Werten 25, 27, 35, 39 und 59 geantwortet haben, dann müssen diese 5 Zahlen addiert (25+27+35+39+59= 185) und anschließend durch die Zahl der Befragten dividiert werden (185 / 5 = 37).

S **Standardabweichung** Der Kennwert gibt an, wie stark die einzelnen Werte, aus denen der Mittelwert berechnet wurde, variieren, d.h. wie stark sie vom Mittelwert abweichen.

Ein *Beispiel:* Der Mittelwert von 37 kann sich beispielsweise daraus ergeben, dass zwei Befragte als Alter 35, einer 37 und zwei 39 angegeben haben. Der gleiche Mittewert ergibt sich aber auch, wenn zwei 15, einer 37 und zwei 59 angegeben haben. Im ersten Fall weichen die konkreten (erfragten) Werte kaum vom errechneten Mittelwert ab. Im zweiten Fall ist die Abweichung erheblich. Deswegen ist die Standardabweichung im ersten Fall sehr klein, im zweiten Fall hingegen relativ groß. Mittelwert und Standardabweichung können nur unter Berücksichtigung der jeweiligen Skalen (hier Alter) interpretiert werden.

r **Korrelationskoeffizient** (Pearson) Dieser Kennwert gibt an, wie stark zwei Merkmale miteinander zusammenhängen, z.B. das Alter und die Nutzungshäufigkeit des Radios. Der Korrelationskoeffizient (r) kann Werte zwischen −1 und +1 annehmen. +1 bedeutet, es gibt einen perfekten positiven Zusammenhang zwischen den beiden Merkmalen, -1 bedeutet, es gibt einen perfekten negativen Zusammenhang zwischen den beiden Merkmalen, und 0 bedeutet, es gibt keinen Zusammenhang zwischen den beiden Merkmalen.

An einem *Beispiel* lässt sich dies verdeutlichen: Wenn 16 Personen zwischen 18 und 21 Jahren nach dem Umfang ihrer Radionutzung befragt werden und sich dabei herausstellt, dass alle fünf Achtzehnjährigen 150 Minuten, alle vier Neunzehnjährigen 165 Minuten, alle drei Zwanzigjährigen 180 Minuten und alle vier Einundzwanzigjährigen 195 Minuten pro Tag Radio hören, dann besteht ein perfekter positiver Zusammenhang zwischen Alter und Radionutzungsdauer: Mit jedem zusätzlichen Lebensjahr wächst der Umfang der Nutzung bei allen Befragten immer im gleichen Maße an (Abbildung 137 oberer Teil links). Wenn die Nutzung mit jedem Lebensjahr nicht zunimmt, sondern gleichmäßig abnimmt, dann ist ein perfekter negativer Zusammenhang vorhanden (Abbildung 137 oberer Teil rechts). Je mehr Befragte von dieser Ideallinie abweichen und je deutlicher diese Abweichungen ausfallen, desto geringer ist der Zusammenhang und desto kleiner ist der Korrelationskoeffizient (Abbildung 137 mittlerer Teil). Ein Korrelationskoeffizient von „0" kann auf ganz unterschiedliche Weise zustande kommen. Man findet dieses Ergebnis immer dann, wenn es keinen gerichteten, linearen Zusammenhang zwischen den Merkmalen gibt. Nicht lineare Zusammenhänge, wie beispielsweise in Abbildung 137 im unteren Teil, kann eine Korrelation nicht entdecken.

Der Korrelationskoeffizient ist ein standardisiertes Maß, d.h. er kann ohne Bezugnahme auf die zugrundliegende Skala interpretiert werden. Wenn man beispielsweise die Hördauer in Sekunden und das Lebensalter in Minuten umrechnen würde und dann die Korrelationen berechnen würde, käme das gleiche Ergebnis dabei heraus.

Abbildung 137   Beispiele für Korrelationswerte

	18	19	20	21
195				4
180			3	
165		4		
150	5			

r = 1.00

	18	19	20	21
195	2			
180		5		
165			3	
150				6
Teil2				

r = - 1.00

	18	19	20	21
195			2	3
180	1		1	1
165	1	1		1
150	3	2		

r = 0.71

	18	19	20	21
195	2	1		
180	1	3		
165			2	2
150			1	4

r = - 0.88

	18	19	20	21
195	2			2
180	2			2
165		2	2	
150		2	2	

r = 0.00

	18	19	20	21
195	2			2
180		2	2	
165		2	2	
150	2			2

r = 0.00

beta wird der standardisierte Regressionskoeffizient genannt. Er ist einer der wichtigsten statistischen Kennwerte, die bei einer Regression ermittelt werden. *Regressionen* dienen dazu, den Einfluss von mehreren unabhängigen Variablen auf eine abhängige Variable gleichzeitig zu ermitteln. Dadurch können sogenannte „Scheinkorrelationen", also Zusammenhänge, die eigentlich auf andere Faktoren zurückzuführen sind, entdeckt und vermieden werden. Im Unterschied zum b (dem Steigungsmaß der Regressionsgeraden) kann beta – nach der gleichen Logik wie der Korrelationskoeffizient (r) – ohne Berücksichtigung der zugrundliegenden Skalenwerte interpretiert werden. Wie der Korrelationskoeffizient kann beta ebenfalls Werte zwischen −1 und +1 annehmen. In einer Regression mit nur einer unabhängigen Variablen (einer Variable, mit der etwas erklärt werden soll: z.B. das Qualitätsurteil) ist der beta-Koeffizient gleich dem Korrelationskoeffizienten (r). In Modellen mit mehreren unabhängigen Variablen (z.B. neben dem Qualitätsurteil noch das Alter) verändern sich die beta-Koeffizienten. Das ist darauf zurückzuführen, dass die unabhängigen Variablen untereinander in Beziehung stehen (im Beispiel: Alter und Qualitätsurteil) und ein Teil des Zusammenhangs zwischen den unabhängigen und der abhängigen Variablen (hier die Hördauer) tatsächlich auf den jeweils anderen Faktoren zurückzuführen ist. Genau um diesen Effekt zu berücksichtigen, werden Regressionen berechnet und nicht nur einfache Korrelationen.

R^2 Das R-Quadrat gibt an, wie viel Varianz mit einem (Regressions)-Modell erklärt wird. Wenn man durch die verwendeten unabhängigen Variablen die Ausprägungen der abhängigen Variablen hundertprozentig vorhersagen kann, dann ist das $R^2 = 1.0$ (100% erklärte Varianz), ein R^2 von .01 bedeutet, es konnte ein Prozent der Varianz erklärt werden. Im einfachsten Fall – einer Regression mit einer unabhängigen Variablen – ist das R^2 das Ergebnis des quadrierten beta-Wertes. Dies kann man an den Abbildungen 92ff. nachvollziehen.

$p < .05$ oder *: geben das Signifikanzniveau an. Mit solchen Werten wird die Wahrscheinlichkeit angegeben, dass der in den Daten gefundene Zusammenhang nur zufällig in der Stichprobe auftritt, in der Realität aber so nicht vorhanden ist. Angegeben wird immer die Fehlerwahrscheinlichkeit (Irrtumswahrscheinlichkeit). Ein * oder $p < .05$ bedeutet, dass die Fehlerwahrscheinlichkeit kleiner als 5 % ist. ** oder $p < .01$ bedeutet, dass die Fehlerwahrscheinlichkeit kleiner als 1 % ist etc..

Faktorladungen sind das zentrale Ergebnis einer *Faktorenanalyse*, sie zeigen, welche Variablen einen Faktor bilden. Das Ziel einer Faktorenanalyse ist es, Variablengruppen zu identifizieren, bei denen alle Variablen stark miteinander korrelieren, aber gleichzeitig mit allen andern Variablen möglichst wenig korrelieren. Variablengruppen, die diese Eigenschaft aufweisen, bilden dann einen Faktor. Die Faktorenanalyse ermittelt also zunächst die Zahl der Faktoren anhand vorgegebener Kriterien. Diese Faktoren kann man sich als künstliche Variablen vorstellen, die aus den vorhandenen Daten berechnet werden. Um zu verdeutlichen, wie die gemessenen Variablen mit den künstlichen Faktoren zusammenhängen, berechnet die Faktorenanalyse dann Korrelationen zwischen den künstlichen Faktoren und den Originalvariablen. Diese Korrelationskoeffizienten bezeichnet man als Faktorladungen. Normaler Weise ist es das Ziel der Anwendung einer Faktorenanalyse, klar abgegrenzte Variablenblöcke zu identifizieren, die einen Faktor bilden und die dann als eine theoretische Dimension interpretiert werden können. Dies ist der Fall, wenn die gemessenen Variablen jeweils nur mit einem einzigen Faktor starke Korrelationen (hohe Faktorladungen) aufweisen, mit allen andern Faktoren aber nicht. In bestimmten Fällen können aber auch hohe Nebenladungen (Korrelationen nicht nur mit einem, sondern mit zwei oder mehr Faktoren) instruktiv sein. Allerdings ist es dann problematisch, die gemessenen Variablen eindeutig einem Faktor zuzuordnen.

TLM Schriftenreihe bei kopaed bisher:

Bettina Brandi / Johann Bischoff
Offener Kinderkanal Gera
Konzept für einen Kinderkanal im Offenen Kanal
Band 1, München 1997, 112 S., € 12,- ISBN 3-929061-61-9

Werner Früh / Hans-Jörg Stiehler
Informationsquelle Fernsehtext
Inhaltliche und formale Gestaltung lokaler Fernsehtextprogramme
und ihre Bedeutung für die Nahraumkommunikation in Thüringen
Band 2, München 1997, 104 S., € 12,- ISBN 3-929061-62-7

Horst Weißleder u. a.
Digital Radio in Kabelnetzen
Erste Erfahrungen mit der Kabelverbreitung von Digital Radio
und Empfehlungen zu Einspeisemöglichkeiten
Band 3, München 1998, 64 S., € 9,50 ISBN 3-929061-63-5

Victor Henle (Hrsg.)
Fernsehen in Europa
Strukturen, Programme und Hintergründe
Band 4, München 1998, 168 S., € 15,- ISBN 3-929061-64-3

Werner Früh / Uwe Hasebrink / Friedrich Krotz /
Christoph Kuhlmann / Hans-Jörg Stiehler
Ostdeutschland im Fernsehen
Band 5, München 1999, 432 S., € 25,- ISBN 3-929061-65-1

Erich Schäfer / Ulrich Lakemann
Offener Fernsehkanal Gera
Wahrnehmung, Nutzung und Bewertung
Band 6, München 1999, 224 S., € 15,- ISBN 3-929061-66-X

Hartmut Richter / Antje Zippel / Jörg Herold / Annekatrin Krieg
Struktur der Thüringer Kabelnetze
Ein Beispiel für die Struktur ostdeutscher Kabelnetze
Band 7, München 1999, 142 S., € 15,- ISBN 3-929061-67-8

Olaf Stepputat / Angelika Heyen /
Michael Spohrer / Edith Spielhagen
DAB-Pilotprojekt Thüringen
Abschlußbericht der Thüringer Landesmedienanstalt (TLM)
Band 8, München 1999, 123 S., € 14,50 ISBN 3-929061-68-6

Angelika Heyen / Kathrin Wagner
Lokales Fernsehen in Thüringen 1999
Eine Programmanalyse der Thüringer Landesmedienanstalt
Band 9, München 1999, 96 S., € 14,50 ISBN 3-934079-09-1

Thüringer Landesmedienanstalt (Hrsg.)
Vielfalt oder Beliebigkeit?
Integrationsangebote und Massenattraktivität
im Zeitalter individueller Mediennutzung
Band 10, München 2000, 108 S., € 13,50 ISBN 3-934079-10-5

Thüringer Landesmedienanstalt (Hrsg.)
PiXEL-Fernsehen
Medienpädagogische Arbeit im ersten Offenen Kinder- und Jugendkanal
Band 11, München 2001, 96 S., € 13,50 ISBN 3-935686-41-2

Sabine Eder / Susanne Roboom
Kinder und Jugendliche machen RABATZ
Intensivierung der medienpädagogischen Arbeit
mit Kindern und Jugendlichen in Offenen Kanälen
Band 12, München 2001, 160 S., € 15,- ISBN 3-935686-42-0

Patrick Rössler / Gerhard Vowe / Victor Henle (Hrsg.)
Das Geräusch der Provinz - Radio in der Region
Festschrift 10 Jahre TLM
Band 13, München 2001, 597 S., € 25,- ISBN 3-935686-43-9

Wolfgang Burkhardt
**Ein Medium setzt sich durch -
Das lokale Fernsehen in Thüringen**
Reichweite und Akzeptanz
Band 14, München 2002, 132 S., € 15,- ISBN 3-935686-44-7

Gerhard Vowe / Andreas Will
**Die Prognosen zum
Digitalradio auf dem Prüfstand**
Waren die Probleme bei der
DAB-Einführung vorauszusehen?
Band 15, München 2004, 128 S., € 15,- ISBN 3-935686-45-5

Wolfgang Seufert / Jörg Müller-Lietzkau / Uwe Luipold / Peter Ring
Medienwirtschaft in Thüringen
Entwicklung, Stand und Perspektiven
Band 16, München 2004, 205 S., € 18,- ISBN 3-938028-16-5